六朝隋唐佛教展開史

船山徹 著

釋見弘、陳陶 譯

漢傳佛教譯叢序言

中華佛學研究所是經教育部立案之研究機構，依本所創辦人聖嚴法師所頒之所訓「立足中華、放眼世界」之指導方針，以促進中外學術研究之交流與合作為目標，戮力於漢傳佛教學術之發展，特成立此譯叢。

本所創辦人曾經在《佛教與二十一世紀》的〈總序〉中，針對現代的學術狀況作了如下的表示：「近世的印度學、佛教學、漢學，目的不在佛教的信與行，而在於學術的真與明，故在傳統的佛教徒們，初初接觸到現代佛教學的論點之時，頗有難以適應的現象。但是，現代學術的求真求明，乃是無可懷疑的，縱然學者們提出的觀點，未必皆能成為永久的定論，但經過精密審查的結論，必定有其相當程度的可靠性。若能認真地認識學者們的新觀點，通過新觀點的試鍊，仍能落實到對於佛法的信仰與實踐，佛教才具有更大的耐力與潛力。」又在中華佛學研究所召開第一屆國際佛學會議的會議緣起中說到：「從中國佛教立場，放眼於世界的佛教，把世界佛教引回中國，把中國佛教傳到世界……。」等等，有關對漢傳佛教的期許。

本譯叢基於創辦人對學術的理念，近期目標將現代學術界具有新觀點與論點的日文著作翻譯成中文，以利讀者閱讀，期望能增進讀者的佛教世界觀與視野，以達成本所推廣漢傳佛教的目的與願景！

釋果鏡

中華佛學研究所所長

二〇一三年四月二十五日於法鼓山

推薦序

在日本為數眾多的佛教專家當中，京都大學人文科學研究所的船山徹教授一直是個讓人尊敬的名字。他同時精通印度與中國佛教的兩大傳統，既能用新文獻反省傳統的學術課題，也能以傳統的文獻回應新的問題向度。在日本的中國佛教研究者當中，已經是座無法繞過的大山。

船山教授同時繼承日本佛教研究與漢學研究的兩大優良傳統，在堅實的文獻基礎上，對形成期的漢傳佛教重新加以檢視。在京都大學人文科學研究所的這座大寶山，經營著獨特氛圍的學問世界；從義疏學的角度看梁代的佛教、從貴族信仰檢討中國佛教戒律的發生，並對應著譯經或新的撰述經典之間的關連性；並從信仰的行為重新認識成聖的意圖、形象、與徵兆。不難看出：船山教授對早期中國佛教文獻的嫻熟，也運用了漢學研究的問題意識與研究成果。

隋唐作為中國佛教的黃金時代，畢竟是在六朝的基礎之上成長茁壯，但這一切，都不是理所當然的，而是一連串價值觀選擇、調適，乃至於刻意運作的細緻過程。有鑑鑄，有偏離，也有忘卻與扭曲，同樣，也反映在經典的傳入、翻譯、接受與演繹的過程。因此，研究佛教傳入中國的初期歷史，誠如船山教授所言，《六朝隋唐佛教展開史》一書的名稱最值得注意的是「展開」二字，過去言佛教傳入中國，曰格義佛教，曰玄佛交涉，都不免有將此一時期的複雜現象簡單化之嫌。船山教授以經典轉譯為線索，嘗試以動態佛教發展史觀檢視這個時代的佛教，《六朝隋唐佛教展開史》是在船山教授過去研究的基礎之上重新安排的一部大著，可以看出船山教授開闊的視野、宏大的格局、還有深沉細密的手法，驅使龐大文獻若調兵遣將，將難攻不落的城池輕易納入囊中，讀者更必然對船山教授梵文造詣之卓絕、版本比較之綿密謹慎、閱讀範圍之廣博留下深刻的印象。感謝譯者見弘法師與陳陶先生，彈指間，樓閣一時炳現，此書中譯版的出現，讓華語圈讀者能有一個方便徑路，得以入此不二門中，一窺其學問樓閣的精巧繁複，功德誠無量也。此書不但呈展了船山教授學術研究的成果，更是一次學術研究方法的操作典範，值得青年學子借鏡。

中國佛教史的研究傳統中，六朝隋唐一直是學界的主力所在，宋代以後的研究可謂鳳毛麟角。在這股佛教研究的洪流中，船山先生預流久矣。華語圈的研究自當首推湯用彤先生，《漢魏兩晉南北朝佛教史》一書至今仍有不可撼動的典範地位，但此書初版迄今幾近百年，理應有才人代出才是，六朝佛教思想與文化的研究固然也有若干成果，但仍然難與日本學界相抗衡。且不說鎌田茂雄那部厚重的佛教史。興膳宏教授論證六朝文論與佛教的關係，中嶋隆藏教授討論當時的知識分子與佛教之交涉，蜂屋邦夫教授對神滅論的獨到研究，金文京老師甚至能談漢文訓讀與佛教，在在都令人印象深刻。船山教授此書的出版，可以說在這個已然精彩紛陳的畫布上，再加上濃墨重彩的一筆。

筆者也曾與船山先生有數面之緣，印象最深的還是初次結識船山先生那一天。當年我在東大的同窗好友古勝隆一教授甫供職京大人文研，那幾年，每到京都，就會去找古勝吃飯聊天，一日，與古勝相約人文研，他說帶我去認識一下傳說中的船山先生，那時我們其實都還年輕，但我已經從丘山老師聽過船山先生大名，他其實大我沒幾歲，但聲名早已遠播。三人簡單寒暄之後，我注意到他研究室架上的《大正藏》，幾乎每頁都有書籤或便利貼，真可謂「牙籤滿紙」，我問船山先生都記得否？他沒回答，但古勝在一旁說船山先生對佛經十分精熟，日本學界幾乎無人不知。其用功精進如此。日後，我的學生到京大人文研進行訪問研究，也蒙其照顧有加。有好幾年，船山教授輾轉在美國各大學講學，坊間傳說他考量講學之地的標準是以當地交響樂團的水準衡量，其人又純粹如斯矣。

船山先生在六朝隋唐佛教思想史的功力與成就，造就他成為當世此一領域最有分量的研究者殆無可疑。《六朝隋唐佛教展開史》既截斷眾流，又涵蓋一片天地。中華佛學研究所一直致力推動漢傳佛教的研究，希望透過《六朝隋唐佛教展開史》，讓華語圈的讀者重新認識船山徹先生與日本學術界的貢獻，則幸甚矣。

廖肇亨
草於南港四分溪畔
二〇二五年四月十二日

中文版自序

欣聞拙著日文論文集《六朝隋唐佛教展開史》所增補修訂的中譯版即將付梓，作為原著者，筆者感到無比歡喜。謹此向協助促成此書問世之諸位賢達，致上最深謝忱。

正如本書〈前言〉開篇所述，筆者以一介在家白衣，於一九八二年四月就讀京都大學文學部哲學科佛教學專攻，蒙梶山雄一教授（一九二五—二〇〇四）啟牖佛學門徑，自此投身佛學研究。

梶山先生曾於隨筆中言：欲精進學術研究者，當至少分別承教於三位師長。為了避免管窺之弊、由各種觀點整體觀照、妥善理解同一事象，因此需三位以上不同師長的教誨。循此師訓，回顧自身歷程，筆者也有三位無論如何致謝都不足以回報的恩師：一位是從零開始教導、啟迪筆者愚蒙的梶山雄一先生；一位是自一九八九年十月起一年間，每週以紅筆修改筆者原稿，教導筆者從全球視野長期進行研究之意義的維也納大學西藏學佛教學研究所（Institut für Tibetologie und Buddhismuskunde an der Universität Wien）的恩斯特・斯坦因克爾納教授（Ernst Steinkellner，現任維也納大學名譽教授 Prof. em. Dr.、奧地利國立學術院院士）；還有一位是自一九八八年八月朔日被京都大學人文科學研究所聘為助手以來，於公於私引導筆者進入古典漢語堂奧的吉川忠夫先生（現任京都大學名譽教授、日本學士院院士）。雖然此處想致以謝意的老師還有許多，然若只限列舉三位，則這三位恩師塑造了今日的筆者。

一九八八年七月底，筆者於博士後期課程修業一年半後中途退學，旋於翌月一日轉任校內人文科學研究所，自此專注於印度與中國佛教思想的解明，其間幾經紆餘曲折，至於今日。這中間從一九九八年十月起，雖僅短暫一年半，筆者曾轉赴福岡市九州大學印度哲學研究室擔任助教授（即臺灣「副教授」）。其時赤松明彥教授（現京都大學名譽教授）門下博士生釋見弘法師正專研印度後期中觀派智作慧（Prajñākaramati）所著《入菩提行論釋》（*Bodhicaryāvatāra-pañjikā*），而筆者則專研瑜伽行派蓮華戒（Kamalaśīla）的《攝真實論釋》（*Tattvasaṃgraha-pañjikā*）。因兩派教理多有相通之處，遂經常就相關議題交換意見。其後，見弘法師順利取得九州大學博士學位，並任教於法鼓山，更於二〇〇五年三月促成筆者赴法鼓山中華佛學研究所任客座教授，講授一個月密集課程。以此為契機，筆者之後也多次造訪法鼓山，加深了這段舊緣。

此次，在最為了解筆者研究、論文和語言風格的釋見弘法師的指導下，復得陳陶和高淑慧二君鼎力襄助，對日文原書之內容字句再次檢討修訂，更增補論文一篇，最終迎來了增補修訂版《六朝隋唐佛教展開史》的出版。這實在是筆者莫大的榮幸。藉此機會，誠盼中文讀者諸君也能夠翻閱這些小論文，不勝期待。

船山徹

謹識於二〇二五年卯月吉日

目錄

【第一篇】佛典解釋的基礎

第二章　體用思想的起源　092

第五章　真諦三藏的活動與著作　212

【第二篇】敘述修行的文獻、體系的修行論以及修行成果

第二章 大乘的菩薩戒（概觀） 359

第三章　捨身的思想——極端的佛教行為　537

結語

增補　邁向文字檢索的新境界

前言

本書是從筆者西元二〇〇〇年以後不定期撰寫的論文中選出十二篇，依照彼此的關聯性編排而成的一部論文集。

筆者的研究經歷與一般常規略有不同，這也影響了筆者的視角及方法論。筆者憧憬高中時代讀過的福永光司譯《莊子內篇》的世界，入學於遠離家鄉的京都大學。幾經周折，最後筆者主要的研習對象不是中國思想，而是印度佛教，而且是以完全沒有漢譯可以參照的七世紀法稱和八世紀後半期蓮華戒的經量部、瑜伽行派思想為主題，完成了佛教學的碩士課程。然而，在那之後，或許該說是機緣巧合吧，筆者攻讀研究生院博士課程一年半後就輟學了，並在校內的人文科學研究所東方部擔任中國佛教研究助手長達十年。通過這段時間的工作經歷，得以深入學習中國學的基礎知識以及風格鮮明的漢譯佛典的閱讀方法。之後，筆者調離該研究所，在九州大學文學部印度哲學講座（譯案：日本大學的講座相當於臺灣的系所，船山教授曾任九州大學助教授，相當臺灣的副教授）獲得從事於印度西藏佛教研究的機會，但不久後又回到京都大學人文科學研究所，因此再度回歸中國學的世界。那是西元二〇〇〇年四月一日的事。從那以後，在該研究所度過了十九年，直到現在。筆者這樣的背景，養成在閱讀漢語佛典的同時，也不斷關注它們與印度之關連性的習慣。

筆者目前研究的課題是，將漢文化圈在六朝時代，特別是從南朝中後期到盛唐（西元約四世紀末到八世紀前半期）所展開的各種佛教現象作為總體來掌握。在此過程中，將中國佛教與印度佛教聯繫起來，並有意識地緊扣佛教文化從印度原封不動傳到中國的一面，以及在中國發生變革的一面。這個視角至今沒有改變，今後可能也會持續下去。

關於書名

本書特別從教理解釋學、修行體系、信仰等三方面來處理以南朝宋（劉宋，四二〇—七九）、齊（南齊，四七九—五〇二）、梁（五〇二—五五七）三個王朝為中心的整個六朝時期以及隋唐時期的佛教。雖未明確規定時間下限，但以唐代智昇《開元釋教錄》所成的開元十八年（七三〇）作為暫時的分界點，以其前的時期作為主要研究對象。這個時期在漫長的中國佛教史中，是所謂的漢譯佛典相繼問世之時，著名的漢譯者鳩摩羅什（約三五〇—四〇九）、曇無讖（三八五—四三三）、真諦（四九九—五六九）、玄奘（六〇〇／六〇二—六六四）、義淨（六三五—七一三）以及其他諸多翻譯家，陸續產生新的漢譯經典的輝煌時代（關於佛典漢譯史的概略與特色，敬請參考本書末「文獻與略號」所示的船山，二〇一三a）。本書的課題就時代而言，單純以《六朝隋唐佛教史》為題也許是直截了當的，但筆者特意加上「展開」二字為《六朝隋唐佛教展開史》，實有其用意，故於以下略加說明。

從東漢時期佛教傳入中國開始，中國佛教延續至今已有兩千年的歷史。在此漫長時間內，自六朝時期到盛唐中期編纂《開元釋教錄》為止的這段期間（約西元二二〇年到七三〇年），從宏觀的角度，可算是中國佛教的早期或前期階段。因此，六朝隋唐的佛教史與其稱之為「展開史」或「發展史」，不如說是「引進史」。至少對於六朝佛教而言，這樣的說法更為貼切。然而，作為一個從印度佛教起步，後來又將視野擴展到中國佛教史的研究者，筆者深感中國佛教史不應被視為完全獨立於印度之外的單獨佛教史。確實，雖然時期上比較早，但伴隨著印度佛教傳入的同時，六朝隋唐佛教史在與印度不同的中國文化圈中，鮮明地展現出漢語及基於漢語思考模式的具體風貌。從這個意義上講，六朝隋唐佛教史是一個不斷努力於適應漢文化中所發展出來的文化史，其中蘊含了印度佛教沒有的新趨勢以及中國獨有的創新和活力。因此，筆者認為六朝隋唐佛教史應被視為是在中國這一新文化中不斷往前變遷的躍動時期。這也是《六朝隋唐佛教展開史》一書名中包含「展開」一詞的原因所在。

各篇各章概要

本書如篇名所示，由三個主軸構成。

第一篇名為「佛典解釋的基礎」，若從唐朝玄奘到玄宗治下之開元年間佛教的黃金時代來看，南朝的四個王朝（宋、齊、梁、陳）是形成中國佛教獨特發展的基礎時代，本篇將特別探討南朝，尤其是梁代佛教的教理學特徵。

第一篇分為五章。第一章〈梁代的學術佛教〉指出唐代佛教所呈現的中國特色，其原型大多源自梁代。具體地說，從五世紀下半葉的劉宋後半到梁代，新的漢譯事業數量減少了（船山二〇一三a，三十六—三十八頁、二四二—二四五頁）。因此，對現有漢譯的佛典進行重新整理。結果，梁代佛教影響隋唐時期的中國特色，包括音義書、科段分類等中國特有的注釋形態，以及以「體」和「用」作為對立概念的中國式邏輯，還有將佛書統稱為「眾經」，以及收藏佛書的場所如「經藏」、「經臺」、「般若臺」等稱呼，這些梁代所形成的特色，奠定了隋唐佛教的基礎。總的來說，本章討論了梁代佛教如何成為後來中國佛教發展的基石。

第二章〈體用思想的起源〉，探討了整個中國思想史上至關重要的「體」和「用」兩個獨特語法形成的早期歷史。結論是，體用對舉並非起源於儒學或老莊思想，而很可能起源於西元五〇〇年左右在佛教界掀起廣泛討論的，基於神不滅論之「如來藏」學說的闡述文脈中。

第三章〈「如是我聞」和「如是我聞一時」——經典解釋的基礎性反思〉，探討了佛教經典開頭常見的定型句「如是我聞」的解釋。以往的研究僅考慮印度梵語文獻，並認為在漢語文獻中找不到「如是我聞一時」這樣的表述，將之視為理所當然。本章則通過探討六朝佛教史中出現過將「如是我聞一時」視為一個完整句子的解釋法，試圖對中國佛教經典的解釋史進行根本性的檢討與重新評價。

第四章〈梁代智藏的《成實論大義記》〉，指出該書是梁前半期出現的一種新形式的漢譯經論解釋方法，它並不是對鳩摩羅什譯《成實論》的逐字注釋，而是對整個《成實論》所涉及的術語和概念進行整理的注解書。此外，本章還盡可能全面地收錄了《成實論大義記》的佚文（後代引用的片段），以便提供更完整的資料。

以上的四章主要為以梁代為主的論考，相對於這幾章，第五章〈真諦三藏的活動與著作〉則綜合考察了真諦三藏於梁末至陳初期間在推廣新教理學方面所扮演的角色。自古以來，真諦一直以作為譯經僧而聞名，然而除了翻譯經典之外，真諦還將自己對經典論書的注釋教授給弟子，而與其他漢譯者有所不同。本章從這一觀點出發，整理了印度僧人真諦使用漢語所進行的注釋內容，並探討了他的注釋作品的意義。

其次，第二篇「敘述修行的文獻、體系的修行論以及修行成果」是以第一篇佛教經典教理解釋為基礎，探討了身體修行與相關的僧尼傳記，以及由修行所帶來的宗教體驗等相關文獻。

第二篇共分為四章。前兩章將概述印度的佛教戒律在中國佛教史上被接受的情況。首先，第一章〈隋唐以前的戒律接受史（概觀）〉，將佛教戒律的兩個面向合併起來進行通史性研究。第一個面向是《律》（vinaya）的漢譯史。自初期佛教以來，不論大、小乘所有的佛教出家人都應該遵守的。《律》是出家教團應遵守的生活規則，它的漢譯集中在五世紀前半葉。第二個面向是大乘佛教徒應遵守的大乘特有的生活規則，即菩薩戒。菩薩戒是作為大乘理想形象的菩薩每天所該遵守的德目，在大乘中被視為是比《律》更高階的生活規則。此菩薩戒稍晚於《律》，以一種在《律》基礎上添加新資訊的形式，從五世紀中期到後半期為中國人所知。透過以上兩個面向，本章通史性地論述五至六世紀戒律資訊的傳播與展開。第二章〈大乘的菩薩戒（概觀）〉，專注於第一章所涉及的第二個面向即「菩薩戒」，進行更深入的概說，其中包括了與印度佛教的關係和與菩薩戒這一特殊戒律所涉及的相關問題。

第三章〈梁代僧祐的《薩婆多師資傳》〉，以代表梁初的學僧僧祐失傳的著作《薩婆多師資傳》為研究對象。《薩婆多師資傳》不是漢譯，而是僧祐用漢語撰寫的文獻，作為第一章提到的第一個面向的中國編纂文獻，具有深遠的意義。本章將對該書的內容進行解說，並輯錄戒律史上具有重大意義的佚文片段。

第四章〈隋唐以前的破戒與異端〉，不是從正面闡述戒律的意義，而是從反面，即違反戒律來烘托出戒律的意義。六朝時期的佛教徒——實際上當說包括之後的整個中國佛教——主要是奉行大乘佛教的信徒。因此，雖然有些行為或現象違反了傳統小乘《律》，但在大乘教理中卻被肯定。本章將介紹殺生、性關係等破戒行為以及與實踐菩薩行相關的逸事。

本書最後主軸的第三篇「修行與信仰」，目的在探討「修行」，亦即是以前一篇考察過的戒律為基礎的修行，特別是與菩薩的「修行」有關的諸多樣貌，以及形成此修行基礎的「信仰」之實際情況。

第一章〈聖者觀的兩個系統〉，探討了貫穿於六朝隋唐時期的大乘聖者的定義、實例以及其背後的修行體系。經過研究後得出的結論是，六朝隋唐佛教的聖者，是指那些能夠超越凡夫的大乘修行者，具體來說就是初地及初地以上的菩薩。而且，對於能否達到這種至高境界的觀點上，存在著兩種思潮。一種思潮認為有很多的聖者存在於世上，另一種嚴格的思潮則認為能夠成為聖者的人實際上極為罕見，只有極少的例外修行者可以達成。筆者證實了這兩種思潮同時存在，並深切關注了它們在思想史上的意義。第二章〈異香——聖者的氣味〉與前一章第十節「『異香，滿室』——聖的現前」中所處理的內容相同，但加入了前一章節中未涉及的中國禪宗聖者的傳說，並以綜合性的、平易近人的方式呈現這些內容。第三章〈捨身思想——極端的佛教行為〉則著重在探討「捨身」一詞的兩種情況。一種情況是指為了他人或佛法而犧牲自己身體的行為之意，另一種情況是指將自己的所有物或財產喜捨於寺院之意，以此作為捨棄自我的象徵。後一種情況中所意味的「捨身」，六朝時期，在以梁武帝為首的在家佛教信徒中時常可見。這是一種非常極端且具有中國特色的布施行為，本章中將通過許多事例來加以闡述。同時，本章還將探討捨身行為是否等同自殺等相關議題，提供讀者更深入的思考。

以上是十二章的概述，內容多涉及六朝時期的佛教特色，與隋唐佛教無直接關係。然而，在以論述六朝佛教為主的章節中，也有多處將六朝佛教的展開與緊隨其後的隋唐佛教聯繫起來考察，說明前者對後者特性所產生的影響。例如在第一篇第一章中論述了梁代佛教是隋唐佛教的基礎，同樣在該篇第二章的「體用」和第二篇第二章的「菩薩戒」中，皆關注六朝佛教為隋唐佛教奠定基礎的特性，作為隋唐佛教進一步展開的一幕。至於第二篇第三章第二節則更積極地論述《薩婆多師資傳》對唐代禪史的影響，第三篇第一章也以唐代玄奘的修行和信仰作為主題進行論述。從此意義上來說，本書十二章不僅僅描述六朝時代，也顯示了在六朝時代培育的基礎上所展開的隋唐佛教的重要要素。儘管本書並非全面地論述六朝隋唐佛教史的相關內容，但通過綜合地探討南朝宋、齊、梁三個王朝的佛教，試圖闡明六朝隋唐佛教史的基層。讀者若能從此角度理解《六朝隋唐佛教展開史》此書名的含義，筆者將不勝感激。

初刊論文及主要修改之處

書中各章都出於筆者的既刊論文。以下列舉初刊論文和編輯本書時的修改之處。

第一篇「佛典解釋的基礎」

第一章〈梁代的學術佛教〉——初刊船山（二〇一四a）。與Funayama（2015b）的內容大致相同。對於與船山（二〇〇七a）部分重複的第四節，筆者將較詳細的論述轉移到本篇第四章，並對本章內容進行了部分簡化。第一節（二）「佛典類別與漢譯年代」是新撰的。

第二章〈體用思想的起源〉——主要基於初刊船山（二〇〇五b）。第三節「體、用與漢譯佛典」是新撰的。

第三章〈「如是我聞」和「如是我聞一時」——經典解釋的基礎性反思〉——初刊船山（二〇〇七c）。

第四章〈梁代智藏的《成實論大義記》〉——初刊船山（二〇〇七a）。為了避免與本書第一章重複，對第五節（一）「構成」與第五節（三）「三假」進行了部分修改。

第五章〈真諦三藏的活動與著作〉——初刊船山（二〇一二）、Funayama（2010）。另外，「（附）聖語藏本〈金光明經序〉錄文」是新撰的。

第二篇「敘述修行的文獻、體系的修行論以及修行成果」

第一章〈隋唐以前的戒律接受史（概觀）〉——初刊船山（二〇〇三b）。與 Funayama（2004）的內容也大致相同。補充第八節（二）「《梵網經》的編纂意圖」的後半部分以及注⑱。

第二章〈大乘的菩薩戒（概觀）〉——初刊船山（二〇一一b）。

第三章〈梁代僧祐的《薩婆多師資傳》〉——初刊船山（二〇〇〇a）。對第一節（三）「卷一與卷二」做了部分修改。為避免與本書第一篇第一章內容的重複故進行了部分修改，並補充注⑩。

第四章〈隋唐以前的破戒與異端〉——初刊船山（二〇〇二b）。

第三篇「修行與信仰」

第一章〈聖者觀的兩個系統〉——初刊船山（二〇〇五a）。根據 Funayama（2013），補充第八節（四）「十單位的修行與五道的關係」。部分補充了與船山（二〇〇三a）、Funayama（2010）的關聯。

第二章〈異香——聖者的氣味〉——初刊船山（二〇〇八），不過，為了本書內容的一致性，刪除該論文的開頭部分。

第三章〈捨身思想——極端的佛教行為〉——初刊船山（二〇〇二a）。

為了讓以上十二章作為一本書更容易閱讀，在不大幅改變結論的情況下，進行了以下七點格式上的修改。

（一）初刊論文大多使用正字體漢字，鑑於本次統一為一書，原則上使用常用漢字。

（二）於漢文典籍引文後，附上白話翻譯。（譯案：作者引用典籍時，部分採用日文訓讀進行解釋，中譯版本以中文閱讀為考量，視情況予以調整或省略）

（三）為統一全書體裁，重新設計格式、章節和標題。部分文章新增了初刊論文中沒有的章節。

（四）將初刊論文中注釋所示的先行研究資訊轉移到正文的（）內，盡可能使讀者從正文便能理解其內容。

（五）修改初刊論文出版後所發現的錯字、誤解。

（六）為幫助讀者理解內容，必要時會在初刊論文的出版等資訊後，補上筆者所撰寫的論文名稱和頁碼。

（七）當內容的修改涉及一個段落以上時，會在相關段落之後標明前面揭示的初刊論文。不過，所有新的修改和撰寫都為筆者個人的補充，不包含根據第三方論文所做出的更改。

本書引用的原典幾乎都是漢語文獻，但也根據需要補充一部分梵語和藏語文獻。在漢語原典中，除佛典以外的史書、古典（類似五經）、道教文獻按照中國古典學的慣例標記篇名和卷數。關於佛典，由於大部分都被收錄在《大正新修大藏經》（簡稱《大正藏》）中，所以標記了《大正新修大藏經》的卷數和頁以及頁內的上段、中段、下段的區別。例如，「《大正藏》冊五十，頁三七八中」表示引用自《大正新修大藏經》第五十冊的三百七十八頁中段。另外，雖然是極少數，但也有引用自《大日本續藏經》（簡稱《續藏》）的文本。在這種情況下，例如「《續藏》一．六十四．五．一八七裏下」表示引用自《大日本續藏經》第一編第六十四套第五冊的第一百八十七頁裏的下段。另外，《大日本續藏經》使用的是原本出版的前田慧雲編的《靖國紀年大日本續藏經》（京都，藏經書院）。不使用後來重編的《新纂大日本續藏經》（東京，國書刊行會），希望讀者注意。

卷末的「文獻與略號」列出了本書所提及的先行研究（二手資料）以及本書所使用的相應縮寫記號。

索引是關於本書中出現的主要人名、書名、主題的索引。不別立為三種，統一成一個，按照漢字的筆畫順序排列。

【第一篇】

佛典解釋的基礎

第一章　梁代的學術佛教

在悠久的中國佛教史中，當我們關注於堪稱六朝巔峰的梁代學術佛教時，它有哪些特徵呢？

在整個中國佛教中，梁代的佛教與前後時代相比可說是重要的分水嶺，同時，單就南北朝時期而言，梁代佛教與北朝佛教的差異也不容忽視。橫超慧日（一九五二／五八）早已提出「南朝偏重講經」與「北朝重禪輕講」的明確對比軸，藉此勾勒南北朝的差異。此觀點至今基本上仍然適用。然而，這種對比方式也並非沒有問題。例如，近年來，透過北土地論宗文獻中有大量講經的記載，北朝講經事業的重要性已逐被闡明，就此而言，北朝輕視講經之觀點，現在看來甚至是一種誤解。雖然如此，相較於北朝的禪觀，南朝在經典講義以及講義的方法上有其特色，至今仍是恰當的對比。因此，本章擬著重探討南朝，特別是與梁代之佛經講義法相關的學術面向。具體而言，在探討梁代學術佛教之特色時，假設佛典從印度傳來，經過漢譯、讀誦、理解、消化其內容，並向他人解說的一系列流程，筆者認為以下四點很重要。

第一點是佛典漢譯之特徵，與基本典籍的成立有關。由於漢譯成立一事，本身係屬一個獨立的大主題，筆者在拙著（二〇一三a）中已經表達個人觀點，故本章僅略述梁代的特色。

第二點是與讀誦及理解經典之相關事項，與知識的輸入面有關。具體來說，筆者將著眼於作為經典讀誦法的轉讀，以及作為解說梵唄、發音和意義上困難語句之音義書的編纂。

第三點是解說乃至整理經典內容時之特徵，與知識的輸出面有關。在解說經典時，牽涉到自身主張的說明、與他人的議論或爭論、內容解說的方法，以及將其作為文獻保存等各種行為。具體而言，本章將著重於中國佛典注釋的形態特徵，以及整理、呈現教義的綱要書之成立。

第四點為如何收藏大量的佛典，此與相當於現代所說的「佛教圖書館」之設施有密切關連。此外，也須關注將佛書作為「內典」結集之後所產生的「一切經」、「大藏經」等中國獨特之稱謂，以及將經典進行系統分類的經典目錄之編纂。上述關於佛書整理統合的各種現象，若一言以蔽之，以現今的表達來說，也就是與知識的數據庫和檔案化有關。

一、從佛典漢譯看梁代佛教的定位

本章擬從以上四點，探討梁代的佛教教理學以及寺院的狀態。

首先，筆者從後漢以來綿延不斷的佛典漢譯史的角度，簡述個人對於梁代的觀點。乍聽之下或許有些弔詭，在佛典漢譯史上，梁代幾乎沒有漢譯事業，然而，這正是梁代的特色，恰好由此點說明梁代佛教活動的種種面向。

（一）六朝譯業的興衰

攝摩騰所譯的《四十二章經》，與後漢佛教初傳的傳說有關，據傳為最早的漢譯，姑且不論其真實性，可以確定的是，安世高、支婁迦讖等人在漢代進行了漢譯。此後，根據時代不同，譯經的興盛程度也有所不同，但佛典漢譯事業在某種程度上是持續進行的。其中，能稱之最初高峰的，無疑是後秦鳩摩羅什（Kumārajīva，約三五〇—四〇九）的翻譯事業。五世紀初鳩摩羅什在長安停留短短不到十年時間，陸續漢譯了大量佛典，培養眾多漢人弟子。但之後，大約於四〇九年，鳩摩羅什逝世（塚本善隆，一九五五），支持羅什譯業的後秦國王姚興，其統治力也隨著衰老而減弱，並於四一六年病逝，由皇太子姚泓即位。翌年四一七年八月，長安被劉裕（後在四二〇年創建南朝宋的初代皇帝）攻陷，後秦因此滅亡，姚泓被殺。自前秦苻堅（三五七—八五年在位）的治理開始，到後秦滅亡期間，長安一地因眾多外國僧人到來以及譯經事業的發展而熱鬧非凡，但大約以此時為界，長安的譯業突然中斷。

羅什逝世後，譯業中心由長安遷至南朝的建康。宋文帝元嘉年間（四二四—五三）對佛教予以優渥的庇護，佛馱跋陀羅（Buddhabhadra）、求那跋摩（Guṇavarman）、僧伽跋摩（Saṃghavarman）、曇摩蜜多（Dharmamitra）、求那跋陀羅（Guṇabhadra）等印度僧人紛紛到來，展開盛大的活動，翻譯為數龐大的佛典。這些譯經僧主要活躍於四二〇至四〇年左右的二十年期間。如此多元的印度僧人相繼來華，並在短時間內集結開展翻譯事業，在中國佛教史上也實屬罕見（船山，二〇一三a，三十一—三十四頁）。

然而此後，南朝的譯經事業發生了很大的變化。雖然原因不明，但在元嘉之後，譯經僧之渡來突然中斷，到了五世紀後半期，譯經活動銳減。南朝宋後半期幾乎沒有外國僧人到來，齊、梁時代的譯經僧也屈指可數，僅能指出印度僧人求那毘地（卒於五〇二年）、扶南的僧伽婆羅（四六〇—五二四）等人（船山，二〇一三a，三十六—三十八頁）。如此一來，從五世紀後半到六世紀前半期間，前來的譯經僧銳減，其結果，新的譯經在數量上也變得極少。不過，重點是齊、梁時代的佛教活動本身並沒有停滯，事實上恰恰相反。譯經數量確實有所下降，但在其他領域，卻積極進行各式各樣的佛教事業，甚至可說是更加地活躍了。亦即，將大量已翻譯的佛典加以整理，咀嚼其內容，並且主動地接受，總之，譯經以外的事業盛行起來。

首先應該注意的是大型佛書的編纂，係將已翻譯的佛典內容進行整理與統合。其萌芽可於南朝宋孝武帝、明帝時期，各種佛書編纂的趨勢高漲等事項中看出。在宋代後半期編纂的曇濟《六家七宗論》和僧鏡《實相六家論》（均散佚）二書，即是說明存在與現象之關係的「二諦」教理。不僅只教理學的整備，以律為基礎授戒等之戒律儀禮也發展起來，僧璩《十誦羯磨比丘要用》（《大正藏》，一四三九號）的編纂，是作為指南書（manual）。在明帝時期，還有陸澄編纂的《法論》，此書雖然現已不存，但其大致的內容與架構，可從僧祐《出三藏記集》卷十二的〈宋明帝敕中書侍郎陸澄撰法論目錄序〉中得知。

齊武帝次子蕭子良（四六〇—九四）所做的抄經（經典摘錄）和《淨住子》二十卷等，在僧、俗二眾協助下，大規模地編纂。據《南齊書》卷四十的本傳，記載有蕭子良「依《皇覽》例為《四部要略》千卷」，可知蕭氏編纂了一部廣泛的學術性的百科全書之類的文獻。由於作品眾多，他也被世人稱為「筆海」。（船山，二〇〇六，八十七頁、二六九—二七三頁；二〇〇七b，十三—十六頁）

後來成為梁武帝的蕭衍，在齊代曾是蕭子良的「八友」之一，由此可知齊、梁的佛教有著直接的連續性，歷經兩個王朝皆持續有大型佛書之編纂。例如齊、梁之頃，編纂了《法苑經》一百八十九卷，作為佛書的一種百科全書，（《出三藏記集》卷五之〈新集抄經錄〉）。寶唱奉梁武帝敕令，於五一六年編纂了現存最古老的佛教百科全書《經律異相》五十卷。僧旻等編纂了《眾經要抄並目錄》八十八卷。普通年間（五二〇—二七），被稱為梁代三大法師之一，著名的開善寺智藏（四五八—五二二）等二十名僧人編纂了《義林》八十卷。簡文帝蕭綱還是皇太子之時，他和臣子們編纂了《法寶聯璧》二百二十卷（卷數有作二百卷或三百卷）。雖然其中除了《經律異相》之外，其餘全部散佚，不復存在，但從諸史料中可知這些是一種佛教百科全書之類的體裁。大型佛書的編纂是齊、梁時代佛教的一大特色。❶

（二）佛典類別與漢譯年代

在理解從南齊到梁代的佛教特徵時，關於佛典漢譯，還有一事應加以留意，即當我們從宏觀角度看待東漢以來連綿不斷漫長的佛典漢譯史時，我們可從被積極採用的佛典中，看出關於文獻的類別乃至體裁的歷史推移。佛典漢譯在漢譯佛教初傳不久後，由西元二世紀中葉活躍於洛陽的安世高開一代先河，但安世高翻譯的佛典，並無可明確斷言為大乘的，其中大多是傳統的聲聞乘或小乘的諸種文獻。筆者認為這與安世高時代，距印度大乘佛教興起不久有很大關係。相較之下，在安世高後約一世代同在洛陽從事譯經的支婁迦讖，以翻譯《道行般若經》、《般舟三昧經》而聞名，表現出重視大乘的特色。

此後，從三國時代到東晉時代，開始盛行大乘經典的漢譯，另一方面，吳代支謙所譯《太子瑞應本起經》之類的佛傳（釋尊的神話傳記），以及分析整理佛說內容的阿毘達磨論書，也為僧伽跋澄和僧伽提婆等人積極推廣。換言之，大約於此時，隨著大乘資訊的傳入，小乘的傳統教理學也逐漸滲透進入中國。

在這股潮流裡，將龍樹空思想傳播至後秦長安的鳩摩羅什，其帶來的影響是巨大的。印度的大乘雖然各式各樣，概括而言，其主流大致分為以下三種。一是「中觀派」，其將早期大乘經典以來的「空」思想，從理論上加以精緻化，以龍樹（Nāgārjuna，約一五〇—二五〇）為祖師。在中國，以龍樹的《中論》、《十二門論》和其直傳弟子聖提婆（Āryadeva）的《百論》這三部論書為根本經典，因此以「三論宗」之名而為人所知。第二個主流是出現在中觀派之後的「瑜伽行派」，該派以通過冥想達至證悟，彌勒（Maitreya）菩薩和無著（Asaṅga）、世親（Vasubandhu，或漢譯為天親）兩兄弟為「瑜伽行派」著作了重要的論書。至於大乘的第三個主流，則是此後經過數個世紀才登場的密教（Tantric／Esoteric Buddhism）。

此三派中，第一的中觀派即三論學，於鳩摩羅什來華以前在中國並不為人所知。由於鳩摩羅什將《中論》、《百論》、《十二門論》三論加以漢譯，在五世紀初的十年之間，三論的教義一舉廣為流傳。

鳩摩羅什為龍樹之徒，其教理學一貫為空思想，不包括此外其他的大乘思想。鳩摩羅什對於瑜伽行派的論書以及與之密切相關的如來藏思想毫無所知。此點可從鳩摩羅什的直傳弟子僧叡（或作慧叡。僧叡和慧叡是同一人，根據橫超，一九四二／一九七一）的記載得知，鳩摩羅什至死都不知道「眾生皆有佛性」之佛說（《出三藏記集》卷五〈喻疑〉，《大正藏》冊五十五，四十二頁上）。

鳩摩羅什於四〇九年左右去世後，他的弟子們大多將據點轉移到南朝的都城建康。與此同時在建康開始流傳一種羅什全然不知的新大乘思想，此即以「一切眾生悉有佛性——所有眾生都有成佛的本質」口號為代表的如來藏思想。引領此新思想者，都屬於鳩摩羅什的下一世代，即北涼的曇無讖（《大般涅槃經》和《菩薩地持經》的譯者）、活躍在南朝宋建康的求那跋摩（《菩薩善戒經》的譯者）以及求那跋陀羅（《勝鬘經》等的譯者）等展開了興盛的活動。

如上所述，到了五世紀後半葉，漢譯突然銳減，而齊、梁時代則進行了佛書編纂活動。之後，經過與漢譯無緣的陳代，佛典漢譯在隋代得到復興。唐朝的玄奘（六〇〇／六〇二—六六四）則革新性地改變此潮流。而他的新教義正是瑜伽行唯識派的學說。為了避免誤解，順帶一提，玄奘並非首位傳播瑜伽行派文獻之人。在此之前，於北朝的北魏，菩提流支等所謂的「地論宗」翻譯了多部世親的論書，緊接其後，於南朝的梁末到陳代，真諦（Paramārtha，四九九—五六九）在江南漢譯了瑜伽行派的論書。玄奘則是在他們之後，親赴印度那爛陀寺（現在的比哈爾邦州）等地鑽研佛法，回國後，以一種稱為新譯的體裁，重新進行瑜伽行派典籍的漢譯。

玄奘之後，又產生了新的動向，即大乘第三主流密教經典之漢譯。密教經典由地婆訶羅（六一二—八七）、善無畏（六三七—七三五）、不空（七〇五—七四）等進行翻譯。

當我們將漢譯佛典的歷史和漢譯佛典的類別合併起來檢討時，可以看出如下的動向。東漢時期，小乘之後開始了大乘的傳播；在六朝，先是阿毘達磨，其次是中觀，再次是如來藏思想之相繼傳播；在唐代，透過瑜伽行唯識派典籍實現了中國佛教教理學之革新，之後，漢譯的重點則轉移到在印度佛教較晚登場的密教經典。也就是說，就宏觀思想史之動向來看的話，印度佛教的變遷伴隨著若干時間差，影響了中國佛教。

如果從與佛典漢譯史的聯繫來賦予梁代佛教意義的話，可以說梁代不是以漢譯為中心的時代，而是將現有的大乘、阿毘達磨、三論、如來藏系等已譯經典論書的內容，加以整理、咀嚼並深入解釋的時代。梁代期間沒有新的大乘學說從西方傳來，真諦雖於梁末來到中國，但在此之前，沒有任何證據可以證明梁代的佛教徒對瑜伽行派或無著、天親有所了解。雖然同時代的北魏，由於菩提流支等人的活動，而有瑜伽行派的論書被翻譯為中文，但我們找不到這些論書被帶來梁代的紀錄。也就是說，梁代的佛教徒雖然知道三論和如來藏，卻不知瑜伽行派此一大乘學派的教法。至於在北魏被重新評估的《楞伽經》，梁武帝也只不過是將之作為禁止肉食的如來藏經典而已（船山，二〇〇〇b，一二九－一三二頁）。

二、《出要律儀》的稀有價值

接下來探討第二點讀誦及理解經典。在中國中古時期，讀誦佛經是指朗讀之事。而朗讀的前提，是經典中所有的漢字必須正確發音。但是佛典中有很多字的發音和意思都晦澀難解。於是，為了正確發音和理解經典中難解之音譯字的意思，後世編纂了多部一切經音義書。

佛經的朗讀與禮儀也有直接關係。六朝時代盛行「齋會」（法會、禮儀性佛教集會），特別是五世紀後半以後流行「轉讀」和「梵唄」（船山，二〇一五）。轉讀是經典誦讀的代表性方法，意指如唱歌般朗朗上口地讀誦經典，重視旋律和音質。轉讀在散文和韻文中都可以使用，相對於此，梵唄是一種佛教歌謠，意指按照一定的旋律，隨著樂器的伴奏，唱誦經典中的韻文（偈頌、偈）。儘管對於轉讀和梵唄詳細的實際情況還有許多不明之處，但基本特性如上所述，不會有太大的錯誤。❷

根據前人研究概述，普遍將後漢末孫炎的《爾雅音義》認定為最早的音義書。此後，一般認為，關於音方面的典籍，有孔安國《尚書音》，鄭玄《尚書音》、《毛詩音》、《三禮音》等；關於音與義二者的典籍，則有服虔《春秋音隱》，韋昭《漢書音義》，徐廣《史記音義》等（徐時儀等，二〇〇九，五—六頁）。另一方面，隨著時代推移，佛書方面對應的早期例子是北齊道慧的《一切經音》和隋朝智騫的《眾經音》，在此潮流影響下而有唐代玄應《一切經音義》、慧琳《一切經音義》等的誕生。但是，為個別經典所成立之音義書，不能等同於為佛教叢書之一切經所成立的音義書。道慧《一切經音》或智騫《眾經音》所展現的風貌，是針對為數龐大的一切經整體的音義，而非針對個別經典的音義書。至於佛教中個別經典音義書的早期例子，則有梁代僧祐《出三藏記集》卷四〈新集續撰失譯雜經錄〉所提及的「道行品諸經胡音解一卷」（《大正藏》冊五十五，頁三十一上）此一散佚書。由於沒有關於作者和年代的記載，就筆者管見所及，也不能確認其原文的引用，所以無法得知究竟是何種文獻。

收錄於《大正藏》冊五十四的《翻梵語》十卷，是佛教音義書類型現存文獻的早期事例。不過，嚴格來說，其性質與一般的音義書不同，它是採取出現在諸經典中的音譯詞

（音寫語）作為詞條項，解說其含義的體裁，並包含發音的說明。雖然《大正藏》沒有明確指出，但《翻梵語》的撰者是梁代的寶唱。❸

《翻梵語》之外，在先行研究中還有一未受關注的要點，即同時代的《出要律儀》（散佚），其在《翻梵語》中被引用並標明書名。❹可肯定地說，特別是《翻梵語》卷三〈迦絺那衣法〉一章，全部轉載自梁代稍早時期的《出要律儀》。此由《翻梵語》中，只有這一章的格式體裁明顯不同可知。《續高僧傳》卷二十一法超傳記載《出要律儀》的編纂情況如下：

> 武帝又以律部繁廣，臨事難究，聽覽餘隙，遍尋戒檢，附世結文，撰為一十四卷，號曰《出要律儀》。（《大正藏》冊五十，頁六〇七上）
>
> 又，武帝因為《律》（*vinaya*）的諸文獻龐大繁瑣，難以根據各別事例進行說明，故撥冗研究戒律，隨順世人作了〔解說律的〕文章，命名為《出要律儀》十四卷。

據此所述，本書乃梁武帝所撰，然《大唐內典錄》卷十和《法苑珠林》卷一〇〇均作寶唱等撰集，並未提及梁武帝。若要盡可能將以上二種說法合理解釋，自然會認為寶唱等人是受梁武帝敕命而編纂的。❺

《出要律儀》匯總了戒律（vinaya，出家人的生活規則）的綱要，似乎對於艱澀的詞語附加了「音義」。後來唐代的律師們很重視此書，經常以「《出要律儀》音義云」的形式加以引用。例如，唐朝大覺的《四分律鈔批》卷二十六在「阿蘭若伽」一詞的解說中引用《出要律儀》的音義如下：

《出要律儀》音義云：「西音阿蘭若伽，此言寂靜處也。」（《續藏》一．六十八．一．七裏下）

《出要律儀》音義（解說發音與意義之處）說：「印度語的原音是阿蘭若伽（*āraṇyaka），翻譯成此方中國語是『寂靜的場所』之意。」（譯案：星號「*」表此字非根據對應的原典，是作者之推定）

恕筆者孤陋寡聞，不清楚後代文獻中是否有引用《出要律儀》的正文部分。然其音義部分，則經常以如上形式被引用。此形式與慧琳《一切經音義》如下一段的格式基本相同：

阿練若（梵語也，亦云阿蘭若，此譯為寂靜處也）（《大正藏》冊五十四，頁三一九下）

阿練若（是梵語，又記為阿蘭若。如果翻譯為中國的語言，其意思是「寂靜的場所」。）

另外，礙於篇幅有限，暫且不介紹更多的具體事例，但在《出要律儀》音義的佚文中，有若干處以「○○反」的反切方式表示發音的事例，或者以「正確的外國音」云云表示與作為詞條項的音譯詞不同的音譯之事例。另外，也有同時記載「持律者」（律師、律的專家）的說明和「聲論者」（梵語語法的專家）的說明之處。從這些形式和內容可以看出，在梁代，語言學和佛教確實是聯繫在一起的。總之，梁代《出要律儀》的音義與其後的音義書並不是完全相同的形式，而是後代《一切經音義》解說格式的先驅。

三、中國特有注釋法的肇始

其次，筆者想舉出具有中國經典解釋特色的注釋書中的一些特徵。針對經典和論書進行注釋本身並不算是中國的特色，在印度當然也有進行。只不過，在中國的佛教文獻的注釋風格中除了接受印度傳統的面向之外，也受到既有中國傳統學術影響的面向。本節在確認中國佛教注釋法特徵的同時，也將指出若干關於梁代注釋學特徵的事例。先前研究指出，佛典解說法的中國特色有以下幾點。

（一）在注釋的開頭解說經題

第一個特色是經題的解說置於注釋開頭。基本上此非印度的風格，而是中國佛教特有的。有學者推測這始於東晉釋道安時期。在梵語或巴利語的文獻中，經典的題名一般不會放在開頭顯示，而是放在文獻末尾顯示。因此，印度的注釋在一開頭，有時為歸教偈，即說明經典旨趣的帶有序言性質的偈頌，有時則是敘述某種總說性質的內容，但不會在進入本文的解說之前先進行經典題名的解說。

（二）注與疏

中國注釋中，注與疏（義疏）二者形態上不同。注與經有著難以分割的聯繫，注伴隨著經文的全文，相對於此，疏是獨立於經的撰著，並不伴隨著經文，無法從疏回收經的全文❻（古勝，二〇〇六，九十八—一〇二頁）。佛教中現存最早的疏是南朝宋的竺道生《妙法蓮華經疏》。不過，實際上並非以竺道生為分水嶺，注釋的形態突然從注變成了疏。在其後的齊、梁時代，也編撰很多注形式的注釋書。

（三）序分、正宗分、流通分

從經典整體的結構分析和注釋風格形成過程中，我們也可看出中國佛教的特色。其中一種方式是將經典大致劃分為「序分」、「正宗分」（也稱為正說分）、「流通分」三個部分。這是中國所發展出來的經典結構分析法，印度佛教並沒有這三種區分，也沒有對應「流通分」的詞語。隋朝吉藏《仁王般若經疏》卷上一說，三種區分始於道安（三一二—八五）：

> 然諸佛說經，本無章段。始自道安法師分經，以為三段。第一序說、第二正說、第三流通說。（《大正藏》冊三十三，頁三一五下）
>
> 然而，佛所說的各種經典，本來就沒有章和段落。道安法師首次分析經典（的內容）為三段。即第一是序章，第二是本論，第三是說明向世間普及的部分。

不過，目前並無可證明此說的道安之注釋，反之，現存道安的注釋書《人本欲生經注》裡，並沒有提到這三種區分。因此，即使首次進行這種區分的不是印度而是中國，道安可能也不是最初者。橫超（一九三七／五八）推測最早為竺道生（卒於四三四）。順便一提，現存的竺道生《妙法蓮華經疏》卷一中確實言及將經典分為三段，但並未明確記載其三段為序、正宗、流通。橫超推測疏的創始者可能也是竺道生。

（四）科段

與前述的內容相關，以「科文」、「科段」等詞語表示經文內容的摘要和段落劃分，也是中國解釋法的特徵，為印度佛教所沒有的。「科段」是段落劃分或區分，將經典按主題切割，並說明其從何處開始與結束，以及前後如何連結。例如，序、正宗、流通的三段劃分，就是關於經典全體的科段。也有「品」（章）等小單位的科段。若進一步將科段細化，就能做出整個經典的一種梗概（synopsis）。這些句子被稱為「科文」，後來也出現自注釋中抽取科文作為獨立的一本書之事例，例如唐朝澄觀的《大方廣佛華嚴經疏科文》（《續藏》所收）就是典型之一。附帶一提，如此詳細的內容分析，尚未在印度佛教文獻中得到確認，然而，卻存在於藏傳佛教中。在西藏，科文被稱為 sa bcad（直譯是「具有區分之物」）。在探尋 sa bcad 起源的研究者之中，有學者通過漢語注釋佛典的藏文翻譯，指出中國的注釋法可能影響了西藏。❼總之，科文、科段是中國佛教獨有之注釋法的一個典型。

（五）《大般涅槃經集解》的科段

現存具體展現南朝注釋學傳統的文獻，有竺道生的《妙法蓮華經疏》、梁代法雲的《法華義記》，以及《大般涅槃經集解》。《大般涅槃經集解》此一注釋書，彙集了數名南朝學僧對北涼曇無讖所譯《大般涅槃經》的注釋，但這並非直接以曇無讖譯的《大般涅槃經》為經文底本，而是以《南本涅槃經》為經文底本。所謂《南本涅槃經》，是將北本（曇無讖譯的《大般涅槃經》）的譯語做了部分修正，並依據法顯譯《大般泥洹經》（別名《六卷泥洹》）之品名，將經典之品名（章名）進行變更而成的編纂經典。

《大般涅槃經集解》收集了宋代的竺道生（三五五—四三四）、僧亮（約四〇〇—六八頃，與《高僧傳》卷七的道亮是同一個人），齊代僧宗（四三八—九六），梁代的寶亮（四四四—五〇九）以及其他人的解說。作為具體紀錄橫亙宋、齊、梁三王朝的南朝注釋學之發展的文獻，是一部非常珍貴的文獻。撰者雖然不明，但隋朝費長房的《歷代三寶紀》卷十一（《大正藏》冊四十九，頁九十九中）中提到的梁代法朗（郎）《大般涅槃子注》七十二卷有可能相當於現存本《大般涅槃經集解》七十一卷（菅野，一九八六／二〇一二）。

《大般涅槃經集解》和梁代法雲的《法華義記》，經常解釋經典整體分為幾段，一章（「品」）分為幾段（或科）。又，劃分科段的方法並不僅限於佛教，梁代皇侃的《論語義疏》中也能看到，皇侃被認為是最初創作《論語》科段的人（喬秀岩，二〇〇一，十一頁以下）。此事可以作為那個時候佛教方面也流行科段的證據。正如學者所指出的一段：《論語義疏》中，使用了「外教」、「印可」以及其他佛教術語（吉川，一九九〇c；徐望駕，二〇〇六）。

（六）「體」、「用」與經典解說

代表中國思辨之一的術語是「體」和「用」的詞語對。在後世朱子學中經常使用這種表達，但在此之前主要是用於佛教文獻中。島田虔次（一九六一）認為：「所謂體，是根本的、第一性的東西，所謂用，是衍生的、從屬的、第二性的東西。二者在相關的意義上被使用」，「體用對舉的表現或論法，一、早在五、六世紀之交，二、主要在佛教系的著作中，就已經明確地出現。」以下梁武帝《立神明成佛義記》以及沈績的注（均收於僧祐《弘明集》卷九）中的一段特別值得關注：

> 故知識慮應明，體不免惑，惑慮不知，故曰無明。而無明體上，有生有滅。生滅是其異用，無明心義不改，將恐見其用異，便謂心隨境滅，故繼「無明」名下，加以「住地」之目。（《大正藏》冊五十二，頁五十四中—下）【《立神明成佛義記》】

因此，心的動作是清晰的，其本體不能離開迷妄，迷妄之心不知〔正確的情況〕，故稱之為無知。另一方面，無知的〔心這一〕本體上有生起和消滅。生起和消滅其作用是不同的，但對於無知這一心而言變化是不存在的。當親眼看到此〔心的〕作用是不同之時，因為擔憂心會隨其對象而消失，因此在「無知」之名的後面，補上「停止的狀態（住地）」一名（以闡明其意義）。

既有其體，便有其用。語用非體，論體無用。用有興廢，體無生滅。（《大正藏》冊五十二，頁五十四下）【對上述正文「生滅是其異用，無明心義不改」的沈績（與武帝同時代）注】

（心這一）本體存在之故，其作用就存在。討論作用一事不是（討論）本體，討論本體一事不是（討論）作用。作用雖然有變動，但本體不會有生起或消滅。

現代中國學者中，有人將體用的起源指向曹魏的玄學家王弼（二二六—四九），或者斷定鳩摩羅什的高足僧肇（約三七四—四一四頃）為體用論者，但這些都缺乏根據，我們很難在齊、梁以前找到體用對舉的明證。

關於體用對舉語法之成立問題，另有一件島田氏所未指出的重要文獻。此即《大般涅槃經集解》，特別是其中所記錄的寶亮之說，詳細內容請參照本書第一篇第三章。《大般涅槃經集解》成立於齊到梁初，書中收集了宋、齊、梁代間對於《大般涅槃經》的諸多注釋之說法。至於寶亮說之成立，若參考《高僧傳》卷八的本傳之記述，可以推定為約在五〇〇年左右（船山，一九九六，六十四頁）。

此處只介紹兩則寶亮關於體用對舉的例子：

談真俗，兩體本同，用不相乖，而闇去俗盡，偽謝真彰，朗然洞照，故稱為佛。（《大正藏》冊三十七，頁三七九上）

若談論終極（的真實）和世俗（的現實）的話，彼二者的本體本是同一的，作用雖然不會相抵觸，但一旦（心的）黑暗消失，世俗盡除，虛假（的狀態）消失，終極（的真實）出現，就會煌煌地照徹（一切），故稱（到達彼境界者）為佛。

「佛性雖在陰、界、入中，而非陰所攝」者，真俗兩諦，乃是共成一神明法，而俗邊恒陰、入、界，真體恒無為也。以真體無為故，雖在陰，而非陰所攝也。體性不動，而用無暫虧。以用無虧故，取為正因。若無此妙體為神用之本者，則不應言「雖在陰、入、界中，而非陰入所攝」也。故知理致必爾矣。（《大正藏》冊三十七，頁四六五上）

「佛性寓於（五）陰、（十八）界、（十二）入之中，但並非（五）陰（、十八界、十二入）所攝」這段經文的意思如下。終極的真實與世俗的現實，二者一起形成單一的精神存在，世俗一方常為〔五〕陰、〔十八〕界、〔十二〕入〔所收〕，終極的本體則常無作為。終極的本體是無作為的，所以它雖存在於〔五〕陰之內，卻不被收攝於〔五〕陰。雖然本體的性質沒有變化，但作用沒有一瞬間欠缺。因為作用沒有欠缺，所以〔佛性這一本體〕是第一原因。如果不將這個絕妙的本體作為精神作用的本體的話，就不能說「寓於〔五〕陰、〔十八〕界、〔十二〕入中，但並非〔五〕陰所攝」。因此可知理法一定是如此之物。

寶亮此種說法，先於武帝《立神明成佛義記》成立，比武帝早了一世代的寶亮，深得武帝的信任。因此，《大般涅槃經集解》中的寶亮說加強了島田的主張。

寶亮說和武帝說的共同特徵在於，二者都是以所謂的「如來藏思想」之特殊教理為基礎，將體、用分別使用在把心的構造區分為深層（長時不變持續存在的心之狀態）和表層（於每瞬間移行變化的現象性格之心）的個別文脈上。如此的術語使用法一旦成立，之後即在各種文脈中被廣泛地使用。梁武帝於中大通五年（五三三）的御講中，針對般若經題「摩訶般若波羅蜜」所做的如下之解說中，便將體、用應用於經典的結構分析：

> 摩訶此言大。般若此言智慧。波羅此言彼岸。蜜此言度，又云到。具語翻譯，云大智慧度彼岸。……此中有四意。一稱德，二出體，三辨用，四明宗。大是稱德，智慧

是出體，度是辨用，彼岸是明宗。（《大正藏》冊五十二，頁二三九上）

> 「摩訶 mahā」，就中國語而言是「偉大的」的意思。「般若 prajñā」是智慧的意思。「波羅 pāra[m]」為對岸的意思。「蜜 (m)i」則是渡行的意思，也可以說是到達的意思。如果整體翻譯的話，〈摩訶般若波羅蜜〉是大智慧度彼岸——以偉大的智慧到達對岸——的意思。……其中有四個意義。一是特質的稱讚，二是本體的明示，三是作用的辨別，四是根本的解明。「偉大的」是特質的稱讚，「智慧」是本體的明示，「到達」是作用的辨別，「對岸」是根本的解明。

如上分析法，到了後世進一步成為經典的一般注釋法，並應用於科段的經典結構分析上。隋朝吉藏《涅槃經遊意》針對經典結構分析提出「一大意、二宗旨、三釋名、四辨體、五明用、六料簡」（《大正藏》冊三十八，頁二三〇中）六種觀點。這是將體、用普遍應用於經典結構分析的一個直截例子。因而，南齊、梁初之前未曾使用的體、用，在梁以後一舉被廣泛運用，到了隋代，甚至可說達到縱橫自如的程度。這種傾向在唐朝以後更加強烈，體和用在朱子學的書中也被採用，成為談論中國式思考時不可或缺的表現形態。回溯最初形成這種傾向，並奠定其基礎的，就是梁代的佛教。

四、綱要書《成實論大義記》

智藏所撰之《成實論大義記》，富有梁代學術佛教的特色，以下將做概略的介紹（詳見本書第一篇第四章）。

（一）《成實論大義記》的特色與構成

智藏（四五八—五二二）是梁代前期佛教教理學的代表，被列為梁代三大法師之一。三大法師是開善寺智藏、莊嚴寺僧旻（四六七—五二七）、光宅寺法雲（四六七—五二九）。智藏和僧旻的著作已經散佚失傳，不過如前一節所述，法雲《法華義記》仍現存，被收於《大正藏》。

智藏《成實論大義記》是對鳩摩羅什譯《成實論》的一種解說書。不過，它並非通常所謂的「注釋」那樣的「注」或「疏」等詞語所意味的逐字般之注釋，而是針對整體內容進行大要解說的一種綱要書。遺憾的是，《成實論大義記》現今已散佚不存，好在我們仍可從日本平安時代學僧安澄（七六三—八一四）所撰的《中論疏記》等文獻中回收五十餘條佚文（即來自散佚的《成實論大義記》的逐字引文）。

《成實論大義記》是一部教理學綱要書。通常，經典或論書的注釋是按照正文語詞的順序，將正文以短的單位加以切割並解說其意義。這種形式常常被稱為「隨文釋義——逐文解說意義」。但是，《成實論大義記》採用了與這種通常的注釋完全不同的書寫形式，易言之它是一種綱要書，是窺知中國特徵的佛教綱要書原形的最早文獻。

《成實論大義記》構成的詳細情況，將在本書的第一篇第四章第五節〈《成實論大義記》的特徵〉「（一）構成」中說明，現今此處僅止於確認其大略。鳩摩羅什譯《成實論》由二百二十品（章）所構成，以立問應答的問答形式進行論述。全書二百二十品可簡要地分成五大類。亦即從序論部分的「發聚」開始，接著依次以苦、集、滅、道四聖諦為論題，論述「苦諦聚」、「集諦聚」、「滅諦聚」、「道諦聚」，如是總計五大類構成了《成實論》一書。與此相對，智藏《成實論大義記》則由完全不同的論題和順序所構成。即在初卷中收入「序論緣起」（一種總序）、「三三藏義」（關於大乘等三種的三藏）、「四諦義」，第二至第四卷由於無法收集其佚文故內容不明，至於第五卷立了「二聖行義」（關於空行和無我行）、「四果義」（關於小乘修行的初果、二果、三果、阿羅漢果）之論題。之後，到第十二卷為止的內容也可以從佚文中回收到相當程度。然後，第十三卷論述了「十使義」（煩惱的種類及其除去法）和「見思義」（關於小乘修行位的見道和修道）。其後的構成由於不能回收佚文故不清楚，但仍可以看出它與《成實論》本文的構成是完全不同的論述順序。《成實論大義記》無疑是一部系統性論述《成實論》思想內容的書，但其體裁並非通常注釋的「隨文釋義」之形式，讓人感受到在注釋書歷史上的新展開。

此構成，同時也是後來與隋朝淨影寺慧遠《大乘義章》等文獻有關聯的教理學綱要書之先驅。《成實論大義記》作為典型的早期事例值得關注。另外，如上所述，智藏也編纂了《義林》八十卷。從《續高僧傳》卷一的僧伽婆羅傳中所提及的內容來看，《義林》是武帝「勅開善智藏，纘眾經理義」（《大正藏》冊五十，頁四二六下）。再者，由《歷代三寶紀》卷十一，可以看出此書關於經論教理，採取「悉錄相從，以類聚之」這一類書形式的體裁。總之，《義林》是教理學百科全書，從中可以窺見作為梁朝學僧代表的智藏，其致力於教理學整備的情形。

（二）術語「三假」

以下聚焦於「三假」此一術語的形成史，舉例說明六朝佛教教理學之一部分。

所謂「三假」，意指三種假象——假象的存在、現象的存在——即所謂「因成假」、「相續假」、「相待假」三種。簡單地說，「因成假」是如人、桌、書等，由多個原因構成結果的假象，也可以說是「緣成假」。「相續假」則如通過一生而將我視為一個人格時的「我」，這是作為時間連續體的假象。「相待假」是指如長短、大小、父子、君臣等相對存在的假象。這個概念成立於六朝時代的中國。雖然此學說的內容有一部分係根據於印度佛教，但這三種術語其本身是起源於中國的。從隋朝吉藏《大乘玄論》卷一（《大正藏》冊四十五，頁十八中）等中，可以看到直接敘述這種三假說的紀錄，由此可知「三假說」在隋朝時期就已完全確立，並被廣泛地使用。另一方面，如果追溯其時代，「三假」此一名稱可以在鳩摩羅什譯《摩訶般若波羅蜜經》（大品經）卷二的〈三假品〉這一章的章名中看到，但其實際內容不同，是指「名假施設」（與名相關的假象的設定）、「受假施設」（具體含義不詳）、「法假施設」（與事物相關的假象的設定）三種（《大正藏》冊八，頁二三一上）。鳩摩羅什譯《大智度論》卷十二則列舉了「相待有」、「假名有」、「法有」（《大正藏》冊二十五，頁一四七下）。如果與後代的「三假」比較，「相待有」（相對存在）相當於「相待假」，「假名有」（只有由諸原因的集合所成的名字之存在）相當於「因成假」，但是「法有」（實體的存在）與「相續假」並不對應。鳩摩羅什譯《成實論》中也還有其他規定，即卷二的〈法聚品〉中有「相待有」（《大正藏》冊三十二，頁二五二中）一詞，另一方面，卷十三的〈滅盡定品〉中則說「假名二種，一因和合假名、二法假名」（《大正藏》冊三十二，頁三四五上）。綜上所述，可知鳩摩羅什譯中並沒有與吉藏列舉的「三假」完全一致的詞語。那麼「三假」是什麼時候且是怎樣形成的呢？

北涼的曇無讖譯《大般涅槃經》中有一節說「世法」有五種（南本，《大正藏》冊十二，頁六八四下—六八五上），繼承此一說法，並被收錄於《大般涅槃經集解》的僧亮之說中，將這五種命名為「有眾分假」、「相續假」、「相待假」、「法假」、「受假」，並將它們規定為二諦中的世諦（世俗的存在）（《大正藏》冊三十七，頁四八八上）。僧亮說的年代約為四六〇年（船山，一九九六，六十三頁）。另一方面，此後，被推測於齊代的四九〇年左右形成的僧宗之說中，使用了與「相續假」、「因成假」、「相待假」這三種幾乎完全相同的語詞，如下所述：

夫法有有同異。若是有為，則備三種。以其體無常故，是相續假。以其無自性故，有一時因成假也。相待得稱故，有相待假。（《大般涅槃經集解》卷四十六，《大正藏》冊三十七，頁五二三中）

大概諸存在中有相同的（性質）和不同的（性質）。被造作的存在（有為）具備（以下）三種（性質）。因為其本體不是恆常的，所以（被造作的存在）是作為時間連續體的假象（相續假）。由於（被造作的存在）本來就沒有固有的性質，所以是由僅在某個有限的時候存在的各種原因所構成的假象（有一時因成假）。因為是相對命名的，所以是相對存在的假象（有相待假）。

此處，僧宗將被造作的存在（有為）分類整理為三種。「有一時因成假」與「因成假」基本上是相同的，「有相待假」可以判斷為與「相待假」相同，儘管三種皆有出現，但並沒有用「三假」這個詞來稱呼。另外，在全部《大般涅槃經集解》中，僧亮在其他地方也未曾使用「因成假」、「相待假」。

僧宗以前，在五世紀中葉到後半期，被認為是在中國編纂的偽經之一有《仁王般若經》一書。在其卷上的〈菩薩教化品〉中使用了「相續假法」、「相待」、「緣成假」這些語詞做一系列說明（《大正藏》冊八，頁八二八下）。不過，此處也與僧宗的情況一樣，尚看不到將它們總結為「三假」的表達。另外，根據與此不同的文脈，可以推測僧宗知道《仁王經》的可能性很高（船山，一九九六，六十五頁）。因此，僧宗很可能知道《仁王經》〈菩薩教化品〉的說明。綜上所述，在南齊約四九〇年的階段，無法找到「三假」這一術語的使用或是將「相續假、相待假、因成假」這三者作為一組的表達方法。那麼，在僧宗的下一世代所作《涅槃經》注釋中情況如何呢？大約是齊末梁初五〇〇年前後（船山，一九九六，六十四頁）的寶亮注釋中，有將「緣成假」和「相續假」對比使用的注釋文（《大正藏》冊三十七，頁五〇九上），也有猜用「因成假名」一詞的注釋文（《大正藏》冊三十七，頁五五九下）。但是，在《大般涅槃經集解》全文中，找不到使用「三假」一詞的注釋文。

與此相對，梁代智藏的《成實論大義記》中「三假」已經確立，可從以下安澄的引用看出：

《大義記》第七卷假名實法義中云：「五塵及心并無作，此之七法，名為實法。撿世諦有唯此七法也。因成、相續、相待，此云假名。」乃至廣說也。（安澄《中論疏記》卷五本，《大正藏》冊六十五，頁一〇九下）

在《成實論》大義記》第七卷的「假名實法義（徒有其名的存在和真實的存在）」中說：「（感覺器官的）五種（根據感覺器官的）認識對象、心、無作（無表業）的七種存在是實在的。檢討世俗的現實時，只有這七種存在是實在的。由原因所成之物、時間上連續之物、相對之物，這（三種）是徒有其名的存在。」云云詳細敘述。

除此之外，安澄的引用還有「案《大義記》第八卷二諦義中，因成假、相續假、相待假，此謂三假」（《大正藏》冊六十五，頁十六下）。在梁代之時，三假一用語在佛教徒間廣為人知，這可從沈約〈佛記序〉（《廣弘明集》卷十五，《大正藏》冊五十二，頁二〇一上）中，使用包含三假的「二諦三假之淵曠」一句得到證實。

重新整理以上諸師之注釋年代，僧亮說是四六〇年左右，僧宗說是四九〇年左右，寶亮說是五〇〇年左右（船山，一九九六，六十三—六十四頁）。而且，關於偽經《仁王般若經》的編纂年代，推估範圍大約不出四五〇—四八〇年（船山，一九九六，七十—七十四頁；二〇一七a，十八頁）。另一方面，智藏的年代是四五八—五二二年，屬於寶亮的下一代，因此《成實論大義記》的年代也收攝於同一時期。儘管僧宗和寶亮之說中相當於三假說之處被認為是部分前提，然而「三假」概念本身並沒有明顯建立，相對於此，智藏《成實論大義記》之中「三假」則明確地確立，由此觀之，「三假」這一概念在中國確立的時間大概是在南朝，時間是五〇〇年代初，這樣的界定應無太大的問題。而且這一潮流在此後也會持續展開，正如在吉藏的著作中所看到般，「三假」在隋朝以後終於完全確立。

以上通過對「三假」成立過程的概觀，舉例說明《成實論大義記》在六朝隋唐佛教史上所占位置之重要性。另外，與此相關聯的討論，請一併參考本篇後述的第四章第五節（三）「三假」部分。

五、表示「佛教圖書館」的語詞

最後，筆者擬從不是將佛教經典的文句作為記憶，而是作為被書寫的文獻，而加以收集保管的建築設施這一觀點，來重點介紹收納佛書的圖書館。此處先申訴部分結論，即：作為意指佛教圖書館的語詞，在南朝使用了「經藏」、「經臺」、「般若臺」（與波若臺相同）。以下具體討論其用例。

（一）「經藏」

梁代僧祐《出三藏記集》卷十二的〈法苑雜緣原始集〉經藏正齋集卷第十，著錄了以下記錄的題名：

> 定林上寺建般若臺大雲邑造經藏記第一
> 定林上寺大尉臨川王造鎮經藏記第二
> 建初寺立波若臺經藏記第三……下略……（《大正藏》冊五十五，頁九十二下）

遺憾的是，由於正文散佚，無法參照正文了解實際內容，雖然如此，我們僅從題目也能得到一定程度的資訊。此處的「經藏」一詞是作廣義的理解，意指佛教圖書館。以上三行中，第二和第三比較容易理解。首先，第二行意指「在定林上寺，大尉臨川王造鎮經藏的紀錄」，此中大尉臨川王大概是梁武帝的弟弟蕭宏。第三行大約意指「在建初寺建立波若臺經藏的紀錄」筆者雖欲將「波若臺經藏」一詞理解為經藏名，或者位在名為般若臺之建築內的經藏之意，然而般若臺和經藏猶有其他解讀的可能性。

相對於此，第一行的意思很難理解。對此，饒宗頤（一九九七／二〇一四）將「般若臺大雲邑經藏」視為一個較長的經藏名稱，認為它隸屬於南齊定林上寺。但是，饒氏的解釋是有問題的，因為忽略了中間「造」字的存在，或者將其視為衍字。如果單純地解讀「建……造……」這二個動詞，那麼筆者認為有可能讀為「在定林上寺建般若臺，在大雲邑造經藏之記」。❽通常，如果文字寫作「造經藏」，只能理解為「建造經藏」。雖然對於大雲邑為何，毫無頭緒，但是在同樣的〈法苑雜緣原始集〉中，有「京師諸邑造彌勒像三會記」（「在京師諸邑建造彌勒像三會之記」之意？《大正藏》冊五十五，頁九十二中），其中也使用「邑」、「造」的措辭。由於以上疑點難以解決，待後續進一步考究。至於「般若臺」可能表示某種經藏，此點將於後文說明。

儘管該如何正確地解讀第一行記事，仍是個問題，但此行提到定林上寺有某種佛教圖書館，這一點是無庸置疑的。定林上寺的經藏，正是僧祐編纂《出三藏記集》時所使用的佛書收藏處。據廣為人知的《梁書》卷五十劉勰傳的記載，定林寺經藏是由篤信佛教的在家居士劉勰（四六五—五二一）所設立的。據說他寄身於僧祐（四四五—五一八）身邊鑽研佛學：

勰早孤，篤志好學，家貧不婚娶。依沙門僧祐，與之居處，積十餘年，遂博通經論，因區別部類，錄而序之。今定林寺經藏，勰所定也。

劉勰是個年幼無父的孤兒，但他以深厚的熱情愛好學問。家裡貧窮，沒有娶妻。師事沙門僧祐，與僧祐一起生活，如是持續了十多年，由此得以廣泛通達經典和論書，因此他對佛典的類別進行分類，並將其記錄下來。現在定林寺的經藏（的分類法）是由劉勰製定的。

此處提到的「區別部類而錄」的佛典目錄，正是《出三藏記集》，劉勰實質上支持了《出三藏記集》的編纂（興膳，一九八二）。不過，劉勰所制定的經藏與上述該寺院的其他記事「定林上寺大尉臨川王造鎮經藏記第二」，雙方的具體關係不明。

另外，《高僧傳》卷十一的僧祐傳中也提及「經藏」一詞。而根據《續高僧傳》習禪篇六之餘的法融傳紀錄，南朝宋代，丹陽郡的佛窟寺裡存有經藏，有「七藏經書」（七個經藏，《大正藏》的「七藏經畫」是誤植！），且收錄有佛經、道書等典籍（《大正藏》冊五十，頁六〇四中）。

再者，梁元帝蕭繹《金樓子》〈聚書篇〉中有「又於長沙寺經藏，就哀公寫得四部」，由此可知荊州長沙寺也有很好的經藏❾。

（二）華林園的經藏

在梁代，經藏不僅存在於佛寺。《續高僧傳》卷一寶唱傳提及「華林園寶雲經藏」，從其所言內容可以看出，位於建康的臺城（宮城）中的華林園寶雲殿也設置了經藏（《大正藏》冊五十，頁四二六下）。華林園的寶雲殿又被稱為「華林佛殿」。天監十七年（五一八），寶唱受武帝敕令為其經藏編纂目錄，即《梁世眾經目錄》（又稱華林佛殿眾經目錄）四卷（《歷代三寶紀》卷十一，《大正藏》冊四十九，頁九十四中。《歷代三寶紀》卷十五，《大正藏》冊四十九，頁一二六中。《隋書》〈經籍志〉。Chen J 2007: 18-22）。

（三）「經臺」

追溯歷史的話，可從謝靈運（三八五—四三三）《山居賦》的一段話看出，宋初即已存在「經臺」：

> 面南嶺，建經臺，倚北阜，築禮堂。傍危峰，立禪室，臨浚流，列僧房。（《宋書》卷六十七的謝靈運傳）

以面對南方山峰之形建立經臺（經典所藏庫），在面向北方山丘之處興建講堂（講義場）。沿著陡峭的山峰建造禪室（坐禪專用的建築），在深河之前築造僧坊（僧侶的住所）。

《山居賦》被認為是謝靈運在隱居時期（四二三—二五）所作，描寫他設立石壁精舍的情況（森野，二〇〇三，一七八頁）。上一段提及構成佛寺的經臺、講堂、禪室、僧坊四者。特別是經臺與講堂成對使用，可知經臺是指收藏經典的建築物。

類似的例子，失譯的《舍利弗問經》也很有意思。印度阿育王（Aśoka）的孫子弗沙蜜多羅（Puśyamitra）的時代，曾有人想破壞佛塔、「焚燒」「經臺」。然而經典被彌勒菩薩以神通力移轉到兜率多天，而免於被燒毀。其內容如下所示。

> 次燒經臺，火始就然，飈炎及經，彌勒菩薩以神通力，接我經律上兜率天……。
> （《大正藏》冊二十四，頁九〇〇中）
>
> 進一步，想要燒經臺（經典收藏庫）。火一開始燃燒起來，火焰就立刻蔓延到了經典。彌勒菩薩（Maitreya）借助神通力攜帶我的經和律，飛升到了〔他自己的住處〕兜率天（Tuṣita）。

以上是經典中的描寫，如果原封不動、單純地接受的話，就會變成在西元前阿育王的孫子時代，經典被保管在經臺，且是被書寫在一點火就會燃燒的媒介上。這與印度佛經最早實際書寫最於西元前後這一史實不符。然而本經其實並不是純粹的翻譯，而是法顯回國後，由知道法顯資訊的某位人士在中國編輯的經典（船山，二〇〇七c，一〇六頁）。因此，上一段的內容，並不能告訴我們經臺在西元前就已存在於印度存在，而是應該理解為中國人表現對於印度的印象。也就是說，上述反映出這部經被編纂之時，也就是大約在五世紀時的中國，當時「經臺」一詞已被廣泛認知並使用。

時代往下推移，《續高僧傳》卷九關於隋朝荊州等界寺釋法安傳中，有一段文字也顯示出經臺是指建築設施：

> 春秋六十五，終於等界寺。寺在私洲之上，西望沙洲，即劉虯注《法華》之地，今經臺餘基尚在。（《大正藏》冊五十，頁四九三下）
>
> 〔法安〕享年六十五歲，卒於等界寺。等界寺在私洲，西邊有沙洲。等界寺是劉虯注釋《法華經》之處。現在也保留了一部分經臺的基礎。

劉虯（四三八—九五）是南齊著名的佛教徒，以〈無量義經序〉的作者而聞名，推測亦是

《無量義經》的作者（橫超，一九五四）。他的《法華經》注釋為「注法華經十卷」，被著錄在《大唐內典錄》（《大正藏》冊五十五，頁二六三下）。以上引文提到在他作注之處，還留存有「經臺」的基礎，所以這個經臺也必然是一種佛教圖書館。

作為「經臺」的「臺」意指圖書館的旁證，可以指出漢代的「蘭臺」指的也是宮廷圖書館。

（四）「般若臺」

一般說到「般若臺」，最著名的就是廬山的般若臺精舍（《高僧傳》卷六的慧遠傳）吧❿。但是另一方面，筆者認為也有一些「般若臺」的用例，是表示某些經典的保管場所。以上揭舉的「定林上寺建般若臺大雲邑造經藏記第一」、「建初寺立波若臺經藏記第三」等文中的「般若臺」、「波若臺」即是。這是智慧之臺的意思，倘若將智慧解釋為表示佛智的經典，就可以理解它與經藏的關連。如果只是限定性地解釋般若是指《般若經》，這是失準的。因為經藏不可能只與《般若經》有關。般若臺意指收納經典的臺，極有可能是指經臺之意。再則，在《名僧傳》第十六的曇斌傳（《名僧傳抄》所收）中，有「後於四層寺，中食竟，登般若臺，讀經倦臥，夢見一人」云云一段。從文脈判斷，這座般若臺是可供誦經的高殿，因此，雖然不能完全斷定，但解釋為經臺是可行的。不過，既然也有般若臺精舍的例子，所以斷言般若臺一定是指經臺的論點當然是不恰當的。

（五）「大藏經」、「一切經」、「眾經」

梁代的人們怎麼稱呼被保管在佛教圖書館的整套佛書呢？在現代，「大藏經」這個稱呼是最為普遍的。「大藏經」並不是起源於印度的譯詞，而是在中國成立的詞，但是現在，我們對於此詞之初出和初期的用例，仍有很多未明之處。此詞在六朝時代的用例無法被確認，是到了唐代左右才成立⓫。此外，現在也頻繁使用的稱呼還有「一切經」，此詞從隋唐以前就被使用，不過，現在已證實其首次用例並非出現於南朝而是北朝。亦即，北魏太和三年（四七九）有書寫十部一切經的紀錄（竺沙，二〇〇〇ａｂ）。由此可知「一切經」的說法在北朝被使用過。

同時代的南朝找不到「一切經」的用例。類似的表達有「三藏經」，但似乎沒有將其用作書寫、收藏的大藏經或一切經之同義詞的例子。那麼，若問六世紀前半的南朝之稱呼為何？筆者認為「眾經」一詞是最為普遍的。⓬梁代表示一切經目錄之類的名稱，如上所述，有寶唱《梁世眾經目錄（華林佛殿眾經目錄）》四卷，經錄中的「眾經」之使用是釋道安《綜理眾經目錄》以來的傳統。至於寫經跋文等的史料，在鳩摩羅什譯《摩訶般若波羅蜜經》卷十五之末，有「〔天監十一年〕壬辰歲」（五一二）江州刺史建安王蕭偉

「敬造眾經一千卷」的紀錄（《大正藏》冊八，頁三三四下；池田温，一九九〇，一〇二頁）。

小結

本章嘗試概述中國學術佛教的特徵，聚焦於梁代，特別關注四點。第一，南朝宋的後半期（五世紀後半）之後，由於譯經事業突然停滯，齊、梁時期，編纂了多部整理現有漢譯佛典內容的大型佛書，成為代替譯經之活躍的佛教活動。第二，轉讀和梵唄作為與知識輸入面相關的經典讀誦方法而盛行一時，與此相關的學術要素，值得注意的是佛教中音義書的製作實際上可以追溯到梁代，亦即《出要律儀》中所收的音義。第三，梁代的學問佛教備受矚目，此時期形成如後來唐代注釋文獻中所知的佛典注釋和解說方法的原型。注釋學的成立是接受佛教學術的基礎。本章特別重視介紹了梁代注釋學特色的《大般涅槃經集解》和智藏的教理綱要書《成實論大義記》。第四，本章指出「經藏」或被稱為「經臺」、「般若臺」的佛教圖書館的建立，也對學術佛教基礎之形成發揮了一定的作用。不過，本章所指出的事項中，有些並非從梁代開始，而是源自更早的時代。筆者的用意是想將梁代的學術佛教，當成是一個包含先前既存的各種現象，且這些現象彼此有機地聯繫起來，形成一個對後代產生影響的統合性時代，然後由此角度來評價梁代學術佛教的意義。

以南朝為例，若論及大力護持佛教的皇帝，可舉出宋文帝和梁武帝二人。其中，宋文帝為相繼到來之外國僧人所主導的譯經事業投入了相當的財力。反之梁武帝的時代是譯經停滯的時代，其作為虔誠的佛教徒，則致力於應用現有的漢譯整理教理等內容，此二者可勘稱對比。特別是，一般而言百卷以上的編纂物單憑一人的知識或勞力可能會有力所未逮之處，因此國家規模的支援應該發揮了很大的作用。

毋庸贅言，與後來隋唐興盛繁榮的發展相比，有許多齊、梁時代不存在的要素。若問齊、梁佛教所重視的經典為何的話，詳細的考證暫且省略，若就經典方面而言，有曇無讖譯《大般涅槃經》、《菩薩地持經》，鳩摩羅什譯《法華經》、《維摩經》、《大品般若經》、《金剛般若經》，求那跋陀羅譯《勝鬘經》，吳代支謙譯《太子瑞應本起經》，吳代維祇難等譯《法句經》，西晉的法炬、法立共譯《法句譬喻經》等。總之，基本的大、小乘經典的諸要素，特別是原始大乘經典，以及宣說空思想、如來思想的大乘經典，在梁代幾乎都齊全了。

至於也可稱之為中國中觀派的三論之學，在梁代時期還未能到達如後來吉藏般的發展程度，不過此時《中論》、《百論》、《十二門論》三部論書皆已齊備。作為四論時所增加的《大智度論》也早已獲得重視，並有相當深入的研究。三論學祖師之一的僧朗也為梁武帝所重視（《高僧傳》卷八法度傳中所附的僧朗傳，陳代江總的〈攝山棲霞寺碑〉）。但「三論」一詞是中國人所創立的，不存在於印度佛教。《高僧傳》〈義解篇〉裡的卷七至卷八之中可見到多個用例，於此可知梁代時期三論的總稱已經成立。此詞成立的時間或可上溯，有可能在鳩摩羅什弟子們之間就已經形成。⓭另一方面，例如經過北朝的地論宗和陳代的真諦和攝論宗後，唯識學（法相學）於隋唐時開花結果，在梁代則未見萌芽。同樣地，天台、密教、華嚴、禪等在梁代也不存在。又若就「論書」而言，除了鳩摩羅什譯的《成實論》和《大智度論》很重要之外，《阿毘曇心論》、《雜阿毘曇心論》、《阿毘曇毘婆沙》等毘曇（abhidharma）也有相當程度的研究。亦即，相當於唐代的俱舍學，在梁代，是經由對《成實論》和毘曇諸論書的研究來進行的，不過若說到《俱舍論》本身的翻譯，仍必須等到陳代的真諦和唐代玄奘的出現。

如上所述，梁代確實缺乏若干對後世重要的元素，但另一方面，與印度涇渭分明的中國特有的經典解釋法，以及作為佛書聚集基地的經藏、目錄、音義等，這些構成中國佛教的若干重要因素已經在梁代成立，這說明梁代佛教對中國接受佛教之基礎的形成，提供了巨大的貢獻。

注釋

❶ 關於討論到梁代文學活動中編纂書意義的最新研究，可以參考 Tina（2007）。雖然此書對佛書的關注不多，但根據此書所示的視角，從與文學活動的關係來考慮梁代的佛書編纂活動也很有幫助。正如本章所指出的，大型佛書的編纂活動並不是在梁代才開始的，其受到南齊，甚至追溯到南朝宋後半期以來的潮流，這點不容忽視。在此意義上，可以將佛書編纂活動定位在文學書編纂活動之前的動向。

❷ 以轉讀和梵唄馳名的僧人，被立傳於《高僧傳》卷十二的〈誦經篇〉和卷十三的〈經師篇〉。綜觀〈經師篇〉的各傳，可以看出轉讀和梵唄是在宋孝武帝時代以後（即五世紀後半期）突然再次流行。這顯示轉讀和梵唄與齋會（佛教禮儀）的流行密切相關。近年來關於轉讀的研究，請參考船山（二〇一五）。

❸ 關於撰者是寶唱一事，請參考小野玄妙（一九三二）。近年來，也有將本書譯成德語的 Chen Ch（2004）和英譯的 Vira / Yamamoto（2007）二譯本（然英譯本問題很多）。Pinte（2012）指出《翻梵語》所理解的梵語有錯誤。

❹ 關於《出要律儀》，請一併參考船山（二〇〇九，九十七—九十八頁；二〇一三a，一八九—一九一頁）。

❺ 關於《出要律儀》的卷數，本文提及的《續高僧傳》法超傳作十四卷，但經錄中也有不同的記

述，如二十卷、二十二卷等。有趣的是，《大唐內典錄》卷十中有「出要律儀（二十卷并翻梵言三卷）」（《大正藏》冊五十五，頁三三一中）一句，從此句可以看出，除了正文二十卷之外，還附有「翻梵言三卷」。

❻ 就與中國對比的意義而言，此處順帶一提印度佛教的注釋。印度成立的「經」（sūtra）注釋，其注釋中並非全部包含經的本文。但若非「經」注釋而是論書注釋的話，則不僅限於論書作者自注的情況，甚至在散文形式的注釋中，有時也會包含所有韻文形式的本文。

❼ 認為西藏的 sa bcad 可能起源於中國佛教的研究，請參考 Steinkellner（1989: 235），Schoening（1996: 119-120——支持 Steinkellner 說），Verhagen（2005: 195——不提及 Steinkellner 說，獨自指出同樣的可能性）。

❽ 劉淑芬（二〇〇九，二二四頁）提出了與筆者推定相同的解釋。劉氏將有疑問的一節劃分為「定林上寺建般若臺、大雲邑造經藏記第一」，指出「大雲邑」可能是佛教社邑的名字，並進而嘗試進行與此相關的有趣推測。

❾ 關於六朝時代的經藏概說，另請參考湯用彤（一九三八，五九三頁）。令人費解的是，他只舉出「大雲邑經藏」是南齊的經藏，卻未說明其與定林上寺和般若臺的關係。

❿ 廬山的寺名為般若臺精舍的「般若臺」是什麼意思呢？管見所及，資料不夠充分，無法確定。根據《高僧傳》卷六的慧遠傳，般若臺精舍是位於廬山北部的寺院，供奉著阿彌陀佛（《大正藏》冊五

十，頁三五八下。吉川、船山，二〇〇九b，二一〇頁）。另外，根據《高僧傳》卷一的僧伽提婆傳，這也是東晉的僧伽提婆為了佛典漢譯而滯留的寺院（《大正藏》冊五十，頁三二九上。吉川、船山，二〇〇九a，一二三頁）。同樣的寺名，僧祐《出三藏記集》卷十三的僧伽提婆傳記載為「波若臺」（《大正藏》冊五十五，頁九十九下），因此既可以稱為「般若臺」，也被稱為「波若臺」。儘管這畢竟是後代的史料，但陳舜俞《廬山記》卷二提及廬山的隆教院時說明：「〔隆教院〕在般若峰頂，舊名般若臺。」（《大正藏》冊五十一，頁一〇三三上）。據此，般若臺應是指位於般若峰山頂的臺。《廬山記》卷三所述的「般若臺隆教院」（《大正藏》冊五十一，頁一〇三八上）也應是同一個地方。關於以上內容還有待進一步考察。

⑪ 參考方廣錩（二〇〇六，三—四頁）。作為隋朝天台智者大師智顗（五三八—九七）傳記，智顗的直傳弟子灌頂（五六一—六三二）所編纂的《隋天台智者大師別傳》，其末尾有「大師所造有為功德：造寺三十六所，大藏經十五藏，親手度僧一萬四千餘人，造栴檀、金銅、素畫像八十萬軀，傳弟子三十二人，得法自行不可稱數」（《大正藏》冊五十，頁一九七下）。方氏注意到這句話，論述了「大藏經」一詞在隋代已經存在的可能性。另一方面，方氏也注意到以上一節在傳的末尾有提到這些是「銑法師」所言，方氏因此作結論表示除非能確定「銑法師」是誰，否則不能斷定「大藏經」一詞存在於隋代。如是，方廣錩無法確定「銑法師」，但依筆者之見，只要考量「銑法師」是天台系人，時間在智顗之後，那麼自然可以確定他是何人。亦即，筆者認為此人就是贊寧撰《宋高

僧傳》卷五所立傳的「唐錢塘天竺寺法銑」（七一八—七八，也作法詵亦作法銓），此人以撰《梵網經菩薩戒疏》二卷而聞名。若然，方氏所著眼的「大藏經」之用例就變成是八世紀後半期以後的後代人所補充，與「大藏經」的首次出現無關。現在，「大藏」乃至「大藏經」一詞在六世紀前半葉已被使用一事是明確的，但還沒有辦法確定其首次出現的用例。

⑫ 除此之外，在表示一切經典的意義上所使用的「一切經藏」一詞的用例在《賢愚經》（《大正藏》冊四，頁四四二中）和《摩訶摩耶經》（《大正藏》冊十二，頁一〇一四上）中都有，但由於與佛書的目錄沒有直接的關係，所以它們應該與「一切經」的起源分開來理解。

⑬ 「三論」的用例，請參見吉川、船山（二〇一〇b）書名索引的「三論」。關於「三論」在鳩摩羅什門下的弟子們之間早就形成的可能性，請參見吉川、船山（二〇一〇a，七十三頁注一）。

第二章　體用思想的起源

一、島田虔次說

中國哲學思辨的代表性術語之一是「體用」。島田虔次（一九六一）首次指出「體用」的最早期用例見於劉勰《文心雕龍》〈徵聖〉和梁武帝《立神明成佛義記》（《弘明集》卷九）。島田說迄今被中國思想史（池田秀三，一九九〇；土田，二〇〇一）和佛教學（柏木，一九七九；竹村，一九八五）雙方學者所認可。本章沿襲先進們的研究，嘗試對最早期的體用用例進行補充。

島田認為「體是根本的、第一性的，用是衍生的、從屬的、第二性的，被使用在與此相關的意味上」，「體用對舉的表現或論法，一、已明確出現於五、六世紀之交，二、主要在佛教相關著作中出現」（一九六一，四二九頁）。確實以此時為界，在之後的文獻中突然開始使用體和用的表達。而且這不限於南朝，也被使用於菩提流支《金剛仙論》（竹村，一九八五，一一四頁）和淨影寺慧遠《大乘義章》等北朝文獻中，又，六朝末成立的

《大乘起信論》——現在暫且不論其如何成立——出現了「體大」、「相大」、「用大」的體相用說，其結果，體、用二項乃至體、相、用三項，到隋代吉藏為止被頻繁地使用，到達可說是幾乎無所不在的程度。

體用對舉一旦成立，就超越了原本的情境，迅速應用於各種文脈中。舉例而言，吉藏《涅槃經遊意》把它們作為分析經文結構的手段，設定了「一、大意。二、宗旨。三、釋名。四、辨體。五、明用。六、料簡」這六個視角（《大正藏》冊三十八，頁二三〇中）。其中，體、用以「辨體」、「明用」的形式對注釋和論書的體例也產生了影響。在吉藏之前，同樣的表現也見於中大通五年（五三三）武帝的御講錄（《廣弘明集》卷十九）中，在分析經題「摩訶般若波羅蜜」時，分別對其音譯字進行了說明，即摩訶是大，般若是智慧，波羅是彼岸，蜜是度，並將題名對應於「一、稱德。二、出體。三、辨用。四、明宗」四義，分別解說「大是稱德，智慧是出體，度是辨用，彼岸是明宗」（《大正藏》冊五十二，頁二三九上）。其中，「體」意指般若的智慧，「用」意指般若所具有的度脫的作用。如果進一步追溯這種風格，可以舉出梁代三大法師之一法雲的《法華義記》。法雲從「釋名義第一，覆明體相第二，明名有通別第三，明用有興廢第四，釋會五時經故辨二智不同第五」的角度分析〈方便品第二〉的內容（《大正藏》冊三十三，頁五九二中；菅野，一九九六，一三一頁）。雖然無法知道《法華義記》確切的成書年分（菅野，一九九六，二十頁），但毫無疑問，法雲（四六七—五二九）與武帝對佛教的理解有關，尤其是屬神不滅論系譜的《立神明成佛義記》之成立。因為根據《續高僧傳》卷五的法雲傳所述，在范縝的《神滅論》之後，武帝以敕命請求法雲回答的同時，也透過法雲要求臣下回答（《大正藏》冊五十，頁四六四中）。《弘明集》卷十的《大梁皇帝敕答臣下神滅論》則記錄了具體的情況。

二、神不滅論與如來藏思想

島田說特別關注梁武帝的《立神明成佛義記》。此書的成書年代被推定為天監六年（五〇七）左右（諏訪，一九八二／九七，二十九頁）。武帝此部論著可被定位為是自東晉廬山慧遠（三三四—四一六）以來，持續在非佛教徒之神滅論與佛教徒之神不滅論之間的論爭之作。

印度佛教認為一切眾生的精神皆反覆於瞬間生滅，不可能永續，此乃所謂的「剎那滅」理論。因此，絕不承認印度傳統宗教所認可的永遠不滅的個我（ātman）之存在。雖否定永恆個我，但作為事物或精神之每一瞬間的因果關係，維持業果（karman）理論、瞬間生滅的心，則被認為不管是在現世生存期間，還是在死後也都會一直持續下去。總之，雖絕不承認有永遠不滅恆久的心，然而就各個瞬間中反覆生滅的心乃是連綿不斷的，死後亦不斷絕的意義上，印度佛教主張「神不滅論」，也就是主張心是不滅的，瞬間的心於死後也持續不滅這樣的理論。這也就是東晉末慧遠和南朝宋所主張的佛教之神不滅論，而以此潮流為基礎發展出更精緻的理論。轉捩點為北涼曇無讖（三八五—四三三）所譯《大般涅槃經》的登場。《大般涅槃經》的漢譯於四二一年完成，約十年後的四三〇—三一年左右，傳入南朝都城建康，產生極大的影響（湯用彤，一九三八，六〇六頁；塚本善隆，一九六四／七五，九十二頁）。

曇無讖所譯的《大般涅槃經》，是一部大力宣揚如來藏思想的嶄新之大乘經典。如來藏思想是主張一切生物（眾生）都隱藏著將來成佛的潛力。「一切眾生悉有佛性——一切生物都具有佛的素質」這句話最確切地表達此思想。如來藏思想在大乘中是比較晚產生的新思想。例如活躍於曇無讖不久之前著名的鳩摩羅什（四〇九頃卒）對如來藏學說便一無所知（請參考本篇第一章第一節（二））。

《大般涅槃經》的如來藏思想，被緊接其後的其他漢譯經典進一步強化。最直接的例子是南朝宋求那跋陀羅（三九四—四六八）所翻譯的《勝鬘經》。特別是在《勝鬘經》所說的煩惱（迷）之教說中，有一種在生物心內最深層而最難以除去的煩惱，被稱為「無明住地煩惱——住於根本無知的煩惱」，在梁武帝《立神明成佛義記》中也明確地使用了這個語詞。由此可知，《立神明成佛義記》的思想是以神不滅論為基礎，進一步引入如來藏思想的。

武帝的《立神明成佛義記》是最早明確表述體用對舉的文獻之一，這告訴我們，體用對舉的表達，與闡述將一切眾生迷惑心轉化為覺悟心之過程的理論具有不可分割的關係。這一點，儘管在島田的論文中並沒有明確地說明，但從南朝佛教思想史的形成來看應無疑義。簡單來說，便是將心在每一瞬間反覆生滅的現象稱為「用（作用）」，而對於心即使經歷生滅，卻連續不斷、保持心底覺悟之潛在可能性的不變本質，則以「體（根本、本體）」來表示。

如是，承認死後輪迴轉生的神不滅論認為，雖然人的心的確反覆地經驗剎那生滅，卻能超越這種變化，在死後依然繼續存在，正因如此，人們才能實現原本就有之覺悟的可能性。

三、體、用與漢譯佛典

前一節已經指出，中國體用對舉的概念起源於西元五〇〇年左右，是在將佛教的如來藏說、佛性說和神不滅論合在一起討論的背景中產生的。同時也提出法雲是最早開始使用用體、用這一對概念的佛教僧人之一。那麼，這種體用對舉的概念是起源於中國思想，或該將其視為起源於印度的翻譯術語，透過漢譯經典傳入中國呢？

倘若假定體、用的使用是起源於漢譯佛典的語例，則有必要鑑別漢譯佛典。為釐清體用說源頭為漢譯佛典的某時期，而考察唐朝玄奘等人的翻譯用例是毫無意義的。誠然，在玄奘的翻譯中可以看到體、用等譯語。舉例來說，玄奘譯《阿毘達磨順正理論》中可見將體、用或自體、用兩者對比地使用的譯例（《大正藏》冊二十九，頁三五五中）。但該時期較中國佛教開始採用體、用的時期，晚約二百五十年。因此從玄奘的翻譯探討體、用的印度起源是本末倒置的。

以收錄於《大藏經》之真諦譯《大乘起信論》中所提及的「體大」、「相大」、「用大」三項（《大正藏》冊三十二，頁五七五下），來論述體用對舉的起源也是無益的。因為在《大乘起信論》出現之前，體、用的概念就已經存在於其他文獻之中。且不說《大乘起信論》是否真的是印度語文獻的逐字漢譯也有很大的問題。

同樣地，就北朝佛教文獻的情況而言，我們可注意到在北魏菩提流支所譯的《金剛仙論》中多次出現體用對舉的翻譯用例，而曇鸞所作的《淨土論注》（《大正藏》冊四十，頁八四一中）中也有實例；另外，南朝漢譯佛典中，真諦翻譯的《十八空論》（《大正藏》冊三十一，頁八六一上）和同樣為其所譯的《顯識論》夾注（《大正藏》冊三十一，頁八八〇中）之中都有。然而，這些都是法雲之後的譯本或撰述，因此不能作為探討印度起源說的參考。為探討體用對舉起源於印度的可能性，我們應該詳細調查五〇〇年以前的漢譯中，是否有體用對舉的翻譯實例。

竹村（一九八五，一一二—一一三頁）記載了《大乘起信論》的體、相、用與梵語原典《楞伽經》（*Laṅkāvatāra-sūtra*）第二章一七九偈前半部分“nāhaṃ nirvāmi bhāvena kriyayā lakṣaṇena ca /”之間對應的可能性，主張「體」的原語是bhāva（事物、物），「相」的原語是lakṣaṇa（特徵、特性），「用」的原語是kriyā（作用、動作），認為「體、相、用的原語可以推定為bhāva, lakṣaṇa, kriyā」。這是一個值得關注的觀點，但同時，也存在不少問題。第一個問題是，竹村只有指出《楞伽經》原典中的一處用例，就以此推定所有的體、相、用或體、用的用例的原語，這在論證過程中顯得過於跳躍，很難令人立即信服。正如竹村本人所自覺的那樣，畢竟語言的語境和意義本來就是完全不同的。因此，不得不懷疑，這是否真是對應的？是否是體、用的源頭？毫無疑問，這是一個值得注意的實例，但《楞伽經》的例子也許只是偶爾出現了類似的三個概念，也缺乏排除其他原語比較的根據。

再者，《楞伽經》的漢譯語也存在問題。對應的偈頌在南朝宋求那跋陀羅譯《楞伽阿跋多羅寶經》中是「我不涅槃性、所作及與相」（《大正藏》冊十六，頁四九六中）。

單就語詞的對應來說，可確定「性」為 bhāva 之譯，「所作」為 kriyā 之譯，「相」為 lakṣaṇa 之譯，其中「性」一字有問題，解讀困難，更重要的是「性」、「相」、「所作」三字與「體」、「相」、「用」或者「體」、「相」都不同，因此作為翻譯詞語，與漢語找不到關聯。另外，作為異譯的北魏菩提流支譯的《入楞伽經》，若根據《歷代三寶紀》卷九的敘述，其譯出年代是在延昌二年（五一三），比使用體、用的武帝《立神明成佛義記》還要晚。這個譯本原可不列入考慮，但出於慎重，此處仍再次確認。在此譯本中，對應的譯語是「我不取涅槃，亦不捨作相」（《大正藏》冊十六，頁五三八下）。此譯不僅比求那跋陀羅的翻譯更不對應於現存的梵文原典，並且沒有使用體和用。

此外，還有一個問題是，在四、五世紀的中國，《楞伽經》到底對佛教思想產生了多大的影響。正如上述所示，《楞伽經》初譯是南朝宋求那跋陀羅翻譯的，其內容晦澀難懂，就漢語而言也非常難讀（參考高崎，一九八〇，十七頁、六十三—七十頁）。因此，漢譯之後並未找到此經影響南朝佛教教理學的痕跡。它不僅沒有作為如來藏思想的經典受到關注，也沒有漢人注意到其實其中內含唯識思想。反而直到六世紀之後，才開始重視《楞伽經》，眾所周知，梁武帝將它作為禁止肉食的經典而予以重視，但除此之外，找不到從其他觀點上對此經有過關注的跡象（船山，二〇〇〇b，一二九—一三〇頁）。《楞伽經》的思想是在地論宗的形成過程中才受到重視的，地論宗始於六世紀北朝的北魏，該時期晚於南朝約五〇〇年開始使用體用對舉的時期。

綜上所述，考量《楞伽經》的各種問題之後得到的結論是，體用對舉的用法不可能來自《楞伽經》的漢譯。

無庸贅述，就五世紀一百年間南北朝佛典漢譯的一般體例而言，筆者認為將「體」的對應梵語設想為 svabhāva（該物自身，本體）、ātman（自身），或者 bhāva（事物）的任一者乃是合理且自然的推測。而作為相當於「用」的梵語，kriyā（作用、動作）、vṛtti（作用、功能）、vyāpāra（活動、運作）、śakti（力、效力、效能）等是可能的。但是，要在梵語佛教的文獻中找到將這兩個術語組合起來，作為對舉的兩項來說明存在或現象的事例，則不是一件容易的事。

總之，體和用是與存在論根源相關的基本思考方式。雖然在印度文獻中或許能找到對應的語詞，但不能單從印度佛教的情況來解釋，而完全無視中國風格的佛教思想形成史，因此，應是看作體、用起源於漢譯佛典譯語之可能性是極低的。

四、過往之異說

接下來，我們必須檢驗體用對舉的文獻是否可以追溯到《立神明成佛義記》之前。不過，關於體、用首次出現的用例，有兩種與島田說不同的說法，在進一步討論之前，筆者想先做簡要介紹。

第一種不同的觀點，認為曹魏王弼（二二六—四九）在為《老子》作注時，曾經使用過「體」和「用」作為表示思想範疇或思考形式的對舉術語，時間比佛典更早。例如，程艾蘭（Anne Cheng）（二〇一〇，三二三頁注十二）針對王弼的《老子》第三十八章的注釋，提出如下說明：「『體』和『用』首次成對地被使用。這一對概念在王弼的著作中只出現過這一次，後來在佛教以及宋代以後的新儒教文脈中被廣泛使用。」王弼《老子道德經注》的原文如下：

> 萬物雖貴，以無為用，不能捨無以為體也。捨無以為體，則失其為大矣，所謂「失道而後德」也。（《老子》三十八章）

這裡確實使用了《老子》正文中沒有出現的「體」和「用」。但我們很難將它視為中國思想中體用對舉的起源。因為在後代的體用思想中，「體」具有本體論的性格，「用」表示其作用或功能，而以上的王弼注中表示本體的「無」被認為是「用」，而不是「體」（池田秀三，一九九〇，二十二頁）。而且在王弼《老子注》中出現體和用的只有這一處。同樣地，王弼在《周易注》中敘述「其所說『體』指卦爻之義，『用』指卦義、爻義的作用」。在此，「體」不是本體、根源之意，而是「卦爻」，所以在這個意義上，王弼使用的「體」並不表示本體論的範疇（王葆玹，一九八七；朱漢民，二〇一二）。

另一種不同的觀點，是將鳩摩羅什的直傳弟子僧肇（約三七四—四一四，見塚本善隆，一九五五，一二〇頁）的《肇論》視為使用體、用的先驅，此即湯用彤的說法（一九三八，三三三—三三九頁），日本的佛教研究者中也有跟隨者（平井，一九七六，一三〇—一三九頁；一九七九，六十二—六十四頁）。但是此一說法也很難被認同。因為正如湯用彤自己所說的那樣，《肇論》中連一個體用對舉的例子也沒有。湯氏主張僧肇雖然沒有使用體和用，但他可被視為是體用思想家的典型。但是，筆者認為，如果得不到任何文獻上的實證，僅憑對所書寫內容的印象而將僧肇視為體用論者，就變成毫無根據了。若接受如此推論的話，那麼關於其他文獻也可以允許同樣的主張。因此，將僧肇視為體用論先驅者的見解也很難被承認。

五、五〇〇年左右寶亮對體用的使用

當我們思考第一節中所略述之梁武帝和佛教僧侶的關係時，固然法雲的出現確實是作為連接梁武帝和神滅不滅論爭的人物，但可能不宜認為法雲是形成《立神明成佛義記》中體用用法的主要原因。理由之一是，法雲與梁武帝的年齡稍有差距，法雲出生於四六七年，比四六四年出生的梁武帝略為年少，基於此時間關聯，梁武帝是否仿效法雲也值得存疑。但更重要的理由是，就體用的使用而言，同時代的文獻中還有一部值得關注的作品，即《大般涅槃經集解》（《大正藏》一七六三號），尤其是其中所記載的寶亮的說法。法雲是寶亮的弟子（見《高僧傳》卷八的寶亮傳），這一點也不容忽視。

《大般涅槃經集解》的撰者不明，但很可能是梁代的文獻（菅野，一九八六／二〇一二）。在這部作品的一整段經文之下，匯集了竺道生（三五五—四三四）、僧亮（約四〇〇—六八左右）、法瑤（約四〇〇—七五左右）、僧宗（四三八—九六）、曇准（四三九—五一五）、智秀（約四四〇—五〇二左右）、寶亮（四四四—五〇九）、法安（四五四—九八）、法智、慧朗等宋、齊、梁代諸師的說法，從中可以看出南朝佛教教理學具體的發展情況。

寶亮活躍於所謂的梁代三大法師（智藏、僧旻、法雲）之前，是齊末梁初代表性的僧人，比梁武帝年長近二十歲。天監八年（五〇九），梁武帝敕令寶亮撰寫《（大）涅槃義疏》，並親自為之作序（見《高僧傳》卷八寶亮傳，《廣弘明集》卷二十的梁武帝〈為亮法師制涅槃經疏序〉）。現存《大般涅槃經集解》中所記錄的寶亮說法是否與《（大）涅槃義疏》的原文完全一致，此事尚無確切的證據，雖然如此，如果相信傳記中記載的寶亮一生曾講授此經多達八十四次的敘述，那麼《集解》中的寶亮說法的原型至少可以追溯到齊末梁初時期。換言之，寶亮說法的原型大約成立於西元五〇〇年左右（船山，一九九六，六十四頁）。在島田氏指出的兩種作為可靠之體用對舉例證的文獻中，梁武帝所著的《立神明成佛義記》成立於天監六年（五〇七）左右（諏訪，一九九七，二十九頁）。另一方面，劉勰的《文心雕龍》成書於齊末梁初左右，但詳細情況眾說紛紜，特別是近來更有一些觀點認為此書成立於梁初（森賀，二〇〇〇，六一〇頁注十六）。因此，《集解》中寶亮說法的成立時間與《文心雕龍》的時間大致相同。不過，寶亮比大約出生於南朝宋泰始二至三年（四六六—六七）的劉勰年長二十歲以上，劉勰與法雲、武帝幾乎是同一代，所以即使成書年大致相同，從寶亮的說法中尋求使用體用的先驅，其或然性是更高的。另外，筆者並不是最早注意到寶亮說法在體用用法形成上所具有的意義的，此前，中西久味認為「最初將體用作為術語使用的，應該是在寶亮的時代」（一九八一，一二八頁注二十一），筆者贊同他的觀點。

以下從《大般涅槃經集解》記錄的寶亮說法中，列舉五處明確成對使用體、用的原文：

A談真俗，兩體本同，用不相乖，而闇去俗盡，偽謝真彰，朗然洞照，故稱為佛。（《大正藏》冊三十七，頁三七九上）

B眾生若造業，直以虛偽神明為體。……知有法性為神解主，常繼真不滅。其體既無興廢，用那得滅？（頁五四八下）

C「非是世法」（出自南本《大般涅槃經》卷十九〈光明遍照高貴德王菩薩品〉，《大正藏》冊十二，頁七三〇上）者，神解以法性為本，非因之所生，豈是世法？若據體以辨用，義亦因之。（頁五一五中）

D「佛性雖在陰、界、入中，而非陰〔、界、入〕所攝」（出自南本《大般涅槃經》卷八〈文字品〉，《大正藏》冊十二，頁六五五上）者，真俗兩諦，乃是共成一神明法，而俗邊恒陰、入、界，真體恒無為也。以真體無為故，雖在陰，而非陰所攝也。體性不動，而用無暫虧。以用無虧故，取為正因。若無此妙體為神用之本者，則不應言「雖在陰、入、界中，而非陰、入所攝」也。故知理致必爾矣。（頁四六五上）

E 明「涅槃之體」（出自南本《大般涅槃經》卷二十三〈光明遍照高貴德王菩薩品〉，《大正藏》冊十二，頁七五七中）也，亦如虛空，無有住處。佛果妙體，真如無相，豈得有處所可尋。然法性無性相，如虛空之無異。而所以異者，異在於至虛。既就體相作論，恐人懷疑，後更就用來辨故，舉常樂我，來標其相也。「佛有二樂」（出自南本《大般涅槃經》卷二十三〈光明遍照高貴德王菩薩品〉，《大正藏》冊十二，頁七五七中「諸佛如來有兩種樂。一是寂滅樂，二是覺知樂」）者，寂滅樂，處體相作語；覺知樂，就用來辯也。（頁五三三中）

以上五例之中，A例是經序的一節，在緊接其前的文中，將相當於「體」者稱之為「體相」，將相當於「用」者稱之為「功用」（頁三七八下，另外下段第二行的「工用」是「功用」之誤）。「體相」在六朝佛典中大多是梵語「svabhāva」的翻譯，意指本體、本身、固有的存在方式、本質等（有時也作為lakṣaṇa的翻譯，意指具有特徵性的存在方式）。另外，在上述D例中，「體性」與「體」意思相同。另一方面，「用」也可以用「功用」來表達，若勉強想找到與其對應的梵語的話，那麼應該是相當於意指運動、作用、功能等意的karman或kriyā吧。與「用」意思相同的「功用」一詞的實際例子，在《大般涅槃經集解》之南齊僧宗說中也可以得到印證（《大正藏》冊三十七，頁四〇二上、四二九中、四七七下）。不過，在僧宗的說法中看不到體用對舉的例子。

再者，我們可以看出以上五個用例都使用「神明」或是它的近義詞。「神明」在這些情況，不是表示外在神格的神明，而是存在於自己內在的精神主體之意（福永，一九九〇，七十三頁）。在神明中，正如事例B的「虛偽神明」這一詞語所見的那樣，有真正的神明以及虛偽的神明。真正的神明，與寶亮在別處以「神明妙體」（《大正藏》冊三十七，頁四六〇下、四八八下、五三八中）、「神明之妙體」（頁三七八下）、「（神明）妙本」（頁五〇一上）所表示的神明相同。另外，在寶亮說中，相當於「神明」詞語還有「神解」、「神解主」、「神解之主」（《大正藏》冊三十七，頁五四九中、五五五上、五六〇下）。又，如果我們追問寶亮所謂的「神明」或近義詞相當於佛教教理學的哪一種譯語，那麼可將真正的神明理解為如來藏思想經典，特別是《勝鬘經》裡的「自性清淨心」（本來閃耀的無垢之心），而將虛偽的神明理解為等同於附著了「客塵煩惱」（外來的汙穢）的、停留在「無明住地」的心。

寶亮的「體」、「用」、「神明」的用法，與武帝《立神明成佛義記》中的「夫心為用本，本一而用殊，殊用自有興廢，一本之性不移。一本者，即無明神明也。……而無明體上有生有滅，生滅是其異用，無明心義不改」（《大正藏》冊五十二，頁五十四中－下）這一段文極為相似（關於本與用，請參照下一節）。文中「興廢」（＝生滅）是就用說的，而不是就體說的，這樣的觀點，也是前面引用、介紹過的寶亮、法雲、武帝各種說法中的共同特徵。至於關於「神明」及其「用」的議論，南朝宋宗炳《明佛論》中的「今以悟空息心，心用止而情識歇，則神明全矣」（《弘明集》卷二，《大正藏》冊五十二，頁十一上）一文，可視為更早時期的用例。

本節探討的結果可整理如下：

（一）寶亮以體與用或者本與用來表達心的結構。

（二）寶亮使用「神明」這個術語，並且將未悟的狀態稱為「虛偽神明」。寶亮的「虛偽神明」，相當於梁武帝的「無明神明」。這種對「神明」的理解，可視為是以第二節提及的如來藏思想為根據。

（三）體和用的使用，雖已在世代早於梁武帝的寶亮著作中發現，然不見於寶亮之前的僧亮、法瑤和僧宗的作品之中，因此我們可以合理推定大約始於西元五〇〇年左右。在時序上，寶亮的說法先於梁武帝。雖然梁武帝比寶亮年輕，但梁武帝為寶亮的《大般涅槃經義疏》撰寫了序文（《大正藏》冊三十七，頁三七七上—中），此一事實也顯示了兩人之間的密切關係。

六、體與用、本與跡、本與用

由上可知，在神不滅論的發展演變中，恐怕早在武帝之前，寶亮就已經使用了「神明」、「體」、「用」之語。為了避免曲解，這裡要強調的是，寶亮在使用體、用時，除了與神明相關的用法外，還存在其他不同的表現，並不是全部都與神明有關，而且，也有使用體、用以外的對舉表現。然而，若就體和用而言，可以確定的是，既有使用它們的文脈，也有不使用它們的文脈。

主要使用體、用的文脈，如前面所述，是立足於揭示「一切眾生悉有佛性」的如來藏思想之上，探討精神主體（心）與其作用之間關係的文脈，也就是在虛偽迷惑的存在轉變成為真正存在的佛之過程中，去探討其中變與不變之物的文脈。這與論述法身與丈六身，或者真身與應身之二身說的文脈不同，也與論述真實存在的佛體——亦即將法身、般若、解脫比喻為「伊字三點」（在三角形的各角上分別加上小圓圈就成為表示伊這個音的文字），並稱此為「一體三寶」的佛之德性論等廣義的佛陀觀——的文脈不同。

舉例來說，在《大般涅槃經集解》卷五中展開了佛身觀的論述，當論述佛的「法身」（即佛陀這一真理本身）與「丈六」（身高一丈六尺的歷史上的佛陀）的關係之際，使用的對語不是體和用，而是本和跡（迹）。這種趨勢在宋代僧亮、齊代僧宗和梁代寶亮皆是一致的。例如，僧宗說「丈六是法身之迹」（《大正藏》冊三十七，頁三九四下），而寶亮則說「丈六以法身為本，本迹雖殊，更無別體」（頁三九五中）。

另外，與梁初的佛身論有關的文獻並不僅限於《大般涅槃經集解》。以梁武帝的長子昭明太子蕭統（五〇一—三一）為中心，當時的學問僧們就針對法身教義反覆展開了問答，而有〈令旨解法身義（并問答）〉（《廣弘明集》卷二十一，《大正藏》冊五十二，頁二五〇中—二五一中）之文。文中可見在論述佛的「法身」和「丈六」（色身）時所使用的術語，但「法身」和「丈六」共有兩次是作為本和跡的關係被討論的（《大正藏》冊五十二，頁二五一上）。而採用體和用的例子則一次也沒有。這種傾向與《大般涅槃經集解》的情況如出一轍。與昭明太子有關的佛教教理學文獻中有〈令旨解二諦義（并問答）〉，它也被集錄在《廣弘明集》卷二十一中。這份文獻涉及到真諦（終極的現實）和俗諦（世俗的現實）的二諦論。當我們探查其中關於真與俗的對偶語例時，會看到有一個問答認為「真」是「實」，「俗」是「集」（《大正藏》冊五十二，頁二四七下），隨後，有多個認為「真」以「不生」為「體」，「俗」以「生法」為「體」的問答持續進行（頁二四七下—二四九下）。在這裡並沒有出現體和用的對舉。簡而言之，我們可以看出，在論及覺悟後的佛身分類或真理的層次性區別時，這個議題並非體用對立的根源。

本和跡的對舉語例，比體和用對舉的語例更早。本、末或者本、跡，從東晉孫綽的

《喻道論》到吉藏的《三論玄義》以及其後為止，被使用於論述儒、佛、道三教的優劣。特別是能夠與日本的本地垂迹說產生邏輯上關連的，其最早的例子可以追溯到鳩摩羅什門下的僧肇（約三七四—四一四）《注維摩》序中的「幽關難啟，聖應不同，非本無以垂跡，非跡無以顯本。本、跡雖殊，而不思議一也」（《大正藏》冊三十八，頁三二七中；吉川，一九九〇a；福永，一九九〇）。

另一方面，關於體、用，如第四節所述，有先行研究認為體、用的淵源同樣可追溯到僧肇。這樣的研究並未將體、用與本、跡進行區分，而是將二者視為相同內容的事物進行論述。這是不加批判地承襲湯用彤的說法（一九三八，三三三—三三九頁）的結果，現在應該予以修正。

體、用與本、跡所起源的脈絡和成立年代都不相同，另外，正如島田（一九六一，四二三—四二六頁）以及池田秀三（一九九〇，二十五頁）所指出的，如果只是堪稱為體用明顯相關用例的前史雛型，那就不限於佛典了。這在更早期的文獻中得到證實，如從晉代的韓康伯對《易》繫辭上的注解等。也有學者指出，在曹魏嵇康的《聲無哀樂論》中，可找出某種程度上的明確的體、用列舉的例子（土田，二〇〇一，一二七頁）。因此，憑藉任何一件體用對舉實例都找不著的僧肇——他所對舉使用的是「寂」和「用」——而認定這就是體用思想最早期的例子，這是沒有說服力的。同樣，也沒有理由再去關注梁武帝

《立神明成佛義記》中所見的梁初新發展了。確實，體、用和本、跡之間存在著共通的邏輯和玄學上的背景。但是，起源於《莊子》〈天運篇〉的「跡」和「所以跡」的邏輯（福永，一九九〇，五十七頁；吉川，一九九〇c，一五九頁），與以齊末梁初佛教文獻作為明確早期用例的體、用之邏輯，這兩者不能也不該輕易地被等同視之。

順帶一提，在體與用、本與末這些應該連帶考慮的成對概念中，還有本與用這一對。本與用在文脈上被定位為本、末以及體、用的橋樑般。正如在第二節中提到的那樣，梁武帝的《立神明成佛義記》使用了本和用這對術語。

根據張岱年（一九五七）的說法，從很早就可以看到將本、用對舉使用的例子，例如，在西漢司馬談的《論六家要指》（見《漢書》卷六十二的司馬遷傳）中，道家的宗旨被描述為「其術以虛無為本，以因循為用」。

另一方面，佛典的情況又如何呢？南齊的明僧紹在《正二教論》中有與司馬談非常相似的表達：「虛無為本，柔軟為用」（《弘明集》卷六，《大正藏》冊五十二，頁三十八中）。且正如前面提及般，梁武帝在《立神明成佛義記》的一節中提到：「心為用本，本一而用殊。」往前追溯的話，於此之前，在神滅不滅論爭的文脈中，南朝宋謝靈運（三八五—四三三）的《答綱琳二法師并書》中有「夫智為權本，權為智用」（《廣弘明集》卷十八，《大正藏》冊五十二，頁二二七上）這樣本用對舉的表達。鄭道子（三六四—

四二七）《神滅論》中也有「薪雖所以生火，而非火之本。火本自在，因薪為用」（《弘明集》卷五，《大正藏》冊五十二，頁二二八中），這般將火的「本」與由薪所出現的「用」（作用）加以對比使用的例子。從這些例子來看，梁武帝的本和用，一方面與體和用有關，另一方面也與過去傳統上本和用的使用有關。雖然如此，直到齊末梁初為止，體、用對舉的例子並未明確出現，這也是事實。因此，有必要考察齊末梁初時期開始使用體和用的理由以及背景。我們希望盡可能地了解體和用的初期用例與何種思想背景有關。

當我們從這樣的觀點來俯瞰思想史時，值得注意的是，就寶亮為止的南朝教理學的詞語用法來說，在佛身論的文脈裡是將法身與丈六佛作為本和跡而進行論述，直到寶亮的時代為止並沒有使用相當於體和用的概念。因為，筆者認為，最早開始使用體、用這對術語，大概不是在論述佛陀的身體及其存在方式的文脈中，而是在論述從凡夫的迷惑狀態（偽）到覺悟（真、成佛），精神主體（神明）與其具體的、現象上的精神作用之相即關係的文脈——廣義的神不滅論——中。

七、體用對舉的思想背景

南朝涅槃學是以《南本涅槃經》作為直接研究對象的學問，雖然如此，但以鳩摩羅什譯的《成實論》、《大智度論》，或是以求那跋陀羅譯的《勝鬘經》等其他經典為基礎而加以構建的教理也不在少數。至於《南本涅槃經》，它是以北涼曇無讖譯的《大般涅槃經》為基礎，對其詞彙進行了部分修改，並依循法顯譯的《大般泥洹經》（別名《六卷泥洹》）之品名（即章名），並加以變更而成的一部編纂經典。一般的佛教議論經常以迷與悟二者作為辯論的領域，與此相同，南朝教理學也是在如此的背景下，針對本來之物和現象之物這般相對立的二項，進行各式各樣形而上學之議論。即使僅就《大般涅槃經集解》中實際使用的例子來看，除了體與用、本與迹之外，還有本與末、本與應、實與迹、實與名、實與義、理與用、體與義、體與名、真與偽、真與應、真與假等多種的組合。其中，特別值得關注的是理與用，它與體用說的形成有關。例如，南朝宋的法瑤提出了如下的觀點：

○眾生有成佛之理，理由慈惻，為「女人」也。成佛之理，於我未有用，譬「貧」也。（經文「如貧女人」注，《大正藏》冊三十七，頁四四八下）

○佛性之理，終為心用。雖復暫時為煩惱所隱，如珠在皮中出不久也。（經文「是珠入皮，即便停住」注，頁四五二上）

如上所見，法瑤釋中有將「理」作為「用」的對語之例子。法瑤即是《高僧傳》卷七所立傳之吳興小山寺的法瑤（約四〇〇—七五左右），根據湯用彤（一九三八，第十七章〈南方涅槃佛性諸說〉）的說法，法瑤倡導「理」是存在於一切生命體內的佛性，即作為人之所以成佛的直接原因之「正因佛性」（所謂正因，是與緣因共同作用產生結果的主要因素）。法瑤的觀點隨後影響了僧宗（四三八—九六）的說法。從以下所列零散的呈現，可以看出所謂僧宗的說法是將「理」、「佛性」、「正因」、「因地神明」視為同義詞的說法。順便一提，「因地神明」是指成就佛果之前，被稱作「神明」的一種精神，此精神存在於「因」（作為能達到佛之覺悟的原因）「地」（持續活動著的狀態）之中。

○佛性是理。（《大正藏》冊三十七，頁四三五上）
○正因即神明，緣因即萬善。（頁五五八下）
○此神明是佛正因。（頁五八六下）
○夫因果之道，義實相關，有因則有果，無因則無果。正以佛性不離因地神明故，言「住陰中」耳。（頁四五四中）

根據湯用彤（一九三八，六九二—七〇〇頁）的解說，寶亮認為作為真如的神明是正因佛性（《大正藏》冊三十七，頁四六〇下、五三八中，又參照前面寶亮的D說）。由此可見寶亮的體和用，與在他之前即被使用過的理和用有關。若進一步追溯理、用對舉的例子，在南朝宋謝靈運的《辨宗論》中可以找到更早的例子：「假知者累伏，故理暫為用。用暫在理，不恒其知。真知者照寂，故理常為用。用常在理，故永為真知」（《廣弘明集》卷十八，《大正藏》冊五十二，頁二二五下）。另外，正如前一節所指出，在同一文獻中也能看到本、用的對舉，但在《大般涅槃經集解》中，對比性地使用本、用的例子反而相對較少。

如上所述，當我們從廣義的神滅不滅論爭的脈絡之角度，認為體和用二字在齊末梁初寶亮之時，作為意味神明及其作用之物而初次登場，那麼我們應該追問為什麼是在那個時期呢？為什麼在比寶亮早先十多年的僧宗之說中，看不到體用對舉的思想呢？那個時候發生了什麼樣的變化呢？這些都是應該接著回答的課題。然而遺憾的是，礙於文獻資料所限，對其相關的情況並不完全清楚。

雖然無法確定更多的事情，不過，值得注意的是，范縝《神滅論》的出現是當時思想界的一大事件。范縝的論述與傳統形神論的論法有一個顯著不同之處，就是他將「形」（肉體）表達為「質」，將「神」（精神）表達為「用」，這種質用相即的論法引人注目（張岱年，一九五七，六十八頁；蜂屋，一九七三，七十二—七十五頁）。換言之，他提出了「形者神之質，神者形之用。是則形稱其質，神言其用。形之與神，不得相異」的邏輯（見《梁書》卷四十八范縝傳；《弘明集》卷九蕭琛《難神滅論》，《大正藏》冊五十二，頁五十五上）。范縝在南齊末著述了《神滅論》，與佛教的神不滅論針鋒相對，也直接對梁代產生了影響（蜂屋，一九七三，一〇八—一〇九頁）。如果納入范縝《神滅論》之視角來考察思想史的話，則《大般涅槃經集解》的僧宗說，其成立是在范縝的《神滅論》之前，而寶亮說是在范縝的《神滅論》之後。

此處產生的可能性是：從神滅或不滅的論爭開始，當時的佛教界內外以「用」或「功用」作為術語，加上與「佛性體」、「涅槃之體」、「神明妙體」等諸術語的使用，以及探究人們最終成佛根據的佛教教理學之累積，兩者相互結合後，選出了不僅具有中國思維，且恰好適當的譯語「體」字，因而發展出體用對舉的表達方式，並迅速應用於同時代及之後的各種文脈中。以上雖然無法作為確切的結論，但提出這樣的假設也絕非徒勞無用。

在本章中，筆者支持島田的觀點，認為體用對舉始於齊、梁的轉換時期，並進一步以稍前於梁武帝的寶亮說作為佐證的資料。經過考察，筆者提出的結論是，體用對舉並非始於佛身論（法身和丈六）或者二諦論（真諦與俗諦）之脈絡，而是始於與如來藏思想相結合之神不滅論的時序脈絡下。換句話說是將隱藏著一切眾生成佛可能性的心視為「體」，即內心深處不變不動的狀態，然後在此基礎上，將現象上瞬間千變萬化之心的活動和作用視為「用」。從這個意義上來說，掌握「體」的恆常性與「用」的動態性之間對比的，必定是使用體用對舉的開始。

第三章　「如是我聞」和「如是我聞一時」

——經典解釋的基礎性反思

一、問題所在

眾所周知，佛經在很多情況下，以“evaṃ mayā śrutam ekasmin samaye buddhaḥ (/bhagavān)…”開頭。這個定型句，從六朝時代的某個時期開始，就按照梵語的語序被逐字地漢譯為「如是我聞一時佛（／世尊）在……」，這一點也廣為人知。漢譯中的「在」有時被「住」或「遊」的譯語所取代。漢語和梵語整體的對應關係如下所示。

evaṃ mayā śrutam ekasmin samaye buddhaḥ/bhagavān… (viharati sma)

如是　我　聞　一　時　佛／世尊　(在／住／遊)　……

從漢語本來的語序來看，「如是我聞」這樣的語序是不自然的。此句子在古代被譯為「聞如是」，在後秦鳩摩羅什時被譯為「如是我聞」。將「如是我聞」和「聞如是」兩相比較的話，「聞如是」這一古老的譯法在漢譯語順上反而較無違和感，而「如是我聞」的翻譯，是屬於直譯方式，較不自然。此外，除了以上兩種翻譯，雖然用例很少，也偶有採用「我聞如是」這一語序的表達，或其他表達方式的例子。❶

那麼，最早提出「如是我聞」這一譯語的人，是誰呢？關於這一點，雖然鳩摩羅什的可能性很高，但其實我們未必能十分地斷定。特別有問題的，是鳩摩羅什譯和竺佛念譯的先後關係。竺佛念長期活躍於譯經活動，在他翻譯的經典中可以看到「如是我聞」、「聞如是」兩種譯例。❷但由於他翻譯的許多經典，確切的譯出年代不明，因此，無法釐清其翻譯作品與鳩摩羅什譯的先後關係。雖然如此，學術界長久以來傾向於認為「如是我聞」此一譯語的創造者不是竺佛念，而是鳩摩羅什。❸

眾所皆知，經常有人會說，東亞地區傳統以來，一直認為經典開頭的定型句應該斷句成「如是我聞。一時佛在……」。也就是說，在悠久歷史中，「一時」都是與「佛在」一詞連在一起讀的。

對此，英國的約翰．布拉夫（John Brough）曾經發表一篇很有趣的論文，名為“Thus Have I Heard…”（Brough 1950）。根據布拉夫的說法，相當於漢譯「一時」的 ekasmin samaye，在印度本來不是與「佛在」連結，而應該與它之前的「我聞」連結。如果就學術研究史加以補充的話，事實上最初提出這一主張的並不是布拉夫。一九三三年，鋼和泰（Staël-Holstein）在針對《大寶積經》〈迦葉品〉進行文獻學的研究時，就已經表明同樣的見解（von Staël-Holstein 1933: xii-xiv）。布拉夫是經由提出數個論據來支持此見解，並強化這個觀點。

如果就漢文來看，布拉夫的說法，也就是主張上述經首之定型句，應該斷句為「如是我聞一時。佛在……」的讀法。此見解至今仍影響著後來的研究者。❹布拉夫的主張有幾個依據，例如他提出：沒有現存的梵語寫本可證明「如是我聞」的斷句；藏譯將「如是我聞一時」作為一個連續成分，慣例上在「一時」之後放入表示句子中斷的分句線（shad）；以及後代的印度注釋家，把「一時」與「我聞」連結在一起進行解讀等為主要的依據。

大體而言，有許多研究贊同布拉夫的說法，但也並非全面性地接受，德國的奧斯克・馮・希尼尤伯（Oskar von Hinüber，見同氏 1968: 84-87）就認為從巴利語傳承的情況來看，這種讀法是不妥當的。❺該學者指出，巴利語佛典中也有從 ekaṃ samayaṃ（與梵語 ekasmin samaye 對應）開始的例子。故他主張，就巴利佛典來說，將「一時」與「我聞」連在一起的解釋是難以被認可的。再來，也有若干研究強調「一時」與「我聞」和「佛在」雙方都有連接。近年來，將上述定型句理解為「某時，我曾如是地聽聞。〔彼時〕

佛曾在……」之意的傾向，有增強的趨勢。❻之所以如此理解，是因為印度有注釋家認為「一時」與「我聞」及「佛在」之雙方都連結在一起。布拉夫氏雖深知此點，但由於他的論文過於強調東亞傳統對於「一時」的說法不一定正確，因此他專門針對「一時」與「我聞」的關係進行論述，而未對「一時」和「佛在」的關聯進行明確地論述。至於上述印度注釋之例的相關文獻，筆者將在下文具體說明。

此處有一點值得注意，亦即，迄今為止的研究毫無例外地認為：中國傳統上是以「如是我聞。一時佛在……」這樣的斷句為前提進行討論的。但令人意外的是，幾乎沒有任何研究曾經探討中國傳統說法形成的實際狀況。然而，中國人果真歷朝歷代都毫無改變，一貫地讀作「如是我聞。一時佛在……」嗎？在中國六朝隋唐的佛教教理學史上都不曾出現過異說嗎？針對這些問題，筆者將在本章中進行考察。

當我們以「如是我聞」作為主題進行考察時，事實上需要檢討的事項，遠比我們籠統預期的多得多。首先，所謂的「如是」是什麼意思，所謂的「我」是誰等等，各個事項都有必要逐一加以討論。另外，也有必要針對整體結構的問題，去解釋「如是我聞」云云之定型句到底由幾個項目所構成。再者，由於所有經典幾乎都附有該定型句，因此與各個研究事項相關聯而應該被納入研究對象的經典與注釋文獻，其數量相當龐大，在此種情況下，想要全方位囊括性討論與「如是我聞」相關的所有問題，都將伴隨著巨大的困難。基於以上考量，本章將專門聚焦於「一時」一詞是連接前文或連接後文此點，來進行論述。

二、以「如是我聞」四字為一句之說法

如一般所見，中國和日本的傳統中，將「如是我聞」和「一時佛在……」切割為兩句的讀法，的確是普遍的狀況。其實例子不勝枚舉，以下就隋唐時代的文獻，舉兩三個明顯的例子。首先如唐朝窺基《說無垢稱經疏》中的例子，在此可以看到「經，如是我聞。贊曰：……」，「經，一時薄伽梵。贊曰：……」的形式，因此可知窺基是斷句為「如是我聞。一時佛在……」而加以理解。同樣，隋朝吉藏《仁王般若經疏》中也明顯可看到「如是我聞」（《大正藏》冊三十三，頁三一六上），「一時佛住王舍城」（頁三一六下）這般的斷句，且其中的「一時」被說明為「即說經之時」（頁三一六下）。像這樣將「一時」連接到「佛在」的場合，是將「一時」理解為佛陀說經之時。

當追溯這種傳統說法的來歷時，隋朝淨影寺慧遠的注釋值得我們關注。關於這點已有菅野（一九八四／二〇一二）的研究可供參考。下面針對該研究中與本章論述直接相關的事項進行介紹。菅野氏著眼於慧遠《維摩經義記》卷一（本）如下的一節：

> 云何得知「一時」從後，非是屬前。准依《地經》，所以得知。《華嚴大本》〈十地品〉初言「爾時佛在天中」。龍樹別傳，改「爾」為「一」。「爾時」之言不可成上，改「爾」作「一」，寧不屬下。（《大正藏》冊三十八，頁四二五中）

若問如何得知「一時」與後部相連，而不屬於前句的話，依據《十地經》可知此事。《華嚴經》中的〈十地品〉開頭有「爾時，佛在天中」。在龍樹的另一個傳承裡，是將「爾（時）」改為「一（時）」。「爾時」一詞不能構成前句的一部分，所以改「爾」為「一」，（「一時」這一表達也一樣，不是與前句，而是）與後續部分相連。

鳩摩羅什譯《十住經》的開頭，有「如是我聞。一時佛在他化自在天王宮摩尼寶殿上，與大菩薩眾俱」（《大正藏》冊十，頁四九七下）。《華嚴經》的〈十地品〉的譯者（佛馱跋陀羅），編輯了此段羅什譯文，並將它收錄到經文裡。在此〈十地品〉的開頭裡有「爾時，世尊在他化自在天王宮摩尼寶殿上，與大菩薩眾俱」（《大正藏》冊九，頁五四二上）一句。慧遠恐怕是有意論述此二者的差異吧！只是上面一節中的「龍樹別傳」所指為何，並不清楚，猶有疑問。[7]我們無法判定它到底是指羅什譯的《十住經》本身，或是該理解為是另有別本。姑且不論這一點，慧遠此處要提出的主張是：根據傳說，開頭句既可以寫成「一時」，也可以寫成「爾時」。因為後者一定要放在文頭或句首，且「一時」也不能放在前句之末，因此，我們不能理解為「如是我聞一時。佛在……」，而必須理解為「如是我聞。一時佛在……」。

另外，菅野（一九八四／二〇一二）也關注到如下一節：

> 《溫室經》初言「阿難曰：吾從佛聞於如是」。故知名佛所說為如，導佛所說，以之為是。但方言不同，彼《溫室經》順此方語，是故先導吾從佛聞，後出所聞如是之法。餘經多順外國人語，先舉如是，却云我聞。（《大正藏》冊三十八，頁四二四上）

《溫室經》的開頭有「阿難說：我從佛聽聞如此之事」一句。❽因此，佛所說的事日「如」，佛所說的事本身日「是（此）」。不過是因地方的不同而語言不同，彼《溫室經》隨順中國語言，因此最初說「我從佛聞」，將其後聽聞的內容揭示為「如是」之法。在很多情況下，其他經典都是隨順外國（印度）的語言，先舉出「如是」，於其後說「我聞」。

順便一提，慧遠《大般涅槃經義記》卷一亦有與此大致相同之說（《大正藏》冊三十七，頁六一六上）。

關於以上一節，菅野氏指出以下兩個要點。第一，根據慧遠解釋，「如是我聞」之語序是按照梵語的語序而非中文的，第二，慧遠認為，「如是」不是「這樣地」之意的副詞，而是「這樣的事」之意的名詞。如此的指摘是妥當的。慧遠認為「如是我聞」是隨順梵語之表達方式的結果，其語序對於中文而言是不自然的，其所要表達的意思內容與「我聞如是」或「我聞於如是」相同。

又，此處稍微補充一下。亦即，「如是」意味何意，此依注釋不同而有差異。也有列舉數種異說的文獻。一般多以「這樣地」（thus）的角度進行解釋，但也有不少注釋與慧遠說相同，作為名詞「這樣的事」來理解，認為「如是」是指「所聞之法」。儘管還得不到充分的證據，但「聞如是」的古譯，該也是將「如是」作為名詞性解釋的結果。附帶一提，梵語的 evam 中，並不直接具有名詞的用法。但是，當 evam 緊接「聽聞√śru-」、「說√vac-」等動詞之前的情況時，在預先表示其後將說明的事項之意義上，可以意指「這樣的事」。亦即「如下」實質上意味了「以下的事項」。因此，我們可以判定出 evaṃ mayā śrutam 也是一樣，實質上具有名詞的價值。因此，「如是」的名詞性理解並不能說是在中國語才有的獨特的解釋，即使就印度語的解釋而言，也並非是不可能的說法。

以上是關於「如是我聞。一時」的斷句解釋。如果根據以往的定論，漢文佛典中是沒有其他解釋的。但當我們仔細檢討文獻之際，會發現隋朝以前的經典解釋之中，未必總是如此理解，反倒是「如是我聞一時，佛在……」這般的理解，也具有不容忽視的影響力，對此筆者將在第三節和第四節中加以檢視。

三、漢譯文獻中「如是我聞一時」的實例

在討論中國人的解釋之前，筆者想先指出在翻譯中「一時」與「我聞」連帶出現的例子。第一個例子是竺佛念所譯的《出曜經》。本經一般認為是三九八—九九年左右譯出的（丘山，一九八四，二十八頁、三十六頁注二十三）。卷一中，關於第一次佛典結集的狀況，有如下的說明（省略白話翻譯）：

> 佛臨欲般泥洹時，告大迦葉及阿那律，汝等比丘當承受我教、敬事佛語。汝等二人莫取滅度，先集契經、戒律、阿毘曇及寶雜藏，然後當取滅度。……五百羅漢皆得此解脫，捷疾利根眾德備具，普集一處，便與阿難敷師子高座，勸請阿難使昇高座。已昇高座，便問阿難：「如來最初何處說法？」時阿難便說：「聞如是一時〔1〕。」說此語已，時五百羅漢皆從繩床上起，在地長跪：「我等躬自見如來說法，今日乃稱聞如是一時〔2〕。」普皆舉聲相對悲泣。時，大迦葉即告阿難曰：「從今日始出法深藏，皆稱聞如是，勿言見也。」佛在波羅㮈仙人鹿野苑中，爾時世尊告五比丘：「此苦原

本，本所未聞、本所未見，廣說如經本。」是時，眾人已集契經。是時，尊者迦葉復問阿難：「如來最初何處說戒律？」時阿難報大迦葉：「吾從佛聞如是一時（，）〔3〕佛在羅閱城伽蘭陀竹園，……」是時，迦葉復問阿難：「如來最初何處說阿毘曇？」阿難曰：「吾從佛聞如是一時（，）〔4〕佛在毘舍離……廣說如阿毘曇。」」（《大正藏》冊四，頁六一〇下—六一一上）

為了方便起見，筆者在上面原文中出現「聞如是一時」之處添入了〔1〕至〔4〕的編號。其中〔1〕、〔2〕的「一時」與之後的句子沒有關係，因此可以確定「聞如是一時」構成了一句。而一旦我們承認這一點，便強化了〔3〕、〔4〕同樣的適用性。當然，將〔3〕、〔4〕的「一時」與之後的「佛在」合併解讀並非不可能（〔3〕、〔4〕的句讀也可能分別被理解為「吾從佛聞如是，一時佛在……」，「阿難曰：吾從佛聞如是，一時佛在……」❾）。❿但若考慮到它們與〔1〕、〔2〕的一貫性，自然會如上原文般，將〔3〕、〔4〕比照〔1〕、〔2〕作相同的斷句。

佛典結集的狀況在鳩摩羅什譯的《十誦律》中也有記述。卷六十說：

摩訶迦葉問阿難：「佛修妬路，初從何處說？」阿難答：「如是我聞一時佛在波羅柰仙人住處鹿林中。」阿難說此語時，五百比丘皆下地胡跪，涕零而言：「我從佛所面受見法，而今已聞。」摩訶迦葉語阿難：「從今日一切修妬路、一切毘尼、一切阿毘曇，初皆稱如是我聞一時。」阿難言：「爾。」（《大正藏》冊二十三，頁四四八中）

這裡的「一時」和之後的語詞沒有關係，所以「如是我聞一時」很明顯是一句。

四、鳩摩羅什的漢譯及其主張

就鳩摩羅什漢譯的情況而言，首先，在《大智度論》中，也可看到相同的讀法。⓫《大智度論》卷一有一章，題為「摩訶般若波羅蜜初品如是我聞一時釋論第二」，其中有一句：

《經》，如是我聞一時。《論》……。（《大正藏》冊二十五，頁六十二下）

這句話是將《經》（《大品般若經》）和《論》（《大智度論》）並列。由此可知，「如是我聞一時」自成完整的一句話，此事無庸置疑。再者，卷二如下一節也可以做同樣的解讀：

是藏初應作是說。如是我聞一時佛在某方某國土某處樹林中。何以故？過去諸佛經初皆稱是語，未來諸佛經初亦稱是語，現在諸佛末後般涅槃時，亦教稱是語。今我般涅槃後，經初亦應稱如是我聞一時。是故當知是佛所教，非佛自言如是我聞。（《大正藏》冊二十五，頁六十六下──六十七上）

以上一系列的議論以如下之句作結：

略說如是我聞一時總義竟。（《大正藏》冊二十五，頁七十中）

從以上可知，《大智度論》一貫地把「一時」跟「我聞」連結在一起進行解讀，然則，將此文獻介紹給中國讀者的鳩摩羅什本人，他自己對此事的見解也是如此嗎？這是個極為有趣的問題，因為，現在也有研究者認為《大智度論》中帶有濃厚的鳩摩羅什自身的想法。關於這一點略述管見，僅限「如是我聞」云云而論，筆者認為羅什個人的觀點與《大智度論》之觀點似乎不同，其根據是《注維摩詰經》卷一中鳩摩羅什如下的一段話：

「一時」。什曰：說經時也。肇曰：法王啟運，嘉集之時也。（《大正藏》冊三十八，頁三二八上）

關於「一時」（某時）。鳩摩羅什說：「（所謂某時，是佛）說經之時。」僧肇說：「這是法王（為人們）開啟運命，喜慶之集會成立之時。」

由此可知，鳩摩羅什將「一時」理解為「說經時」。需要注意的是文中使用「說」一字，而未使用「聽」一字（此點請見後述）。「說」經者不外乎為佛，倘若羅什理解為「如是我聞一時」，則他就不應該解釋為「說經時」，而應該作「聽經時」或「聽聞時」。因此，從以上短短一節可以看出，鳩摩羅什將「一時」與「佛」聯繫起來理解而解讀為「如是我聞。一時佛在……」的可能性。因而，單就「一時」的解釋而言，羅什的觀點和《大智度論》的說法是不同的。

《淨名經集解關中疏》一書，是與《注維摩詰經》有關的後代文獻，雖然在時代上稍嫌跳躍，但此處讓我們簡要地來看一下。此注釋文獻為道液所撰集（七六〇年撰述，七六五年修訂），其中引用了僧肇《注維摩詰經》的語句，以下列出《淨名經集解關中疏》卷上裡的相關內容：

初文又六。一、信經辭，二、傳經旨，三、聞經時，四、說經者，五、聽經處，六、聞經眾。……「一時」。此三、聞經時也。眾生信重為感，如來悲願為應，感應道交，故曰「一時」。肇曰：法王啟運、嘉集之時也。「佛」。此四、說經者……。（黎明，一九九六，一八一頁。《大正藏》冊八十五，頁四四一中）

（「如是我聞」以下的）最初的文裡面，又有六個要素：一是信經的言辭，二是傳經的主旨，三是聞經的時候，四是說經的人，五是聽聞的場所，六是聞經的人。……關於「一時」。這是第三個要素，是指聞經之時。眾生有深重信心之際，感（使佛菩薩的功能產生運作）即運行，如來以基於大悲的誓願心來應對，感和應相互交涉，故說「一時」「（某時／同一時）。僧肇說：這是法王（為人們）開啟運命，喜慶之集會成立之時。關於「佛」。這是第四要素，即說經者。

上文中撰者道液將「如是我聞一時佛在……」這一所謂的「通序」，分為六個項目，並將其第三「一時」規定為聞經時，此事十分有趣。在「一時」的注釋末尾提出了僧肇注，但鳩摩羅什的注卻被刪除。之所以如此當是因為羅什將「一時」解釋為「說經時」，而道液則是解釋為「聞經時」，因此將造成分歧的羅什說給刪除了。不過，這樣的處理實際上也不太具有一致性。因為，當我們仔細地檢討之後，會發現僧肇注的內容，也同樣意指佛陀敘述經典之時。雖然沒有羅什注那麼明確，但實際上僧肇注並未與羅什注對立，「一時」不是以我（阿難），而是同樣以佛為視角進行注釋，僧肇也很有可能將中的「一時」與「佛」聯繫起來，理解為「如是我聞。一時佛在……」。

在羅什及其門下之中，「如是我聞。一時佛在……」與「如是我聞一時。佛在……」（《大智度論》）兩種理解並存一事，清楚證明了「如是我聞」四字為一句的所謂「中國傳統說」，在五世紀初時已經確立。不過，其起源仍然不明。至少，我們不該認為這是鳩摩羅什自身的發想。換言之，「如是我聞一時。佛在……」是比「如是我聞。一時佛在……」更為古老的解釋，或者在中國最初是「如是我聞一時。佛在……」的解釋被知曉，到了後來的時代「如是我聞一時。佛在……」的斷句才發生並固定下來，以上這二者都不是我們該得出的結論。前一節中，我們確認了竺佛念譯的《出曜經》中有「吾從佛聞如是一時」之八字連成一句的例子。從這裡可以看出，後面的「一時」與先行的「聞如是」在意義上是連結在一起的，而另一方面，在使用「聞如是」的經典裡，一般而言我們習慣於斷句成「聞如是。一時佛在……」之傳統。但是如果我們虛心地審視文獻，實際上找不到任何充足的證據可以斷定，在四世紀末之前成立的文獻之中，原譯者意圖採用「聞如是」三字成一句的斷句方式。也就是說，對於許多經典開頭的「聞如是一時」，將它斷句為「聞如是一時。佛在……」的同時，也存在著將它斷句為「聞如是。一時佛在……」

的可能性，這種可能性至今我們仍然無法積極否定。

五、梁代《大般涅槃經集解》的解釋

其次，我們來看看《大般涅槃經集解》（梁代成立）之說法。其卷二有如下之題記：

> 釋「如是我聞一時」。釋「拘夷城」。釋「力士生地」……。（《大正藏》冊三十七，頁三八三中）

由此可知，本注釋的編纂者顯然將「如是我聞一時」視為一個整體。同樣的情形也可以在以下的注釋中得到確認：

> 「一時」。案，僧宗曰：佛加威神，又得佛覺三昧，能一受領受，無所遺失也，為成「我聞」句也。（《大正藏》冊三十七，頁三八四上）
>
> 關於「一時」。案，僧宗說：〔阿難〕從佛得到威神力，又得到與佛陀之覺悟相等的三昧，一旦領受教導就能將之牢固地保持在心中，沒有忘失。「我聞」句是如此之意。

僧宗（四三八—九六）是南齊的代表學僧，被立傳於《高僧傳》卷八中。以上一段敘述了阿難受佛陀不可思議力量加護，得到佛覺三昧，只要一度聽聞佛說就絕不會忘失的力量。從最後一句也可以看出「一時」與「我聞」是聯繫在一起的。佛覺三昧是指獲得與佛同等優秀記憶力之三昧，在失譯《舍利弗問經》中有語例（《大正藏》冊二十四，頁九〇二下）。

順便一提，「如是我聞」以下的定型句在後代被稱為「通序」，作為其最初期的語例有《大般涅槃經集解》卷二的南齊的僧宗說。⓬「通序」一詞在之後也被用於梁代法雲之《法華義記》卷一（《大正藏》冊三十三，頁五七六下）裡面，並在以後的各種注釋中被頻繁地使用。眾所周知，僧宗的經典解釋對緊接其後的南齊、梁初的寶亮（四四四—五〇九）產生影響，但僧宗說對北地的地論宗也產生很大的影響力（船山，二〇〇〇b，一三五—一四〇頁）。

《大般涅槃經集解》是傳達橫跨宋、齊、梁三代的南朝涅槃學真髓的重要資料，內容收錄各注釋家關於《大般涅槃經》南本的解說。《大般涅槃經》南本，是一部編纂經典，它將曇無讖所譯的《大般涅槃經》的譯語進行部分改訂，並依據法顯譯《大般泥洹經》（別名《六卷泥洹》）的品名進行品名（章名）的變更，在南朝教理學中，《大般涅槃經》南本與鳩摩羅什所譯的《成實論》並列，共同形成重要骨幹（船山，二〇〇七a，一一一—一一三頁）。根本典籍《涅槃經》的注釋風格，可作為解釋其他經典上的一個基準。因此，在《大般涅槃經集解》中所確認的「如是我聞一時。佛在……」這一斷句方式，只要此定型句共通於其他諸經，就不能認為上述斷句是唯一適用於《涅槃經》的特殊解釋。反過來，我們應該假設其他經典可能也以同樣的方式解釋。倘若果真如此的話，則在五世紀末到六世紀初的建康，或者乃至整個南朝，「如是我聞一時。佛在……」之斷句方式已然相當普遍了。

但是，此處筆者想加上一個「但書」。如上述般，南朝確實存在「如是我聞一時。佛在……」這一斷句的傳統，但另一方面，同時並行「如是我聞。一時……」解釋的可能性也很高。此處不做詳細論述，這點可從僧祐《出三藏記集》卷九中收錄的僧祐〈菩薩善戒菩薩地持二經記〉中窺知。僧祐是齊、梁代表性的佛教史家，也是律學權威。在該經記中，他詳查求那跋摩譯《菩薩善戒經》與曇無讖譯《菩薩地持經》文脈之間的異同關係，並指出：《菩薩善戒經》第二卷的開頭才開始有「如是我聞」一句，而《菩薩地持經》的開頭則沒有「如是我聞」等等（《大正藏》冊五十五，頁六十二下—六十三上）。僧祐用的是「如是我聞」一句，而不說「如是我聞一時」，此事應該表示他將「如是我聞」四字視為一句來理解。

考慮以上因素，我們可以推測在六朝時代，以《大般涅槃經集解》為例的「如是我聞一時。佛在……」之解釋，和以僧祐和鳩摩羅什為例的「如是我聞。一時佛在……」之解釋，此二者同時，且並存於同一學派中。至於二者中，何者的解釋更有影響力，這是很有意思的問題，但也不是我們可以輕易斷定的。

六、北魏菩提流支《金剛仙論》的解釋

《金剛仙論》傳為北魏菩提流支所譯。但有學者推測它實際上不是翻譯，而是菩提流支（五二七卒）的講義錄之類的文獻（竹村、大竹，二〇〇三，二十三—二十五頁；Funayama 2006: 48-50）。在其卷一有如下一節：

> 「一時」者，既曰「我聞」，說必有時，故次云「一時」。……須菩提直道「我聞一時」，不云幾年。是故但言「一時」也。上雖如是般若理教，我聞一時，未知從誰邊聞。若餘人邊聞，則不可信。今言我從佛聞，明知是如來所說。（《大正藏》冊二十五，頁八〇一上—中）

關於「一時」。既然說「我聞」，就有（佛）說法的具體時間。因此接下來說「一時」。……〔聽聞傳承《金剛經》的〕須菩提只說「我聞一時（我在某時聽聞）」，沒有說

在哪一年（聽聞）。因此，只說「一時」（某個時候）。以上，這樣的般若理法和教說，是我在某個時候聽聞的，但到底是從誰聽聞的卻不知道。倘若是從別的人聽聞來的，就不能相信。因為現在說我從佛聽聞，就可以清楚地知道是如來所說。

此處，「我」被理解為是須菩提。⓭而且，其斷句之方式為「如是我聞一時。佛在……」一事也很明確（竹村・大竹，二〇〇三，六十頁注一）。為地論宗的創立做出貢獻的菩提流支採用了這樣的解釋，並作為講義被保留下來，這說明這在北魏是一種規範的解釋。然而，無庸贅言，並不能就此歸結出當時完全沒有其他的解釋方法存在。

七、將「一時」與前後雙方聯繫的印度注釋

如上已述，後代的印度注釋家認為「一時」一方面與「我聞」相關聯，另一方面與之後的「佛在」也相關聯。在本節中，通過對這一點展開更進一步的重點檢討，以此探索印度佛教與中國佛教說法的連接點。雖然，本章是以中國六朝隋唐佛教為主題，而非以印度佛教為主題，不過，若想深入考察六朝隋唐佛教教理學中「如是我聞一時」之意義，那麼，將印度後代的發展和中國佛教的說法加以比較，當有不小的意義。因此，為了多視角

地理解「如是我聞一時」在中國所展開的解釋，容我稍微繞道考察。

印度人的注釋中，作為解說「一時」與「我聞」和「佛在……」二者有關之印度人的注釋，首先有蓮華戒（Kamalaśīla，約七四〇—九五）的《稻芉經釋》（*Śālistamba-ṭīkā*）。此書梵文原典現已不存，現存只有西藏語譯。一九九五年藏譯本的校訂版和英譯由 Jeffery D. Schoening 出版。與「一時」有關的段落如下所示：

dus gcig na zhes bya ba ni *thos pa* zhes bya ba gong ma dang sbyar te / dus ni dus sam / 'khor 'dus pa ste / thams cad du / thams cad na / mdo sde dkon mchog 'di lta bu dag shin du thos par dka' ba'i phyir ro // yang na *dus gcig na bcom ldan 'das bzhugs so* zhes 'og du sbyar te / 'dis ni 'dul ba'i bya ba mtha' yas pa'i phyir gzhan kyi tshe na ni / bcom ldan 'das gzhan na bzhugs so zhes stond to //（Schoening 1995: vol. 2, 455,10-13）

「於一時」與前面「聞」連接。時（samaya 機會）是指時間（*kāla）或集會（*pariṣad, 'khor 'dus pa）。因為在任何地方、任何時候，要很確實地聽到經典這一珍寶是很難的（難得的機會）之故。又或者，「於一時（某時）」與後面「世尊住」連接。因此，這表示由於需要調御的〔聽眾〕有無數，所以於別的時間世尊住於別的處所。

如此地，蓮華戒在解說「一時」與「我聞」相連之後，通過「又或者」（*Skt.* atha vā, *Tib.* yang na）一詞舉出另一種解釋，補充與「佛在」相連的說法。

「又或者」（atha vā）經常被使用於注釋文獻，表示在解釋某個詞之際也可能有另一種解釋。在上面的語境裡，並不需要針對第一種解釋和第二種解釋進行二者擇一、亦即二律背反般的理解。在此意義上，兩種解釋都是有可能的，而不偏向二者中的任一方，我們該將注釋所要表示的意涵理解為：「一時」既與其先行要素有聯繫，同時也與其後續要素有聯繫。

接著，我們來看一下緊接在蓮華戒之後活躍的師子賢（Haribhadra）之說法。他的《現觀莊嚴光明論（*Abhisamayālaṃkārālokā*）》，是針對解脫軍（Vimuktisena）對《八千頌般若經》的注釋書，即《現觀莊嚴論釋》進一步的注釋文獻。《現觀莊嚴光明論》中某些寫作方式部分繼承了蓮華戒的說法，特別是蓮華戒在《攝真實論釋（*Tattvasaṃgrahapañjikā*）》中所展開的學說（天野，一九六九）。師子賢在該論中有以下一節：

ekasmin samaya iti. śrutam ekasmin kāla iti pūrveṇa saṃbandhaḥ.... atha vaikasmin kṣaṇe sarvaṃ śrutam ity arthaḥ....atha vā... parahitapravaṇamatitven*aikasmin samaye* *gṛdhrakūṭe* viharati *sme*ty uttareṇa padena saṃbadhyate, anyadānyatra viharaṇāt.（Wogihara 1932: 6, 23-24; 7, 1; 7, 18; 7, 23）

「一時」與前面「在某個時間聽聞」連接。……又或者是在某一個瞬間聽聞到一切之意。……又或者……由於專注於利他，和後面的「於一時（某個時候）住於靈鷲山」連結。因為在此外的機會（世尊）住在別的地方。

此處也是說明「一時」主要地與「我聞」連結，但作為別解也可以解釋為與「佛在……」也有連結，而為了導入後者的解釋，使用「或」（atha vā）這一接續詞。

接下來，我們來看一下 Vīryaśrīdatta 所著的《決定義經注（*Arthaviniścayasūtra-nibandhana*）》中的解說。相關要點如下：

ekasmin samaya ekasmin kāle. śravaṇakālasya prabandhenāvicchedād ekaḥ kālaḥ. anena ca bāhuśrutyam ātmanaḥ kathayati. idaṃ tāvad ekasmin samaye śrutam, anyad apy anyadā śrutam iti saṃsūcanāt(!). *ekasmin samaye bhagavān viharatī*ty uttareṇa vā saṃbandhanīyam.（Samtani 1971:75, 9-76, 3）[14]

「一時」是指在某個時間。因聽聞的時間是連續的沒有斷絕，所以是一個時間。並且藉此敘述自己（阿難）是多聞的。因為要表示，首先，在一時（某個機會）聽聞此事，而在別的時候聽聞別的事情。又或者，應該與後面「於一時（某時）世尊住下來了」連接。⑮

該注釋與上述二書內容基本相同。根據本書末尾所附的跋偈，作者是波羅王朝達摩波羅王（Dharmapāla）時代那爛陀寺的比丘（Samtani 1971: 133-136）。若根據印度的歷史學家瑪茲穆德（R. C. Majumdar）的說法，達摩波羅王的統治期間約為七七〇—八一〇年；若根據西爾卡（D. C. Sircar）的說法，大約是七七五—八一二年，除此之外也有其他的說法，雖然各種說法多少有所不同，但在年代上，沒有極端的異說，大致的年代基本上是確定的（Majumdar 1993: 45; Sircar 1977: 967）。也就是說，本注釋作者被認為是與蓮華戒和師子賢幾乎同時期的大師。但是，關於蓮華戒和師子賢，除了可以確定其活躍時期是蓮華戒在先，師子賢在後，此外，無法確定三者之間準確的先後關係。

以上三個注釋是玄奘以後成立的，雖然沒有被漢譯，但並不因此就與中國佛教無關。首先，就間接的關係來說，蓮華戒被傳說為在所謂的「桑耶宗論」中，與代表中國禪佛教的摩訶衍和尚針對頓悟和漸悟進行對論。而就更直接的關係來說，蓮華戒的經典解釋法影響了九世紀上半葉敦煌的佛教學者法成。法成《大乘稻芉經隨聽疏（大乘稻芉經隨聽手鏡記）》中有如下有趣的一段注釋：

經，如是我聞一時。……言「一時」者，即聞經時也。此有二釋。一與聞相合，二與住相合。與聞相合者，顯此經寶，難得聞故。與住相合者，此顯如來，即於餘時為度眾生住餘處故。（《大正藏》冊八十五，五四六下）

經「如是我聞一時」。……所謂「一時」，無非是聽聞經文之時。這可以有兩種解釋。一是與聽聞的呼應關係，二是與住處的呼應關係。與聽聞的呼應關係（即某個時候聽聞此一呼應關係），顯示此經典如珍寶，因為聽聞的機會難得。16 與住處的呼應關係（即某個時候佛住於某處此一呼應關係），這是在闡明如來，因為在另外的時候（如來）為濟度眾生而住於另外的處所。

「一時」意指聽聞經典之時，既與「我聞」相連，也與「佛住……」相連。在列舉兩種解釋這一點上，與上述的蓮華戒學說是共通的，而且，實線部分和虛線部分與蓮華戒學說、獅子賢學說有並行關係。一般來說，上山大峻（一九九〇，二一二頁）已指出法成說是基於蓮花戒的學說，詳細論述請參考上山氏的文章。蓮華戒學說雖然在長安等中國本土要地並不廣為人知，但可以說對吐蕃時期的敦煌佛教產生了一定的影響。

八、中國的對應說

如果將「一時」解釋為連接「我聞」、「佛在（住）」二者，那就意味著「我」（傳統上以阿難為代表的經典傳持者）參與了佛說法的現場。也就是說，「我聞」之時與佛說經之時是同時的。如果承認像這樣的「我聞一時」的關聯，那麼作為其當然的歸結，「佛在」也必然地相關聯。相反，假設聽聞時和說法時是不同的，那麼「我聞」就是間接傳聞的意思，失去了保證佛說可信度這一「如是我聞」所承擔的本來的意義。

以上只不過是筆者從邏輯一致性的觀點導出的推測而已，筆者推測在前一節所見的印度諸注釋的時代之前，六朝隋唐的佛教徒也已經有某種程度類似的想法了。因為在多個文獻中可以看到聽經時和說經時相符合的說法。例如玄奘譯《佛地經論》卷一有如下所說：

> 言「一時」者，謂說聽時，此就剎那相續無斷，說聽究竟，總名「一時」。……或相會遇，時分無別，故名「一時」。即是說聽共相會遇，同一時義。（《大正藏》冊二十六，頁二九二上）

所謂「一時」，是指〔佛〕說法〔而聽眾〕聽聞的時候。這是就瞬間是連續、沒有斷絕⑰、說法和聽聞達到極致的狀態，總稱此為「一時」（在同一時）。……或者因為〔說者和聽眾）一起相遇，在時間上沒有偏差，所以稱為「一時」（在同一時）。亦即，說者和聽者共同相遇並在一起，是共有同一時的意思。

《佛地經論》傳說為「親光菩薩等造」，但一般而言，對於它是否真正忠實且逐字漢譯仍存在疑問。然而，就以上引文而言，筆者以為似乎不需要考慮玄奘等人恣意插入的可能性。把這看成是反映了當時玄奘留學時的印度那爛陀系的解釋學，應不會有太大的問題。⑱

特別值得注意的是「說聽時」這個詞。這意味著佛的說時和佛弟子的聽時是同時的。而且，作為表示這一點的特徵性詞語，「時分無別」和「共相會遇」也值得關注。這些語句影響了玄奘以後的各種注釋。例如在窺基《大般若波羅蜜多經般若理趣分述讚》卷一中說：

> 但是說聽二徒，共相會遇，說聽究竟，總名「一時」。（《大正藏》冊三十三，頁二十九上）
>
> 這些說者和聽者，共同相遇並在一起，說法和聽聞極致其狀，總名之為「一時」（在同一時）。

其中，「（共）相會遇」和「說聽究竟，總名『一時』」無疑是基於《佛地經論》的語詞。另外，窺基《妙法蓮華經玄贊》卷一末中說：

經，一時。贊曰：第二說教時分也。此有二義。一法王啟化，機器咸集，說聽事訖，總名「一時」。二說者聽者共相會遇，時分無別，故言「一時」。（《大正藏》冊三十四，頁六六四上）

經，一時。《贊》的注釋，〔所謂一時〕是指第二說明教說之時。這有兩個意思。第一，法王開啟教化的場所，適當的時機和法的接受者全部集合，將此與說法和聽法有關的事態完成之樣貌總稱為「一時」。第二，說者和聽者相遇在一起，因為時間沒有不同，所以說為「一時」。

根據以上引文，可知窺基根據《佛地經論》的說法來理解「一時」。

並且，圓測《仁王經疏》卷上本有如下有趣的記述：

共相會遇，名為「一時」。故彼論云：或相會遇，時分無別，故名「一時」。即是說聽共相會遇，同一時義。（感聖赴機，更相會遇，名「一時」也）……。（《大正

藏》冊三十三，頁三六四上）

（說者與聽者）共同相遇稱為「一時」。因此，在該論（《佛地經論》）中說：「或者因為（說者與聽者）相遇在一起，其時間沒有差異，所以稱為「一時（在同一時刻）」。亦即，說者和聽者共同相遇並在一起，共有一時（同一時刻）。（眾生）作用於聖人，趁赴機會，將（眾生與聖人）相遇在一起的狀態稱為「一時」）……。

值得注意的是，圓測在夾注中使用了「感」、「機」這些中國傳統感應理論的語詞來重新表達同樣內容的事情。在此可以看到印度佛教和中國思想絕妙融合的一個例子。筆者認為這背後有如下的想法存在，也就是聖者佛陀開示經說是為了濟度眾生，人們在怎樣的時間尋求怎樣的教法，釋尊就如是地回應，這樣的啐啄同時之現象的想法存在於其背後。

有趣的是，與此基本相同的想法在玄奘以前的階段就已經存在了。鳩摩羅什的高足竺道生在《法華經疏》卷上的開頭說：

「一時」。言雖當理，若不會時，亦為虛唱，故次明「一時」。時者，物機感聖，聖能垂應，凡聖道交，不失良機，謂之「一時」。（《續藏》二乙．二十三．四．三九七裏下）

關於「一時」。即使語言與理相一致，但如果時機不對，還是徒勞無功的說法而已。因此，接下來要闡明「一時」。所謂時，就是眾生的機根作用於聖人，聖人能夠應現，凡夫與聖人相互交涉，不失良機，這就說為「一時」。

竺道生的這番言論，就感應理論的角度而言，是具有中國風格的。然而，若論其意圖所在，我們完全可以將它解讀為與上述窺基和圓測的說法相通。

將「一時」與感應思想相關聯的注釋方法，也能在梁代三大法師之一的光宅寺法雲（四六七—五二九）的說法中看到。法雲《法華義記》說：

「一時」者，此是通序中第三，明阿難佛語可傳之意不虛。此經既是如來應機適會之教，云何祕而不傳。……今言「一時」，正明此教與機同會無差……。（《大正藏》冊三十三，頁五七七上）

所謂「一時」，這是通序中的第三要素，表明阿難能傳達佛語的意趣並非虛妄。本經（《法華經》）是如來順應時機和適合機會的教說，為什麼要保密而不弘揚呢？……現在所說的「一時」，正說明此教說在時機上非常合適，沒有偏差……。

釋尊順應眾生的欲求與機根，宣示適合時宜的教說，以上引文中使用「應機」、「機」等感應思想的詞語來說明阿難正確傳達這些教說。

小結

經典開頭的定型句「如是我聞一時佛在……」，應該斷句為「如是我聞。一時佛在……」，還是「如是我聞一時。佛在……」，關於這一點，以往的定論認為中國佛教在整個歷史上都無一例外地採取前者的立場，將「如是我聞」四字作為一句來解讀。然而，通過本章的考察，我們明確發現：在六朝時代，前者的理解確實存在，但同時，後者的理解也以具有相當顯著影響力的方式普及開來。前者的例子是僧祐和鳩摩羅什的說法，後者的例子是鳩摩羅什譯《大智度論》和《大般涅槃經集解》中所見的南朝涅槃學的說法。尤其是在五世紀前半到六世紀前半期間的建康，「如是我聞一時」作為一個完整句子解釋的方式極有可能得到廣泛傳播。

這樣兩種解釋並存的狀況，與其說是表示六朝時代的佛教完成了中國獨自的展開，不如說應該理解為這是以某種形式反映在印度中存在的兩種解釋。在兩種說法中，尤其「如是我聞一時」六字作為一句的解釋，從古典漢語的一般語序來看是極其罕見的，在語法上是強行的解釋，無論如何也不能認為是從漢語的思維傳統中自然產生的。從漢文本來的語序而言，「如是我聞」也不得不說是十分奇異的表現，在這之上若再加上「如是我聞一時」的情況，我們就更不能忽視印度的經典解釋傳統對中國所帶來的影響。

無論遵循哪種句讀，從佛的對機說法的觀點來看，立足於佛為了應接教化眾生，在最恰當的時節說最適切的法門的信念之上，阿難等經典傳持者聽聞了個別佛說，無異於親身體驗了佛的對機說法。闡明這一點的，是「一時」與其前後皆相關的解釋方式。換言之，佛宣說本部經的「某個時候」，正是「我」聽聞佛說的那個時候。這樣的解釋雖明確見於八世紀後半期到末期的印度注釋，但幾乎相同內容的想法也可以說存在於此前更早的六朝隋唐的中國。中國和印度的差異在於表現的方式。亦即，在中國佛教的場合，運用中國傳統感應思想的術語和概念進行解說，這是與印度佛教不同的一個特徵。

既然「一時」與其前後文都相關，那麼「如是我聞一時佛在……」既可以斷句為「如是我聞一時。佛在……」，也可以斷句為「如是我聞。一時佛在……」。而且，為了表示兩種解釋是同等可能的，甚至可以不在正文原文中加入標點符號。

關於「如是我聞」云云的定型句，在基本的事項上仍有許多不明之處，甚至可以說不明之處是為數更多的。如果本章能些許照射到所謂的經典解釋學這座巨大冰山的一角，那將是幸甚之至。

注釋

❶「我聞如是」被用於東晉僧伽提婆等譯的《中阿含經》，和傳說為曹魏康僧鎧譯的《無量壽經》（也有認為不是康僧鎧所譯）之中。另外，其他的翻譯形式，也有「阿難曰：『吾從佛聞如是一時佛在……』」之譯例（見傳為西晉法炬譯的《羅云忍辱經》和傳為後漢安世高譯的《溫室洗浴眾僧經》等經）。

❷在竺佛念的譯典中，如《菩薩十住除垢斷結經》和《菩薩瓔珞經》，其開頭為「聞如是」，而《菩薩從兜術天降神母胎說廣普經（菩薩處胎經）》和《中陰經》，其開頭為「如是我聞」。至於竺佛念譯的《出曜經》中的對應語句，請見本章第三節。

❸丘山等（二〇〇〇，二七一頁注一）解說道：「竺佛念雖然在羅什來華之前，作為佛典的漢譯者而活躍著，但很明確地，在羅什來華之前，他所譯出的經典是使用『聞如是』的，恐怕是羅什來華後，他所譯出的經典才開始使用『如是我聞』。」岩波佛教（一九八九）在「如是我聞」這一項目中寫道：「『如是我聞』是鳩摩羅什以後的譯語，在此之前譯為『聞如是』。」以上認為創造出「如是我聞」這一譯語的人物是鳩摩羅什，這一見解可能是正確的。不過，若想要毫無疑問地確定這一點，我們有必要證明竺佛念所譯的《菩薩處胎經》、《中陰經》是羅什以後的翻譯，然此事迄今尚未能得到充分的討論。

❹ 對布拉夫之說表示支持並展開討論的主要研究，有中村、紀野（一九六〇／二〇〇一，解題一九七—一九八頁），梶山（一九七七／二〇一三，四二九—四三一頁），Kajiyama（1977），中村元（一九八〇，譯注一八三—一八五頁），Silk（1989: 158-163）、Tatz（1993）及後注❺、❻等研究。

❺ 可進一步參考反對布拉夫說法的 Galloway（1991），岡本嘉之（一九九七）。

❻ 既承認布拉夫說法的價值，同時也重視「一時」與前後雙方是同等關係的研究論文，有 Harison（1990: 5n. 3），下田（一九九三，二十三頁注一 b），Schoening（1995: vol. 1, 200n. 2）。

❼ 慧遠的《大般涅槃經義記》卷一（《大正藏》冊三十七，頁六一七上）中也有大致相同的說法。然其處不作「龍樹別傳」而作「及其別傳」。順便一提，與十地說和龍樹直接相關的文獻，我們會聯想到龍樹的《十住毘婆沙論》，然其中無任何關於「如是我聞」的注釋。

❽ 《溫室洗浴眾僧經》之文為「阿難曰：『吾從佛聞如是。一時佛在……』」（《大正藏》冊十六，頁八〇二下），無「於」字。

❾ 關於「阿難曰：吾佛從聞如是一時佛在……」之表現，也請參見註❶。

❿ 順便一提，《大正藏》的句讀在⑴、⑵是作「……聞如是一時。……」，⑶、⑷是作「吾從佛聞如是。一時……」。但若考量內容的一貫性的話，則應當根據筆者的提議，四例都同樣採用「……聞如是一時。……」之句讀。另外，《出曜經》中的「佛在某某」一句，在前面加上「昔」字，以

「昔佛在某某」之定型的方式表達。

⑪ 藤田宏達（一九七五／二〇一五，一九六頁）曾極簡但清楚地指明：在鳩摩羅什的漢譯作品中，《大智度論》和上述《十誦律》的一節是個例外，不以「如是我聞」四字來斷句，而以「如是我聞一時」六字來斷句。又，如本章所探討的，還有其他以「如是我聞一時」六字作為句讀的重要文獻。

⑫ 《大般涅槃經集解》卷二：「僧宗曰：序者由致也，將說正宗，若不序述由致，無以證信也。有二序，一曰現序，亦曰別序。二曰未來序，亦曰通序。……如是我聞五證，是阿難所請，名未來序。經皆有此，故名通序也。」（《大正藏》冊三十七，頁三八三中）

⑬ 《金剛仙論》卷一：「故知今言『我聞』者，是須菩提也。」（《大正藏》冊二十五，頁八〇一上）

⑭ 關於如是我聞的專論有 Samtani（1964-65），但筆者未見。

⑮ 前人研究，請參考本庄（一九八九，四十二頁）和石川（一九九八）。本文所載梵語原文中，saṃsūcanāt 是依據本庄（一九八九，一六〇頁）的訂正案。Samtani 本作 saṃstavanāt。

⑯ 原文「顯此經寶，難得聞故」與上文所引用的蓮華戒《稻芊經釋》中的一節（虛線部分）是並行的表達。

⑰ 原文「相續無斷」對應於上文引用《決定義經注》的 prabandhenāvicchedāt（因為連續性而沒有中

斷）。

⑱ 關於玄奘譯《佛地經論》和與之密切相關的西藏語譯戒賢《佛地經解說》的前人研究，請參考西尾（一九四〇，一八四頁）。

第四章　梁代智藏的《成實論大義記》

一、緒言

本章旨在以智藏（四五八—五二二）所撰寫的《成實論大義記》為材料，一窺梁代學術佛教的一些特徵，致力於回收此本已經散失，而未能傳世至今的佚文，並盡可能推斷其一定程度的原始形貌。

眾所周知，智藏以「梁代三大法師」❶之一而聞名。三大法師是指開善寺智藏、莊嚴寺僧旻（四六七—五二七）、光宅寺法雲（四六七—五二九），均被立傳於《續高僧傳》。三者之中，智藏最年長。不過，延續半個世紀之久的梁代佛教並非全都由三大法師引領的。三人可以說是梁代前期佛教教理學的代表，是與梁武帝（四六四—五四九）幾乎同時代的三名義學僧。此外，在三大法師時代之前，跨越南齊、梁初產生巨大影響的人物有靈味寺寶亮（四四四—五〇九，《高僧傳》卷八作小亮）。

為了解從東晉延續至宋、齊、梁、陳的南朝佛教教理學，首先要掌握當時受到重視與學習的基本經典為何。雖然這是今後的研究中須從各種角度反覆探討的要點，但作為一種展望，首先陳述筆者假設性的觀點。

東晉末、劉宋初（四一〇—二〇年代以後），鳩摩羅什（活躍於後秦時期的長安）所譯的經典已然傳播到了建康，而在南朝宋、齊、梁三個王朝中形成主流的教理學是「涅槃成實學」，亦即是以《大般涅槃經》和《成實論》為依據基礎的教理學。❷「涅槃成實學」這一名稱始終只是一種假稱，若問其實際情況為何的話，這是以《大般涅槃經》和《成實論》為根本典籍而發展的教理學。關於《涅槃經》，它使用的是《大般涅槃經》南本（慧嚴、慧觀、謝靈運等撰，《大正藏》三七五號）。南本對北涼曇無讖譯《大般涅槃經》（北本，《大正藏》三七四號）的譯語進行了部分修訂，並根據法顯譯《大般泥洹經》（別名《六卷泥洹》）的品名進行品名（章名）變更而成，可說為是一部編纂經典。❸一方面將此「經」中所說的大乘如來藏思想作為骨架，另一方面，重視鳩摩羅什所譯的《成實論》十六卷（《大正藏》一六四六號），將其作為說明阿毘達摩法數理論的「論」。在融合此二者的形式下發展起來的教理學體系，就是南朝所謂的「涅槃成實學」。而這形成了南朝佛教教理學的基本構造。

不過，為了避免誤解，需要補充的是，並非所有在南朝形成與發展的理論僅只起源於《大般涅槃經》或《成實論》。這些可以說是兩大要素，在此基礎上，還有其他的經典，例如，在此二經之前的時代就已經被廣泛閱讀的吳代支謙譯的《太子瑞應本起經》（《大正藏》一八五號）之佛傳，吳維祇難等譯的《法句經》（《大正藏》二一〇號），西晉法炬、法立合譯的《法句譬喻經》（《大正藏》二一一號）等諸經被使用，鳩摩羅什譯的《大品般若經》（《大正藏》二二三號）、《大智度論》（《大正藏》一五〇九號）、《法華經》（《大正藏》二六二號）、《維摩經》（《大正藏》四七五號）、《金剛般若經》（《大正藏》二三五號）等經被廣泛讀誦研究，再者，北涼曇無讖譯的《菩薩地持經》（《大正藏》一五八一號）和《優婆塞戒經》（《大正藏》一四八八號），與《大般涅槃經》一起於四三〇—三一年左右抵達建康，並且，東晉末佛馱跋陀羅譯的《華嚴經》（《六十華嚴》，《大正藏》二七八號），以及求那跋陀羅於宋元嘉年間譯出的《勝鬘經》（《大正藏》三五三號）、求那跋摩譯的《菩薩善戒經》（《大正藏》一五八二號、一五八三號）、曇摩蜜多譯的《觀普賢菩薩行法經》（《大正藏》二七七號）等南朝譯經也被重用。此外，對於學問僧而言，東晉僧伽提婆譯的《阿毘曇心論》（《大正藏》一五五〇號）和北涼浮陀跋摩、道泰等譯的《阿毘曇毘婆沙論》（《大正藏》一五四六號）等薩婆多部（說一切有部）阿毘達摩論書，也被當作教理學的基礎之一來研究。至於具體上是哪些經典以及在什麼文脈中被引用，最為直接的例子，可從南齊竟陵王蕭子良（四六〇—九四）的《淨住子》❹中得知。

南朝佛教所重視的經典大抵就如上所示，但這是所謂的資訊輸入的面向。相對之下，讓筆者簡單處理輸出面向的議題，也就是南朝佛教徒如何表現他們所吸收的教理學。

筆者在另一篇文章❺中曾提及，齊、梁教理學的一個特徵是與翻譯經典數量的變化有關。換言之，通過後秦鳩摩羅什譯、北涼曇無讖譯，以及劉宋元嘉年間的求那跋摩、求那跋陀羅、曇摩蜜多等人的翻譯，在五世紀前半葉所譯出的經典在數量上飛躍地成長，同時，對新譯出經典的理解也隨之加深。也就是說，在五世紀前半葉，佛教通過翻譯活動而活化，相較之下，從劉宋後半期到梁代，亦即西元五世紀後半期到六世紀前半期，由於前來的譯經僧減少等原因，翻譯經典的數量急遽減少。但有趣的是，譯經數量的銳減並沒有造成佛教的停滯。不僅如此，甚至可以說佛教活動在齊梁之間變得更加繁榮了。在這樣的趨勢中，如果問取代翻譯事業低下而讓佛教活動得以維持且進一步發展的關鍵為何，可以指出的是，當時對大量既存的經典進行某種形式的編輯，整理其內容以深化理解的傾向增強了。

對現有經典所知的學說進行整理編纂，大致分為兩個方向。一是將經典中所說的內容進行簡化。南齊蕭子良所製作的大量抄經，就是一個直截了當的例子，本章主題的《成實論》十六卷也適用於此。也就是說，為了便於教理的學習，永明八年（四九〇），在蕭子良的影響下，僧柔和慧次等人製作了被稱為《抄成實論》或《略成實論》九卷的摘要版

（佚）。❻

另一方向與簡化相反，試圖將教說體系化並整合為一個整體。具體而言，齊、梁之間出現了以《經律異相》為代表的類書等大型編纂物，並為整理教義而有各種綱要書的著作。就本章的中心人物開善寺智藏而言，如後所述，被推測為佛教百科全書的《義林》八十卷（佚），是智藏等人奉武帝敕命所編輯的。另外，如後文將說明的，智藏的撰述有《成實論大義記》，這並不是《成實論》的逐字注釋，而是具有主題分類綱要書性格的文獻。換言之，劉宋後半期以來的佛教史上，對現有經典資訊加以編輯整理時的簡略化之方向以及體系化之方向，它們在《成實論》被接受的過程中都可以看到。

先前使用了「涅槃成實學」這一臨時稱謂，作為南朝佛教教理學的簡單表達。在《涅槃經》和《成實論》中，關於前者，現存有對南朝教理發展較詳盡記錄的資料，即《大般涅槃經集解》（《大正藏》一七六三號）。這是一部撰著者不明，但可確定成立於梁代的文獻，其中收錄了竺道生（三五五—四三四）、僧亮（或作道亮，約四〇〇—六八頃）、僧宗（四三八—九六）、法瑤（約四〇〇—七五頃）、寶亮（四四四—五〇九）等人的隨文釋義，從中可具體了解從宋到梁初涅槃經解釋的變遷。另一方面，關於《成實論》，僧傳中經常記錄南朝的講義（湯用彤，一九三八，七一八—七六五頁；春日，一九四四）。僧傳和經錄等還記載了到梁末為止❼曾撰有如下解說書，〔〕表示出處：

宋・僧導《成實論義疏》（《高僧傳》卷七之僧導傳）

宋・道亮《成實論義疏》八卷（《高僧傳》卷七之道亮傳）

北魏・曇度《成實論大義疏》八卷（《高僧傳》卷八之曇度傳。曇度卒於四四八）

齊・蕭子良（僧柔、慧次等撰）《抄成實論》九卷，周顒作序（《出三藏記集》卷十二）

梁・招提寺慧琰《成論玄義》十七卷（《續高僧傳》卷九之智脫傳）

梁・袁曇允《成實論類抄》二十卷（《歷代三寶紀》卷十一，《大正藏》冊四十九，頁一〇〇上）❽

梁・開善寺智藏《成實論義疏》十四卷（吉藏《大乘玄論》卷二）

梁・光宅寺法雲《成實論義疏》四十二卷（《續高僧傳》卷五之法雲傳）

梁・莊嚴寺僧旻《成實論義疏》十卷（《廣弘明集》卷二十之蕭綱〈莊嚴旻法師成實論義疏序〉）

可惜的是，這些現在都不存在了。因此，幾乎完全無法了解具體的情況。其中，智藏是唯一的例外。智藏有以《成實論大義記》之名流傳後世的解說書，但《成實論大義記》與以上列舉的《成實論義疏》十四卷的異同關係還是一個問題。智藏的《成實論大義記》雖然在經錄等資料中並沒有明確的記載，但如後面第四節所示，我們可以從日本安澄的《中論疏記》❾及在其他著作中被引用的內容回收相當數量的佚文。並且，也可以由此推測某種程度的原型。關注於《成實論大義記》佚文的意義絕對不可小覷。

由吉藏《大乘玄論》卷二可知，智藏的著作中有對《成實論》的「義疏」。據吉藏的記載，梁武帝曾下詔命智藏著述《成實論》的「義疏」，但由於智藏忙於講義等事，未能有充足的時間，所以諸學士商議後，讓「安城寺開公」和「安樂寺遠子」（均不詳）代理撰寫了智藏的講說。據說，兩位僧人領會極佳，又精通內、外典，聽了兩遍智藏法師的講義，作了十四卷義疏，請求法師檢閱，據說法師通讀一遍，即給予認可。吉藏在說明義疏成立的原委後，引用了該義疏的一節。❿此處提及的智藏《成實論義疏》十四卷與本章主題《成實論大義記》之間的關係並不清楚。既然題名不同，暫且可將兩者看作是不同的著作，不過，也不排除是同一著作的可能性⓫。

二、智藏的著作

智藏的傳記見《續高僧傳》卷五（梁鍾山開善寺沙門釋智藏傳）。智藏「姓顧氏，本名淨藏，吳郡吳人」，屬於吳郡顧氏的人物。⓬智藏的學說在後來的文獻特別是在三論系諸論中以「開善」之名被引用。開善寺建立於天監十四年（五一五）。智藏建立鍾山開善寺，同時，因受敕命成為住持，他到逝世為止在此度過了七年。⓭

關於智藏的著作，本傳如下敘述：

> 凡講《大小品》、《涅槃》、《般若》、《法華》、《十地》、《金光明》、《成實》、《百論》、《阿毘曇心》等，各著義疏行世。（《大正藏》冊五十，頁四六七中）

為何要將《大小品》和《般若》分開呢？其理由雖然不清楚，但暫且不論這一點。從以上一節可以得知，智藏對於鳩摩羅什所譯的《大品般若經》（又名《摩訶般若波羅蜜經》，《大正藏》二二三號）、《小品般若經》（《大正藏》二二七號）、《法華經》（《大正藏》二六二號）、《十地經》（又名《十住經》，《大正藏》二八六號），曇無讖所譯的《金光明經》（《大正藏》六六三號）等大乘諸經，《涅槃經》即南本《大般涅槃經》（曇無讖譯《大般涅槃經》〔北本〕的再治本，《大正藏》三七五號），鳩摩羅什譯的《成實論》（《大正藏》一六四六號）、《百論》（《大正藏》一五六九號）等大乘論，而且，以及僧伽提婆譯《阿毘曇心論》（《大正藏》一五五〇號）此一薩婆多部的阿毘達摩論書等，著有「義疏」。上面之中，對於《成實論》的義疏，無疑就是上節所見的《成實論義疏》十四卷。

再者，智藏擅長的經典中有《涅槃經》，這點證明智藏正是南朝涅槃成實學的主流。隋朝吉藏在《法華玄論》卷一中說：「開善（智藏）以《涅槃》騰譽，莊嚴（僧旻）以《十地》、《勝鬘》擅名，光宅（法雲）《法華》當時獨步。」（《大正藏》冊三十四，頁三六三下）如前節一覽表所示，梁代三大法師都精通《成實論》，由此可知，從後世的觀點來看，最為精通《成實論》和《涅槃經》二者的法師是智藏。

除了通過本傳所知的著作之外，在梁武帝敕令進行的佛教類書《義林》八十卷的編纂中，智藏也是積極參與的核心人物，這一點從《歷代三寶紀》卷十一和《續高僧傳》卷一的寶唱傳中可以看出。⑭智藏傳世的著作，還有《大乘義章》一卷，此由《東域傳燈目錄》（一〇九四年）中有「開善大乘義章一卷」（《大正藏》冊五十五，頁一一六一中）可知。不過，這項資訊是依據晚於智藏五百多年後的經錄，因此，《大乘義章》此一文獻是否真可歸為智藏，還是個問題。

三、方法論上的備忘錄

智藏的言論經常在後代的文獻中以「開善云」的形式被批判性地提及，特別是以吉藏為首的三論系諸論書常。也有不少先行研究運用這些資料來重構梁代論師的學說。⑮但是，這些引用出處與可靠性也存在一些問題。因此，在本章中處理的直接對象之外，筆者想聚焦於被認為最忠實地傳達智藏原文之《成實論大義記》的引用片段。其理由如下所示。

首先，對於吉藏所引用的開善之說是否與原文一致，存在著疑問。一般而言，當然在大多數的情況下吉藏的引用是忠實於原文的。但是另一方面，例如以下《中觀論疏》卷七本的例子，情況則稍有不同：

> 問：「生死為有樂，為無樂？」答：「開善云：『生死實是苦，都無樂，但於苦法中橫生樂想，言有樂耳。』」（《大正藏》冊四十二，頁一〇三上）

據此，「生死實是苦，都無樂，但於苦法中橫生樂想，言有樂耳」作為「開善」智藏的發言。但是《中論疏記》對此進行了注釋，如下所述：

> 言「答開善云生死實是苦」等者，案《大義記》初卷〈四諦義中〉云：「問曰：有說三有實樂，此入何諦。答曰：《論》云，樂若小實，不名顛倒。既樂心入顛倒，云何有樂耶？故前釋於下苦無生耳。又問曰：生死是緣假，無涅槃中實樂。執此名倒耳。若如上釋，則因緣樂亦無乖情背□何其甚乎？答曰：涅槃實樂，生死實苦。對而觀之，生死只是因緣苦，那得因緣樂。故謂因緣樂。此心則顛倒，何待執性樂，方顯其倒耶。」准之可悉。（《安澄記》卷六末，頁九十五—九十六，即後述佚文七）

亦即，安澄接續吉藏所言，為了正確地介紹智藏之言，而逐字引用《成實論大義記》中的一節。反過來說，這意味著注釋家安澄承認吉藏引用的「生死實是苦，都無樂，但於苦法中橫生樂想，言有樂耳」並不是對智藏言詞的正確引用。

這是一個說明吉藏的引用可能與原文不符的佳例，雖然還有其他一些事例，但再介紹一個佚文四十九的例子。吉藏《中觀論疏》卷七有如下記載：

> 釋小乘見思，三師不同。一者，依《雜心》明十五心為見道，第十六心則屬修道。成實師云：第十六心猶屬見諦。……（《大正藏》冊四十二，頁一〇六下）

其中安澄接續「成實師云：第十六心猶屬見諦（＝見道）」之處的文，記述如下。

言「成實師云」等者，案《大義記》第十三卷〈見思義〉云：「問曰：《毘曇》十六諦心，十五屬見諦，第十六入思惟。《論》亦十六心製為二通不？答曰：《論》雖十六心，非十六念。又悉屬見諦，非思惟。問曰：若不十六念，何名十六心復非思惟耶？答：〈斷過品〉云：無量斷非八非九。豈容十六念耶？而名十六者，判大階位，如思惟九品耳。非思惟道者，猶治示相，未重慮也。又〈六通品〉明二乘他心智得知見諦心。云：緣覺欲知見諦第三心，即見第七；聲聞欲知第三心，即見第十六心。如是定非知見諦道耶？文理兩徵非思惟。」又云：「見諦思惟惑迷通之心也。道有初後，宜立見思之稱。此心乖之，謂見諦思惟惑也。道者何耶？以理審云諦，而物不睹及學至初了，宜名見諦，然理深玄非一，監頓明假，重思惟，乃可究盡，故進求所得重慮曰思惟。」乃至廣說。准之可悉。（《安澄記》卷六末，頁一〇六—一〇七）

亦即，通過逐字引用《大義記》卷十三的見思義，安澄說明吉藏所說的「成實師」指的是智藏，雖然此處也可以確認到「《論》雖十六心，非十六念。又悉屬見諦，非思惟」這般類似的表現，但卻與吉藏的表現是不同的。綜上所述，可以看出吉藏所介紹的前人文章未必是符合原文的。

另外，吉藏的《中觀論疏》中也有像「莊嚴、光宅云」（《大正藏》冊四十二，頁一一六下）這樣，一則引文有複數發言者的情況。並且，也有如「開善謂真俗一體，故名為一。龍光謂真俗異體，故名言異」（《大正藏》冊四十二，頁二十六中）般，以簡潔短文對比二人以上論師之說的情況。這些的每一個都不是忠實的引用，而是吉藏以自己的話引述概括的大意。筆者並非在此主張吉藏對梁代論師學說的介紹是不可信的。而是從隋唐三論宗這一不同時空俯瞰的梁代論師的言論介紹，自然不同於站在和梁代同一視角所見到的內容。因此，在研究梁代諸論師的思想時，僅僅依賴後代三論家帶有部分主觀說法的摘要性引用介紹，而試圖正確地理解梁代思想內容，這樣的態度在方法論上不免有所缺陷。

一般而言，後代引用原文時不一定是逐字引用的。其理由可能包括：原文過於冗長繁複，不太合適直接引用；或者為了明確表述論點，引用者會根據自己所在地區的語言風格統一修改措辭和術語，但內容並未改變；另外，當引用是為了批判前人觀點時，引用者有時也會故意歪曲原文內容和語詞以便進行批判。無論哪種情況，如果引用不忠實於原文，而將其視為與原文具有同樣的性質，這是很危險的。就目前的事例而言，吉藏及其後的三論諸家所提及的智藏學說，在研究三論對智藏思想進行的批判時，即使將它直接視為智藏之說來接受，可能不會產生特別嚴重的問題。但是，如果試圖在梁代佛教研究的脈絡下，分析智藏學說本身及其用語法和議論的架構，就可能會引發問題。應該被視為是按照智藏原文引用的部分，和該被視為可能是後人改寫的部分，此二者需要加以區別。因此之故，本章刻意將三論文獻中大量的「開善」之說暫時擱置不論，而將注意力集中在正確地引用《成實論大義記》的選定上。

四、《成實論大義記》佚文

本節將盡可能蒐羅彙整筆者所知的《成實論大義記》之引用片段。佚文的出處大多是日人安澄（七六三—八一四）的《中論疏記》（伊藤，一九七七），以下將其標記為《安澄記》。這部文獻是對吉藏《中觀論疏》的注釋。原本是由卷一本到卷八末共十六卷所成，但是《大正藏》本（收入於《大正藏》冊六十五，二二五五號）缺少卷一末、卷四本、卷四末、卷六本、卷六末。因為卷六末由平井、伊藤（一九七七）⑯進行了原文校訂，所以卷六末使用這個版本；《中論疏記》的其他卷則使用《大正藏》本，標示《大正藏》本的頁數。

安澄所引用的智藏的話語，在大多數情況下，可以認為是智藏原文的忠實引用。而且，安澄引文的例子中，其為明確表示引用的結尾，會在原文引用之後加上「乃至廣說」、「准之可悉」等詞語，因此，不太會發生難以判斷引用結束之處的情況。以下一覽表中，被判定為是《成實論大義記》的佚文的，以「 」表示之。

另外，雖然數量不多，但也可以從日人澄禪（一二二六—一三〇七）的《三論玄義檢幽集》中回收若干佚文。這部文獻是對吉藏《三論玄義》的注釋。以下將其標記為《檢幽集》。該佚文只有三條，分別為第一、第二以及第十四異文。由於其中第一、二條明確表示引用自《中論疏記》，因此可以推測《檢幽集》中這兩條是從《安澄記》中現今不存的卷一末、卷四本、卷四末、卷六本中所間接引用的。

在各佚文之後縮排二字所列出的是簡單的注釋，或對應的《成實論》的正文、或關連的相關資料。若能對大家在解讀佚文方面有所參考，就再好不過。原本筆者應該對各原文逐一進行翻譯和解說，但本章對此準備不足，在此預先聲明。

＊＊＊＊＊

《成實論大義記》佚文

【一、二】《中論疏記》云：案《大義記》初卷「序論緣起」云：「曇無德部，此土不傳。《成實》一論製作之士，名訶梨跋摩，梁語師子鎧。」又云：「秦主姚興弘始十三年，尚書令姚顯，請者波〔1〕法師，於長安始譯此《論》，聽眾三百，亦〔2〕影筆受〔3〕。其初譯國語，未暇治正，而沙門道嵩，便齎宣流，及改定前，傳已廣。是故此《論》遂兩本俱行。其身受心法名念處者，前本也。名為憶處者，後本也〔4〕。」今檢《論》本，或有二十卷，或有十六卷〔5〕。（《檢幽集》卷三，《大正藏》冊七十，頁四一八上）

〔1〕「者波」可能是「耆婆」之誤。

〔2〕「亦」可能是「曇」之誤。

〔3〕〈成實論記〉（《出三藏記集》卷十一）：「大秦弘始十三年，歲次豕韋，九月八日，尚書令姚顯請出此《論》，至來年九月十五日訖。外國法師拘摩羅耆婆手執胡本，口自傳譯，曇晷筆受。」（《大正藏》冊五十五，頁七十八上）〈略成實論記〉（《出三藏記集》卷十一）：「《成實論》十六卷，羅什法師於長安出之，曇晷筆受，曇影正寫。影欲使文玄，後自轉為五幡，餘悉依舊本。」（《大正藏》冊五十五，頁七十八上）《高僧傳》六之曇影傳：「影恨其支離，乃結為五番，竟以呈什，什曰：大善！深得吾意。」（《大正藏》冊五十，頁三六四上）

〔4〕《成實論》現存本中「念處」和「憶處」用例混雜。

〔5〕《開元釋教錄》卷四有：「《成實論》二十卷〈或二十四、或十六、或十四。弘

始十三年九月八日，尚書令姚顯請出，至十四年九月十五日訖。曇晷等受。佛滅後九百年，訶梨跋摩造。見《僧祐錄》〉。」（《大正藏》冊五十五，頁五一三上）。另外，關於現行本的情況，高麗藏本《成實論》是十六卷，但根據《大正藏》的校勘，宋元明版（宋思溪藏等）是二十卷，卷次編排有所不同。

【三】《大義記》初卷「二三藏義」云：「三藏者，聲聞學法也。釋迦之教，凡有三種。一是大乘，名方等經。二是小乘，名三藏經。」依准此文，聲聞學法名聲聞藏，菩薩學法名菩薩藏。（《安澄記》卷二末，《大正藏》冊六十五，頁四十二上）

【四】《大義記》初卷「四諦序」品〔1〕：「何者苦諦？謂三受為體。若論苦實義，即唯一苦受。但聖人開合為物，故言教不同。或言一切皆苦，即唯一苦受。或分一苦受為三受，謂苦受等。或說三受是三苦，謂苦苦等。」乃至廣說。准之可悉。（《安澄記》卷六末，頁九十）

〔1〕「品」也許是「云」之誤。

【五】《大義記》初卷「四諦序」云：「若推例尋數，可有二種三。一者、異境為三，如怨親中人。二者、一境為三，謂新故中，如寒者遇火。既新脫寒苦，熱逼相徵故，於輕逼謂樂。聖人隨之稱樂。若近火轉人緣逼則重，眾生能覺，故說為苦受。中間不了，名不苦不樂受。」乃至廣說。准之可悉。（《安澄記》卷六末，頁九十三）

【六】《大義記》初卷「四諦義」云：「若論苦實義，則唯一苦受，何故云爾？謂逼惱是苦義，而有為心數，皆於緣中起動，既起由緣來，則緣有逼心之義。若心領逼緣，理成逼惱，故心行斯苦，無纖分之樂。所以如來初生，便言三世皆苦。豈非理實唯一苦受而已哉。」准之可悉。（《安澄記》卷六末，頁八十九）

【七】言「答開善云生死實是苦」等[1]者，案《大義記》初卷「四諦義」中云：「問曰：有說三有實樂。此入何諦？答曰：《論》云：樂若小實，不名顛倒[2]。既樂心入顛倒，云何有樂耶？故前釋於下苦無生耳。又問曰：生死是緣假，無涅槃中實樂。執此名倒耳。若如上釋，則因緣樂亦無乖情背□[3]何其甚乎？答曰：涅槃實樂，生死實苦。對而觀之，生死只是因緣苦，那得因緣樂。故謂因緣樂。此心則顛倒，何待執性樂，方顯其倒耶。」准之可悉。（《安澄記》卷六末，頁九十五—九十六）

〔1〕《中觀論疏》七本：「問：生死為有樂，為無樂？答：開善云：生死實是苦，都

無樂，但於苦法中橫生樂想，言有樂耳。」（《大正藏》冊四十二，頁一〇三上）

〔2〕《成實論》六：「又人於苦中先起樂倒，後生貪著，樂若少實，不名為倒。」（《大正藏》冊三十二，頁二八二中）

〔3〕一字不明。

【八】《大義記》第五卷「二聖行義」云：「二聖行者，空行、無我行也。假名空謂之實。實法空為無我也。稱為聖行者，聖是正名，行是法求義也。以空理真當能使涉求心正故。以理自心，曰空行、無我行。」（《安澄記》卷五末，《大正藏》冊六十五，頁一四五中）

【九】《大義記》第五卷解云：「內離人故空，去離陰我，不自在故無我，去即即陰我。」准之可悉。（《安澄記》卷五末，《大正藏》冊六十五，頁一四五上）

【一〇】又「二聖行義」云：「見諦之外，諸結具在，理皆未見。若但觀苦不觀空，即通厭不成。我心不伏，不見真理。若但觀空不觀苦，則無緣折境，空觀不成，諸結不伏。是以遍觀諸理，通厭眾結，故惑伏解成，即見真理。而思惟資見諦苦等，能通厭我慢。以能通厭故，所以用伏結，無復方便空，空無伏義。」（《安澄記》卷七本，《大正藏》冊六十五，頁一七三上）

【一一】《大義記》第五卷「四果義」云：「《數論》雖俱明四果，而義不同。何數有超果？謂凡夫未嘗斷結，入佛法見諦，斷十五心為初向，第十六心為初果。若曾斷欲界六品，即十五心為第二向，第十六心為第二果。若曾斷九品，十五心為第三向，第十六心為第三果。凡夫不能斷非想結，故無超證第四果也。《論》[1]明凡夫不能斷結，悉次第證果。但有出觀不出觀果[2]耳。」乃至廣說。（《安澄記》卷五末，《大正藏》冊六十五，頁一五六中）

[1]參照《成實論》卷十六：「又《經》中說，斷三結已，能斷三毒。凡夫不能斷三結，故無得離欲。」（《大正藏》冊三十二，頁三六七中）。

[2]「果」是「異」之誤。參照左記【一一異文】。

【一一異文】《大義記》第五卷「四果義」中云：「數有超果，謂凡夫未嘗斷結，入佛法見諦，即十五心為初向，第十六心為初果。若曾斷欲界六品，即十五心為第二向，第十六心為第二果。若曾斷九品，十五心為第三向、第十六心為第三果。凡夫不能斷非想結，故無超證第四果也。《論》明凡夫不能斷結，悉以次第證果。但有出觀不出觀異耳。」（《安澄記》卷七本，《大正藏》冊六十五，頁一七三上）

【一二、一三】《大義記》第七卷「假實義」中云：「相續皆假無實者，雖剎那至從，必有初後。若剎那亦續有，皆假無實也。開為假實者，以時相續，亦有同異。若六十剎那為一念，此同類斷，說續接他義味合名，實時餘時隔絕。若兩念云續，此異類斷，為續接他義顯故假名續。不斷相續者，有接連義也。為明法不斷，宜云續矣。前念自滅，後念自生，但實生滅，實不相至，而云接連者，以前念為因，後念為果。因果相召，能令後念於前念滅時起，則接使前不無，故假言前不斷至後，猶有以假名在不斷。」乃至廣說。又云：「假義何耶？因他無自體也。實義何耶？有自體不因他也。」（《安澄記》卷六末，頁一〇二一一〇三）

〔參考〕《中觀論疏》卷七本：「一、開善云：前念應滅不滅，後念起續於前念，作假一義，故名為續。」（《大正藏》冊四十二，頁一〇五中）

【一四】《大義記》第七卷「假名實法義」中云：「五塵及心並無作，此之七法，名為實法。檢世諦有，唯此七法也。因成、相續、相待，此云假名。」乃至廣說也。准之可悉。

（《安澄記》卷五本，《大正藏》冊六十五，頁一〇九下）

【一四異文】《大義記》「假名實法義」云：「假名實法者，謂三種假名、七實法也。三假名者，因成，相續、相待也。七實法者，五塵及心無作也。」（《檢幽集》卷七，《大正藏》冊七十，頁四九四下）

【一五】《義集[1]》又云，開善《大義》第八卷「二諦義」云：「釋二諦有十重[2]。一序意、二釋名、三出體性有無義、四即離、五攝法、六真理無階級、七會眾難、八夷神絕果、九寂照昨世俗、十遍融通。」云云。（日本平安後期，珍海《名教抄》卷一夾注，《大正藏》冊七十，頁六九三中）

〔1〕未詳。

〔2〕吉藏《二諦義》卷上：「所以為十重者，正為對開善法師二諦義。彼明二諦義有十重，對彼十重，故明十重。」（《大正藏》冊四十五，頁七十八中）

【一六】言問他亦云等[1]者，案《大義記》第八卷「二諦義」云：「辨有、無者，謂俗有、真無也。俗雖名有，非是實性。但眾緣相類虛假曰俗。俗既虛假。檢之無體，即此之無是假無，謂無為真。真俗二理，悉當但稱諦也。」准此記文，今言他者，開善寺智藏師

也。（《安澄記》卷三末，《大正藏》冊六十五，頁八十九上）

〔1〕吉藏《中觀論疏》卷二末：「問：他亦云，有為世諦，空為真諦。與今何異。」（《大正藏》冊四十二，頁二十七下）

【一七】案《大義記》第八卷「二諦義」中，因成假、相續假、相待假，此謂三假。解云……。（《安澄記》卷一本，《大正藏》冊六十五，頁十六下）

（注）本條並非嚴密的佚文，或許是梗概摘要之類。

【一八】言「如開善義，明虛空是二諦所攝，虛空是世諦」等〔1〕者，《述義》云，開善意言，既稱虛空，即及名言，故是世諦耳。今案《大義記》第八卷「二諦義」云：「夫法無不總，義無不該者，真俗之理〔2〕也。故五陰通束諸有界入，則有無悉收。既以陰界等為俗，總何法不盡乎？是以上通涅槃，下遍生死〔3〕，虛空斷滅，無非名相。故上言俗有真無者，謂名相為有耳。名相為有，故空等俗諦。」乃至廣說。准之可悉。（《安澄記》卷五末，《大正藏》冊六十五，頁一五三中）

〔1〕吉藏《中觀論疏》卷五：「四者、如開善義，明虛空是二諦所攝，虛空是世諦，故名為有。」（《大正藏》冊四十二，頁七十二上）

〔2〕吉藏《大乘玄論》卷一：「攝法第八。論二諦攝法，為當盡不盡耶？常有三解。第一、莊嚴云：二諦攝法不盡。……第二、開善，解二諦攝盡，故云：『法無不總，義無不該者，真俗之理。』舒之即無法不是，卷之即二諦爾已。故《大品》云：設有一法出過涅槃者，我亦說如幻如夢。大涅槃空如來空。第三、冶城解云：佛果為真諦所攝，而非俗諦……。」（《大正藏》冊四十五，頁二十二上）

〔3〕吉藏《二諦義》卷下：「開善云：二諦攝法盡，下至生死，上極涅槃，預名相所及者，故皆世諦。只此名相即體不可得為真諦。為是義故，二諦攝法盡也。又彼明生死涅槃，皆是虛假，故是世諦。既是虛假，故可即空為真諦，所以一切法，無出二諦也。彼引《大品》云：佛與弟子，知法性外，無更有法，法性還是真諦，法性既攝法盡，故真諦攝法盡也。又引《大品》〈幻聽品〉：須菩提問：生死如幻如夢，涅槃亦如幻如夢耶？佛答云：生死如幻如夢，涅槃亦如幻如夢。設有一法出涅槃者，亦說如幻如夢。涅槃既是幻夢，故涅槃虛假，以虛假故是世諦，虛假即空，故為真諦也。」（《大正藏》冊四十五，頁一一三上）

〔參考〕吉藏《二諦義》卷上：「開善云：二諦者，法性之旨歸，一真不二之極理。又云：不二而二，中道即二諦。二而不二，二諦即中道。」（《大正藏》冊四十五，頁八十八中—下）同《大乘玄論》卷一：「開善云：二

諦者，法性之旨歸，一真不二之極理。」（《大正藏》冊四十五，頁十五上）

【一九】開善寺智藏師云：無有假體，而有假用及以假名也〔1〕。而今云：有人法者，約就總相，而為言之。今案《大義記》第八卷「二諦義」云：「所以有皆假者，謂大地雖廣，而無體能持。因色香等，故能勝載。既由他無自體，非假云何？次色香等法，復因細色等成，故麁細雖異，賴他是一。及人因五陰，陰復有因，如是相續相待，備在假實釋也。其假皆無者，三假同無也。既假有矣，復言無者，如合四微為地。是因成假，而地是一也。微四也，即四不是一，四無一也。離四，無別一，一自無也。雖離四無別一，即四不是一，故實有此四，可假之以為一。似如定有，有假不以假。故無但推四，復是假四，皆即自無四法，尚自無有，何假為一。故知以假故諸有皆無也。空假名義，照然有微也。既因成假實，空是無法體，則相續、相待，不待言自無也。」（《安澄記》卷一本，《大正藏》冊六十五，頁十八中）

〔1〕《淡海記》云：「光宅寺法雲師云：無假體、假用，唯有假名；莊嚴寺慧旻法師云：有假體、假用、假名；開善寺智藏師云：無有假體，而有假用及以假名也。」（《安澄記》卷一本，《大正藏》冊六十五，頁十八中）吉藏《百論疏》

卷上之下「開善無假體有假用」。（《大正藏》冊四十二，頁二五四下）

【二〇】案《大義記》第八卷「二諦義」云：「俗是假名，無定名而非絕名。真諦是假名而絕名者。俗法依名而緣猶得俗用，真諦若依名而緣乖真彌遠，故須一切妄，豈非絕名乎。」准之記文，今云常等是開善師也。（《安澄記》卷五末，《大正藏》冊六十五，頁一五二下）

【二一】今案《大義記》第八卷「二諦義」中云：「俗法參差，有等、不等。不等故，精麁萬重。等故，因假齊一。真諦唯遣，故一相無相。一相無相，故理無淺深。」乃至廣說。准之可悉。（《安澄記》卷三末，《大正藏》冊六十五，頁一〇二中）

【二二】今案《大義記》第九卷「十八界義」云：「問曰：根者，根是生立義。亦是本義。此六在身內，同是生識本為根也。」（《安澄記》卷五本，《大正藏》冊六十五，頁一三〇上）

【二三】案《大義記》第十卷「五陰義初」云：「心始造緣，對實法境，照識義顯。又問：現在故初心宜名識。識後相應，沒識為數。是以識陰從別立，次色生也。想名取假相，亦有通別。謂一切是假名，而凡夫緣皆著，則諸心同名想。故想義通。但假中有階級，開為假實。而識初緣實，得假所因故。第二心方取假相。既於實緣假，宜名為想。以從別制故次識也。受名領取義。復通別者，謂心皆領前緣，無非是受。但假實二境，但損益已而識想未具，領於已好惡。第三具領好惡苦樂明了。此宜名受。故受亦從別制。次想生也。行是起作義，亦有通別。謂五陰相生，皆作成果。但此通行中，前四非善惡受。後生心能成善惡，則第四心能起作來果。起作功顯。此宜名行。」乃至廣說。准此記文，今言成實義等者，是開善寺智藏師義也。（《安澄記》卷五本，《大正藏》冊六十五，頁一三三中—下）

【二四】故《大義記》第十卷「五陰義初」云：「陰者，蓋也。」（《安澄記》卷五末，《大正藏》冊六十五，頁一三八下）

【二五、二六、二七】案《大義記》第十卷「五陰義」云：「苦集之體，辨緣中果，報性善惡，於報中更辨作用，而心之作用，在強分別。是以識想有苦樂，善惡在行。」又云：「識了實法，想取假名，受領損益，已皆始得緣，故雖想受分別，分別尚弱，而第四行心，以好惡為好惡，故分別力強作，能作來果。」又云：「識想受心是一向無記。」乃至廣說。准之可悉。（《安澄記》卷五末，《大正藏》冊六十五，頁一五九下）

【二八】今案《大義記》第十卷「五陰義」中云：「總論世諦，不過假實，然於眾生俱有損益。何者？如習業青，則青於我好。若習憎惡，則青於我惡。若想未知好惡，要至第三方緣者，則識緣實青、想取青為瓶、受領瓶，屬好行染貪受。」乃至廣說。准之可悉。（《安澄記》卷五末，《大正藏》冊六十五，頁一四四下）

【二九】案開善師《成實論大義記》第十卷「五陰義」中三〔1〕：「次色識通別前後者，識是了別義，心皆當念了別，一切心是識，此通義。但了別功異，取緣前後，故於通立別。何者？心始造緣，對實法境。既造實境照識義，又同現在，故初心宜名識，識復相應，沒識為數。是以識陰從別立。」（《安澄記》卷八末，《大正藏》冊六十五，頁二三九下）

〔1〕「三」疑是「云」之誤。

【三〇、三一、三二】今案彼師《成論大義記》第十一卷「三相義序」云：「三相者，謂生、住、滅，體貌各殊為相也。有為法體，本無今有，則謂之生。已有還無，則謂之滅。有一時在，名曰住也。釋此三相，凡有兩家。一云，體實一時，義有前後。謂舉體本無今有為生；舉生體應還無，不至後時為滅；有此一時為住也。二云，體實前後，假說一時。故一念實有六十剎那。初二十剎那為生相，是本無今有。後二十剎那為滅相，是已有還無。中二十剎那為住相。《論》云：相續故住〔1〕。總此三想〔2〕，假名一念也。然則前釋以體為所相，義為能相。後釋假名一念是所相，三相是能相也〔3〕。」又云：「數明三相，別有其體。是不相應行。此論所辨，即法是相。若色初起名色，為生住滅亦爾。若心若無作，皆即體為相也。是則三相，錄有為法。盡非無為也。」又云：「問曰：數家別有相法，《經》中亦爾，故文言，生不自生，由生生故生，論主凡人何得謂無別法也，又何處論文言無別法？答曰：《論》有〈不相應品〔4〕〉。悉破數家諸不相應文無別生也。但所引《經》，不足據理。何者？《經》不曾言要有別法，直有生，有生生。今以前後說三相，亦得有重生單生耳。」准之可悉。（《安澄記》卷二本，《大正藏》冊六十五，頁三十四下）

〔1〕《成實論》卷二有：「又佛說有為法三相可得，生、滅、住異。生者，若法先無，今現有作。滅者，作已還無。住異者，相續故住，變故名異。是三有為相，皆在現在，非過去未來。」（《大正藏》冊三十二，頁二五五中）《成實論》卷

七有：「生者，五陰在現在世名生。捨現在世名滅。相續故住，是住變故名為住異。」（頁二八九中）

〔2〕「想」似應解為「相」之意。

〔3〕〔參考〕有人解云：開善寺智藏師云：「能相是實法，所相是假名，所以自所相之外，別有能相之時。」（《大正藏》冊六十五，頁三十四中）

〔4〕《成實論》卷七（《大正藏》冊三十二，頁二八九上—下）。

【三三】案《大義記》第十一卷云：「生者，起成義，亦本無今有也。」（《安澄記》卷八末，《大正藏》冊六十五，頁二四一中）

【三四、三五】案《大義記》第十一卷「三世義」中云：「三世者，過去未來現在也。世者，總代謝之一期也。過於現相曰過去，生而已滅者也。未嘗現相曰未來，應生而未生者也。法體現起而未謝曰現在也。斯則過於現相，明其體無。是時俗遷易，不得常在，而是曾有因義不失也，稱為未來，明體未有，而是當有果義，非無也。然則過去未來，體是無為，而有有為義。現在之世，體是有為，而有無為義。故二世體無，不得言常皆有。有義，不所謂斷，現在炳然，豈得邪見言無。故三世理明，即正見因果也。三世法體，不出三聚。以此三聚有代謝不得，故名三世〔1〕。」又云：「三世之名，或云三際。際者，限極義，不相參監也。而三世隔別，故言三世。但《經》稱前後際，釋義不同。一云，過去名後際，未來是前際。以生滅論之，方向未來也。二云，過去名前際，未來曰後際。以次第前後義，未來在後故。故《經》〔2〕云，從無明前際來，後際亦如是。知未來為後。」乃至廣說。准此記文，今言《成論》者，是開善師也。（《安澄記》卷五本，《大正藏》冊六十五，頁一〇九上—中）

〔1〕開善師解云：「三世法體，不出三聚。以三聚有代謝不停故，名三世。」（《安澄記》卷五本，《大正藏》冊六十五，頁一一七上）

〔2〕目下未詳。

【三六】案《大義記》第十一卷「三世義」云：「但此世體，辨相不同。大而談之，不出三種。謂小、中、大三世也。小三世者，三念便是現在世，前念是過去世，後念名未來世也。中三世者，三身為體。令〔1〕身名現在世，前身曰過去，後身是未來也。大三世者，三劫為體。如賢劫名現在，莊嚴劫名過去，星宿劫曰未來。」乃至廣說。（《安澄記》卷五本，《大正藏》冊六十五，頁一一五下）

〔1〕「令」疑是「今」之誤。

【三七】彼（＝《大義記》）云：「問：今論無三世，云何無耶？答：過去時中，無現在未來。未來時中，無過去現在。現在時中，亦無去來。此三世互相無義，非三世無義也。三世無者，是形今現時，三世體自無。」具如第十一卷「三世義」。（《安澄記》卷一本，《大正藏》冊六十五，頁十六中）

【三七異文】《大義記》第十一卷云：「三世無者，是形今現時，三世體自無。」准之可悉。（《安澄記》卷五本，《大正藏》冊六十五，頁一一一下）

【三八】今案《成實論大義記》第十一卷「四緣義」中云：「四緣者，因緣、次第緣、緣緣、增上緣〔1〕。以心生之所由莫不皆從此四，由藉是緣義故，同謂為緣也。因緣者，以因為緣也。次第緣者，能生後次第心也。緣緣者，謂一切諸法可為心境者，是前緣義也。用此緣作由藉，故重云緣緣也。增上緣者，顯勝之義，曰增上也。如根與塵共生一識，而根能標識，塵無此用，故諸根為增上緣也。三因者，生因、習因、依因也。生名起成，亦云本無今無。此是果稱也。因以感果為義，則善惡業也。今以果因，因謂生因也。習因者，修習義，取其同類，還相生因果共名也。《論》云：如習貪欲，貪欲增長〔2〕也。依者，依託義。心識為依，四大等為因。此亦果目因，謂色為依因也。」（《安澄記》卷一本，《大正藏》冊六十五，頁十六中）

〔1〕《成實論》卷二：「以四緣識生。所謂因緣、次第緣、緣緣、增上緣。」（《大正藏》冊三十二，頁二五一上）《成實論》卷二：「四緣。因緣者，生因、習因、依因。……次第緣者，如以前心法滅故，後心次第生。緣緣者，若從緣生法，如色能生眼識。增上緣者，謂法生時，諸餘緣也。」（《大正藏》冊三十二，頁二五二下—二五三上）

〔2〕《成實論》卷二：「習因者，如習貪欲，貪欲增長。」（《大正藏》冊三十二，頁二五三上）

【三九】今案《成實論大義記》第十一卷「十二因緣義」云：「十二因緣，不出三聚，謂色、心、不相應行也。無明唯心，不雜餘法，故知一切諸有，皆心為本。心迷則生死雲集，心解則天窮悉斷。行體有二，謂心及無作識。唯心聚名色，或備三聚，或唯心色。六入有兩，謂色心也。觸受愛取，竝唯心也。有同前行，具心無作也。生應例識，而名通三聚，老死時長，義亦通三也。然則十二數中，六唯心功，謂無明、識、觸、受、愛、取也。三枝各備三聚，謂名色及生與老死也。行有兩，具同是心及無作。以色非善惡，無造來果故也。六入備兩，謂色與心。以不相應行不為識根故。」准之可悉。（《安澄記》卷一本，《大正藏》冊六十五，頁八中）

（注）十二因緣是無明、行、識、名色、六入、觸、受、愛、取、有、生、老死之十二項。

【四〇】又第十一卷「十二因緣義」中云：「行緣識者，隨業善惡，得受今身。身是父母遺體，有此色法。若無識託，則非眾生。故受身初心，名此為識。然識來託胎，自有多品，故《論》文所說有四。入胎初一，不自憶入胎出胎，所謂恍忽不自覺知，便來受身形也。後復三種，雖甚優劣，然利根福德也，但就初入復三品，一謂處廁眾穢惡中，二謂處林河之間，三謂處殿堂，登上高山也。品雖多，大別唯兩。一是五陰初識，二是前身行陰，通識為識也。所以前後二身，業報懸絕，既改形易道，必生初識。若二身業果相似非隔絕者，則於前身見受生處，起愛而來，未更分別者，故《經》〔1〕云有善惡心，無善惡心者，謂此也。《大集經》〔2〕云：從業因緣，父母和合，初受意識，歌羅羅時，其身猶如亭歷子許，未有出入氣息，亦不覺苦樂，不苦不樂，離先色相，未具後色，無力無欲，無有精進，無有憍慢。初入胎心，名之為識。」准之可悉。（《安澄記》卷八末，《大正藏》冊六十五，頁二三九下）

〔1〕目下未詳。

〔2〕曇無讖譯《大集經》卷二十四之〈虛空目分第十之三中聖目品第六〉：「從業因

緣，父母和合，初受意識，歌羅羅時，其身猶如葶歷子許。是時未有出入氣息，亦不覺知苦之與樂，不苦不樂，離先色相，未具後色，無力無欲，無有精進，無有憍慢，上色上姓，上自在相，無五欲相，諸根不具。如是眾生，我當云何不生憐愍。如是眾生，過去愛取，名為無明。過去業有，名之為行。初入胎心，名之為識……。」（《大正藏》冊十三，頁一六九上—中）

【四一】《大義記》云：「衰變為老，神逝死也。」（《安澄記》卷八末，《大正藏》冊六十五，頁二四一中）

〔參考〕《太子瑞應本起經》卷上：「何如為老？曰：年耆根熟，形變色衰，飲食不化，氣力虛微，坐起苦極，餘命無幾，故謂之老。」（《大正藏》冊三，頁四七四下）。《太子瑞應本起經》卷上：「何如為死？曰：死者盡也。壽有長短，福盡命終，氣絕神逝，形骸銷索，故謂之死。」（《大正藏》冊三，頁四七四下）

【四二】《大義記》第十二卷「三業義」云：「三業者，身口意業也。所稟七尺當分有體者，身也。脣舌牙齒，能吐音辭者，口也。神慮之法能思慮者，意也。業名造作義，動此三所造，故云三業也〔1〕。檢此三名，有其通別。其口意二法，唯別無通。身有通別。通者五陰之體，都有身名也。別者唯七尺形段，色陰為身也。然則三各論名體。業義有離合。離者謂現有起作，動此到彼，唯身口是業，意無也。若體是善惡，能造業報，唯意是業，身口非也。其義伊邪〔2〕。以身口是色有方處法故，現有起作，從此到彼，意非形方，故無此彼造也。然意是法本。於理有乖會，故意有善惡，能造來果。身口色，可割截。性非善惡。故無能造業報之功。」乃至廣說。准之記文。（《安澄記》卷七本，《大正藏》冊六十五，頁一八〇中）

〔1〕開善師解云：「所受七尺，當分有體者，身也。唇舌牙齒，能吐言辭者，口也。神慮之法，能思慮者，意也。業名造義，動此三所造，故云三業也。」（《安澄記》卷七本，《大正藏》冊六十五，頁一七九上）

〔2〕「伊邪」是「何耶」之意。古寫本經常將「耶」寫為「邪」。

【四三】今案《大義記》第十二卷「十四種色義」云：「十四種色者，謂四大、五根、五塵。形礙是色義也。四種名大者，謂地水火風，遍到故名大，謂遍身內外有一切處名遍，則諸根無其義，故四大獨得稱大也。五種名根者，眼耳鼻舌身也。五種名塵者，色聲香味觸。」乃至廣說。（《安澄記》卷二末，《大正藏》冊六十五，頁五十六中—下）

【四三異文】《大義記》第十二卷云：「十四種色者，謂四大、五根、五塵也。形礙是色義。」乃至廣說。（《安澄記》卷五末，《大正藏》冊六十五，頁一三八上）

【四四】言次開善云等〔1〕者，案《大義記》第十二卷「轉業義」中云：「論主即法成就，無別得繩，又唯成就過去現在，不成就未來也。其義何耶〔2〕？謂過去遠近無在。且促百劫時法，以示相貌。如百劫之初，起一念貪。從此一念生後念。心善惡無記，悉無所在。但使後念實由前生。如是轉起相續，乃至今日。故相續道中，得云百劫初心。言《論》文〔3〕云：昔起貪心相續至今等者，今猶在以起貪心。尚在而其間未受報，復無相違道，得云今心昔起貪，貪今猶在，即今心能成就昔貪。是所成就，以昔起貪，心來至今，今心不異昔，得云本貪實有我也。而無未來貪相續至現在，是故不得云成就未來法。」乃至廣說。准之可悉。（《安澄記》卷七本，《大正藏》冊六十五，頁一八四上）

〔1〕《中觀論疏》卷八本：「次開善云：業謝過去，成就來現在故，現在心中有成就，業有現起業。《論》文云：昔起貪心，相續至今。今心不異昔，故言我有。」（《大正藏》冊四十二，頁一一八上—中）

〔2〕「如耶」疑是「何耶」或「如何」之誤。

〔3〕目下未詳。

【四五、四六】《大義記》第十二卷云：「《論》云，假名故有，遍到故名大〔1〕。當知假名無體〔2〕。」又云：「五塵名中，准色與觸兩名通五。一云五塵體皆是觸，同發身識。二云雖同名觸，非身識觸。但體有形段，棠觸有礙，皆觸耳。」乃至廣說。（《安澄記》卷五末，《大正藏》冊六十五，頁一三八上）

〔1〕《成實論》卷三：「四大假名故有，遍到故名大。」（《大正藏》冊三十二，頁二六一上）

〔2〕吉藏《百論疏》卷上之上：「莊嚴假有體，開善假無體。」（《大正藏》冊四十二，頁二三五上）灌頂撰，湛然再治《大般涅槃經疏》卷二十七：「開善假名有用有名無體。莊嚴名用體俱有。此兩皆不可。」（《大正藏》冊三十八，頁一九六中）安澄《中論疏記》卷八本：「莊嚴云：假有別體，有用有名。開善云：無體有用。」（《大正藏》冊六十五，頁二二三上）

【四七】《大義記》第十三卷「十使義」云：「因疑起見，決定盡境相，謂之見義。然五見有通別。言身見通別者，《論》云：五陰名身，於中起見，名為身見〔1〕。見皆從陰起，悉應名身見。但眾生執陰用，以當我，故計我名身見。是以此見兩稱謂身見我見，受身名，餘見不立也。」（《安澄記》卷七本，《大正藏》冊六十五，頁一七五上—中）

〔1〕《成實論》卷十：「五陰中我心，名為身見。實無我故，說緣五陰。五陰名身，於中生見，名為身見。」（《大正藏》冊三十二，頁三一五下）吉藏《中觀論疏》九末：「五陰名身，於中起見，名為身見。」（《大正藏》冊四十二，頁一四六中）

【四八】《大義記》第十三卷「十煩惱義」中云：「邪見通別者，諸見違正理，無不皆邪，但一切無見多所傷害，故一切無名邪見，餘見亦不受也。」（《安澄記》卷二本，《大正藏》冊六十五，頁三十七下）

【四九、五〇】言成實師云等〔1〕者，案《大義記》第十三卷「見思義」云：「問曰：《毘曇》十六諦心，十五屬見諦，第十六入思惟。《論》亦十六心製為二通不？答曰：《論》雖十六心，非十六念。又悉屬見諦，非思惟。問曰：若不十六念，何名十六心復非思惟耶？答：〈斷過品〉云，無量斷非八非九〔2〕。豈容十六念耶？而名十六者，判大階位，如思惟九品耳。非思惟道者，猶治示相，未重慮也。又〈六通品〉明二乘他心智得知見諦心，云：緣覺欲知見諦第三心，即見第七心；聲聞欲知第三心，即見第十六心〔3〕。如是定非知見諦道耶？文理兩徵，非思惟。」又云：「見諦思惟惑，迷通之心也。道有初後，宜立見思之稱。此心乖之，謂見諦思惟惑也。道者何耶？以理審曰諦，而物不覩及學至初了，宜名見諦，然理深玄非一，監頓明假，重思惟，乃可究盡，故進求所得重慮曰思惟。」乃至廣說。准之可悉。（《安澄記》卷六末，頁一〇六—一〇七）

〔1〕《中觀論疏》卷七本：「釋小乘見思，三師不同。一者，依《雜心》明十五心為見道，第十六心，則屬修道。成實師云：第十六心猶屬見諦……。」（《大正藏》冊四十二，頁一〇六下）

〔2〕《成實論》卷十一：「故知以無量智，盡諸煩惱，非八非九。」（《大正藏》冊三十二，頁三二四中）

〔3〕《成實論》卷十六：「有說，辟支佛欲知見諦道中第三心，即見第七心。聲聞欲知第三心，即見第十六心。」（《大正藏》冊三十二，頁三六九下）

【五一】又第十三卷「見思義」云：「問曰：外道修禪伏結，非觀理除正應如儀，何義同斷，下下除上上耶？答曰：修禪知見，同斷習因。故從麁次第。」乃至廣說。准之可悉。（《安澄記》卷七本，《大正藏》冊六十五，頁一七三上）

＊＊＊＊＊

可能為《成實論大義記》佚文者

【甲】此《疏》云：「二諦中道，云何談物耶？以諸法起者，未契法性也。既未契故有有，則此有是妄有，以其空故是俗也。虛體即無相，無相即真也。真諦非有非無而無也，以其非妄有故。俗雖非有非無而有，以其假有故也。與物舉體即真故非有，舉體即俗故非無，則非有非無，真俗一中道也。真諦無相，故非有非無，真諦中道也。俗諦是因假，即因非即果故非有，非不作果故非無。此非有非無，俗諦中道也。」（吉藏《大乘玄論》卷二，《大正藏》冊四十五，頁二十六上。本文之前已有引述⑰）

【乙】開善師《金剛心義》云：「金剛三昧者是學地之終極，以其照隣佛慧，萬惑因此而忘故，借以金剛喻其解用。世有金剛，真實堅而且利。以其堅故，所不能傷，以其利故，能摧壞萬像，譬窮學之心，以其照一切境故，能斷諸惑，以思壞遣相故，惑所不能。又此是慮法，故受心名，是定中能有，故名三昧。」准之可悉。（《安澄記》卷八本，《大正藏》冊六十五，頁二一三下）

【丙】開善《感應義》云：「所以名感者，懸相扣召為義也。應者逗適無差，以為義也。為感之功，在於眾生，為應之能，必在聖人也。」此釋亦非。（慧均《大乘四論玄義》卷六，《續藏》一．七十四．一．三十二裏下）

【丁】故開善《感應義》云：「當生善為感正體〔1〕。正以未來善有可生之理，此善雖未有，而聖人已能懸見此善有可生之義，故名聖人知機。機者，取際會機微之義也。」故引《周易》言：機者動之微，吉之先現也。又言：知機者其神乎〔2〕。（《大乘四論玄義》卷六，《續藏》一．七十四．一．三十六表上）

〔1〕《大乘四論玄義》卷六：「第八家開善云，雖有多句惡者，約論體唯收未來善為義。何以故？未來若有應生之理，須聖人為其作緣。若無佛為緣者，此善即不生，或此善任宜亦生，生不熾盛，必須聖人為作緣，生則力用增強，是故聖人出應為作生善之緣。若爾則正談能感之體，是當生善也。今謂不然……。」（《續藏》一．七十四．一．三十四裏上）。

〔2〕《易》繫辭下：「子曰：知幾其神乎。君子上交不諂，下交不瀆，其知幾乎。幾者動之微，吉〔凶〕之先見者也。君子見幾而作，不俟知剛。」

五、《成實論大義記》的特徵

上節共列舉五十一條佚文以及四條可能的佚文。本節想指出從這些佚文中可以窺見的《成實論大義記》幾個特徵。

（一）構成

作為與文獻整體的結構框架相關的事項，筆者希望探討《成實論大義記》的卷數和分章結構的意義。

首先，根據本章前述的「四、《成實論大義記》佚文」，《成實論大義記》的構成如下表：

卷	各科名稱	由佚文得知的主題與概略
初卷	序論緣起	總序
	三三藏義	關於大乘三藏等三種的三藏
	四諦義	關於苦（、樂）、集、滅、道
（第二—四卷）	（不明）	

第五卷	二聖行義	關於空行與無我行
	四果義	聲聞的四果（初果、二果、三果、阿羅漢果）
（第六卷）	（不明）	
第七卷	假實義（假名實法義）	二種的存在——三假與七法（實法） 三假（三種假象）——因成假、相續假、相待假 七法（七種實在）——五塵（色、聲、香、味、觸）、心、無作
第八卷	二諦義	真諦與俗諦 三假（因成假、相續假、相待假）
第九卷	十八界義	關於六根（六種感覺器官）
第十卷	五陰義	關於五蘊（色、受、想、行、識或心）
第十一卷	三相義	剎那滅論＝極小時間論＝無常論（生、住、滅）
	三世義	極大時間論（過去、現在、未來）
	四緣義	四緣（因緣、次第緣、緣緣、增上緣）與六因
	十二因緣義	關於十二支緣起
第十二卷	三業義	身業（身體行為）、口業（語言行為）、意業（心理行為）
	十四種色義	四大（地水火風）、五根（感覺器官）、五塵（五對象）的物質論

	轉業義	關於行為與時間（行為或煩惱的生成相續）
	十使義（十煩惱義）	煩惱的種類及煩惱的除去法
第十三卷	見思義	見諦道（見道）與思惟道（修道）——聲聞乘聖者的修行論
（以下不明）		

《成實論大義記》的架構與本論《成實論》的架構截然不同。《成實論》總體分為發聚、苦諦聚、集諦聚、滅諦聚、道諦聚五大類，但《成實論大義記》顯然並不沿襲這種分類。儘管本文在此不進行詳細的解說，但《大義記》的架構反而與隋朝淨影寺慧遠的綱要書《大乘義章》（《大正藏》一八五一號）的架構相近。

看了以上的一覽表，我們注意到從初卷到十三卷的論題順序也許有一貫的觀點。初卷的序論緣起、三三藏義、四諦義具有作為整體總論的性質，第七卷和第八卷論述假名（假象）與實法（真實存在）兩種存在形態。第九卷和第十卷論述「五蘊十八界」這一存在的構成要素。第十一卷的三相義、三世義處理時間論，之後，在同卷的四緣義、十二因緣義上展開因果論。第十二卷中進入了業的理論，即行為論。延續這個議題，作為惡的行為的問題，第十三卷處理煩惱論，作為止滅煩惱的實踐理論，論述由「見思義」即見諦道（見道）和思惟道（修道）所構成的修行體系的教義。由佚文得知的卷數雖然到十三卷為止，但可能還有後續的部分。其後的主題可能為佛與佛智、佛的法身論、涅槃論等。姑且不論此推測是否正確，如果從這些論題趨勢設想的話，很難想像總卷數會大大超過從佚文已知的十三卷。順便一提，智藏的《成實論義疏》共有十四卷。如上所述，雖然它與《大義記》的異同還存在疑問，但《大義記》很可能同樣是十四卷左右的分量。

由於卷數在佚文中有明確地記載，因此這是可以確定的，但另一方面，同一卷內被稱為「某某義」的部分——也可以將其稱為「科」或「門」——彼此之間的相互順序則無法確定。以上一覽表中的順序只是暫定方案，可能與本來的順序不同。不過，現在假定十四卷的構成為各卷平均三科的話，總計為四十二科。雖然有一些誤差存在，但視為大概是四十科左右，應該沒有太大的問題。這與梁代光宅寺法雲《成實義疏》有著相似之處。雖然法雲的義疏並未現存，但根據本傳確實是「四十科四十二卷」。⑱因此，儘管卷數差異很大，但主題數量是近似的。另一方面，隋朝慧遠《大乘義章》有二百二十二門，由二十六卷組成，則有很大的差異。

隨帶一提，在解說經典等時，除了針對經典原文以「隨文釋義」的形式進行解說的「注」和「疏」（義疏）之外，另有關注於經典論書的整體內容，將各主題的解說歸納成「某某義」之解說形式的解說文獻，這在後代佛教中被稱為「章」或「義章」。在隋代長安成立的慧遠《大乘義章》就是一個典型範例，《成實論大義記》雖然未稱為章，但基本上具有同樣的形式，而且在年代上早得很多。智藏卒於五二二年，他毫無疑問是活躍於南朝都城建康。換言之，從佛教注釋學的歷史來看，智藏也應該具有重要的地位。另外，正如在第二節中所說，後世中也有將《大乘義章》一卷視為智藏著作的傳說，但由於其可信度未知，因此不應該在此相提並論。

各個「某某義」似乎都有更為細部的劃分，例如，從後揭佚文四至七，可知初卷有四諦義，但在佚文四有〈四諦序品〉，在佚文五有〈四諦序〉⑲。亦即，四諦義內部也存在著被稱為「序」或「序品」的下位區分。同樣的區分也可以在卷十的五陰義（佚文二十三和二十四）和卷十一的三相義（佚文三十、三十一、三十二）中得到確認。另外，根據佚文十五，在收錄於第八卷的二諦義中，似乎被分為「十重」即十個階段進行解說。

（二）關於佚文甲乙丙丁

第四節佚文一覽表之末，雖然有幾條無法確定是否為《成實論大義記》中的佚文，但標示為甲、乙、丙、丁的四個片段，是作為可能性的佚文，其中，甲的《疏》是智藏《成實論義疏》中的一節。不過，難以確定這是否與《成實論大義記》是同一文獻。即使這是《成實論大義記》的佚文，也不確定應將其置於上揭十三卷中的哪一章。再者，乙的《金剛心義》和丙、丁的《感應義》無疑也是智藏的著作片段，但卻無法確定應將其視為《成實論大義記》中的一章，還是完全不同的一部獨立著作。

（三）「三假」

正如本篇第一章第四節（二）所指出，《成實論大義記》中明確提出「三假」此一概念，這在思想史上具有意義。如佚文十四和十七所記載，三假是三種假名（假的存在，只有假名的存在），指因成假、相續假、相待假。這三者在漢譯諸文獻中確實有種種前提，並未必有統一的規定。三假不是印度佛教的用語，而是羅什以後在中國佛教史上逐漸確立的術語。

作為明確規定三假的後代文獻，有吉藏《大乘玄論》卷一如下一節：

> 凡有三種假名。一者因成假。以四微成柱，五陰成人，故言因成。二者相續假。前念自滅，續成後念，兩念接連，故言相續假。三者相待假。如君臣、父子、大小，名字不定，皆相隨待，故言相待假。（《大正藏》冊四十五，頁十八中）

亦即，所謂因成假是作為諸原因的集合體的假像存在（假名），例如作為諸原子的集合體而具有顯著大小的各種物體和人等。所謂相續假是指時間上的連續體。由於佛教立足於剎那滅論上，因此跨越多個剎那具有時間寬度的存在不能視為真實的存在（實法）。例如儘管昨天的我和今天的我，前一剎那的我和現在一剎那的我是不同的存在，卻被分別知誤認為是同一個我。時間的連續體不可能是真實存在的。第三相待假是指長與短、大與小、父與子那樣僅在相對關係中成立的存在形態。

關於假象存在的說法以二諦說（勝義諦與世俗諦，或真諦與俗諦，空與有，無與有）為背景，在中國佛教中自東晉以來一直延續著。亦即，在東晉時期，「六家七宗」諸家圍繞著空和有的各種說法提出了各自的觀點。此後，鳩摩羅什的譯經使思想狀況得到飛躍性的開展。《摩訶般若波羅蜜經》、《大智度論》和《成實論》發揮了特別重要的功能。此中，《摩訶般若波羅蜜經》卷二有〈三假品〉一章，其中所設定的三假是名假施設、受假施設、法假施設（《大正藏》冊八，頁二三一上），與智藏和吉藏所說的，在用語法上有所不同，其間的異同關係乃成為問題。在《大智度論》卷十二中，「相待有」、「假名有」、「法有」三種被解說為假的存在（《大正藏》冊二十五，頁一四七下）。而《成實論》卷十一則有〈假名品〉一章，另外，在卷十三〈滅盡定品〉中也可零散地看到相關的議論。但是，並沒有明確規定假名是什麼。從《大般涅槃經集解》中可以看到：宋、齊、梁的諸論師接受這樣的漢譯資訊，一邊將乍看似乎無關的各種說法與二諦說統一地聯繫起來，一邊將「三假」的概念逐漸形成確定下來的樣子。也就是說，在劉宋僧亮和法瑤的說法裡還不太明確的「假」的概念，在南齊僧宗的說法（《大正藏》冊三十七，頁五二三中）和梁代寶亮的說法（《大正藏》冊三十七，頁四六一上、五〇九上、五四八下、五五九下）中，適當地使用了「因成假」、「相續假」、「相待假」來進行注解。在這樣的思想史潮流中，開善寺智藏的《成實論大義記》主張「因成、相續、相待，此云假名」（佚文十四）、「因成假、相續假、相待假，此謂三假」（佚文十七），如此明確地定義了三種假的存在，並在第七卷「假名實法義」和第八卷「二諦義」中展開了縱橫自在的解說，這是梁初已經確立了「三假」此一概念的明證。

（四）《成實論》譯本之補訂

關於《成實論》的成立情況，也有值得注意之處。一般認為，《成實論》是鳩摩羅什自弘始十三年九月八日至翌年十四年九月十五日為止，耗費整整一年時間翻譯的（《出三藏記集》卷十一〈成實論記〉）。與此相對，佚文二則敘述說，弘始十三年翻譯開始之後，在完本成立之前，還在修訂中的版本被沙門道嵩推廣開來，世人因此知曉兩個不同的版本。道嵩大概是指《高僧傳》卷八僧淵傳中提到的僧嵩。僧嵩曾經在徐州的白塔寺將《成實論》和毘曇授予僧淵。《魏書》〈釋老志〉中記載有「嵩法師」被鳩摩羅什授予《成實論》，活躍在徐州（彭城）的白塔寺，僧嵩與《魏書》〈釋老志〉中說的「嵩法師」應是同一人物。同一人物在吉藏《中觀論疏》卷一末被稱為「彭城嵩法師」。另一方面，在《高僧傳》卷七的道溫傳中，附有宋泰始年間在建康中興寺活躍的「僧嵩」傳記，與吉藏說是同樣的逸聞，所以可以認為它們是指同一個僧人，但傳承的實質不同。[20]

佚文二進一步指出，在將「身受心法」稱為（四）念處還是（四）憶處這一點上，據說改定前的版本和改定後的版本在譯語上存在差異。念處和憶處都是梵語 smṛti-upasthāna 一詞的翻譯，羅什譯一般作念處，憶處似乎不在《成實論》以外使用。順便一提，羅什以前除了念處以外，也有翻譯為意止的情況，唐朝玄奘譯中則使用念住。在譯本的校訂本完成之前，流出之前版本的例子，也可以在鳩摩羅什譯的《十誦律》中看到（《高僧傳》卷二之卑摩羅叉傳，卷十一之僧業傳）。因此，即使《成實論》發生類似的情況，也不必特別覺得奇怪。不過，現存的《成實論》中，念處和憶處二者是混在一起的。嚴格地說，憶處僅限於在《成實論》卷六的〈憶品〉（《大正藏》冊三十二，頁二八八中）、卷十四的〈出入息品〉（頁三五五下、三五六下），以及卷十五的〈止觀品〉（頁三五八中）中使用，就《大正藏》而言，各本間均無異讀的情況存在。另一方面，念處的用例即使在《成實論》中也為數甚多。這個事實應該如何解釋，此處留下了一個課題。現在僅止於指出問題點。

另外，佚文一似乎敘述了《成實論》與曇無德部（法藏部）的某種聯繫，但遺憾的是由於文字簡短，無法充分理解智藏的意圖。

無論如何，佚文一及佚文二所記載的說法，是僅見於《成實論大義記》的獨特之說，此一梁初傳承是以往研究從未提及的，值得關注。

雖然以上僅限於提出四點，但已介紹了目前時點能夠指出的《成實論大義記》的部分特徵。無庸贅言，每一條佚文本身在了解梁代佛教教理學方面都是很寶貴的資料。

補記

從本書原稿完稿到初校期間，筆者得知本章一九七—一九九頁所示的表格，在無任何通知的情況下被刊登在如下中文論文中——聖凱〈智藏與《成實論大義記》〉，收入於《三論宗研究》，二〇一七，三二八—三二九頁。筆者本章的原始論文於二〇〇七年出版。聖凱論文中並未提及筆者之名與論文名。但若比較兩者表格，確實是將筆者的日語解說原封不動地置換為中文的結果。筆者編製的表格，是對《成實論大義記》的佚文進行全面性的蒐集後才得以編製而成。由於聖凱的論文並未進行網羅性的蒐集工作，因此同樣的表格不可能由作者自行編製。對於如此的抄襲行為，筆者感到深深的悲傷。

（二〇一八年九月二十一日記）

注釋

❶「三大法師」這一稱呼的確切起源目前尚不明確。唐代《續高僧傳》等中當然有用例，在此之前，隋代吉藏在《法華玄論》（《大正藏》冊三十四，頁三六三下）等著作中已使用了「三大法師」這一表達。

❷關於齊、梁時代《涅槃經》和《成實論》的盛況，請參考湯用彤（一九三八，六七七頁、七一八頁）等。

❸編纂《大般涅槃經》南本的是南朝宋代的慧嚴、慧觀、謝靈運等人。其編纂情況詳見於慧皎《高僧傳》卷七慧嚴傳（《大正藏》冊五十，頁三六八上；吉川、船山譯，二〇一〇a，五十九頁）。南本是修訂北本，並將品名（章名）改為符合法顯譯《大般泥洹經》六卷品名的中國編纂經典，不是與曇無讖譯不同的另一漢譯經典。關於編纂經典，請參考拙著（二〇一三a）第六章。

❹請參考船山（二〇〇六，〈蕭子良的所依經典〉，三〇九—三一四頁）。

❺請參考船山（二〇〇六，〈關於南齊時代的佛書編撰〉，二六九—二七三頁）和（二〇〇七b）。

❻《略成實論記》（《出三藏記集》卷十一）有：「故即於律座，令柔、次等諸論師抄比《成實》，簡繁存要，略為九卷，使辭約理舉，易以研尋。」（《大正藏》冊五十五，頁七十八上）也可以參考周顒〈抄成實論序〉（《出三藏記集》卷十一）。

❼本文所示一覽表以梁末為下限。陳及以後的《成實論》相關文獻，請參考湯用彤（一九三八，七二二

九—七三〇頁）。

❽《歷代三寶紀》卷十一有：「《成實論類抄》二十卷。右天監年（五〇二—一九），優婆塞袁曇允撰。與齊文宣抄經相似。亦見《唱錄》。」（《大正藏》冊四十九，頁一〇〇上）

❾安澄《中論疏記》引用的《成實論》注釋文獻，除智藏《成實論大義記》外，還有〈聰法師成論章〉、〈崇法師成論疏〉、〈宗法師成實論章〉。其中，關於聰法師和崇法師的同定（同定，即確定是否為同一人）問題的先行研究，有伊藤（一九七七，一三七頁，注五十四—五十五）。《宗法師成實論章》在其部分佚文中引用了真諦三藏的話語（《大正藏》冊六十五，頁十六下），所以雖不知「宗法師」是誰，但應該是在真諦（四九九—五六九）之後的人物。

❿吉藏《大乘玄論》卷二：「梁武帝勅開善寺藏法師令作《義疏》。法師講務無閑，諸學士共議，出安城寺開公、安樂寺遠子，令代法師作疏。此二人善能領語，精解外典，聽二遍，成就十四卷為一部，上簡法師。法師自手執疏讀一遍，印可言之，亦得去送之。此《疏》云：二諦中道，云何談物耶？以諸法起者，未契法性也。既未契故有有，則此有是妄有。以其空故是俗也。虛體即無相，無相即真也。真諦非有非無而無也，以其非妄有故。俗雖非有非無而有，以其假有故也。與物舉體即真故非有，舉體即俗故非無，則非有非無，真俗一中道也。真諦無相，故非有非無，真諦中道也。俗諦是因假，即因非即果故非有，非不作果故非無，此非有非無，俗諦中道也。」（《大正藏》冊四十五，頁二十六上）「此《疏》云」的部分引用自智藏的《義疏》。關於這一點，請一併參考本

章第四節的佚文甲。

⓫ 湯用彤（一九三八，七二八頁）也注記二者是同一著作的可能性。

⓬ 本傳接著對智藏的家系寫道：「吳少傅曜之八世也。高祖彭年，司農卿。曾祖淳，錢唐令。祖瑤之，員外郎。父映，奉朝請，早亡。」（《大正藏》冊五十，頁四六五下）不過，這些祖先在所謂的吳郡顧氏中處於怎樣的位置，筆者現時還不清楚。《世說新語》賞譽篇的劉孝標注中有：「吳錄士林曰：吳郡有顧、陸、朱、張，為四姓，三國之間，四姓盛焉。」

⓭ 關於開善寺建立的論考，請參考諏訪（一九七八／九七，特別是一五五—一六二頁）。

⓮ 《歷代三寶紀》卷十一：「《義林》八十卷。右一部八十卷，普通年（五二〇—二七），敕開善寺沙門釋智藏等二十大德撰。但諸經論有義例處，悉錄相從，以類聚之，譬同世林，無事不植。每大法會，帝必親覽，以觀講論，賓主往還，理致途趣，如指掌也。」（《大正藏》冊四十九，頁一〇〇上）《續高僧傳》卷一的寶唱傳有：「天監七年（五〇八），帝以法海浩汗，淺識難尋，勑莊嚴僧旻，於定林上寺纘《眾經要抄》八十八卷。又勑開善智藏纘眾經理義，號曰《義林》八十卷。又勑建元僧朗注《大般涅槃經》七十二卷。並唱奉別勅，兼贊其功，綸綜終始，緝成部帙。」云云。（《大正藏》冊五十，頁四二六下）順便一提，關於在此寶唱傳引用中所見的僧朗的大般涅槃經注釋書，也請參照下面之文。《歷代三寶紀》卷十一：「《大般涅槃子注經》七十二卷。右一部七十二卷，天監年（五〇二—一九），勅建元寺沙門釋法朗注。見《寶唱錄》。」（《大正藏》冊四十

九，頁九十九中）

⑮ 以吉藏及其他三論諸家的文獻為資料，介紹梁代論師之說法的研究有湯用彤（一九三八）和福島（一九六三）等。

⑯ 先於平井、伊藤（一九七七）卷六末校注的研究有泰本（一九六七）。

⑰ 這一段被境野（一九三三，一二九頁）、湯用彤（一九三八，七四七—七四八頁）、任繼愈（一九八八，四三八頁）提及。不過，三者對於細節的訓點均有所不同。本章的句讀與他們也都有不同之處。

⑱《續高僧傳》卷五的法雲傳有：「時諸名德各撰《成實義疏》，雲乃經論合撰，有四十科，為四十二卷，俄尋究了。」（《大正藏》冊五十，頁四六四上）

⑲ 本章所收集的佚文中有不少「某某義中云」的說法，但「中」的意思卻留下了一些問題。某某義中」這樣的表記見於佚文七、十一異文、十二、十四、十七、二十一、二十八、二十九、三十四、三十八、四十、四十四、四十八。一般而言，大藏經的中國撰述部諸文獻中有很多與「某某經云」意思相同的「某某經中云」的例子，本章佚文中有「初」、「序」、「中」，但找不到「後」、「末」這樣的表現，如果就此考量的話，「中」應該是表示「在某某義之中說」這樣的意思。

⑳《魏書》卷一一四的〈釋老志〉有：「十九年（四九五）四月，帝幸徐州白塔寺，顧謂諸王及侍官曰，此寺近有名僧嵩法師，受《成實論》於羅什，在此流通。後授淵法師，淵法師授登、紀二

法師。」云云。吉藏《中觀論疏》卷一末有：「次，彭城嵩法師云：雙林滅度，此為實說；常樂我淨，乃為權說。故信《大品》，而非《涅槃》。此略同上座部義。後得病舌爛口中，因改此迷。」（《大正藏》冊四十二，頁十七下）《高僧傳》卷七的道溫傳附傳有：「時中興寺復有僧慶、慧定、僧嵩，並以義學顯譽。……嵩亦兼明《數論》，末年偏執，所謂佛不應常住，臨終之日，舌本先爛焉。」（《大正藏》冊五十，頁三七三上）關於彭城的嵩法師即僧嵩，請參考本書第二篇第四章第一節介紹相關事項。

第五章　真諦三藏的活動與著作

本章的主題是闡明活躍於六世紀中期的印度僧人真諦（四九九—五六九）的著作與活動的基本特徵。真諦是中國佛教史上主要的漢譯者之一，他不僅將諸多經論進行漢譯，還以自己的語言向中國弟子們宣說這些經論的注釋——這些注釋的數量往往超過翻譯文本的分量——這一點是他有別於其他譯者的特色。例如，鳩摩羅什、玄奘漢譯了《金剛般若經》，但他們沒有撰寫任何自己的注釋。相較之下，各種文獻中記錄了真諦譯《金剛般若經》和真諦撰《金剛般若疏》。遺憾的是，真諦自己的注釋幾乎都散佚了，不再現存，不過根據後代的注釋書之類，可以在某種程度上回收真諦部分的注釋。

本章主要關注的文獻不是真諦的漢譯（真諦譯）❶，而是真諦自己的著作（真諦所撰文獻）以及相關事項。無庸贅言，真諦的教理學特徵和思想內容當然非常重要。關於真諦的教理學特徵的先行研究很多❷。不過，相對於真諦的教理學，本章將關注點轉向形成其基礎的更一般的事項。特別著眼於此的理由，是因為迄今為止對於真諦的研究，經常只處理他所翻譯的經論，而且主要是圍繞瑜伽行派的教理學。如果能在某種程度上闡明真諦著作的特徵，作為一真諦研究的新視角，其成果將反過來成為將來進一步研究真諦所譯文獻及其思想的一大助力。

一、真諦的傳記

（一）史料

首先，我們看看關於真諦的傳記有哪些史料，真諦的事蹟有哪些特點。眾所周知，關於真諦的傳記和譯經，宇井伯壽（一九三〇a）已經進行了周密的考察。❸緊接著，蘇公望（蘇晉仁）在北京出版的佛教雜誌《微妙聲》上連載了〈真諦三藏譯述考〉（一九三六—三七）、〈真諦三藏年譜〉（一九三七—四〇）。❹這些可以說是宇井說的中文版，大量地依據宇井的研究。再以宇井和蘇公望為基礎，湯用彤撰寫了名著《漢魏兩晉南北朝佛教史》（一九三八）第二十章中的「真諦之年歷」一項。之後的研究，大部分情況下都是以某種形式基於宇井說（吉津，二〇〇三；Radich 2012）。同樣，本章受惠於宇井之處也甚多，但根據之後的研究進展，應該補充修改宇井說的地方也不少。

首先，筆者希望考察一下關於真諦傳記的基礎事項。眾所周知，真諦被立傳於唐代道宣《續高僧傳》卷一，但作為先行史料，以下內容也很重要：

○陳．慧愷〈攝大乘論序〉（《大正藏》冊三十一，頁一一二中—一一三中＝一五二下—一五三中）

○同〈阿毘達磨俱舍釋論序〉（《大正藏》冊二十九，頁一六一上—中）

○同〈大乘唯識論後記〉（《大正藏》冊三十一，頁七十三下）

○同〈律二十二明了論後記〉（《大正藏》冊二十四，頁六七三下）

○陳．法虔〈金剛般若波羅蜜經後記〉（《大正藏》冊八，頁七六六中—下）❺

○作者未詳〈廣義法門經跋文〉（《大正藏》冊一，頁九二二上）

○作者未詳〈勝天王般若波羅蜜經序〉（聖語藏、房山石經、敦煌寫本）❻

○作者未詳（僧隱？）〈金光明經序〉（聖語藏）❼

○隋．彥琮〈合部金光明經序〉（《大正藏》冊十六，頁三五九中—下）

○隋．費長房《歷代三寶紀》卷九（《大正藏》冊四十九，頁八十七下—八十八中），同卷十一（頁九十八下—九十九上）

○同卷十二的新合金光明經八卷的條目（含作者未詳〈金光明經序〉與彥琮〈合部金光明經序〉同文，《大正藏》冊四十九，頁一〇五下—一〇六上）

○陳．曹毘〈三藏歷傳〉。另外，也標記為〈曹毘三藏傳〉、〈曹毘別歷〉、〈曹毘真諦傳〉。散佚。（《歷代三寶紀》卷九，《大正藏》冊四十九，頁八十八上。

同卷十一，《大正藏》冊四十九，頁九十九上。《續高僧傳》卷一的法泰傳附曹毘傳，《大正藏》冊五十，頁四三〇中。《大唐內典錄》卷四，《大正藏》冊五十五，頁二六六上）

○陳・僧宗〈行狀〉。散佚。（《續高僧傳》卷一的拘那羅陀傳中提到「宗公別著行狀，廣行於世」。《大正藏》冊五十，頁四三〇中）

根據真諦傳，真諦最初到達中國是在梁大同十二年（五四六），時年四十八歲，到達地是廣州南海郡（今廣東省廣州）。因此，他帶來的印度佛教新資訊的下限是五四六年。不過嚴格地說，他從印度到廣州期間停留在扶南國（現在的柬埔寨一帶）❽，因此他的印度佛教資訊和文獻下限應該在五四六年之前。現在假設是五四〇年左右。

（二）真諦之名及別稱

關於真諦的名字，《歷代三寶紀》卷十一載有：「西天竺優禪尼（*Skt.* Ujjayinī, *Pāli* Ujjenī, *Pkt.* Ujenī, etc.）國❾三藏法師波羅末陀，梁言真諦。」（《大正藏》冊四十九，頁九十九上）可以確認對應於此的梵文為 Paramārtha，巴利文為 Paramattha。此外，慧愷〈攝大乘論序〉中提及：「有三藏法師，是優禪尼國婆羅門種，姓頗羅墮（Bhāradvāja/

Bharadvāja）[10]，名拘羅那他（Kulanātha），此土翻譯稱曰親依。」（《大正藏》冊三十一，頁一一二下＝一五二下）眾所周知，他的名字在《歷代三寶紀》卷九（《大正藏》冊四十九，頁八十八上）、《續高僧傳》卷一本傳（《大正藏》冊五十，頁四二九下）以及以後的文獻中，la音「羅」和na音「那」發生音位轉換（metathesis），也被標記為「拘那羅陀」，但這是不正確的，慧愷的表記「拘羅那他」才是正確的。「拘羅那他」的最後一個字「他」也有標記為「陀」的情況，但還是「他」比較好。另外，也有將「拘」寫成「呴」的文獻。「拘羅那他」的意思為「親依」或者「家依」。但是，與nātha（守護者）結合時，kula（「親」、「家」）意指什麼呢？並沒有資料可供參考，這個名字的意思不太清楚。另外，「拘羅那他」（Kulanātha）與「真諦」此一別名的關係也不太清楚。

慧愷（五一八—六八）又稱智愷。因為他是真諦的高足之一，也是參與譯場的人員，故所說最為可信。慧愷的傳有《續高僧傳》卷一的法泰傳附智愷傳（《大正藏》冊五十，頁四三一中）。他俗姓曹氏。另外，真諦的在家弟子曹毘所撰的〈三藏歷傳〉，是《歷代三寶紀》真諦三藏傳的基礎。曹毘生卒年不詳，但被記載為真諦的「菩薩戒弟子」[11]，慧愷的「叔子」（《歷代三寶紀》卷九，《大正藏》冊四十九，頁八十八上二十七行。《續高僧傳》卷一，《大正藏》冊五十，頁四三一中二十四行）。可見，曹毘和慧愷是堂兄弟。

（三）在印度的活動地和修學地

正如前文所確認的，在真諦傳中，他的出生地被認為是優禪尼。這應該是可信的。問題在於，真諦的學說是否就可以認為是在優禪尼形成的？他與印度其他任何地區都沒有關係嗎？對此並沒有確鑿的證據。本傳敘述他遊歷諸國後才到達扶南，但沒有記載任何具體地名。弗勞瓦爾納（Frauwallner 1951a: 149）圍繞真諦特有的阿摩羅識概念，將其與伐臘毘的唯識教理學結合起來進行論述。但這有點問題。確實，優禪尼位於與伐臘毘地理位置相近的地方。但是從真諦傳所見，他在印度所被提及的活動地只有優禪尼，沒有提到伐臘毘。

伐臘毘（Valabhī, Vallabhī, Valabhipura）被推定為現在的卡提亞瓦半島古吉拉托州的瓦拉（Vala, Wala，即巴夫那加爾 Bhavnagar 近郊）。根據玄奘系文獻[12]，名列注釋《唯識三十頌》之十論師中的安慧（Sthiramati）和德慧（Guṇamati）活躍於伐臘毘。特別是德慧被稱為安慧之師，真諦所譯的《隨相論》（《大正藏》一六四一號，參照後述的第五節（一））被認為是德慧法師造，所以可以設想與真諦的關係。但是，目前尚不清楚真諦是實際訪問了伐臘毘並進行修學，還是同時代的唯識文獻從伐臘毘被帶到了真諦的故鄉優禪尼？因此，即使假定真諦和伐臘毘的關係，其關係是直接的還是間接的呢？也有必要保持相當的慎重。

（四）所屬部派

其次，關於真諦的所屬部派，雖然真諦自己沒有明確表示，但大致上可以認為是正量部的。這在先行研究中已經有了某種程度的推定，但所屬部派是重要的論點之一，因此，現在為確定這點，可提供以下三個根據。

第一，真諦所譯《律二十二明了論》（也簡稱為《明了論》。《大正藏》一四六一號）是正量部的佛陀多羅多法師的作品⓭（《大正藏》冊二十四，頁六六五中）。此處能夠以律的角度來確認真諦和正量部的關係。《明了論》是正量部的文獻，不僅從跋文資訊，從文本的內部證據也可以確認。有學者已經指出，《明了論》中使用之修道論的用語有「忍、名、相、世第一法」，這是與正量部及與正量部有關的犢子部系諸派之修道論中的特徵性用語（宇井，一九三〇d，三九五頁；並川，一九九五，二〇〇〇，一八九頁以下；並川，二〇一一，一五一—一六〇頁）。順便一提，「忍、名、相、世第一法」是指到達見道之前的被稱為「順決擇分」或「四善根位」的階段，相當於說一切有部的階位說中的「煖、頂、忍、世第一法」。如果理所當然接受真諦帶來的律文獻屬於正量部的話，那麼應該可以認為真諦屬於正量部。不過，也不能排除由於某種偶發的理由，真諦帶來了正量部文獻的可能性，所以僅憑這樣的理由不足以確定真諦和正量部的關係。⓮因此，以下列舉表示真諦和正量部關聯的進一步的根據。

認為真諦的所屬部派應該是正量部的第二個根據，是真諦在部分翻譯和著作中介紹印度各部派的見解時，經常提到正量部。這也可以證明真諦和正量部的密切關係。特別是後文將提及真諦的陳述，介紹圍繞於阿蘭若（araṇya）的各部派說法（參照第四節（一）），其中，特別值得關注的是，真諦自己的說法，並不是說一切有部或者上座部的說法，而是基於正量部之說。這顯示出真諦說是延續著正量部之說。

第三，還有其他基於正量部特有的說法和術語的文獻。例如上文所看到的「忍、名、相、世第一法」，在真諦譯《顯識論》（《大正藏》一六一八號）中，並不是作為應被否定之他人的說法，而是作為本論作者的自說出現（《大正藏》冊三十一，頁八七九中）。《顯識論》不是純粹的翻譯，而是帶有真諦注釋性質的文獻，也包含依據漢語而不是印度語的文章，這將於後文詳述（參照第二節（二）、第五節（二））。如果將《顯識論》看作是真諦的一種講義錄，那麼其中也可以看出真諦和正量部的密切關係。而且，同樣的說法也可以在婆藪跋摩造、真諦譯《四諦論》卷四中進行推定。該論中有一節將由四念處、四正勤、四如意足、五根、五力、八聖道、七覺分組成的三十七助覺（三十七菩提分法）

和修行階位相對應。如果在三十七助覺的各項目上附加「」，將修行階位設為黑體，以此表示其對應關係，則如下所示。

「四念處」觀是初**發行位**、即解脫分。「四正勤」名**忍位**。「四如意足」是**名位**。「五根」名**相位**。「五力」名**第一法位**。此四通名決了位。「八聖道」名**見位**。「七覺分」名**修位**。「盡智無生智」名**究竟位**。（《大正藏》冊三十二，頁三九九中）

在表示修行出發點的發行位這一階位（在此也被稱為「解脫分」）之後，依次為忍、名、相、世第一法，其次是見位（見道）和修位（修道），到達最終的究竟位。應該注意的是，這是在《四諦論》中作為應該贊同的自說而展開的，並不是作為反駁者的見解而介紹的。這一說法與對應的真諦譯《阿毘達磨俱舍釋論》卷十八的〈分別聖道果人品〉中所示的說一切有部之說（《大正藏》冊二十九，頁二八四上十八行「釋曰」以下）相比，其獨特性更加明顯。綜上所述，《四諦論》也可以說是傳達正量部或與其同系的部派見解的文獻。順便一提，《四諦論》中所見的各種各樣的專有名詞（人名、經典名、部派名）也非常有趣，但對其詳細的闡明將作為日後的課題（今西，二〇〇六，十七—十八頁）。另外，在《四諦論》中也可以看到偏離一般翻譯文獻常識的要素，這一點也值得關注（請參考後述的第四節（五））。

從以上三點可以看出，真諦和正量部的連結並不是偶然，而是與真諦說的根本有關。最自然明瞭的解釋方式，就是認為真諦屬於正量部。

另外，一般來說，相當於漢譯語「正量部」的梵語有 Saṃmatīya 和 Saṃmitīya 二者，而與真諦關連的部派名是後者。這可以從真諦譯《部執異論》中該部派被意譯為「正量弟子部」（《大正藏》冊四十九，頁二十中十三行），音譯為「三眉底與部」（二十二下十四行）而確定。因為「眉」表示 mi 音，不是 ma 音。[15]

以上是小乘部派之一的正量部和真諦的關聯。也就是說，我們推測真諦受戒於正量部的戒律而成為比丘，並且每天日常生活是根據正量部的規定而進行的。不過，與真諦有聯繫的不僅僅是正量部。如果將焦點轉向思想立場的話，真諦與小乘其他部派的說一切有部以及大乘的瑜伽行派（瑜伽行唯識派）的關係是很重要的。眾所周知，在其一生中，他傾注大量精力於翻譯和解說說一切有部的《俱舍論》（《大正藏》一五五九號、*Abhidharmakośa[-bhāṣya]*）、瑜伽行派的無著所造《攝大乘論》三卷（《大正藏》一五九三號，*Mahāyānasaṃgraha*）以及天親釋《攝大乘論釋》十五卷（《大正藏》一五九五號），這些也不得不重視。其中，真諦和天親（Vasubandhu）的密切關係廣為人知。

更進一步說，作為在年代上接近真諦的論師，可以舉出陳那（Dignāga／Diṅnāga，約四八〇—五四〇）。真諦所譯之陳那的著作，有《無相思塵論》一卷（《大正藏》一六一九號，*Ālambanaparīkṣā*）、《解捲論》一卷（也表記為《解拳論》。《大正藏》一六二〇號，**Hastavāla-prakaraṇa*）。[16]但是，真諦也有可能不知道陳那到晚年為止的全部著作。[17]

若以現代研究者的用語來說，陳那的思想立場是「經量部瑜伽行綜合學派」，但是，他也編寫了《俱舍論》正文的綱要書**Abhidharmakośavṛtti Marmapradīpa-nāma*，（《名為要點之燈的阿毘達磨俱舍論釋》，現存西藏語翻譯，《北京版》五五九六號；編案：即《阿毘達磨俱舍論心髓燈疏》），由此可知他重視《俱舍論》。但是另一方面，傳說陳那不是說一切有部，而是受戒於犢子部師而出家為僧（Obermiller 1932: 149; Chimpa et al. 1970/1990: 181; Frauwallner 1969: 390）。此也可作為考量真諦立場的參考。我們應可假設在五至六世紀左右的印度，有相當數量的論師雖然採用了說一切有部的教理學和大乘的瑜伽行唯識說，但其出身或所屬部派可能是有部以外的。一般來說，正量部被分類為犢子部系的四個部派之一，所以如果可以承認陳那和犢子部的關係，那麼在與《俱舍論》以及唯識思想的關聯這一點上，可以認為陳那與真諦有共通性。

另外，真諦的學說中還有其他作為部派資訊值得關注的事情。對此將在第三節進行討論。

（五）真諦之行腳與始興郡

如前所述，真諦於梁大同二年（五四六），四十八歲時首次抵達廣州。此後，他進入建康，但恰逢侯景之亂，只好離開建康，輾轉南朝各地，每每尋找護持者（檀越），以瑜伽行派典籍為中心，雖然其譯經是斷斷續續的，但依然積極繼續進行。

真諦所造訪之處，可從《續高僧傳》的本傳和相關的各種經序，以及《歷代三寶紀》的真諦譯經清單中得知，不過地名中也有無法確定或者有疑問之處。現在，如果將《續高僧傳》卷一本傳中所見的地名直接按照其表記列舉，則如下：西天竺國優禪尼國、扶南、楞伽修國、都（建康、建業、金陵、楊都，今南京）、富春（富春縣，今浙江富陽）、豫章（豫章郡，今江西南昌）、新吳、南康（南康郡，今江西贛州）、始興（始興郡，今廣東韶關東北）、臨川郡（今江西撫州臨川）、晉安郡（今福建福州）、梁安郡（今福建省南安的豐州）⑱、廣州乃至南海郡（甚至嶺南、南越）。其中，他最重要的活動據點是廣州。⑲於是，往來於連接廣州和建康的內陸路線廣州—始興郡—大庾嶺—南康郡—豫章郡—江州—建康。從廣州北上經過始興郡再北上的這條路也被普通人使用，但推測也被用於聘請在廣州的要人到建康時等，在僧傳中《高僧傳》卷三的求那跋摩傳中有所提及（吉川、船山，二〇〇九b，二八六頁注一）。另外，《高僧傳》卷一的曇摩耶舍傳中所附傳的竺法度是出生於南康，法度的活動是以從廣州到南康的遷徙為背景的（吉川、船山，二〇〇九b，一三六頁）。後來唐朝的鑑真也曾走過此路線（安藤，一九六〇，二三四—二四九頁）。

以下暫且拋開真諦傳的直接關連事項，擬先探討跨越大庾嶺南北的路線，這是真諦的地理移動路徑上最重要的路線。

真諦等人從廣州北上，經過海拔緩慢上升的地區，從始興到越過大庾嶺的路線，很可能就是位於或鄰近現在稱為「梅關古道」之處。唐朝開元年間，張九齡（六七八—七四〇）擴張整頓了梅關古道原有的舊道，人員往來和物資流動急遽增加。

與大庾嶺海拔相比，梅關古道並不算高，海拔不過四百米。這個高度可以讓人輕易地翻山越嶺。而且，從梅關古道到南方廣州，以現在的河流名來說，它們都是由珠江水系相連的。反之，越過梅關古道北上，再往東北走，就到南康了。從這一帶經贛江至豫章郡，再經廬山至江州（今江西九江），再沿長江而下至建康。總之，連接廣州和建康的內陸路線，以大庾嶺為界，南為珠江水系，北為注入長江的支流河川的水系，幾乎各處皆可乘船移動。從鑑真傳也可以得知利用水系移動的情況（安藤，一九六〇，二三八頁注八、二四六頁、二四七頁注二十二、二四九頁注二十四）。雖然我們在真諦相關的資料中，並未發現表明他使用船隻的積極證據，但大致上可以認為真諦一行人並不是以步行走完所有的內陸路線，而是經常利用水運。

（六）真諦傳的一幕——試圖自殺

真諦傳中有自殺的記載，這在僧傳記載中極為罕見。與基督教不同，佛教對自殺的態度沒有嚴格規定，印度佛教並不完全禁止自殺，這是事實。實際上，也有將自殺的阿羅漢等記載在經典中的情況。但就漢語書寫的僧傳而言，與僧傳多具有聖者傳的性質有關，明確記錄高僧自殺——所謂的「捨身」[20]是例外——的情況很少見。在此意義上，真諦傳中的以下記述值得關注：

至光大二年六月，諦厭世浮雜，情弊形骸，未若佩理資神，早生勝壤。遂入南海北山，將捐身命。時智愷正講《俱舍》，聞告馳往。道俗奔赴，相繼山川。刺史又遣使人，伺衛防遏。躬自稽顙，致留三日，方紆本情，因爾迎還，止于王園寺。（《大正藏》冊五十，頁四三〇上—中）

光大二年（五六八）六月，真諦厭惡世俗的紛擾，認為相較於心情因肉體而疲憊，不如順理地輔佐精神，早日投生於更好的地方。於是進入南海的北山，想要捨棄生命。這時，智愷正在講〔真諦譯〕《俱舍論》，聽聞此消息就飛馳往赴。出家和在家眾都奔赴而往，人山人海。刺史（廣州刺史歐陽紇）又派遣使者，窺探情況，阻止〔自殺〕，而且親自將額頭貼在地上禮拜，請求停留三天，〔真諦〕終於改變心意，被迎回到街市，停留在王園寺。

以上，關於智愷講授《俱舍論》的時期，《續高僧傳》卷一法泰傳中所附的智愷傳有紀錄。據此，智愷（慧愷）在智慧寺自從光大元年開始講授《俱舍論》，於光大二年八月二十日患病，同年逝世，時年五十一歲（《大正藏》冊五十，頁四三一中）。因此，真諦計畫自殺的時間可以推定為光大二年六月到八月二十日之間。王園寺位於廣州，由《歷代三寶紀》卷九（《大正藏》冊四十九，頁八十八中七—八行）可知。

不過，應該如何解釋這裡記述的自殺動機，恐怕看法有所分歧。既然現代所說的抑鬱症自殺在六朝時代的文獻中沒有明確記載，因此無法確定真諦是否在精神健康的狀態下企圖自殺，也無法假設事件的背景是否有極度神經衰弱或抑鬱症的狀態下發生的。另外，作為修行僧的真諦是否認同自殺，也並不清楚。本傳記載真諦不止一次想離開中國回到印度（《大正藏》冊五十，頁四三〇上三—六行、十二—十八行）。同樣的情況也記載在其直傳弟子慧愷所作的〈阿毘達磨俱舍釋論序〉（《大正藏》冊二十九，頁一六一中一—五行）和〈攝大乘論序〉（《大正藏》冊三十一，頁一一二下十七—十八行）中。對於在侯景之亂後不得不輾轉中國內陸各地的真諦而言，中國不可能成為安樂之地，即使一直抱著歸鄉的念頭也不足為奇。

更進一步說，僧傳是一種聖者傳，所以我們很容易認為在僧傳中有立傳的人物都是「開悟」的人，其實不然。除了極少數例外，即使是僧人也是有煩惱的活生生的人。如果根據佛教的修行論來定義開悟，那麼在大乘的情況下，體會到某種真理而成為聖者的是初地以上，不到初地的人被分類為凡夫。一般來說，在僧傳中，登上初地或更高階位的修行者的數量是極其有限的。㉑關於真諦是否是所謂的聖者，在真諦傳中也沒有明確的紀錄。不過，在這次自殺未遂約半年後，以下宣告他逝世的一段值得注意：

以太建元年遘疾，少時遺訣。嚴正勗示因果，書傳累紙，其文付弟子智休。至正月十一日午時遷化。時年七十有一。明日於潮亭焚身起塔，十三日僧宗法准等，各齎經論還返匡山。（《大正藏》冊五十，頁四三〇中）

太建元年（五六九），〔真諦〕生病，不久便立下了遺言。那是嚴肅地開示因果的道理，所記錄的篇幅達到好幾張紙。〔真諦〕將此交給了弟子智休。正月十一日正午遷化。享年七十一。第二天，在潮亭燒身建塔。十三日，僧宗和法准等各自攜帶經論回到匡山（廬山）。

六朝時代，火葬並不普遍，只在聖者等特殊者在死亡的情況下進行。以上一節中記載火葬和起塔，也許是弟子們將老師視為聖者的證明。順便一提，這裡所建的塔只需一天就建成了，所以應是一座簡略的塔。另外，第二天弟子們就離開廣州，可以說是異常地快。

二、真諦的著作

（一）從《開元釋教錄》所見

真諦的「譯」中有什麼譯作是比較清楚的，所以本文對此割愛。本章特別關注的不是真諦譯，而是真諦撰，即可以認為是真諦自己的著作或者口述筆記類的諸文獻。也就是說，這是真諦的個人觀點。經典目錄中明確記錄了這種著作。《開元釋教錄》卷七列舉了真諦所譯經論後，所述如下：

> 又《長房》、《內典》等錄，復有《正論釋義》等一十三部一百八卷。今以並是經論義疏，真諦所撰，非梵本翻，故刪不錄。（《大正藏》冊五十五，頁五四六下）
>
> 另外，《長房〔錄〕》、《內典〔錄〕》等經錄中還記錄了《正論釋義》等十三部一百零八卷。〔不過〕這些經論義疏都是真諦所撰，不是梵本的翻譯，所以現在將它們〔從真諦的漢譯一覽中〕刪除，不予採錄。

其中，所謂「《正論釋義》等一十三部一百八卷」，如果我們特別注意其排列順序和十三部的部數以及卷數，對《歷代三寶紀》卷九（《大正藏》冊四十九，頁八十八上）和《大

唐內典錄》（《大正藏》冊五十五，頁二七三下）的對應之處進行研究，一定是指以下的十三部著作：[22]

(1)《正論釋義》五卷
(2)《佛性義》三卷
(3)《禪定義》一卷
(4)《俱舍論疏》六十卷（不過，根據慧愷的〈俱舍釋論序〉，是五十三卷）[23]
(5)《金剛般若疏》十一卷（疏十卷、經一卷）
(6)《十八部論疏》十卷
(7)《解節經疏》四卷
(8)《無上依經疏》四卷
(9)《如實論疏》三卷
(10)《四諦論疏》三卷
(11)《破我論疏》一卷
(12)《隨相論中十六諦疏》一卷（《大正藏》一六四一號題為《隨相論》，現存）
(13)《眾經通序》二卷

以上的大部分都不再現存，現在，對其中的幾部進行簡單的補充說明如下。

首先是關於⑷《俱舍論疏》。普光《俱舍論記》等中引用的真諦說的許多片段被推定為本疏的引用。同樣，⑸《金剛般若疏》、⑹《十八部論疏》、⑺《解節經疏》也不再現存，但這些被隋唐論師們片段地引用，可以知道其存在及部分具體內容。

⑹《十八部論疏》多以《部執疏》之名被引用，也稱為《部執記》、《部執論記》等（Demiéville 1931/73）。

⑺《解節經疏》又稱《解說記》等，在唐朝圓測《解深密經疏》中有很多引用。並且，以此為基礎的佚文集有歐陽漸（一九二四）《解節經真諦義》，但在各個佚文的鑑別和版本的選定方面，還有檢討之處，不能無批判地直接使用。

⑼《如實論疏》可回收部分佚文。

⑿《隨相論中十六諦疏》與現存大藏經中《隨相論》有可能是相同的（參考宇井，一九三〇b，九十六—九十七頁；青原，一九九三，二〇〇三。比較參考吉津，二〇〇三，二四一頁、二七七頁）。

關於⒀《眾經通序》二卷，其詳細情況一無所知，不過從題名想像，可能是關於諸經開頭「如是我聞」等此一定型句。正如筆者另一篇論文所指出，在中國佛教中，「通序」一詞是指「如是我聞」之類的定型句，其用例可以追溯到南齊的僧宗，梁代三大法師之一的法雲也有使用（船山，二〇〇七c，二五七頁）。可以設想，《眾經通序》這一題名可能繼承了南朝佛教解釋學傳統的表現方式。進一步而言，此文獻的內容也可能與稍後提及的《七事記》有所重疊（參考(29)《七事記》）。

（二）其他

除了在《開元釋教錄》中被斷定為真諦著作的上述十三部以外，也可能存在其他真諦的作品。茲列舉如下，並做簡單的解說。

1. 雖記載於《歷代三寶紀》卷九和卷十一的真諦譯經一覽中，但實際上並不是翻譯，而是他的著作

(14)《翻外語》七卷——本文獻記載於《歷代三寶紀》卷九中，緊接(13)《眾經通序》之後，作為真諦錄的最後一筆文獻是「《翻外國語》七卷（一名雜事，一名俱舍論因緣事）」（《大正藏》冊四十九，頁八十八上）。雖然其實際內容不明，但從題名來看，這很可能不是翻譯文獻，而是真諦的著作。

(15)《金光明疏》十三卷——真諦除了翻譯《金光明經》七卷外，還留下了注釋十三卷，見《歷代三寶紀》卷十一（《大正藏》冊四十九，頁九十九上）。也稱為《金光明記》等。可以從多部文獻中回收佚文。㉔

(16)《仁王般若疏》六卷——記載於《歷代三寶紀》卷十一（《大正藏》冊四十九，頁九十九上）。根據吉藏、智顗、圓測等人的著作，可以回收真諦撰《仁王般若疏》的某些佚文。如果仔細研究的話，可以知道真諦的疏是對於傳說為鳩摩羅什譯《仁王般若經》的經文，進行解說。這表明印度人真諦（恐怕是受漢人僧的請求）也對中國成立的偽經進行了解說，此事非常有趣。關於這一點，由於涉及各種各樣的觀點，所以希望稍後詳述（參考第四節（六））。

(17)《中論疏》二卷——《歷代三寶紀》卷十一所揭舉的真諦譯經一覽中有「中論疏二卷」（《大正藏》冊四十九，頁九十九上）。漢譯注釋文獻通常使用「釋」，而不使用「疏」。另一方面，在真諦自己的著作中，有使用《金剛般若疏》、《中邊疏》、《攝大乘論義疏》等「疏」的例子，所以「中論疏二卷」雖然內容不明，也可以設想其可能並不是翻譯作品。也可以回收某些可能是其佚文的文句。

(18)《九識論義記》二卷或《九識章》三卷——記載於《歷代三寶紀》卷十一（《大正藏》冊四十九，頁九十九上）。在此文獻中真諦提出九識說，不同於瑜伽行唯識派通常的八識說，但遺憾的是只剩下部分片段。近年來，有學者對真諦確立九識說的觀點產生了懷疑，但還無法完全否定此文獻的實際存在性。

(19)《轉法輪義記》一卷——記載於《歷代三寶紀》卷十一（《大正藏》冊四十九，頁九十九上）。未詳。

2. 雖然在《歷代三寶紀》中沒有提及，但從序和後記之類可以判斷為真諦的著作

(20)《明了論疏》五卷，別名《律二十二明了論》五卷——在《律二十二明了論》的跋文（《大正藏》冊二十四，頁六七二下）中，記載了在陳代光大二年（五六八）真諦翻譯本論一卷的同時，「註記解釋得五卷」，本疏即相當於此。相關記事在《續高僧傳》卷一的法泰傳中也能看到（《大正藏》冊五十，頁四三一上十七—十九行）。據跋文記載，在譯場擔任「筆受」的是建康阿育王寺出身的慧愷，所以可以認為慧愷與本疏的成立直接相關。另外，正如西本龍山在國譯一切經律部十一所收錄的《律二十二明了論》的解題（一九三一）中所指出，可以從以定賓《四分律疏飾宗義記》為首的唐代律宗文獻等中回收相當分量的本疏佚文。

(21)《攝大乘論義疏》八卷——由慧愷〈攝大乘論序〉可知。也稱為《攝論記》、《梁論記》等。佚文由宇井伯壽蒐集，但實際上可以回收更多的佚文，其先行研究有宇井（一九三五）。另外，關於本義疏的成立情況，將於後文第六節中進行討論。

(22)《大乘唯識論注記》二卷——《唯識二十論》（*Viṃśikā*／*Viṃśatikā*）的真諦譯《大乘唯識論》一卷的注釋。此論卷末附有慧愷的後記，其中記載了詳細的內容（參考後述第六節）。據此，此文獻共兩卷，其作注的地點是廣州制旨寺。不過，真諦注釋的具體

內容不明。另外，與此相關的經錄資訊，《歷代三寶紀》卷九中有「唯識論文義合一卷（第二出。與元魏般若流支譯者小異。在臨川郡翻）」（《大正藏》冊四十九，頁八十八上）。雖然具體內容不明，但如果假設這與《大乘唯識論注記》是同一文獻，則卷數和成書地點會有差異。然而，由於缺乏進一步的資訊，因此很難得出確定的結論。

3.在大藏經諸本中作為真諦譯被入藏，但將其視為真諦的著作更為自然

(23)《婆藪槃豆傳》一卷——《大正藏》二〇四九號，現存。也被稱為《婆藪槃豆法師傳》，但更古老的文獻缺少「法師」二字，僅稱為《婆藪槃豆傳》。傳統上被視為真諦的翻譯，但若檢討其內容，則看到一些偏離純粹翻譯文獻性質的要素（Takakusu 1904: 293 n. 110, Frauwallner 1951b: 17-18）。關於這一點，將在後述第五節（二）進行討論。

(24)《顯識論》一卷——《大正藏》一六一八號，現存（宇井，一九三〇bd；高崎，一九七九／二〇〇九，四六五—四六七頁）。這部作品也是以真諦的譯作流傳至今，但從內容和構成上來看，將之視為純粹的譯作是存在疑問的。本論具有作為《攝大乘論》解說書的性質。或者，假設真諦有一系列講解《攝大乘論》的筆記紀錄，那麼《顯識論》很可能就是其中的一部分。關於這一文獻，也請參考後述的第五節（二）。

(25)《十八空論》一卷——《大正藏》一六一六號，現存（宇井，一九三〇bc；高崎，一九七九／二〇〇九，四六八頁；Radich 2009: 66-67）。

(26)《三無性論》一卷——《大正藏》一六一七號，現存（宇井，一九三〇f；高崎，一九七九／二〇〇九，四六三—四六五頁；Radich 2009: 72-79, esp. 164 n. 490）。

以上(24)《顯識論》、(25)《十八空論》、(26)《三無性論》三論都被認為是「無相論」的一部分，關於相關傳承有勝又俊教的研究（一九六一，第三章第二節〈無相論について〉）。

(27)《涅槃經本有今無偈論》一卷——《大正藏》一五二八號，現存（高崎，一九七九／二〇〇九；河村，一九七〇）。另外，《歷代三寶紀》卷十一的真諦譯經一覽中所列舉的「本有今無論一卷」（《大正藏》冊四十九，頁九十九上），可以認為相當於現存的《涅槃經本有今無偈論》（宇井，一九三〇b，七十五—七十六頁）。

(28)《佛性論》四卷的一部分——《佛性論》（《大正藏》一六一〇號）與《寶性論》關係密切，《佛性論》的一部分與《寶性論》內容基本相同，但也有很大不同的部分（月輪，一九三五／七一；服部，一九五五）。特別是在《佛性論》中經常使用的以「釋曰」或「記曰」開頭的一節，有學者指出可以認為是真諦自己的注釋（坂本，一九三五，二六四—二六七頁）。如果允許推衍這種想法的話，在其他真諦譯本中——例如《轉識論》和《顯識論》中也可以看到「釋曰」、「記曰」，所以同樣的方法，有可能進一步回收真諦的直接論說。但是實際進行這項工作比預想的困難。「釋曰」、「記曰」的起點是清楚明白的，但有時卻很難確定在哪裡結束。另外，除了「釋曰」、「記曰」之外，也可以看到中國要素，所以即使《佛性論》中包含真諦說，也很難界定（高崎，二〇〇五，特別是六十一—六十二頁）。

4.《歷代三寶紀》中沒有紀錄，但可回收佚文者

(29)《七事記》——名為七事記的文獻在各種經錄中的真諦錄都沒有被提及，但有時會被圓測及其他論師引用。七事是指佛經開頭的定型語句如是、我、聞、一時、佛世尊、住處、大比丘這七項，對這些項目進行詳細解說的是《七事記》㉕。從引用內容來看，可以認為與(5)《金剛般若疏》有密切的關係。有多個證據可以顯示二者的關係。其一，在圓測的《解深密經疏》中，有一處引用了其他文獻中稱為「七事記」的內容，但在這裡卻以真諦的「般若記」來引用（《續藏》一・三十四・四・三〇〇表下）。其二，唐朝定賓《四分律疏飾宗義記》將同一處以「真諦三藏『金剛般若記』」之名進行引用（《續藏》一・六十六・三・二九〇裏下）。其三，法虔〈金剛般若經後記〉中有一段說真諦是根據婆藪的論釋來解說《金剛經》（《大正藏》冊八，頁七六六下六行），同樣提及婆藪，在引用《七事記》內容的吉藏《金剛般若經疏》中也說為「真諦三藏述婆藪釋云」。這也會旁證《七事記》是《金剛般若疏》的一部分。從這三點來看，《七事記》可能只是《金剛般若疏》開頭部分的別稱。但是同時，從「七事記」之名稱被多處引用的事實可以推測，

本來屬於《金剛般若疏》的開頭部分後來獨立了，也應該考慮其成為廣泛地對經典的開頭進行一般解說的單獨文獻的可能性（《七事記》之相關研究，可參考宇井，一九三〇b，八十五頁；船山，二〇〇二c，二十八頁注四十一）。特別是被推想與《七事記》內容重疊的⒀《眾經通序》二卷被記錄在經典目錄中，也讓人聯想到《七事記》和《眾經通序》相同的可能性。

⒇《中邊疏》三卷——又稱《中邊論記》。可以回收少量佚文。另外，關於本疏，在《歷代三寶紀》中沒有記載，但在《大唐內典錄》卷五的夾注（割注）中提及「疏三卷」（《大正藏》冊五十五，頁二七三中）。另外，在真諦譯的本論《中邊分別論》的高麗版的夾注（《大正藏》冊三十一，頁四五一下）中，可以看到提及「疏本」中頌的創作，正如宇井一九三〇b所指出的那樣。

(31)《大空論疏（擬題）》——《歷代三寶紀》卷九列舉出真諦譯《大空論》三卷（《大正藏》冊四十九，頁八十八上）。

(32)《涅槃義記（擬題）》——在後代文獻中可以看到真諦關於《大般涅槃經》「十四音」說的片段。由此可以推測真諦對《涅槃經》進行了解說，但不清楚著作的分量多少。另外，《歷代三寶紀》卷九中列舉為真諦譯的文獻「大般涅槃經論一卷」（《大正藏》冊四十九，頁八十八上，又稱「大涅槃經論一卷」），可能是相同的文獻。

（三）真諦著作一覽

上述列舉的文獻，可依三藏之分類歸納如下一覽表。「*」表示尚未完全證明可斷定為真諦撰。楷體表示佚文是可回收的文獻。

一、對於經的注釋

大乘　般若經系

《金剛般若疏》、《仁王般若疏》

大乘　如來藏、瑜伽行派系

《解節經疏》、《無上依經疏》、《金光明疏》、《涅槃義記（擬題）》

小乘——無

二、對於律的注釋

《明了論疏》

三、對於論的注釋

小乘　阿毘達磨系

《俱舍論疏》、《隨相論中十六諦疏（現存）》、《破我論疏》

大乘　瑜伽行派系

《攝大乘論義疏》、《中邊疏》、《大乘唯識論注記》《*大空論疏》

大乘　中觀派系

《中論疏》

其他（包含詳情不明者）

《部執疏》（《十八部論疏》）、《四諦論疏》

四、獨立作品

大乘　如來藏、瑜伽行派系

《佛性義》、《九識論義記（九識章）》、《*顯識論（現存）》、《*婆藪槃豆法師傳（現存）》、《*佛性論（現存）》的一部分

其他（包含詳情不明者）

《十八空論（現存）》、《七事記》、《眾經通序》、《正論釋義》、《翻外國語》、《禪定義》、《轉法輪義記》

（四）含真諦著作佚文之文獻

引用這些散佚的真諦諸著作片段的文獻很多，如果按照大致的年代順序列舉其代表性的文獻，可以列出如下一覽表：

○慧均《大乘四論玄義記》（可能在百濟成立。六世紀末左右。關於校本，請參考崔鉛植，二〇〇九；相關研究，請參考崔鉛植，二〇一〇）

○吉藏（五四九—六二三）《仁王般若經疏》、《金剛般若經疏》、《法華義疏》、《勝鬘寶窟》

○智顗（五三八—九七）說，灌頂（五六一—六三二）記《仁王護國般若經疏》、《妙法蓮華經玄義》

○作者未詳《金剛經疏》（《大正藏》二七三八號、敦煌寫本，可能成立於初唐左右）

○道宣（五九六—六六七）《四分律行事鈔》、《四分律羯磨疏》

○道世（？—約六八三）《毘尼討要》

○圓測（六一三—九六，出身於新羅，活躍於唐朝的長安）《解深密經疏》、《仁王經疏》、《無量義經疏》[26]

○元曉（六一七—八六）《彌勒上生經宗要》（活動於新羅）

○窺基（基、大乘基，六三二—八二）《阿彌陀經疏》、《大乘法苑義林章》

○遁倫（道倫）《瑜伽論記》（年代未詳）

○定賓《四分律疏飾宗義記》（八世紀初）

○大覺《四分律鈔批》（七一二年）

○慧苑《續華嚴略疏刊定記》（法藏〔六四三—七一二〕以後，澄觀〔七三八—八三九〕以前）

○道氤《御注金剛般若波羅蜜經宣演》（敦煌寫本，可能在天寶年間〔七四二—五六〕左右）[27]

○良賁《仁王護國般若波羅蜜多經疏》（七六六年）

○法崇《佛頂尊勝陀羅尼經教跡義記》（七七六年）

○善珠（七二三—九七，日本，奈良時代）《唯識義燈增明記》

○道邃《摩訶止觀論弘決纂義》（大曆年間〔七六六—七九〕—貞元年間〔七八五—八〇五〕左右。參考常盤，一九四一b）

○澄觀（七三八—八三九）《華嚴經隨疏演義鈔》

○澄禪《三論玄義檢幽集》（一二八〇，日本鎌倉時代——其引用自唐代大覺《四分律鈔批》中所引用的《部執論疏》片段，但現存《四分律鈔批》中沒有對應的文段）

其次，筆者想考察關於收集真諦著作佚文的方法論問題。

在以上揭舉的各種文獻中，原本應該是相同的真諦說，卻以稍有不同的句子被引用，這種情況並不罕見。在這種情況下，如果假設最古老的引用是最可信的，那麼只要確定哪一處是最古老的引用，就可以解決佚文的鑑定和校訂工作，並不會帶來太大困難。然而，現實情況並非如此簡單。

例如，年代最早期的引用，見於吉藏的注疏。不過，一般而言，吉藏的引用並不總是忠實於原文。正如筆者在另一篇文章中所指出的㉘，吉藏雖然有採取從前人文獻中直接引用的形式，但實際上也有只是摘要的情況，或者是因為依賴記憶而引用，引文中也有省略字句的情況。更加複雜的是，相反地，吉藏本人在自己的文字中，甚至可以看到幾乎逐字使用真諦說的情況，而不是以引用的形式呈現（這樣的事例，可以通過比較吉藏的相關文章和其他作者明言「真諦云」而引用的事例進行確認）。

另外，在自己的文章中使用真諦說這一點，在唐代道宣《四分律行事鈔》中，也可以在某種程度上指出與吉藏有共通的特徵，但詳細的考察是未來的課題。

雖然還有其他問題，但在意識到諸如以上列舉的問題的同時，筆者蒐集散布在大量文獻中的真諦著作的佚文，在比較研究多個文獻對同一內容的引用片段時，我們對於被引用為「真諦云」的段落進行以下區別是有意義的：視為原封不動地忠於真諦說的內容，也無特別問題者（將其稱為「佚文」）；雖然可以看作是佚文，但在字句上多少有些不同的另一種引用（將其稱為「異文」）；僅將真諦原文中冗長說明的內容做簡單概括者（將其稱為「大意」，有時在引用時也會明確註明是摘要）；甚而連大意都不是，只是引用者在自己的議論中與真諦說有少許關係者（「相關說明」）等。

另外值得注意的一點是引用的準確性，即要注意引文是被引用者認為是正確的，具有肯定的意義，還是被引用者認為是錯誤觀點而用來反駁，具有否定的意義，有必要意識到這兩者之間的區別。例如，在窺基等玄奘門下的學僧提及真諦說時，真諦說多被否定地介紹為與老師玄奘的正說不同的古老、錯誤之說。在這種情況下，引用者往往會改變表達以便進行批判而，或者省略與批判論點無直接相關之處，或者大幅歪曲內容來突顯與自己所說的不同。當然這種傾向並不僅限於真諦，無論是在中國、印度或其他地區，或者是哪個時代，出於批評或否定的廣泛引用是一種普遍的傾向。因此，在回收真諦的佚文時，我們必須注意，佚文真的可以視為真諦所說的原文嗎？或者引用者在引用時是否進行某種歪曲呢？否則，即使集成真諦著作的佚文，也有可能不是真諦之說。

後代注釋家所引用為真諦說的片段，到底是真的可以追溯到真諦，還是引用者曲解的呢？根據真諦的情況進行檢討之時，最重要的引用者之一是圓測，他在《解深密經疏》以及《仁王經疏》中引用的真諦說，在內容上有相當程度的重疊，與其他文獻比較時，無論是質還是量都是迄今為止最重要的。就此意義而言，他對真諦說引用的可信度影響甚鉅，我們有必要釐清圓測的引用是否值得信賴。但是，不言而喻，驗證佚文的正確性伴隨著方法論的困難。因為所謂的佚文是指原文已經遺失的引用片段，原則上不可能通過與原文比對得出正確性結論。不過，要說佚文的精確度完全無法衡量，也不是事實。有一個有效的方法，即雖對於已經遺失的真諦說的引用精確度無法確定，但由於《解深密經疏》中有大量其他文獻的引用，並且大部分是大藏經中現存的文獻，因此可以對照原文檢查這些引用的精確度。這樣對於現存的文獻，如果能確定其引用是否正確，同樣的結論也可以適用於真諦的佚文。因為認為圓測在同一部經疏中，唯獨錯誤地引用了真諦佚文，這樣的觀點當然是不恰當的。

根據上述的方法論，筆者調查了圓測《解深密經疏》中真諦以外的引用，並檢查其精確度。不過，由於該疏是九卷（本來是十卷，但第十卷無現存）的龐大分量，筆者目前完成調查的只有卷二和卷五。不過，雖說只有兩卷，但其中所見的引用數，即使排除真諦的佚文也接近了三百條（嚴格來說是二百九十八條）。這是足夠有意義的分量。現在無法在此敘述其全部的詳細情況，只介紹結論如下。兩卷中大約有三百條可辨認的引用，方便上將引文區分為五種類型如下：

A　與現存的大藏經版的原文完全一致者。

B　除了文字的微小差異以外，幾乎完全一致者。

C　雖然在引用中進行某些省略，但在意義內容上沒有特別問題者。

D　雖然在引用中進行某些補充或修改，但在意義內容上沒有特別問題者。

E　引用與原文差異很大，引文有問題者。

結果為A三十九％、B二十七％、C二十八％、D二％、E四％。這個數值意味著什麼呢？如果考慮到唐代圓測所見文本的文字，與數百年後木版印刷大藏經文本的文字可能多少有些不同，那麼區分A和B實際上幾乎沒有意義。也就是說，在圓測的引用中，六十六％幾乎與原文相同。如果包含若干省略的情況C，那麼可以說引用的九十四％是大致正確的。與此相同的結果也應該適用於不再現存的真諦之佚文，這是很自然的想法，因此可以得出以下結論：圓測的引用非常正確，幾乎可以認為就是原文（詳參船山，二〇一三b）。

三、從經量部說和正量部說所見真諦佚文的意義

（一）真諦與經量部

真諦譯《俱舍論》中，弟子慧愷的〈阿毘達磨俱舍釋論序〉仍現存，附在真諦譯的開頭。其中詳細說明了真諦翻譯該論的情況。特別是此序的一節中提到鳩摩羅什譯的《成實論》，這極為重要。原文如下：

此土先譯薩婆多部，止有《毘婆沙》及《雜心》四卷。《毘婆沙》明義雖廣，而文句來不具足。《雜心》說乃處中，止述自部宗致四卷，過存省略，旨趣難可尋求。此土先譯經部，正有《成實》一論。《成實》乃以經部駁斥餘師，其間所用，或同餘部，又於破立之中，亦未皆盡其妙。（《大正藏》冊二十九，頁一六一上）

中國先翻譯的薩婆多部〔的文獻〕，只有《毘婆沙》及《雜心》四卷。《毘婆沙》在闡明教義這一點上很詳細，但其文言〔有欠缺〕至今仍不十分完備。《雜心》之說雖然恰當，但只不過是把本部派說法的主旨祖述在四卷，其缺點是省略，很難探究其宗旨。中國先翻譯的經部〔的文獻〕，只有《成實論》一部。《成實論》根據經部的說法駁斥其他論師們，但在討論過程中使用的事例有時與其他部派是共通的。另外，在〔對他人說法的〕反駁和〔自己

說法的〕證明上也並非全都是絕妙的。

以上一節是敘述在真諦翻譯《俱舍論》之前，作為同樣說明經部學說的文獻有什麼，並且有何問題點。無庸置疑，在這樣的文脈中，「經部」是指 Sautrāntika（被現代的研究者稱為「經量部」）。在以上介紹的一節中，慧愷將《成實論》規定為經部文獻。這是一個令人驚訝的觀點。因為現代的研究者對訶梨跋摩造、鳩摩羅什譯《成實論》（*Tattvasiddhi*）所歸屬的部派有各種推測。近年來，水野弘元（一九〇一／九七）〈譬喻師と成實論〉一文著眼於《成實論》和譬喻師（Dārṣṭāntika 譬喻者）的學說之間有很多一致點，所以關注與譬喻師有重疊者的經部，承接水野的研究，多位阿毘達磨研究者開始注意《成實論》和經部的關係，但是現代的阿毘達磨研究從未留意過慧愷的言論。不但沒有注意到其重要性，甚至可以說是完全無視之。

我們不應忽視這一事實，即最初漢譯《俱舍論》的真諦之高足在其序文中明確表示了與現代文獻學的結論相同的觀點。可以推斷慧愷的想法可能來自真諦。關於這一點，作為真諦對《成實論》立場的說法，隋朝吉藏《三論玄義》的如下所述值得注意：

真諦三藏云：「用經部義也。」檢《俱舍論》，經部之義多同《成實》。（《大正

藏》冊四十五，頁三中—下）

真諦三藏說：「（《成實論》）採用經部教義。」檢閱《俱舍論》，其經部的教義大多與《成實論》一致。

這可以說與慧愷序的內容相符合。

然而，就《成實論》的部派問題而言，真諦的說法實際上存在一個令人困擾的問題。在被傳為《部執異論》的真諦注釋的佚文中，有將《成實論》和多聞部聯繫起來的說法。例如，唐朝定賓《四分律疏飾宗義記》卷三本（《續藏》一．六十六．一．三十九表上），平安時代的學僧安澄（七六三—八一四）《中論疏記》卷第一本所引用的「宗法師《成實義章》第一卷」等（《大正藏》冊六十五，頁十六下），以及其他相關資料，都說明《成實論》存有大乘的要素，並與多聞部的成立有關聯。對於這一點的解釋，目前尚未得出結論，但相較於後代的傳承，真諦的高足親自記載之序文內容具有更高的可信性。

（二）正量部的戒律用語

接下來，筆者將以《律二十二明了論》中所見的術語為線索，一窺正量部的特徵。《明了論》不是律本身而是律的綱要書。其全貌的闡明是日後的課題，但一方面能看到一般的律用語，另一方面也能看到有別於其他文獻非常獨特的用語，這一點需要注意。例如，一般的律文獻將梵文 saṃvara 翻譯為「律儀」，但在《明了論》中卻譯為「護」。不過，最大的特徵就是所謂的五篇聚。在一般的漢譯中，五篇聚被表記為波羅夷、僧殘、波逸提、波羅提提舍尼、突吉羅。而且，學者已經指出，這些詞語所對應的梵語或巴利語也已被確定，並且也有反映部派差異的一面。

《明了論》中使用的五篇聚的用語是波羅夷、僧伽胝施沙、波羅逸尼柯、波胝提舍尼、獨柯多（《大正藏》冊二十四，頁六六六中）。其中，波羅夷與一般用語相同，獨柯多相當於巴利語的 dukkaṭa，所以沒有什麼特別的問題。另外，波胝提舍尼的原語被推定為 *patideśanī[ya]（> pratideśanīya），所以這也沒有特別大的問題。㉙ 現在特別值得注意的是僧伽胝施沙和波羅逸尼柯。

根據平川彰《二百五十戒の研究》，相當於一般漢譯語「僧殘」的原語是 saṃghāvaśeṣa，經常被音譯為僧伽婆尸沙。另一方面，在巴利律中用語不同，為 saṃghādisesa。而且，在《摩訶僧祇律》系統的原典，即說出世部的梵文戒經中，僧殘是 saṃghātiśeṣa（平川，一九九三 a，三五八頁）。另一方面，《明了論》中的僧伽胝施沙的原語又是如何呢？應該是支持 saṃghātiśeṣa，表示出與 saṃghāvaśeṣa 不同的詞形。

更有趣的是波羅逸尼柯。這相當於波逸提，波逸提也有被漢譯為波夜提的情況。而且在印度語文獻中還存在各種各樣的詞形，在巴利語中為pācittiya，說出世部的梵文戒經中為pācattika，說一切有部的梵文戒經和羅森（Valentina Rosen）出版的說一切有部的比丘戒經的注釋中為pātayantika，根本說一切有部傳持的梵文戒經中為pāyantika，並且與根本說一切有部同系統的《翻譯名義大集》（*Mahāvyutpatti*）提示為pāyattika這個詞形（平川，一九九四，六—七頁）。仔細研究了這些術語各自的意思、相互關係以及差異的平川（平川，一九九四，二十九頁）最後總結說：「以上，為了尋求波逸提（波夜提）的意思而進行了各種研究，但最終的結論是無法確定波逸提的意思。」

作為相當於波逸提的術語，《明了論》所示的波羅逸尼柯表示什麼原語呢？關於這一點，由於在《明了論》中附有表示「逸」發音的夾注，因此將原文直接地引用如下：

> 第三波羅逸〈羊達反〉尼柯部有三百六十罪。（《大正藏》冊二十四，頁六六六中）

如果以對應的梵語來表示「羊達反」，可以明確地表示*yat的聲音。順便一提，「羊達反」是宮本即開元寺版的讀法和後代的引用（以下的道宣等）所表示的讀法，另一方面，高麗版和思溪版等作「羊逆」。但是，「羊逆」（*yak）的意思不通。如今的情況下，判斷「羊達」是正確的。

另外，關於波羅逸尼柯，在《明了論疏》中提供了意譯。也就是說，唐代道宣《四分律行事鈔》卷中一引用了《明了論》中的「波羅逸〈羊達反〉尼柯部有三百六十罪」後，將其解釋為「正量部翻為應功用」（正量部將其意譯為應功用〔應努力的事情〕）。《大正藏》冊四十，頁四十八上）。同樣，宋代元照《四分律含注戒本疏行宗記》卷三中收錄的道宣的疏中也有：「明了論解，波羅逸〈羊達反〉尼柯部，此云應功用也……。」（《明了論》的解說中，波羅逸〈羊達反〉尼柯部在中國意譯為應功用……。《續藏》一．六十二．三．二一七表上）從這些引用中可以看出，在《明了論疏》中表示出「應功用（應努力的事情）」此一意譯。由這個意譯和波羅逸〈羊達反〉尼柯這個音譯推導出的原語只有一個，那就是 prayatnika 或其派生形 prāyatnika，除此以外的都不能考慮。總之，根據正量部的弗陀多羅多所著的綱要書《明了論》，通常被稱為波逸提或波夜提的術語在正量部是波羅逸尼柯，被理解為是應該努力遵守之項目的意思。這是以往戒律研究中未被指出的重要資料之一。[30]

由此可以進一步推斷出兩個派生的事實。第一，prayatnika/prāyatnika 此一詞形是至今為止被判定為與 pāyattika 同源的派生字中最為接近的。作為從梵語到巴利語乃至俗語的變化，假設 pra > pa, yatni > yatti（參考 yatna > yatta）通常是沒有問題的。第二，關於漢譯語「波逸提」中的「逸」的音值。關於這一點，雖然平川前述書中沒有明確的說明，但《明了論》中也使用了同樣的詞，考慮到其發音為「羊達反」即 yat，「波逸提」的「逸」也在同一方向上，可以設想為 * pāyatti（ka）或類似的發音。無論如何，真諦譯中的「逸」並不是真諦或其弟子的獨創，也不是基於特定地區的方言。

四、真諦的經典解說法——七個特徵

在閱讀真諦著作（他自己的注釋）的佚文時，我們可以看到其中遵循印度正統注釋風格的解說情況。鑑於真諦是印度的優秀學僧，這是理所當然的，但除此之外，與其他論師的解說相比，也可以指出真諦特有或顯著的特徵。以下僅限於筆者所注意到的範圍，可能還包括其他類似的例子，或者相反地，在真諦以外的著作中，也可能可以發現類似的例子。總之，筆者只是指出目前所注意到的情況，並敬請方家斧正。

（一）闡明一個詞語有多種含義

真諦進行經典解釋法的特徵，首先可以指出的是，當解釋某一詞語時，真諦經常列舉並介紹多個意義。舉例如下：

真諦釋云：「阿練若者，自有三義。一者離聲處，謂國邑音聲所不至故。二者離斫伐處，謂採薪所不至故。三者離鬪諍處，謂一切煩惱總能動亂善法，名為鬪諍。若住此處，能伏煩惱故，名離鬪諍也。從一拘盧舍外，外去乃至百千由旬，皆名阿練若處。若薩婆多部解，一拘盧舍五百弓。依正量部解，一拘盧舍凡一千弓也。一弓八尺，凡八百丈地。若准此間，應成四里少許。」（圓測《解深密經疏》卷三，《續藏》一・三十四・四・三五一表下）

> 真諦解說：「阿練若本來有三個意義。第一是遠離噪音（raṇa）的場所〔的意思〕，即完全聽不到都市或者村莊的聲音。第二是遠離砍伐的場所〔的意思〕，即完全不砍伐樹木。第三是遠離鬥爭（raṇa）的場所〔的意思〕，即一切煩惱都具有使善法混亂的力量，所以稱為鬥爭。因為在這裡可以調伏煩惱，所以稱之為遠離鬥爭的〔場所〕。一拘盧舍（krośa）以上，到百千由旬（yojana）為止稱為「阿練若處」。在說一切有部的解釋中，一拘盧舍是五百弓（dhanu）[31]。根據正量部〔律〕的解釋，一拘盧舍是一千弓。一弓是八尺，所以總共是八百丈的土地[32]。如果以此地〔的度量衡〕為準，大概是四里多[33]。

在此，真諦將表示森林或者安靜修行場所的阿練若（*Skt.* araṇya, *Pāli* arañña）這個詞分解為 a-raṇa（araṇya < a-raṇa），將 a- 作為表示非所有的否定詞，解釋為「離○」（沒有

〇，不被〇束縛），並給予 raṇa 三種解釋。也就是說，raṇa 具有噪音、砍伐、鬥爭（包含煩惱）的意思㉞。關於律中阿練若之範圍的主要研究有平川（一九九五，二七七頁）（一九九三 b，五六四—五六五頁）。但迄今為止，律研究者尚未注意到以上的引用處，因此今後著眼於真諦說是有意義的。

這種表示一個單詞有多個意義的語義解釋法在真諦的著作片段中隨處可見。例如「佛子」（佛陀的兒子）有五種意義㉟，「爾時」有十一種意義（圓測《解深密經疏》卷三，《續藏》一．三十四．四．三四九表上），「神通」有三種意義（《解深密經疏》卷二，《續藏》一．三十四．四．三三四表上），「大」有三種意義（《解深密經疏》卷一，《續藏》一．三十四．四．三一七表上；吉藏《法華義疏》卷一、《大正藏》冊三十四，頁四五七下），真諦經常以「某某有〇義」、「某某有〇種」、「某某自有〇義」的方式列舉說明。無庸贅言，這種說明方法並不是唯有真諦特有。反而可以說是廣泛適用於印度論師的一般特徵。不過，就真諦而言，可以看到比較顯著的傾向。

在以上引文中，真諦在闡明阿練若的三義之後，指出了薩婆多部（即說一切有部）和正量部對度量衡的解釋有所差異，最後為自己的觀點，在比較印度與中國之時，真諦經常使用「此間」（這裡，此地）一詞來指稱中國，並解說了與中國度量衡的對應關係。這種解釋方式可以說是真諦作為一位熟悉多個部派的印度僧侶到達中國後獨特的風格。

值得進一步注意的是，真諦在最後所展示的自說中，對度量衡的計算並非基於說一切有部的說法（一拘盧舍＝五百弓），而是基於正量部的說法（一拘盧舍＝一千弓）。這一事實可以被解釋為，正如前文第一節（四）所提到的，真諦認為正量部是自派的證據之一。

（二）固有名詞的語義解釋

其次，在真諦解說固有名詞的意義時，也可以指出其通俗語義解釋之特徵，以下舉出三個例子。

第一個例子，是大迦葉（Mahākāśyapa）這個名字的由來：

> 《十八部論疏》云「具足應云迦葉波。迦葉，此云光。波，此云飲。合而言之，故云飲光。飲是其姓。上古仙人名為飲光，以此仙人，身有光明，能飲諸光，令不復現。今此迦葉，是飲光仙人種，即以飲光為姓，從姓立名，稱飲光也。（吉藏《法華義疏》卷一、《大正藏》冊三十四，頁四五九中）

在《十八部論疏》（＝《部執論疏》）中，「〔迦葉〕應詳細地稱為迦葉波（*Skt.* kāśyapa, *Pāli* kasapa）。迦葉在此（中國）是光（*Skt.* kāśa）之意。波在此是飲（*Skt.* √pā）之意。以上合在一起稱為飲光（飲光者）。飲（光）是姓。太古的仙人有一位叫飲光。這位仙人全身都具有光，能夠飲下各種各樣的光，令光不出現。現在的迦葉是飲光仙人的後裔，因此以飲光為姓，根據姓來命名，稱為飲光。」

這與部派名稱迦葉維（Kāśyapīya）意譯為飲光部是相同的說明方式，不過，真諦的解說相當詳細。

第二個例子，見於講述佛的十大弟子之一「目連」的名字由來的一節：

> 真諦三藏云：「應言勿伽羅。勿伽者，此言胡豆，即綠色豆。羅，此云受。合而為言，應言受胡豆。蓋是其姓，上古有仙人名勿伽羅，不食一切物，唯食此豆，故名受胡豆。其是仙人種，故以為名也。[36]」（吉藏《法華義疏》卷一，《大正藏》冊三十四，頁四五九下）

真諦三藏說「（目連，正確地說是）勿伽羅（*Skt.* maudgalyāyana, *Pāli* moggallāna）。勿伽（*Skt.* maudga < mudga, *Pāli* mugga），在此地是胡豆之意，也就是綠色的豆子[37]。羅，在此地是接受（*Skt.* √lā）之意。合起來，應該說為受胡豆（吃胡豆的人）。這大概是姓氏，太古時有一位仙人（*ṛṣi）名為勿伽羅，什麼也不吃，只吃這種豆子，所以稱為受胡豆。（目

連）和這位仙人是同一種姓，所以這樣稱呼。

第三個例子，見於《部執疏》中的佚文，有關於摩揭陀國的婆吒梨弗多羅（Pāṭaliputra，今比哈爾州的巴特那）這座城市名字的說明：

《部執疏》云：「……婆吒梨弗多羅者，波吒梨是樹名，此間既無此樹，波吒梨名不可翻。弗多羅翻為子。彼處本唯有一樹，此樹已死，子更生樹，于今猶在，故稱波吒梨弗多羅。彼處有此樹，故彼國作名也。」（善珠《唯識義燈增明記》卷一，《大正藏》冊六十五，頁三二九中）

《部執論疏》中所說：「……所謂婆吒梨弗多羅（Pāṭaliputra），婆吒梨（Pāṭali）是樹木的名字。在此（中國）沒有這樣的樹木，所以無法翻譯婆吒梨這個名字。弗多羅譯為子（putra）。那地方原來有一棵樹，這棵樹死了，種子又長出了樹，一直留存到現在。因此，被稱為婆吒梨弗多羅。因為那裡有這樣的樹木，所以那個國家就被這樣稱謂。」

在後來的時代，有異於真諦的語義解釋出現在《大唐西域記》卷八的摩揭陀國上，並廣為人知（《大正藏》冊五十一，頁九一〇—九一一上；季羨林，一九八五，六二三—六二六頁）。在那之前，真諦以婆吒梨為樹木名。詞典中也有關於樹木的說明，婆吒梨樹是一種散發芳香的香木，日文名為テリハボク（照葉木，即胡桐）（滿久，一九七七，四十四—四十五頁）。這可能與婆吒梨弗多羅（Pāṭaliputra）的別名是Kusumapura（花之城的意思，漢譯為「華氏城」「香花宮城」等）有關。然而，以樹木世代相傳來說明城市名稱的例子僅見於真諦。至少這確實不是廣為人知的說法。管見所及，唯一例外的是真諦《隨相論》中相關的一節，說明數論學派的因中有果論（satkāryavāda），並提及以下的比喻：

> 僧佉義明因中具有果。如缽多樹子中具足已有枝葉華果……。（《大正藏》冊三十二，頁一六七下）
>
> 在數論（Sāṃkhya）學派的教義中，闡明原因中已經具備了結果。例如，缽多（Pāṭali）樹的種子已經具備了所有的枝、葉、花、果……。

這雖然不是城市名稱的說明，但真諦提及缽多（Pāṭali）樹種子的特殊性，這一點值得關注。

關於這些人名和城市名稱的由來，現存大藏經中保留了真諦撰文獻的佚文紀錄，而在其他印度論師的解說或者漢譯經典的說明中，難以找到類似的例子，可見這是真諦特有的表達。不過，我們不應該將這樣的說法視為真諦的獨創。例如，關於迦葉（kāśyapa）的語義解釋，在《尼祿多》（*Nirukta*）中也能看到雖然不相同但共通的說明。因此，雖然真諦說的語義解釋在漢譯中很難找到類似的例子，但應該視為是基於印度的婆羅門教和佛教注釋學中被廣泛採用的訓釋（nirvacana）傳統。[38]

（三）比較印度和中國

真諦還留下了比較印度和中國的評論。例如，以下是關於季節的說明。

又真諦法師立三際云：「從此間正月十六日，至五月十五日，為熱際四月。從五月十六日，至九月十五日，為雨際四月。從九月十六日，至正月十五日，為寒際四月。雨際第二月後半第九日夜漸增，當此間七月九日。寒際第四月後半第九日夜漸減，當此間正月九日。」（普光《俱舍論記》卷十一，《大正藏》冊四十一，頁一八八上）

又，真諦法師〔在一年中〕立三期說：「這裡〔中國〕的正月十六日至五月十五日是〔印度〕灼熱期的四個月。從五月十六日到九月十五日是降雨期的四個月。從九月十六日到正月十五是寒冷期的四個月。從降雨期第二個月後半期的第九天開始，夜晚逐漸變長。那相當於這裡的七月九日。從寒冷期的第四個月後半期的第九天開始，夜晚逐漸變短。那相當於這裡的正月九日。」

順便一提，關於一年的季節劃分，雖然存在與真諦不同的說法[39]，但在上述一節中，真諦採取了將一年分成三季的說法，並解說這相當於中國（文中稱為「此間」）的幾月幾日。

接下來要介紹的是與樂器有關的事情。《解深密經》（*Saṃdhinirmocana-sūtra*）的真諦譯《解節經》〈過一異品〉中出現「毘拏」這個語詞（《大正藏》冊十六，頁七一三中二十五—二十六行），真諦對此的注釋片段如下：

> 真諦《記》云：「毘拏者是音樂器。此間毘巴，大略相似。」（圓測《解深密經疏》卷二，夾注。《續藏》一．三十四．四．三四七表下）
>
> 真諦的《（解節經）記》中說：「毘拏（vīṇā）是樂器。與此地的琵琶大致相似。」

真諦所解說的樂器是在《解節經》中登場的 vīṇā。[40]真諦將其音譯為「毘拏」，並稱其與當時中國存在的「毘巴」是類似的樂器。「毘巴」應該就是琵琶。關於琵琶，據外村中（二〇一〇）所說，在中國南北朝末是像「阮鹹」一樣的琵琶，在隋唐變成了「曲項」琵琶。而說起古印度的琵琶，則是指像正倉院的「五弦」那樣的琵琶。如此看來，琵琶以及 vīṇā（有時也作為絃樂器的總稱）形狀的鑑別，似乎根據不同時代和地域而錯綜複雜，筆者也無法精確地理解，但以上介紹對真諦說的簡短說明，可作為六世紀中後期江南實際情況的一筆資料。印度的 vīṇā 有時指的是弓形豎琴，但真諦此處所指的不是弓形豎琴。如果說類似於中國的琵琶，應該是指魯特琴的類似物。

（四）比較各部派的異說

關於比較各部派的異說，在「闡明一個詞語有多種含義」一項中已經有所體現。在真諦的解說中，有時會同時記載說一切有部和正量部等不同部派對同一論題的見解，如以下一節關於衣服顏色的解說：

> 真諦三藏云：「赤血色衣，外國袈裟。雖復五部不同，同皆赤色。」問：常云三種壞色，云何言竝赤色？答：常解云，新衣前取青染，次則入泥，次樹汁度之，名為木蘭，故云若青、若泥、若木蘭。三藏云：「預是中國人，都無此法。言三種壞色者，三色之中，隨用一色，以點印之。若有青處，即用青點；若無有青處，用泥為點；無泥處，可磨鐵汁點之，竝但應取一色便足。但為時處各異，一色不恒，恐諸比丘生於

疑悔，故言於三種隨取一色。十八部義雖異，衣色是一，故《大經》云：『見我弟子著赤色衣，謂呼是血。』但點不同，故有諸部為異。若薩婆多部，點顯現處；上座部則節節皆點；若正量部，但點四角也。」（吉藏《金剛般若經義疏》卷二，《大正藏》冊三十三，頁九十七中─下）

真諦三藏說：「如同鮮血一般紅色的衣服，在外國（印度）稱為袈裟（kaṣāya, kāṣāya）。儘管五部派不同，但都是紅色的。」問：普通說到（與衣服有關的顏色）有三種壞色，為什麼說都是紅色呢？答：通常的理解如下。也就是說，新的衣服首先染成藍色，然後浸入泥中，接著將樹液滲透全部，稱為木蘭（色）。因此，（壞色）是指藍色、泥土色，或木蘭色。（真諦）三藏說：「全中國（這裡指印度）的人們都沒有那樣的作法。所謂三種壞色是指用三種顏色中的任意一種顏色來加點記號。如果有藍色就用藍色打點，如果沒有藍色，就用泥土打點。如果是沒有泥的地方，用磨碎鐵的液體來加點。無論是哪種情況，只要使用其中一種顏色就已足夠。但依時間和情況的不同，不一定使用哪一種顏色，為避免比丘們疑慮和後悔，因此，使用三種中的任何一種顏色。十八個部派，雖然教義不同，但衣的顏色都是一樣的。因此，《大般涅槃經》說：「見我弟子穿紅衣，說是血色。」㊶只是標記的方法有所不同，因此造成各部派間的差異。說一切有部在顯眼處加點，上座部在布的接縫處加點，正量部是在四角加點。」

與上述相關但表現不同的佚文片段，可見於《玄應音義》卷十四＝《慧琳音義》卷五十九（《大正藏》冊五十四，頁六九九上）、道宣《羯磨疏》（《四分律羯磨疏濟緣記》卷十八，《續藏》一・六十四・五・四五九表下）等，然而在這些片段中，共通的一點是真諦在考慮到中國聽眾的情況下，談論了印度僧衣的顏色。據他所說，根據部派的不同，點淨的方法（也就是藉由在新衣上加上汙點以便標示所謂的壞色的具體方法。平川，一九九四，六〇六—六一六頁；佐藤密雄，一九六三，六八三—六九〇頁）雖然有差異，但印度各部派在僧衣色上普遍使用紅色。另外，需要注意的是，在以上這段引文中，真諦使用了「五部不同」這一措辭。自五世紀上半葉以來，中國提及印度部派時，經常使用五部派的說法（船山，二〇〇七d，八十六—八十九頁）。在現今的印度佛教史上，談及部派，十八部派的說法更為普遍，但在五至六世紀左右的中國，五部派的說法更為常見。真諦提到五部派，反映了當時中國的潮流。

以下一節關於法門的數量是否是八萬四千？顯示出部派間的差異：

> 真諦師云：「問：此五蘊等八萬法門得一味義，其相云何？若依上坐部，則有八萬四千法門。今依正量部，但有八萬。答：約六種法相，顯一味義……。」（圓測《解深密經疏》卷三。《續藏》一・三十四・四・三五二裏上）

真諦老師說：「問：這些五蘊等八萬法門得到同一不變的意義，其狀態是怎樣的呢？〔答：〕若根據上座部，有八萬四千法門，但現在根據正量部，只有八萬。應答：以六種法的狀態為主題，顯示同一不變的意義……。」

幾乎相同的風格也見於作為真諦「譯」傳承下來的幾篇文獻中。例如，《顯識論》中有如下關於部派的對比解說。部分相關的討論也可以在《隨相論》中找到：[42]

若小乘義，正量部名為無失，譬如券約。……摩訶僧耆柯部名為攝識。……薩婆多部名同隨得。……他毘梨部名有分識……。（《顯識論》，《大正藏》冊三十一，頁八八〇下—八八一上）

〔相當於唯識的阿賴耶識之物，〕在小乘的教義中，正量部稱為無失（*avipraṇāśa），就像契約一樣。……摩訶僧祇部〔將之〕稱為攝識。……說一切有部稱為同隨得（*samanvāgama prāpti）。……上座部稱為有分識（*bhavāṅgavijñāna）……。

（五）用中國人名而非印度人名為例

印度語文獻在討論的過程中，當需要區分兩個人物時，多以 Devadatta 和 Yajñadatta

的名字來舉例說明，類似於日語中，會舉鈴木和佐藤的一般。真諦也不例外，例如在《俱舍論》〈破我品〉中，作為區分兩個人物的心的例證，有一節提到了「Devadatta-cetas」和「Yajñadatta-cetas」，真諦將其直譯為「天與心、祠與心」（《大正藏》冊二十九，頁三〇八中十行）。但另一方面，幾乎相同的例證，真諦有時會使用「張王」（張先生和王先生），這一點很有意思。而且，在舉三個人的名字的情況，真諦會用「張王李」來說明。這見於定賓《四分律疏飾宗義記》卷第六本所引的《明了（論）疏》（「張王李三家，如其次第，諸比丘食……」，《續藏》一．六十六．二．一七三表上—下），用張、王、李三姓來說明。即使在真諦的漢譯中，也有使用這樣的例子，例如《佛性論》卷一：

前約異體相續，立自他義，如兩物相望，故互為自他。以張望王，張即為自，王即為他；以王望張，王自張他，義亦如是。（《大正藏》冊三十一，頁七八九下。另外，也請參考頁七九二下二十四行）

首先從不同身體的相續（心的流動）的觀點，來確立自我和他者的意義。例如，當兩個事物相對時，相互形成自我和他者。張朝向王時，張是自我，王是他者；王朝向張時，王是自我，張是他者。作為對象事物的情況也是如此。

類似的例子在《四諦論》卷四中也有：43

汝問：諸有為法，剎那不住，念云何成。何以故？他見他憶，無此義故者。答：若知者異，念則不成，如張見王憶。若智相續異，念亦不成，如見牛不憶馬等。若智一，念亦不成，無後智故。反〔1〕此三義則名為念。（《大正藏》冊三十二，頁三九七中）

〔1〕「反」，從宋元明三本。麗本作「及」。

你質問：諸有為的存在，一剎那也停不下來，因此記憶到底如何成立呢？（不可能成立）。若問為何？因為某人看見（某物），而他人卻記住（它），這是沒有意義的。應答：如果認識的主體不同，記憶就不成立。例如張看見某物，王記住了（這是不成立）。如果認識的相續（心的流動）不同，記憶也不成立。例如，即使看到牛，也不會想起馬等。如果認識是單一的，記憶還是不成立。因為沒有後續的認識（生起）。把與以上三個事例不同的情況命名為記憶。

這樣的譯例，考慮到漢人聽眾難以立即理解「天與」和「祠與」，因此真諦或其翻譯團隊的某人可能想到採取類似於所謂的「格義」（船山，二〇一三a，二一四—二一五頁）。當然，印度語原典中不可能有與張、王字面意思對應的詞語，但考慮到這些例證對理論內容沒有影響，因此不能說是不恰當的翻譯。

（六）解說在中國成立的經典

真諦或他的翻譯團隊意識到聽眾是中國人的這一事實，在許多方面皆顯而易見。例如，在真諦解說的文本中，包含了在印度不存在，而是在中國成立的經典，這是一個不容忽視的事實。這部經典據傳為鳩摩羅什譯的《仁王般若經》，一般學界認為這部經典是在中國成立的，除了望月信亨、大野法道等人提出之外，筆者也曾嘗試討論過（船山，一九九六）。因此，筆者在此不再疊床架屋，但可以確定的是，真諦對《仁王般若經》進行了某種解說，並展開自己的理論。

正如本章第一節所述，根據以《歷代三寶紀》卷十一（《大正藏》冊四十九，頁九十九上二行、上十行）為首的諸經錄，真諦翻譯了《仁王般若經》一卷，並著作了《仁王般若疏》六卷。《仁王般若疏》被吉藏、智顗、圓測等人引用，因此無庸置疑真諦的解說是實際存在的。另一方面，對於真諦所翻譯的《仁王般若經》是否實際存在的問題，望月信亨等人採取《仁王經》中國撰述說，當然會否定真諦譯的存在，但有趣的是，根據圓測等人引用真諦的《仁王般若疏》的佚文，其佚文中所引用的經文與傳說為鳩摩羅什譯的偽經《仁王般若波羅蜜經》（《大正藏》二四五號）是同樣的。偽經《仁王經》與圓測引用的《本記》的關係如下表。《本記》是指真諦（撰）的《仁王般若疏》。[44]

《仁王般若經》（《大正藏》二四五號）	圓測引用的《本記》（《大正藏》一七〇八號）
不住色，不住非色，不住非非色（《大正藏》冊八，頁八二五下二十八行）。	一、《本記》云「不住色者，第一句，遮色。色是色蘊，即質礙義。非色者，第二句，遮四蘊，即了別心等。非非色者，第三句，重遮色心。若具，應言不住非色非非非色，為存略故，但言非非色」（《大正藏》冊三十三，頁三八一中十九—二十三行）。
三界愛習順道定，遠達正士獨諦了（《大正藏》冊八，頁八二七下十六行）。	一、《本記》云「三界愛習一句，謂三界愛皆順如理，不復別見，故言順道定。遠達一句，別前未證見如如，故言獨了」（《大正藏》冊三十三，頁三九六下二—五行）。
返照樂虛無盡源（《大正藏》冊八，頁八二七下十九行）。	依《本記》云「言返照者，返照過去地前之事。言樂虛者，緣現在樂虛而不實樂。言無盡源者，照知未來道後，不可盡其源」（《大正藏》冊三十三，頁三九七上九—十一行）。

以上雖然只是三處例證，但即便如此，真諦釋中所使用的經文（相當於梵語注釋中的

pratīka）與所謂的羅什譯是一致的，此事一目了然。由此可知，與經錄資訊相反，以下三點事實具有相當的可信性：真諦自己並未翻譯《仁王經》，這從一開始就不存在；真諦確實對《仁王經》進行了某種解說；真諦所依據的經典，儘管在中國相傳由鳩摩羅什所翻譯，但實際上是在中國成立的偽經。特別是圓測在《解深密經疏》中對真諦譯的《仁王般若經》有如下敘述，格外引人注目：

> 梁時承聖三年，西天竺優禪差（尼）國三藏法師波羅末陀，梁云真諦，於豫章寶田寺翻出一卷，名《仁王般若經》，疏有六卷。雖有三本，晉本創初，恐不周悉。真諦一本，隱而不行。故今且依秦時一本。（《大正藏》冊三十三，頁三六一下）
>
> 梁時代的承聖三年（五五四），西天竺優禪差（尼）國的三藏法師波羅末陀，梁云真諦，在豫章的寶田寺翻出一卷，名為《仁王般若經》。疏有六卷。《仁王般若經》雖然有三個譯本，但晉本創始，恐怕不夠周到詳盡；真諦的譯本，隱沒而沒有流通。因此，現在依據秦時的譯本。

此處提到三種譯本，分別是西晉的竺法護譯、後秦的鳩摩羅什譯、梁代的真諦譯。對於根據鳩摩羅什譯作疏的理由，認為竺法護譯雖然是最早的譯本，但內容並未全部詳細闡述，而真諦譯只是在目錄上有記載，實際上並未見到任何流傳的跡象。從這種寫法看來，當時被稱為竺法護譯的《仁王般若》似乎確實存在，但這一點令人十分懷疑。無論如何，其中明確指出了真諦譯本不存在，這一說法非常引人注目。真諦與《仁王經》的翻譯工作無關，可能是在弟子的請求下，對這部中國著名的經典——傳說為羅什譯——進行了某種解說。順便一提，圓測在此目錄資訊敘述的真諦在承聖三年於豫章的寶田寺進行翻譯，這與《歷代三寶紀》卷十一的記載一致。儘管《歷代三寶紀》對此事的記載，在高麗版和其他版本的字句有很大的差異，不過，考慮到承繼《歷代三寶紀》的《大唐內典錄》卷四（《大正藏》冊五十五，頁二六六上）的相關表述，可以推斷《歷代三寶紀》本來的字句如下：

> 《仁王般若經》一卷（是第二譯。與晉世法護出者少異。同三年，在寶田寺譯。見曹毘〈真諦傳〉）。（《大正藏》冊四十九，頁九十九上。不過，以上的引文，經過筆者校勘諸本，對高麗版的字句有所訂正）

根據這一說法，曹毘〈真諦傳〉是最早提及真諦譯《仁王經》的文獻。這是一本佚書，更為常見的名稱是《三藏歷傳》。在《歷代三寶紀》中，可看出費長房沿襲了這些內容。

現在，回到真諦的解說。真諦是根據羅什譯進行解說的，這也表現在真諦的判教（教相判釋）中。真諦和判教的問題，筆者在此不多著墨，不過，如果扼要介紹重點的話，可以整理如下。首先，正如從普光《俱舍論記》卷十八的「又真諦云，佛涅槃後經今一千二百六十五年」（《大正藏》冊四十一，頁二八二上；Frauwallner 1951b: 7-8）一節中得知，可以確認真諦有某種佛教歷史觀，同時，真諦似乎也考慮到了佛陀在世時教法本身的發展。從真諦的《解節經疏》及《部執論記》的佚文所見，其根本所依是《解節經》（即《解深密經》的異譯本）的三種轉法輪說。不過，真諦也主張其他類似形式的判教，這在《仁王般若經》的解說中得到展開。亦即，他將如來的說法視為四十五年，將其劃分為「轉法輪」、「照法輪」、「持法輪」三個法輪。例如，從以下一節可以看出這樣的觀點：

真諦云：「如來在世四十五年，說三法輪，謂轉、照、持。然此三輪，有顯有密。密則從得道夜，至涅槃夜，俱三轉法輪。顯則初成道七年，但轉轉法輪。七年後三十一年中，轉照法輪。三十八年後七年中，轉持法輪。從轉轉法輪來，有三十年前至二十九年已說餘《般若》，今至三十年初月八日，方說《仁王》。故言『初年月八日』，此則成佛道三十七年說此經，乃年七十二歲也。」云云[45]。（智顗說、灌頂記

《仁王護國般若經疏》卷二，《大正藏》冊三十三，頁二六三中）

真諦說：「如來在世四十五年之間，宣說了三種法輪，即轉法輪、照法輪、持法輪，這三法輪有顯在化的和隱藏的。所謂隱藏的，是指〔如來〕從成道之夜到涅槃之夜的不論何時都在宣說三種法輪。所謂顯在化的，是指成道後的七年間，專門轉動轉法輪；七年後的三十一年間，轉動照法輪；三十八年以後的七年間，轉動持法輪。從轉動轉法輪之後的三十年前〔一年〕的二十九年為止，宣說了其他的《般若經》，到了第三十年的正月八日，才說了《仁王〔般若經〕》。於是在〔《仁王般若經》中〕〔可看到〕「初年月八日」這個詞。也就是說，〔釋尊〕在開悟後的三十七年講述了這部經典，也就是七十二歲。」云云。

關於將釋尊一代的說法視為多少年，在中國佛教史上有兩個傳統，在此僅概括結論如下。第一種說法是釋尊十九歲出家，三十歲成道，四十九年間說法，七十九歲入滅。第二種說法是二十九歲出家，三十五歲成道，四十五年間說法，八十歲入滅。㊻上述一節中真諦所說「如來在世四十五年」與第二種說法一致。這是對於《仁王般若經》中「爾時，十號三明大滅諦金剛智釋迦牟尼佛，初年月八日方坐十地」云云（《大正藏》冊八，頁八二五中）的解說。「初年月八日」這一表達，可能在其他經典中完全看不到，是本經的特有的說法。因此，以上一節可以認為是真諦特別為了解說《仁王般若經》，而展開獨特的判教。

「轉法輪、照法輪、持法輪」這三種法輪說的典據既不是《仁王般若經》，也不是《解深密經》，而被認為是真諦譯《金光明（帝王）經業障滅品第五》（《合部金光明經》卷二所收）中的「歸命頂禮一切諸佛世尊，現在十方世界，已得阿耨多羅三藐三菩提者，轉法輪、照法輪、持法輪、雨大法雨、擊大法鼓、吹大法螺、出微妙聲、豎大法幢、秉大法炬」（《大正藏》冊十六，頁三六八中）一節。㊼在這種情況下，「轉法輪」、「照法輪」、「持法輪」分別是轉法輪、照法輪、持法輪的意思。與此相對，以上介紹的真諦說的佚文中可以看到「轉轉法輪」、「轉照法輪」、「轉持法輪」等極具特徵性的術語，它們可以理解為轉轉法輪、轉照法輪、轉持法輪的意思。即，「轉法輪」、「照法輪」、「持法輪」是表示「轉」的對象的名詞。通常的佛教漢語中，「轉法輪」是轉動法輪，「照法輪」是照耀法輪，「持法輪」是保持法輪，應該理解為動詞和名詞的組合，但在真諦的注釋中不是這樣解釋，而是分別視為名詞。這恐怕是印度語無法解釋的、非常奇妙的、完全依靠漢語的慣用語吧。

現代的我們往往認為，真諦是印度人，所以不可能對偽經進行注釋，但這樣的結論是不正確的。另一方面，因為作為印度人的真諦進行了注釋，所以《仁王般若經》是真經，這樣的結論也是不正確的（參考望月，一九三〇、一九四六等）。換句話說，不可否認的，從傳承印度正統經典解釋法的真諦的角度來看，竟然還對看起來非常可疑且難以接受的偽經進行了注釋。那麼真諦為何這麼做呢？雖然現在還無法確定具體原因，但其中一個重要原因可能是，真諦試圖將已經為中國的許多漢人聽眾所熟悉的經典和教理，轉化為更深奧的教導，這可以認為是真諦對漢人聽眾的對機說法。

（七）容許中國佛教獨有的「三十心」說

在真諦對佛典的解說中，可以看出真諦意識到中國的研究現狀，在說明菩薩修行階位時採用了「十信」、「十解」、「十行」、「十迴向」等術語。眾所周知，菩薩修行理論中的十信、十住、十行、十迴向是中國佛教教理學特有的，無法在印度文獻中找到。傳統教說中的十住，在真諦的論述中被表述為十解，這一點也已經被指出（水野弘元，一九八四）。真諦使用這些中國成立的用語的例證，可以舉出以下用例：

○真諦三藏《九識章》云：「問：《大本》云『緣覺十千劫到[1]』，到何位，是何宗？答：此是寂宗意，除三界或（惑），迴心學大乘，入十信，信法如如。」准知真諦亦說十信為所到處。（圓測《解深密經疏》四，《續藏》一・三十四・四・三九一表下—裏上）

〔1〕《大般涅槃經》。（《大正藏》冊十二，頁四九一下）

○依《本記》云：「出二乘也。大乘有二。一、十信至十解，是不定，猶退為二乘。二、十行至十地，是定，故言『行獨大乘』。」（圓測《仁王經疏》卷上本，《大正藏》冊三十三，頁三六九上）

○一《本記》云：「十信為習種性。十解為性種性。十行為道種性。十迴向已上，即屬見道。經說信等為其性故。又下經云：『十信、十止、十堅心。』故知十信為習種性。」（圓測《仁王經疏》卷中本，《大正藏》冊三十三，頁三八六下）

從以上三個用例可以窺見真諦使用「十信」、「十迴向」等術語解說修行理論（船山，二〇〇二c，二十二頁；二〇〇三a，一二六頁）。

五、偏離漢譯範疇的注解要素

前節末尾提到的與中國特有的「十信」、「十解」、「十行」、「十迴向」等階位說相關的問題，其實還有另一個面向。也就是說，真諦在自己的注釋內使用這些術語是沒有問題的，但真諦在漢譯中使用了相同的術語，使得真諦譯的運用和解釋變得困難。已經有人指出這一主要原因，例如真諦譯《攝大乘論釋》卷三有「菩薩有二種，一在凡位，二在聖位。從初發心，訖十信以還，並是凡位。從十解以上，悉屬聖位」（《大正藏》冊三十一，頁一七四下）這樣的表現。另外，同卷四也有「菩薩有二種。謂凡夫、聖人。十信以還是凡夫，十解以上是聖人」（《大正藏》冊三十一，頁一七七下）的說明。不言而喻，由此所見的真諦說與印度的修行論用語是不同的，即使從同時代的中國佛教教理學來看也是極為獨特的說法。筆者在此僅簡單說明梗概，就中國佛教史而言，整個六朝隋唐標準的菩薩修行階位說，即在初發心→十信→十住（真諦的用語是十解）→十行→十迴向→十地→後二地的五十二位體系中，從初發心到十信結束時是「外凡夫位」，之後所謂的三十心階段是「內凡夫位」，初地以上是「聖人位」（請參本書第三篇第一章）。然而，從上述兩處引文可知，真諦說將從初發心到十信結束之間的階段稱為「凡夫位」，十住的初心以上全部被視為「聖人位」，在這一點上，凡夫和聖人的界線設定與同時代的標準理論大不相同。儘管如此，以極易理解的方式向當時的中國聽眾宣說修行階位理論，這一點值得高度評價，但其中插入了這些非翻譯性的元素，不是在真諦本身的著作，而是所謂的「譯」之中，這就成為問題所在。如今，我們已經無法確定哪些部分是純粹的翻譯內容，哪些部分是真諦本人或其譯經團隊所插入的段落。

（一）梵語一詞譯成兩個漢字，分別給予不同的解釋

與之前指出的事情密切相關，真諦有時會將印度語中本應是一個單詞的語詞以兩個漢字來翻譯，並且對於兩個漢字賦予差異的解說。當然，使用類似的兩個漢字來表現印度語中的一個單詞是常見的現象，但對這兩個漢字給予不同的解釋，是非常奇怪的，可能是真諦特有的現象。作為明確表示這種現象的事例，已經有學者指出真諦將「歡喜」這個詞分為「歡」和「喜」來解釋的情況（長尾，一九八七，六十頁）。「歡喜」是菩薩十地中的第一地「初地」的別稱，對應「歡喜」的原語是pramudita-，是表示「歡喜、高興」的一個形容詞。關於這個詞，真諦譯《攝大乘論釋》（世親釋）卷八解釋如下。

> 捨自愛名歡，生他愛名喜。（《大正藏》冊三十一，頁二〇六上）
>
> 捨棄對自己的愛著叫做「歡」，產生對他人的愛叫做「喜」。〔因此「歡喜」表示捨棄對自己的執著，慈愛他者，充滿喜悅。〕

這是一種完全依賴漢語的解說方法，在梵語中是不可能的。長尾雅人通過仔細分析前後文脈，指出這不僅僅是對歡喜的解釋，而且整個段落都包含難以被視為翻譯的元素。此外，長尾還指出，在真諦譯《攝大乘論釋》中，不僅對歡喜進行了這樣的解釋，還將「意用」

（āśaya）分為「意」和「用」並加以區分。

而且，同樣在《攝大乘論釋》卷九中，有時會將「信樂意」（adhyāśaya）一詞區分為信、樂和意。以下是其中關於「信」和「樂」之間差異的說明部分：

於六度正教中，心決無疑，故名為信。如所信法，求欲修行，故名為樂。（《大正藏》冊三十一，頁二一三中）

對六波羅蜜的正確教導，心是確定無疑的，所以名為「信」。因為希望按照引起信的對象進行修行，所以名為「樂」（願望、欲求）。

對應「信樂意」的梵語被認為是adhyāśaya。值得一提的是，同一個詞，在佛陀扇多譯中被譯為「深心」，笈多譯中也是「深心」，玄奘譯中則是「增上意樂」。在梵語中，「信」和「樂」的區別是沒有意義的。

而且，類似的例子在《佛性論》卷二的「潤滑」一詞的解說中也可以看出。在詳細解說「潤滑」一詞之處，區別了「潤」和「滑」，有「潤滑者，潤以顯其能攝義，滑者顯其背失向德義」的說明（《大正藏》冊三十一，頁七九七上十二—十三行）。另外，包括此的系列解說從「三潤滑性者」（《大正藏》冊三十一，頁七九六下十七—

十八行）開始，作為解說「別相有三種。何者為三？一者如意功德性，二者無異性，三者潤滑性」（《大正藏》冊三十一，頁七九六中五—六行）的一部分。幸運的是，這三種別相對應於梵語本《寶性論》三十一偈以及散文的注釋（參考高崎，一九八九，四十七—四十八頁的日譯），因此，如意功德性、無異性、潤滑性依次為prabhāva, ananyathābhāva, snigdha（或snigdhabhāva）的翻譯。綜上所述，儘管《寶性論》中沒有與包含「三潤滑性者」（《大正藏》冊三十一，頁七九六下十七—十八行）以下的「潤滑者，潤以顯其能攝義，滑者顯其背失向德義」恰好對應的文章，但作為其根本的潤滑一詞的原語確實是snigdha。由此可知，潤滑本來是梵語中用一個詞來表現的一個概念，無論如何，將其區分為「潤」和「滑」在印度語的文脈中並不具有意義。值得一提的是，這段文字並非起始於坂本幸男所推定的《佛性論》中真諦自己解說部分的「釋曰」，而是見於文本敘述部分中的說明。

另外，青原（二〇〇三，一八八頁）已經指出，在《隨相論》中，可能將《俱舍論》中使用的「愛欲」（chanda）一詞分解為「愛」和「欲」，解釋為「我及愛是見道所破，欲是修道所破」（《大正藏》冊三十二，頁一六五下四—五行），（青原，二〇〇三，一八八頁）。

以上，我們在《攝大乘論釋》、《佛性論》等典籍中，都可以發現以兩個類似的漢字翻譯一個梵語單詞，並對這兩個字賦予不同意義的例子。對於這樣的事例，以往的研究大體上都是這樣認為：這些說明在印度的原著中是不存在的，所以作為印度大師的真諦不可能會做出這樣的解釋，很可能是混雜了弟子錯誤的筆記紀錄。㊽這是為了將真諦譯中的不可解或不妥之處歸因於弟子的誤解，但這果真是正確的解釋嗎？筆者深感懷疑。㊾正如本章所闡明的，真諦甚至對偽經《仁王般若經》進行解說，而且，作為地前的修行階位，考慮到真諦甚至使用了十信、十解、十行、十迴向這一中國佛教教理學特有的用語時，將所有這些現象都視為弟子的誤解來處理反而缺乏說服力。姑且不論是否積極承認，但如果認為是真諦本人或其譯經團隊作為集體的共識，允許使用中國特有的元素進行解說，則更容易理解這些現象。

（二）在漢譯中應該屬於夾注的內容被寫入正文的例子

在作為真諦「譯」被傳承下來的某些文獻中，本應屬於嚴格意義上的純粹翻譯文獻，卻有時將應該屬於夾注（割注）的內容寫入正文。以下是其中幾個實例。

首先，《顯識論》中的一個例子如下：

> 第三用識者，六種眼識界等，即是六識《大論》名為正受識。（《大正藏》冊三

十一，頁八七九上）

> 第三用識，是以眼識界為首的六種，就是六識。在《大論》中稱之為正受識。

在中國佛教中，一般說到《大論》時通常指的是《大智度論》，但在這裡並非如此，這裡的《大論》指的是《攝大乘論》。這可從《顯識論》的前後文脈輕易推斷出來。有趣的是，「用識」和「正受識」在梵語中是同一個詞，aupabhogikaṃ vijñānaṃ 或者 upabhogavijñānam。[50] 用識和正受識的翻譯區分在漢語中是有意義的，但在梵語等印度語中是同語反覆，沒有文脈上的意義。也就是說，這是一種依賴漢語的表達方式。因此，上述段落中，加著重號的七個字，原本可能不存在於印度語的原文中。在《顯識論》中，還可以指出與此類似的例子。[51]

《婆藪槃豆法師傳》（也簡稱《婆藪槃豆傳》）中也有類似的例子。眾所周知，該文獻也作為真諦「譯」而流傳，但是，例如以下一段，如果不假設為某種非翻譯要素，是無法閱讀的：

> 此土有國師婆羅門姓憍尸迦。有三子同名婆藪槃豆。婆藪譯為天，槃豆譯為親。天竺立兒名，有此體。雖同一名，復立別名，以顯之。第三子婆藪槃豆，於薩婆多部出

家，得阿羅漢果。別名比隣持跋娑〔1〕。比隣持是其母名。跋娑〔2〕譯為子，亦曰兒。此名通人畜，如牛子亦名跋娑，但此土呼牛子為犢〔3〕。（《大正藏》冊五十，頁一八八中）

〔1〕「娑」。原本為「婆」，以意改之。

〔2〕「跋娑」。麗本作「紱婆」，宋元明三本作「跋婆」，以意改之。

〔3〕緊接其後之處，《大正藏》（《縮藏》也同樣）句讀為「……為犢長子。婆藪槃豆是菩薩根性人」，誤。正確的句讀應該是「……為犢。長子婆藪槃豆是菩薩根性人」。

在這片土地上，有一位姓憍尸迦的婆羅門，他的三個兒子都名為婆藪槃豆。婆藪是「天」（神）的意思，槃豆是「親」（一族）的意思。在印度，給孩子起名字的時候會採取這樣的方法。雖然名字都是相同的，但還會再加上別的名字來表示〔各人的不同〕。第三子婆藪槃豆在說一切有部出家，得阿羅漢果。他又名比鄰持跋娑（*Viriñcivatsa？）。比鄰持是母親的名字。跋娑（vatsa）是「子」的意思，也叫「兒」。這個名字（vatsa）既用於人類也用於家畜。比如牛之子也名為跋娑（vatsa），只是在這個地方（中國）牛之子叫作「犢」。

以上這段是解說婆藪槃豆這個名字[52]，不過，關於著重號部分，我們更自然地認為它們是在編纂這份漢文文獻時添加的資訊，而非假設它們存在於應翻譯的原典中。

接下來同樣是《婆藪槃豆法師傳》中的一節：

> 佛滅度後五百年中，有阿羅漢名迦旃延子。**母姓迦旃延，從母為名**。先於薩婆多部出家。本是天竺人，後往罽賓國。**罽賓在天竺之西北**。與五百阿羅漢及五百菩薩，共撰集薩婆多部阿毘達磨，製為《八伽蘭他》，**即此間云《八犍〔1〕度》**。（《大正藏》冊五十，頁一八九上）
>
> 〔1〕「犍」，從宋元明三本，麗本作「乾」。

> 在佛滅度後的第五百年內（在佛滅後五世紀末之前），有一位叫迦旃延子 (Kātyāyanīputra) 的阿羅漢，**母親的姓是迦旃延，跟從母親被命名**（為迦旃延的兒子）。首先在說一切有部出家。原來是天竺人，後來去了罽賓——罽賓位於天竺西北，與五百名羅漢及五百名菩薩一起編輯說一切有部的阿毘達磨，製作了《八伽蘭他》(*Astagrantha*)——**在此地被稱為《八犍度論》**。

在這裡，我們也無法將著重號的部分視為印度語原典的逐字翻譯。作為翻譯傳承下來的文獻中，在上述兩處使用「此土」或「此間」這樣的語詞來解釋其在中國的意思，這是漢譯中加以潤色的元素。

高楠順次郎已指出《婆藪槃豆法師傳》不可能是純粹的翻譯，其中反映真諦口述內容的濃厚色彩了，筆者也大致同意。然而，高楠所依據的以下跋文，因為高楠的解釋有誤，所以筆者希望在此釐清：

前來訖此，記天親等兄弟。此後記三藏闍梨從臺城出入東至廣州，重譯大乘諸論并遷化後事，傳於後代。（《大正藏》冊五十，頁一九一上）

到這裡為止，記錄了婆藪槃豆（三）兄弟的事情。此後，記錄三藏闍梨（真諦）從建康的宮城出發前往東部，（其後）到達廣州，重譯大乘諸論以及逝世後的事情，並傳達給後代。

對於以上的引文，高楠的英譯㊼將「臺城」（不過高楠表記為「台城」）視為"the capital of Tai-chou"，即台州（浙江省）的都城，這是錯誤的。正確地理解應該是指建康的內城，即天子居住的臺城（宮城）（朱偰，一九三六，一〇八—一一六頁）。

另外，撰寫末尾夾注的人是誰呢？現在還無法解答，留待作為今後的課題。筆者假設這篇跋文不是後代添加，而是從此文獻成立之初就存在的。㊽無論如何，如果現在以

《婆藪槃豆法師傳》之名流傳的文獻，在其失傳的後半部分記載了真諦三藏本人到達中國後的事蹟，那麼顯然不能將這樣的作品稱為「譯」。

關於這篇跋文，宇井伯壽有如下記述：「如果仔細閱讀現存的版本，應該認為正文和註記是相互混合存在的，因此如果熟讀的話，大概可以區分兩者。如果作這樣區分並進行概觀的話，可以推定正文的部分會表現出怎樣的翻譯，而且三藏附加了註解的句子。但是，根據正文最後的夾註可以知道原來其中有添加三藏的傳。」（宇井，一九三〇b，一〇〇頁。著重點為筆者所加）

宇井所述如上，但是，「正文」果真是「譯文」嗎？筆者感到非常懷疑。以上所見的跋文可以作為《婆藪槃豆法師傳》是翻譯的明證嗎？筆者認為恰恰相反。筆者認為這不是翻譯，而是真諦的口述，正因為如此，才有與真諦傳記連接的可能。這樣的觀點更為合理。

原本漢譯佛典中稱為「傳」的著作是否真的是翻譯，這是極其可疑的（參考船山，二〇一〇b，二七三頁；二〇〇七d，八頁；二〇一三a，一六六—一六九頁）。當然，也有像《阿育王傳》那樣可以設想某種程度對應的梵語文獻 *Aśoka-avadāna*。另外，也有讚美某個特定人物事蹟的內容作為讚（stotra）用韻文著作的例子。不過，傳說為鳩摩羅什所譯的《龍樹菩薩傳》、《提婆菩薩傳》、《馬鳴菩薩傳》和當前討論的《婆藪槃豆法師傳》是如何呢？這四部傳記大體上都是以散文體從該人物的出身說起，基本上按照時序講述從幼年到逝世為止的生平。其形式與中國傳統的「傳」以及基於此的僧傳非常相似。管見所及，無法舉出以梵語散文體撰寫的類似作品。更進一步說，已經有學者論證，被認為是北魏的吉迦夜和曇曜所譯的《付法藏因緣傳》不可能是翻譯作品，而是使用《十誦律》、《大智度論》等文獻材料在中國編輯而成的文獻。以《婆藪槃豆法師傳》為首的四部傳記不具備佛教傳記文學的特質，另外，僅提及譯者名，而沒有明確指出印度作者，這一點也應該一併考慮。綜上所述，雖然作為《婆藪槃豆法師傳》素材的逸聞等當然可以追溯到印度，但其傳記形式在印度文獻中沒有明確的對應著作。筆者暫且認為，這些起源於印度的逸聞，是中國弟子將真諦的口述書寫下來的。

六、真諦佚文的意義

透過第四節和第五節，我們已經看到了真諦自己的經典解說方法的基本特徵。簡而言之，真諦一方面具有印度佛教教理學的正統知識，另一方面，充分理解自己的弟子和聽眾已經熟悉中國佛教傳統，因此能夠向他們傳授印度的資訊，明確指出印度和中國的差異。真諦並未排斥它們，有時甚至還積極地使用在印度不存在的，在中國成立的經典或者其中所展開的學說和術語。換句話說，真諦的學說中既包含了其他文獻中找不到的珍貴印度資訊，也有混合印度文化和中國文化的特點。正因如此，即使真諦的著作已經失傳，其觀點仍然被片段地引用和延續著。

簡要言之，後代的學僧在引用真諦的觀點時，有兩種情況：一是為了支持自己的主張而肯定地引用真諦說，另一種則是為了反駁與自己觀點相左的真諦說而引用真諦的論述。後者在以窺基為首的玄奘門下尤為明顯。當時，玄奘系的門人經常批判真諦的說法似是而非，以說明其師的學說才是印度正統教義的真正代表。在這種情況下，真諦的觀點經常被批評是與印度正統觀念有所背離，具有文化混淆的性質。

我們應該如何理解印度人真諦甚至對中國的偽經進行了解說？高崎直道提出了以下值得參考的可能解釋，他認為《涅槃經本有今無偈論》反映了真諦自己的觀點，而且此經的偈頌在當時的印度可能不為人知：

> 一個可以想到解釋的是，在講解《俱舍論》時，真諦的弟子們，舉出與三世論有關聯而且他們所熟知的《涅槃經》中的這個偈頌，從而仰仗真諦三藏的教誨。這樣的情境設定好像也適用於其他幾部翻譯著作中。（高崎，一九七九／二〇〇九，四七一頁）

應該可以這樣理解。高崎從與《涅槃經本有今無偈論》的關連中提出了以上的推測，但同樣的道理也適用於真諦撰《仁王般若疏》。另外，第四節（七）中看到的「三十心」的說法也是如此。

真諦在印度之時，不可能知道在中國成立的經典的文句和教理學的術語所對應的梵語。然而，他對這些非印度元素並未全盤否定，而是加以評論。這到底意味著什麼呢？雖然無法確切指出原因，但可以認為有如下的可能性：真諦在弟子的請求下，向漢人聽眾進行一種對機說法，並非徹底否定已經在中國確立的經典和教理，而是希望利用這些來引導他人，弘揚佛法。如果要補充關於真諦解說方式成立的新視角，應該注意以下兩點。

第一，印度僧人按照中國的方式解說經典的方法，並不僅見於真諦。例如，我們先前看到了關於意味著初地的「歡喜」一詞，儘管它作為印度語是一個詞，無法分解，但真諦卻分解為「歡」和「喜」進行解說。與此類似的傾向，在後秦鳩摩羅什所譯的《大智度論》的一節中也能看到。㊺眾所周知，《大智度論》的作者到底是不是「龍樹」？還存在著不同的意見，甚至有可能是鳩摩羅什本人的解說。另外，從北齊到隋朝時期活躍的名為「長耳三藏」的印度三藏法師（可以推定與那連提黎耶舍（Narendrayaśas）為同一人）的經典解釋法，也同樣將經典開頭的定型句「如是我聞」中出現的「如是」（evam，這樣）拆分為「如」和「是」，這可以在多種文獻中確認。㊻當然，將印度語中作為單個詞的「如是」分解成「如」和「是」來解說的周密方法在漢人的注釋中可以看到，但是印度人做同樣的事情則值得特別注意，我們還可以舉出其他類似的例子。57 從以上例子可知，印度僧人違背本國傳統方式，適應中國人理解的例子並不僅限於真諦。

第二，我們也應該特別注意，真諦解說的注釋實際上不是由真諦本人所著。關於這一點有兩份有趣的資料。一是《大乘唯識論》後記中的如下一段。

> 此論外國本有義疏，翻得兩卷。三藏法師更釋本文，慧愷注記，又得兩卷。（《大正藏》冊三十一，頁七十三下）
>
> （《大乘唯識論》的）本論在印度有注釋，翻譯此論得到兩卷。三藏法師進一步解釋了本論的正文，由我慧愷注記，又得到兩卷。

此處記載著慧愷「注記」了相當於真諦疏的內容。也就是說，這裡的「注記」意指慧愷記錄了真諦口頭解說的語句。慧愷不是作者，而是記錄者。

在《律二十二明了論》末尾所附的慧愷的後記中，也能看到與此「注記」幾乎相同的用語慣例：

翻論本得一卷，註記解釋得五卷。（《大正藏》冊二十四，頁六七二下）

翻譯《〔明了〕論》正文得到一卷，注記〔真諦三藏的〕解釋得到五卷。

在此敘述慧愷對《明了疏》五卷的內容作了「註記」。無庸贅言，「註」和「注」是一樣的。如果結合之前的「慧愷注記」，那麼所謂的「注記解釋」並不是真諦注記並解釋的意思，而是慧愷註記（＝注記）真諦的解釋。

無庸贅言，就翻譯正文的情況來說，其筆記者標記為「筆受」，不會標記為「注記」。考慮到這一點，以上兩例中使用「注記」這個詞是什麼意思。如果慧愷逐字抄寫真諦所說的事情，「注記」這個標記就不自然了。在此，我們可以推測慧愷根據自己的理解做出一些選擇和判斷，並用自己的語言寫成文章的可能性。換一種說法，真諦是向弟子口述自己記憶中的事情，而不是準備原稿邊看邊講。以印度語書寫的真諦疏之類的並不存在。這意味著慧愷「注記」的真諦釋成立的最初過程中，真諦說已經通過中國聽眾的視角被記錄下來。當然，記錄真諦說的並非都是慧愷。不過，至少可以確定作成上述兩個「注記」的是慧愷。

關於真諦最重要的文獻《攝大乘論》也有值得關注的記載。該文獻有慧愷序，可惜慧愷序只記載在漢譯時由慧愷筆受，僧忍等同學僧人輔助，有關真諦撰《攝大乘論義疏》的成立情況，只寫明為「本論三卷，釋論十二卷，義疏八卷，合二十三卷」（《大正藏》冊三十一，頁一五三中），而沒有詳細的紀錄顯示出《攝大乘論義疏》是如何製作的。另一方面，《續高僧傳》卷一的正傳包含了以下有趣的資訊：

〈依心勝相〉後疏，並是僧宗所陳。躬對本師，重為釋旨。增減或異，大義無虧。（《大正藏》冊五十，頁四三〇中。又，有的版本將「心」寫為「止」，但是，「心」是正確的）

〈依心勝相品〉之後的義疏都是僧宗所作，但這是親自面對本師（真諦），反覆向他解說宗旨，所以即使分量不同，整體意義也無缺欠。

這裡的「疏」是真諦的注釋《攝大乘論義疏》。〈依心勝相品〉是〈依心學勝相品〉的「學」字脫落的表述。《攝大乘論》有〈依止勝相品〉、〈應知勝相品〉、〈應知入勝相品〉、〈入因果勝相品〉、〈入因果修差別勝相品〉、〈依戒學勝相品〉、〈依心學勝相品〉、〈依慧學勝相品〉、〈學果寂滅勝相品〉、〈智差別勝相品〉等章節，由此可知弟子僧宗補充了最後的三分之一弱。《攝大乘論義疏》至少有一部分，即使在內容上是基於真諦說，但如果從文獻的成立狀況來看，可以推斷這部分最初是由真諦的弟子所撰寫的。

其他真諦註疏的情況是怎麼樣的呢？法虔〈金剛般若經後記〉的記載依然呈現出以下一般性的表述風格：

即於壬午年五月一日，重翻天竺定文，依婆藪論釋。法師善解方言，無勞度語。矚彼玄文，宣此奧說。對偕宗法師、法虔等，並共筆受。至九月二十五日，文義都竟。經本一卷，文義十卷。（《大正藏》冊八，頁七六六下）

於是，在壬午年（五六二）的五月一日，〔承接鳩摩羅什的舊譯〕又翻譯一部印度語的文本，定下譯文，根據婆藪（世親）之論進行注釋。由於法師對當地的語言（漢語）有了很好的理解，所以不用勞煩通譯，〔手持原典寫本〕看了彼〔印度語的〕深邃的文句，闡述此〔中國語言〕深刻的意義，偕宗法師和〔我〕法虔等人一起筆受，直到九月二十五日注釋全部完成，得到經文一卷，注釋十卷。

此處，「文義」即《金剛般若疏》，也與經的譯文一起被記述為「筆受」，表現出真諦的口述內容和筆記紀錄完全一致。除此之外，《俱舍論》中也有序，但其中關於真諦的疏只記載卷數，並沒有成立狀況的具體記述。因此，雖然無法做出更確切的判斷，但可以合理推測，在真諦留下的著作中，除了《明了疏》、《大乘唯識論注釋》以及《攝大乘論義疏》的最後四章以外，其他著作或多或少也可能有相似的狀況。

順便一提，在以上介紹的〈金剛般若經後記〉中，記載了真諦不需要通譯。還有其他材料也記錄了同樣的情況。例如，慧愷的〈攝大乘論序〉有「法師……善識方言」（《大正藏》冊三十一，頁一一三上）。此外，慧愷〈阿毘達磨俱釋論序〉中這麼說：

法師遊方既久，精解此土音義，凡所翻譯，不須度語。（《大正藏》冊二十九，頁一六一中）

由於法師遊歷各地很長時間，所以他對這片土地（中國）的文字發音和意思有了詳細的理解，無論翻譯什麼文本都不需要通譯。

但是，弟子們讚美老師的言辭和實際情況並不一定相同。真諦初次來到廣州時已經四十八歲了，這一點也應該一併考慮在內。另外，即使真諦在對話中不需要通譯，但是在深奧難解的唯識教理學的情況下，他能否像漢人一樣流利地掌握古典漢語，而且自己寫下文章用語，當然甚為可疑。倒不如說，漢人弟子們聽聞在某種程度上意思可以理解，但表達方式卻相當不流暢的真諦所說的教法，並將其改為容易閱讀的表達，在內容上也進行了某種程度的修改，從而作成了所謂的真諦注釋，這樣的可能性應該很大。

那麼，若問在以上提到的《明了論》、《大乘唯識論》、《攝大乘論》中，與真諦疏的成立最密切相關的人物是誰，當然是慧愷。有趣的是，有紀錄顯示他也是真諦注釋的抄寫者之一。根據《續高僧傳》卷十三的道岳傳，道岳（五六八—六三六）十五歲出家後，學習了《成實論》、《雜心論》，並開始學習真諦的《攝大乘論》，但當時長安卻沒有真諦翻譯的《俱舍論》的注釋，他深感遺憾，認為沒有注釋就不能理解本論，於是給予遠赴嶺南的商人金錢，讓他們尋找真諦疏。結果，道岳終於成功取得了廣州顯明寺的真諦《俱舍疏本》和《十八部論記》的寫本。關於這些寫本，道岳傳說：「并是凱師（＝慧愷）筆迹。（慧愷）親承真諦口傳，顯明即凱公所住寺也。」並記錄得到抄本的道岳欣喜若狂（《大正藏》冊五十，頁五二七中二十六行—下三行）。由此可知真諦《俱舍論疏》和《十八部論記》（可能是《部執疏》）由慧愷抄寫，並保存在他居住的顯明寺。總之，《明了論疏》、《大乘唯識論注記》、《攝大乘論義疏》、《俱舍論疏》、《十八部論記》等構成真諦說基礎的著作，都在某種意義上掌握在慧愷手中。

慧愷的寫本從廣州傳到長安一事本身就很有意思，道岳傳也指出，關於真諦的兩種注釋，出現了更複雜的情況。據記載，武德二年（六一九），道岳因自己所得的真諦《俱舍論疏》篇幅過於繁多，難以研究，為了不損害文意，他編纂了省略三分之二篇幅的略本，共計二十二卷。另外，雖然沒有詳細記載，但道岳似乎也對《十八部論記》進行了類似的簡化（《大正藏》冊五十，頁五二八上五—十行）。關於道岳編輯的二十二卷本，《新唐書》卷五十九的〈藝文志三〉也有「道岳《三藏本疏》二十二卷『姓孟氏，河陽人，貞觀中』」的紀錄。如本文第二節（一）所述，根據《歷代三寶紀》卷九，真諦《俱舍論疏》為六十卷，若根據慧愷〈阿毘達磨俱舍釋論序〉，真諦《俱舍論疏》為五十三卷。道岳將其編纂成二十二卷的簡略版本。我們現在可以看到的真諦《俱舍論疏》的佚文出自於玄奘門下的普光（大乘光，年代不詳）《俱舍論記》等的引用，但無法證明這是真諦原疏的確切引用。同時，也無法斷言道岳在編纂簡略本的過程中，是否完全未混入他的語言和思想。這種情況很可能也適用於《十八部論記》。考慮到在道岳以前，長安並未流傳真諦《俱舍論疏》，我們現在所見的佚文，究竟是直接引用自真諦原疏，還是來自道岳的簡略版本呢？我們只能做出各種猜測。

小結

在本章中，通過後代的引用片段等，我們探討了記錄真諦教說的他本人的著作片段的特徵。結果顯示，真諦在解說經典時，有時會揭示一個詞語具有多重意義；在解釋專有名詞時顯示出其具有特徵性的語義解釋；會涉及印度和中國文化或現象的比較評論；時而對印度各部派對於同一論題的見解進行列舉和比較；在例證中使用中國人名；不排斥不存在於印度，而在中國成立的經典，反而可以看出積極使用的跡象；同樣也大量使用了中國佛教特有的教義和術語。此外，本文還指出，即使在翻譯文獻中，有時會將梵語的一個詞翻譯成兩個漢字，並添加不同的解釋以說明兩個漢字之間的差異；有時會將嚴格意義上應屬於純粹翻譯文獻中夾注的內容，寫入正文的情況等。這些都是翻譯文獻中不尋常的要素。另外，我們還指出真諦可能屬於正量部（Saṃmitīya），並嘗試對他與經部（經量部 Sautrāntika）的關聯進行一些考察。

第四節和第五節所得到的結論，基本上是從真諦著作的內容角度來看，這些內容反映了真諦作為發言者的特徵。同樣地，也可以從聽聞真諦注釋並做筆記的弟子的角度來界定，第六節關注慧愷的角色所推導出的內容，基本上是從聽眾的角度來看真諦教說的特徵。

既然梵語所寫成的真諦教說已經失傳，如果撇開使用漢語書寫真諦教說的漢人弟子的視角，原則上是不可能抽取出真諦教說的「原始形式」的。從佚文中所見的內容是真諦的教說，還是弟子的解釋或誤解呢？對此事進行刨根問底是沒有意義的。真諦作為印度人的教說被漢人弟子筆記下來，這對我們來說是既定的事實和出發點。這些是否就是真諦教說本身？這樣的問題不太有建設性。我們無法越過慧愷等人對真諦教說的理解，去趨近真諦教說的原始形式。我們能做的是從諸多的引用片段中確定哪些是本來的形態，或者最接近本來的形態，以及追溯這些引用在幾個世紀間如何演變。在這一點上，真諦著作的佚文，是他同時代及後代人們所認定的真諦教說並傳承下來的言說的集成，嚴格來說並不是真諦所說的內容本身。真諦的佚文應該被看作是真諦和他的弟子們共同創作的結果。某種意義上，真諦的注釋從成立之初就已經「中國化」了。

（附）聖語藏本〈金光明經序〉錄文

《金光明經》序

釋僧隱別譯

曇無讖法師云〔1〕：《金光明經》，篇品闕漏。每尋文*揣義，謂此說有徵，而讎檢〔2〕無指，永懷寤寐〔3〕。梁*武皇帝〔4〕愍三趣之輪迴，悼四生之漂被〔5〕，泛寶*舟以救溺，秉慧炬〔6〕以照迷。大同中，扶南獻使*還反外國，勅直後苴破虜監張記等，隨往扶*南，求請名僧及大乘諸論《雜華》等經〔7〕。彼國乃*屈西天竺優禪尼國三藏法師波羅末他〔8〕，梁*云真諦，並齎經論，恭膺帝旨。法師遊歷諸*國，故在扶南，風神爽悟，悠然自遠，羣藏淵部，*罔〔9〕不研究。太清元年，始入京邑，引見殿內。*武帝躬申頂禮，於寶雲供養，欲翻經論。寇羯*憑陵，大法斯舛〔10〕，國難夷謐。僧隱始得諮捸法*師〔11〕，經目果闕〈三身分別〉、〈業障滅〉、〈陀羅尼最淨*地[12]〉、〈依空滿願〉等四品。宿昔懞惑，煥若披雲，傾*身半偈，幸聞先旨，折骨書寫，踊躍甘心。以承*聖二年二月廿五日，於建[13]康縣長凡里楊雄*宅別閣道場，仰請翻文。以三月廿日，乃得究*訖。法師在都稍久，言說略通。沙門慧寶洞解*殊語，傳度明了[14]，曾無擁礙。菩薩戒弟子蘭陵*蕭碏字純[15]臣，脫略榮利，深念火宅，緝[16]句詮旨，*詳審無遺。依所翻經本次第，以為七卷，品部*究足，始自于斯。文號經王，義稱深妙。願言幽*顯，頂戴受[17]持。*（宮內廳正倉院事務所（編）《聖語藏經卷カラーデジタル版》第三期，第Ⅳ類，景雲二年御願經，一五三一號，東京：丸善株式会社，二〇一〇年）

「*」依聖語藏本換行

〔1〕「云」本文：「稱」參考1、參考2、參考3。
〔2〕「檢」本文：「校」參考1、參考2、參考3。
〔3〕「寤寐」本文、參考1、參考2：「寐寤」參考3。
〔4〕「武皇帝」本文、小野玄妙（一九二九）：「武帝」＝椤生（一九三四）。
〔5〕「被」本文、小野玄妙（一九二九）：「波」＝椤生（一九三四）：「沒」參考2、參考3。

〔6〕「炬」本文：「炬」小野玄妙（一九二九）、二楞生（一九三四）、參考2、參考3。

〔7〕「大同中，扶南獻使還反外國，勅直後苴破虜監張記等，隨往扶南，求請名僧及大乘諸論《雜華》等經。」本文：「大同年中，勅遣直後張記等送扶南，獻使反國，仍請名僧及大乘諸論《雜華經》等。」參考2：「大同年中，勅遣直後張汜等送扶南，獻使反國，仍請名僧及大乘諸論《雜華經》等。」參考3。

〔8〕「末他」本文：「末他」小野玄妙（一九二九）、二楞生（一九三四）：「末陀」參考2、參考3。

〔9〕「冏」本文、小野玄妙（一九二九）、參考2、參考3：「圖」二楞生（一九三四）。

〔10〕「舛」本文、參考2、參考3：「並」小野玄妙（一九二九）：「（不明一字）」二楞生（一九三四）。

〔11〕「諮揀法師」本文：「諮稟法師譯經」參考2、參考3。

〔12〕「〈三身分別〉、〈業障滅〉、〈陀羅尼最淨地〉」本文：「三身分別、業障滅陀羅尼、最淨地」小野玄妙（一九二九）：「三身分別、業障滅陀羅尼、最淨地」、二楞生（一九三四）。

〔13〕「康」本文、小野玄妙（一九二九）、參考2、參考3：「連」二楞生（一九三四）。
〔14〕「了」本文、二楞生（一九三四）：「事」小野玄妙（一九二九）。
〔15〕「純」本文、二楞生（一九三四）：「能」小野玄妙（一九二九）。
〔16〕「緝」本文、小野玄妙（一九二九）：「絹」二楞生（一九三四）。
〔17〕「受」本文：「護」參考2、參考3。

【參考1】隋代彥琮〈合部金光明經序〉（摘錄）

……而《金光明》見有三本：初在涼世，有曇無讖譯為四卷，止十八品；其次周世，闍那崛多譯為五卷，成二十品；後逮梁世，真諦三藏於建康譯〈三身分別〉、〈業障滅〉、〈陀羅尼最淨地〉、〈依空滿願〉等四品，足前出沒，為二十二品。其〈序〉果云：「曇無讖法師稱《金光明經》，篇品闕漏。每尋文揣義，謂此說有徵，而讎校無指，永懷寤寐。」寶貴每歎：此經祕奧，後分云何。竟無〈囑累〉，舊雖三譯，本疑未周。長想梵文，願言逢遇……。（《大正藏》冊十六，頁三五九中）

【參考2】隋代費長房《歷代三寶紀》卷十二

又真諦譯復為七卷。其〈序〉果云：「曇無讖法師稱《金光明經》，篇品闕漏。每尋文揣義，謂此說有徵，而讎校無指，永懷寤寐。梁武皇帝愍三趣之輪迴，悼四生之漂沒，汎寶舟以救溺，秉慧炬以照迷。大同年中，勅遣直後張記等送扶南，獻使反國，仍請名僧及大乘諸論《雜華經》等。彼國乃屈西天竺優禪尼國三藏法師波羅末陀。梁言真諦。并齎經論，恭膺帝旨。法師遊歷諸國，故在扶南。風神爽悟，悠然自遠。群藏淵部，罔不研究。太清元年始至京邑引見殿內，武皇躬申頂禮，於寶雲供養，欲翻經論。寇羯憑陵，大法斯舛，國難夷謐。沙門僧隱始得諮稟法師譯經，經目果闕〈三身分別〉、〈業障滅〉、〈陀羅尼最淨地〉、〈依空滿願〉等四品全別，成為七卷。今新來經二百六十部內，其間復有〈銀主陀羅尼品〉及〈囑累品〉，更請崛多三藏出，沙門彥琮重覆校勘。故貴今分為八卷。品部究足，始自乎斯。文號經王，義稱深妙。願言幽顯，頂戴護持。」（《大正藏》冊四十九，頁一〇五下—一〇六上）

【參考3】唐代道宣《大唐內典錄》卷五

又真諦譯復為七卷。其〈序〉果云：「曇無讖法師稱《金光明經》，篇品闕漏。每尋文揣義，謂此說有徵，而讎校無指，永懷寐寤。梁武皇帝愍三趣之輪迴，悼四生之漂沒，汎寶舟以救溺，秉慧炬以照迷。大同年中，勅遣直後張汜等送扶南，獻使反國，仍請名僧及大乘諸論《雜華經》等。彼國乃屈西天竺優禪尼國三藏法師波羅末陀，梁言真諦，并齎經論，恭膺帝旨。法師游歷諸國，故在扶南。風神爽悟，悠然自遠。群藏淵部，罔不研究。太清元年，始至京邑，引見殿內，武帝躬申頂禮，於寶雲殿供養，欲翻經論。寇羯憑陵，大法斯舛，國難夷謐。沙門僧隱始得諮稟法師譯經，經目果闕〈三身分別〉、〈業障滅〉、〈陀羅尼最淨地〉、〈依空滿願〉等四品全別，成為七卷。今新來經二百六十部內，其間復有〈銀主陀羅尼品〉及〈囑累品〉，更請崛多三藏出，沙門彥琮重覆挍勘。故貴今合分為八卷。品部究足，始自乎斯。文號經王，義稱深妙。願言幽顯，頂戴護持。」

（《大正藏》冊五十五，頁二七八中）

補記

根據本章第五節（一）「梵語一詞譯成兩個漢字，分別給予不同的解釋」中論述的內容，筆者進一步擴展視角，從而出版了船山（二〇一七b）。其中，探討了將「真如」拆分為「真」和「如」，將「如如」拆分為「如」和「如」等基於古典漢語的佛教術語解釋。希望讀者可以參考這些具有相關性及延伸性的討論。

（二〇一八年五月十四日）

注釋

❶ 討論作為翻譯文獻的真諦翻譯特色的主要先行研究有高崎（一九七九／二〇〇九）、岡田行弘（二〇〇二）。大部分真諦譯的作品在現存大藏經中被標明為真諦譯，但也有例外，其中有未記載為真諦翻譯的著作，而應該被推定為真諦譯的情況。其中一例為收錄在金剛寺一切經中的《四諦經》（今西，二〇〇六）。相反，在大藏經中也有被認為是真諦譯，卻難以認定是真諦翻譯的，其代表是《大乘起信論》。本章認為《大乘起信論》與真諦的活動無直接相關，因此將不會提及《大乘起信論》。

❷ 關於真諦的教理學特徵的先行研究為數眾多。主要有宇井（一九三〇bcde）、勝又（一九六一，第二部第三篇第二章「真諦三藏の識說」以及第三章「真諦三藏の訳書と無相論」）、高崎（一九八一／二〇〇九）、岩田（二〇〇四）等。

❸ 大致與宇井同時，戴密微（Demiéville 1931/73）發表了關於《大乘起信論》的論文，也對真諦進行了概述。雖然年代相近，但宇井和戴密微沒有參考彼此的著作。

❹ 蘇公望（一九三六—三七）（一九三七—四〇）。這些文章稍後即被蘇公望（一九四〇）彙編成一冊。另外，「公望」是蘇晉仁（一九一五—二〇〇二）的字。開始執筆〈真諦三藏譯述考〉的時候，他剛過二十歲不久。

❺此後記的作者雖然沒有被明確記載，但鑑於以下情況，可以認為是法虔。即在後記中，記載了壬午（五六二）年的九月二十五日「譯經一卷」和「文義十卷」（文義指真諦疏）完成的時候，作為筆受之一的法虔造了百部進行流通。擔任筆受的人物提到了「偕宗法師、法虔」之名，偕宗被賦予了「法師」的稱號，但法虔卻沒有。後記全體以「普願眾生，因此正說，速至涅槃，常流應化」的願文結束。以上是對於此後記的作者是法虔的推斷。關於後記的內容，請比較參考宇井（一九三〇b，二十六—二十七頁）。另外，矢吹（一九三三，七十八頁）和許明（二〇〇二，一七二頁）也認為此後記的作者是法虔，但均未敘述他們對作者的推定理由。

❻第一，關於序的聖語藏本，請參考小野勝年（一九八八）。第二，房山的同序收錄於《房山石經（隋唐刻經）2》（二〇〇〇，二〇九頁），而且，《中華大藏經》（冊八，一〇九頁）也載錄了基於後者的圖像，但這是《中華大藏經》編纂時新的現代書寫，其中也有誤寫，沒有資料的價值。第三，作為敦煌寫本，有伯希和帶來的敦煌寫本三四七一號。關於字句的異同，就該經序而言，房山版和伯希和版往往是一致的，也比聖語藏版更好閱讀。

❼二楞學人（一九二六）、小野玄妙（一九二九）、二楞生（一九三四）。這三篇論文都是同一位作者所寫。三篇論文包含了部分照片和整篇序文的錄文，因此可以大致了解其內容。特別是二楞生的〈大藏文庫古逸善本目録（一）〉指出在〈壽量品〉的某部分中出現了增廣的情況，並載錄了那個地方的錄文，這一點很珍貴。但是，需要注意的是，三篇論文中所揭載的錄文在字詞上各有微妙的

不同。現在，聖語藏的 CD 和 DVD 由丸善發售，使得可以參考序文的圖像，這是研究環境的革新性變化。本章正文末尾附有該序文的原文，敬請參照。

8. 關於從扶南佛教史看真諦地位的先行研究，請參考靜谷（一九四二，特別是二十四頁）。根據靜谷的說法，真諦停留扶南期間，當時的扶南王是對佛教抱有好感的留陀跋摩（Rudravarman，約五一四—五〇左右）。

9. 優禪尼是古代阿般提國（Avanti）的首都，位於現今的中央邦（Madhya Pradesh）的烏賈因（Ujjain）。順便一提，「優禪尼國」的地域劃分，在與真諦同時代的漢語史料的真諦傳中，被歸為「西天竺」，但在月婆首那傳中，被歸為「中天竺」（《續高僧傳》卷一，《大正藏》冊五十，頁四三〇中。聖護藏〈勝天般若經序〉），印度內的地域劃分並不固定。

10. Demiéville（1929: 16）標記為 Bharadvāja。這也是可能的，但在本章中，因為「頗羅墮的子孫」的意義，而設想為將最初的母音加長的 Bhāradvāja。宇井（一九三〇 b，九頁）認為「頗羅墮確實是 Bhārata 的音譯」，宇井這一說法是錯誤的。作為表明頗羅墮是 Bharadvāja / Bhāradvāja 音譯的例子，可以舉出「賓頭盧頗羅墮」（Piṇḍolabharadvāja）。

11. 作為從真諦接受菩薩戒的在家者，除了曹毘之外，還有在〈攝大乘論序〉中被提到的歐陽頠（《大正藏》冊三十一，頁一一二下）。另外，聖語藏所收的〈金光明經序〉中提及作為真諦菩薩戒弟子的蘭陵蕭碏，字為能臣。

⑫《大唐西域記》卷十一伐臘毘（《大正藏》冊五十一，頁九三六中—下；季羨林，一九八五，九一一—九一三頁），卷八摩揭陀國上的德慧菩薩伽藍（《大正藏》頁九一三下—九一四下；季羨林，一九八五，六五三—六五九頁）。關於德慧，也可以參考《成唯識論述記》卷一本（《大正藏》冊四十三，頁二三一下）》。

⑬關於佛陀多羅多（*Buddhatrāta，覺護），在該論文跋文中記載了他是獲得第三果的聖者（《大正藏》冊二十四，頁六七二下）。隋代吉藏《中觀論疏》卷八本：「明了論是覺護法師造，而依正量部義。」（《大正藏》冊四十二，頁一一九下）唐代大覺《四分律鈔批》卷二十三：「……是佛陀多羅法師之所造，此云覺護。法師第三果人也。」（《續藏》一．六十七．五．四六八裏下）

⑭例如佛馱跋陀羅翻譯了大乘經典《華嚴經》六十卷，但該經典與佛馱跋陀羅的關聯性其實並不緊密。根據《高僧傳》卷二的本傳，該經的梵本是由支法領從于闐帶來，但並未翻譯，所以佛馱跋陀羅只不過被請求參與翻譯（《大正藏》冊五十，頁三三五下）。像這樣翻譯者與該經典本來沒有關係的情況也時有出現。

⑮順便一提，並川（二〇一一，四十一頁）將真諦譯中的「正量部」的原語記載為Sāṃmatīya，這是錯誤的。

⑯關於 *Hastavāla-prakaraṇa* 及其真諦譯，請參考 Frauwallner (1959: 127, 129; 152-156) 以及長澤（一九七八，第二篇第三章第二節「漢訳二本対照チベット訳《手量論註》和譯」以及同第三節「《無相

思塵論》の形態論的検討」）。真諦所帶來的論書中有陳那的著作，陳那的相對年代被推定為約四八〇—五四〇年左右，從這一點來看，真諦或許將包含最新文獻的印度資訊帶來了中國。討論陳那和真諦的年代關係的先行研究，有服部（一九六一，八十四—八十五頁）。另外，在真諦譯的情況下，難以決定《解捲論》和《解拳論》中的哪一個是本來的題名，在標題的意義上也還留下疑問。筆者認為「解拳」是指張開握緊的拳頭。真諦同譯對應於義淨譯《掌中論》。梵語標題 *Hastavāla* 在現存的梵語文獻中無法被推定，而是基於西藏語翻譯的開頭所示的原題的音譯。vāla 的含義眾說紛紜，未能確定。

⑰ 在真諦說中無法確認提及陳那晚年的著作《集量論》（*Pramāṇasamuccaya*），也沒有提及之前的《因明正理門論》（*Nyāyamukha*）。更進一步說，依筆者淺見，真諦也沒有提到陳那創造的二量說（正確的認識手段只有知覺和推理兩種之說）的痕跡。僅從真諦的著作佚文中來看，無法證明真諦具備陳那邏輯學（推理論，例如因的三相說等）的知識。作為相關聯的內容，真諦解釋了三量說（陳那以前的舊說），其大意被介紹於圓測《解深密經疏》卷二（《續藏》一‧三十四‧四‧三三四裏下）中。但是，這畢竟只是大意，正如圓測對引用語附加夾注所述「依真諦《記》，十四、五紙，恐繁不述」。另外，在那裡表示知覺的詞語是「現量」（與玄奘的術語一致），而沒有使用相同意思的真諦特有的譯語「證量」（pratyakṣa），從這一點來看也有問題。有關真諦譯語「證量」，請參考 Funayama（2014: 40-41）。

⑱關於梁安郡，一直被認為是廣東省惠陽一帶的晉安郡的誤寫等，但根據章巽（一九八二／八六）、廖大珂（一九九七）、楊維中（二〇〇七，三五〇—三五三頁）等，可以知道梁安郡相當於現在的福建省南安市豐州。另外，在〈金剛般若經後記〉中提到的梁安郡的「建造伽藍」（圓測《解深密經疏》卷一提到的「建造寺」，見《續藏》一・三十四・四・二九九表下）可以推定為現在的南安的延福寺。

⑲在廣州，真諦受到歐陽頠（四九八—五六三）和歐陽紇（五三八—七〇）父子二代的庇護，在他們的經濟支持下進行譯經。關於歐陽氏與真諦的關係，請參考吉川（一九八九）（二〇〇〇／一〇〇）。相關的研究，有石田（一九七九）和楊維中（二〇〇七）。

⑳關於捨身及其意義、種類、與自殺的關係，請參考船山（二〇〇二a），關於自殺，請特別參考（二〇〇二a，三三一—三三六頁）。

㉑關於中國中世佛教中聖者的定義、具體事例、傳統的各種相狀，請參考船山（二〇〇五a）。

㉒如果將該清單計算為《正論釋義》往下的十三部，則第十三部為《婆藪槃豆傳》一卷，但該傳在《開元釋教錄》卷七（《大正藏》冊五十五，頁五四五下）中已經指出為翻譯著作，因此《婆藪槃豆傳》一卷除外，那麼第十三部為下一部《眾經通序》二卷，卷數總計也與一百八卷相合。

㉓不過，《俱舍論疏》的成立和唐初的流傳有更複雜的情況，具體記載於《續高僧傳》卷十三的道岳傳。關於此事，請參考本文第六節末尾。

㉔ 迄今為止的《金光明疏》的佚文研究，有佐藤哲英（一九六一，第四篇第三章第四節「真諦三藏の金光明経疏」）和林鳴宇（二〇〇三，第二篇第二章第二節「真諦の《金光明経疏》」）。

㉕ 《七事記》將經典開頭的定型句分為七項目，但將其分為多少項目，這一點無論是印度注釋還是中國注釋都沒有定論。也有把「我」、「聞」視為一個整體，作為六項目的注釋。在這種情況下，也將其稱為「六成就」。

㉖ 據橘川（二〇〇〇，七十三頁）所說，圓測著作中的《仁王經疏》是最晚年的作品。關於《無量義經疏》，請參考橘川（二〇〇八）。

㉗ 金剛經注釋的研究，請參考麥谷（二〇一一，二五〇—二五一頁）及其所引用的諸研究。校本有定源（二〇一〇）。

㉘ 吉藏的引用常常不是逐字的而是概括性的，這在回收佚文上是個問題。請參考本書第一篇第四章第三節「方法論上的備忘錄」。

㉙ 不過，「僧伽胝施沙」和「波胝提舍尼」中使用的「胝」（*ṭi），也許可以說是真諦譯的特徵。

㉚ 雖然正量部的這個術語一直沒有被關注，但有一個例外的研究，荻原（一九二八／三八，八五六頁、八六一頁）。此論文列舉了與波夜提相對應的各種詞形，並推定《明了論》所提及者其原語為 **prāyatnika**。但是，由於沒有特別討論該詞的特異性，所以至今沒有受到研究者的關注。批判性地討論此論文的平川（一九九四）也沒有提及《明了論》。

㉛ 同一說法在《俱舍論》第三章第八十七偈 cd 及其自注中也有規定。

㉜ 一丈是十尺。因此，在計算上，八〇〇丈＝八〇〇〇尺＝一〇〇〇弓＝一拘盧舍。

㉝ 一里是一八〇〇尺。因此，可以計算如下：一拘盧舍＝一〇〇〇弓＝八〇〇〇尺＝四．四四四……里。考慮阿練若（araṇya）中 raṇa 的三義，必須離開相當於 raṇa 的地方一拘盧舍以上（如果將正量部的計算換算成中國的度量衡的話，就是四．四四四……里以上）。順便一提，除了真諦說以外，還有漢語文獻認為一拘盧舍是五里。唐代道世《毘尼討要》卷一中引用的《耶舍傳》有「拘盧舍者，大牛鳴音也。其音聞於五里」（《續藏》一．七十．二．一一四裏上）。另外，北魏的吉迦夜共曇曜譯《雜寶藏經》一有「一拘屢者（秦言五里）」（《大正藏》冊四，頁四五二下）；不詳作者《四分律並論要用抄》上的夾注有「一拘盧舍者五里」（《大正藏》冊八十五，頁六九四下）。《耶舍傳》是那連提黎耶舍（Narendrayaśas）的傳記，請參考船山（二〇一四c）

㉞ 三種情況中，raṇa 可以表示噪音或喧囂（sound, noise）之意，這在一般的辭典中可以看到。另外，關於 raṇa 可以用於煩惱（kleśa）之意，請參考 Edgerton（1953: vol. 2, 64 s. v. "a-raṇa," 45 s. v. "raṇa,"）。意指無諍境地之三昧的 araṇā-samādhi，在真諦譯《俱舍論》譯為「無諍三摩提」。

㉟ 圓測《解深密經疏》卷一（《續藏》一．三十四．四．三一七裏上。也請比較參考三二四裏上所引的真諦之解釋（大概出自《解節經疏》）。雖然不是真諦的著作，但類似的解釋在天親造、真諦譯《攝大乘論釋》卷八（《大正藏》冊三十一，頁二〇六中）也存在。

㊱（參考）窺基《阿彌陀經疏》：「故真諦云：應名勿伽羅，此云愛胡豆。愛胡豆即菉豆也。上古有仙人唯食此豆，是彼仙種，因姓為名。」（《大正藏》冊三十七，頁三一五下）另外，在同疏原文中兩次出現的「愛」可能是「受」之誤。而且，中觀澄禪《三論玄義檢幽集》卷六中對「抄批」（唐代大覺《四分律鈔批》，不過，現行本中沒有對應的引文）的引用中也可以看到包含「目連」語義解釋的真諦說（《大正藏》冊七十，頁四六五中—下），可見這原本是《部執論疏》中的一節。

㊲ maudga < mudga（*Pāli* mugga）。所謂綠色的豆子，是指現在稱為綠豆（mung）的東西嗎？

㊳印度傳統學術中有關訓釋（nirvacana，或作 nirukti, nirukta）的先行研究，請參考 Karhrs（1998）、真野（二〇〇一）、船山（二〇一七b，六十六—七十一頁的「先行研究」）。

㊴順便一提，關於季節（*Skt.* rtu）劃分的其他說法，除了在《大唐西域記》卷二中介紹了與真諦相同的一年三分說以及更詳細的一年六分說等之外，失譯《薩婆多毘尼毘婆沙》卷七（《大正藏》冊二十三，頁五四七下）和道世《毘尼討要》卷二中引用的《耶舍傳》文獻（《續藏》一・七十・二・一三四表下）中也有將季節分為三期的說法。

㊵如本文所示，該處的真諦譯為「毘拏」（《大正藏》冊十六，頁七一三中）。對應的玄奘譯《解深密經》卷一的〈勝義諦相品〉第二的譯語是「箜篌」（《大正藏》冊十六，頁六九一上十七行）。西藏語譯是 pi bang。請參考 Lamotte（1935: 46, chap. 3, 6, 4-7）。也有將西藏語的 pi bang 標記為 pi wang 的情況。本經典的梵語原典不存在。

㊶ 北涼曇無讖譯《大般涅槃經》卷十六的〈梵行品〉有：「……是象嗅已，狂醉倍常。見我翼從，被服赤色，謂呼是血……。」（《大正藏》冊十二，頁四五七中）比較參考南本《大般涅槃經》卷十四的〈梵行品〉（頁六九九中）。

㊷ 「若是薩婆多義，有同隨得繫之戒善，生雖謝同隨得繫，其住在過去，繫果在未來。若正量部戒善，生此善業，與無失法俱生。其不說有業能，業體生即謝滅，無失法不滅，攝業果令不失……。」（《大正藏》冊三十二，頁一六一下—一六二上）關於同隨得及不失的研究，請參考那須（二〇〇四）。

㊸ 除此之外，《四諦論》還有一種有趣的語詞用法。例如，將意指滅的 nirodha 音譯為「尼盧陀」，並分析如下「尼者訓無，盧陀訓遮障。渴愛等法能障，此中永無故，名尼盧陀」（「尼」是無的意思，「盧陀」是遮蔽、妨礙的意思。渴愛等法成為妨礙，但此〈尼盧陀＝滅〉中沒有，因此稱為「尼盧陀」（沒有妨礙的東西）」。《大正藏》冊三十二，頁三八九下），使用「訓」字來表示音譯（音寫語）對應的意義，應該可以說是具有特徵性的（但是筆者無法確定尼盧陀這樣的語義解釋究竟有多普遍）。另外，「生之與起，云何為異」（產生與興起有何不同？頁三八〇下三行），用「之與」二字表示並列關係，雖然在其他翻譯文獻中也有這樣的用例，但在漢譯中使用的頻率大概是較低的。

44 正如宇井（一九三〇b，五十三頁）所指出，圓測所引用的真諦《本記》是真諦《仁王般若疏》。關於圓測《仁王經疏》中引用的真諦佚文的一覽表，見於木村（一九八二）。《本記》是本來的注釋之意，但是為什麼只對於真諦《仁王般若疏》使用《本記》這個稱呼，其原因還不明。

45 作為傳達該內容的另一引用，請參考圓測《仁王經疏》卷上末的如下一節。「有云：真諦三藏意，如來在世四十五年，說三乘（種）法輪：一轉轉法輪，說小乘故。然轉有顯密。密則始從得道夜，至涅槃夜，但具轉三法輪。顯即從初成道七年，但轉轉法輪。次七年後三十一年中，兼轉照法輪。從三十八年後，於七年中轉種（持）法輪。從初照至于轉治（持）來，合有三十一年。前二十年已說餘《般若》，今至三十年初月八日，方說《仁王般若》，故云『初年月八日』。故今《本記》云：『言「初年月八日」者，即正月八日。如來成道七年說《般若》。』案此經文，已二十年，至此時應是成道後三十六年。此《本記》意，義如上記。」（《大正藏》冊三十三，頁三七六中—下）。另外，也請參考吉藏《仁王般若經疏》卷上一：「『初年月八日』者，此明時節。成道三十六年正月八日說此經，佛成道七年，方說餘般若。」（《大正藏》冊三十三，頁三二一上）另外，作為表示義寂《法華經論述記》卷上相關之處的和譯研究，請參考朴姚娟（二〇一一，一九〇頁）。

46 不過，並非所有文獻都提及釋迦牟尼的說法年代和年齡，其中大多數文獻只是部分地提到某些要素。以下舉出一些與說法年數有關的文獻。關於釋迦四十九年說法之說，見於西晉白法祖譯《佛般泥洹經》卷下「得佛說經，四十九歲」（《大正藏》冊一，頁一七一中—下），同書「佛為三界天中之天，神聖無量，至尊難雙，開化導引四十九年，仙聖梵釋，靡不稽首」（頁一七二下），「世尊說經，四十九歲」（頁一七二上）；失譯《般泥洹經》卷下「佛報王，自我得佛，四十九歲，所說經戒，一切具悉」（《大正藏》冊一，頁一八七上）；前秦釋道安《鼻奈耶序》「阿難出經，面承聖旨。五百應真，更互定察，分為十二部。於四十九年之誨，無片言遺矣」（《大正藏》冊二十四，頁八五一上）；後秦鳩摩羅什譯《禪祕要法經》卷中「過去有佛名釋迦牟尼，唯獨一身，教化眾生，住在此世四十九年，入大涅槃而般涅槃，猶如薪盡火滅，永滅無餘」（《大正藏》冊十五，頁二五六上）；南齊蕭子良《淨住子》「故如來一代四十九年，隨緣示教，種種說法」（《大正藏》冊五十二，頁三一八下）等。另一方面，關於釋迦四十五年說法之說，有失譯《大乘悲分陀利經》卷六「於娑訶佛剎賢大劫百二十歲，世人中，於四十五年，如是成滿大具佛事」（《大正藏》冊三，頁二七六中）；北涼曇無讖譯《悲華經》卷八「人壽百歲，於中成佛，號智華無垢堅菩提尊王．如來．應．正遍知．明行足．善逝．世間解．無上士．調御丈夫．天人師．佛世尊。住世說法四十五年，作於佛事」（《大正藏》冊三，頁二一九下）；南齊僧伽跋陀羅譯《善見律毘婆沙》卷一「世尊得阿耨多羅三藐三菩提，乃至涅槃時，於一中間，四十五年」（《大正藏》冊二十四，頁六七五中）；北魏菩提流支《金剛仙論》卷三「若釋迦如來，從王宮生，六年苦行，修道成佛，四十五年住世說法，後入涅槃」（《大正藏》冊二十五，頁八一八中）等。

㊼ 指出真諦說基於《金光明經》的文獻，有《法華經論述記》卷上「此三如次，名轉、照、持。依《金光明》，立此三名」（朴姚娟，二〇一一，一九〇頁）。也請參考澄觀《大方廣華嚴經疏》卷一「真諦三藏依《金光明》立轉、照、持三輪之教，亦大同此，而時節小異。謂七年前說四諦，名轉法輪。七年後說《般若》，具轉、照二輪，以空照有故。三十年後具轉、照、持，以雙照空有持前二故」（《大正藏》冊三十五，頁五〇八下）。順便一提，義淨譯為「轉妙法輪，持、照法輪」（《大正藏》冊十六，頁四一四上），其意義不太明確。

㊽ 長尾（一九八七，六十頁）「很難想像這樣的中國注釋是真諦自己做的。因此，我認為應該是弟子們的注釋混入其中了」。

㊾ 雖然與前注的長尾說的論點不同，但弗勞瓦爾納（Frauwallner 1951b: 18）在提出世親二人說時，認為儘管真諦正確理解了，但真諦的弟子錯誤地將不同的世親記為同一人，結果設想了《婆藪槃豆法師傳》成立的可能性。但是，坦率地說，在師父多年的說法中，關於瑜伽行派祖師傳記這一最基礎、最重要的事情，弟子們竟然在共同度過的數年間完全誤解，甚至在最後一刻都未意識到錯誤，筆者認為這是不現實的。設想弟子們繼續誤解這樣的基本事實，難道不是很困難嗎？

㊿ 「用識」這個譯語見於真諦譯《中邊分別論》卷上的偈文（《大正藏》冊三十一，頁四五一下二十八行）和散文的注釋（頁四五二上一—二行）。對應的梵語在偈文（I 九 b）中是 **aupabhogikam**（vijñānam），散文釋中是 **upabhoga**（vijñānam）。另外，《中邊分別論》的這個偈在《攝大乘

論》中被引用，真諦譯為「受識」（《大正藏》冊三十一，頁一一五下十九行），與此「受識」對應的，在之前的散文釋中譯為「受用識」（《大正藏》冊三十一，頁一一五下十八行）。也就是說，根據真諦譯《中邊分別論》以及《攝大乘論》的對比，可知真諦譯的「用識」、「受識」、「受用識」在梵語中是相同的。另外，「正受識」見於真諦譯《攝大乘論》卷上（《大正藏》冊三十一，頁一一八下二十三行）。與此相對應的玄奘譯為「彼能受識」，應該設想其梵語為 upabhoga，請參考長尾（一九八二，二七五—二七七頁）。由此可知，用識和正受識的區別，端賴於漢語表達，在梵語中只是單純的同義反覆，沒有區別的意義。

51 在《顯識論》中，還可以指出其他的注解的元素。雖然是夾注，但在前半部的末尾有如下使用「體」和「用」的用語法，「〈義疏九識第三合簡，文義有兩：一明識體、二明識用。一識體者，出《唯識論》〉」（《大正藏》冊三十一，頁八八〇中）。另外，在後半部分，作為生有觸生、嗅生、沙生、聲生四種，在說明第四聲生是鶴、孔雀等鳥類的文脈中，唐突地說「一切出卵不可食，皆有子也（一切蛋都不能吃，因為其中有孩子）」（頁八八二上），這在內容上很有意思，但在此論述的文脈中，這句話似乎完全沒有必要。

52 婆藪槃豆這個名字不是他出家時僧人授予他的名字，而是出生時父母命名的本名。這從《婆藪槃豆傳》的紀錄也可以看出，而且，神泰《俱舍論疏》卷一（《續藏》一・八十三・三・二七七裏上—下）記載，婆藪槃豆的婆藪（Vasu）意味著 Vasudeva 神，這是因為父母參拜了「婆藪天廟」

即Vasudeva神的祠廟而授予孩子的名字。順便一提，像這樣出家後直接使用本名的例子實際上相當多。例如Śāriputra等，「○○的兒子（putra）」這種形式的名字，一般基於母名。另外，例如Guṇavarman，「○○鎧（varman）」這種形式的名字一般是來自剎帝利（kṣatriya），不僅是僧人，有時也存在與世俗之王同名的人。另外，根據鳩摩羅什傳，鳩摩羅什（Kumārajīva）這個名字是父親名Kumārayāna和母親名Jīvā的組合。在這些事例中，名字中加入了與出生有關的事情，很難設想是在出家進入僧團時，僧人才首次授予以這樣的世俗因緣為背景的名字。

53 Takakusu（1904: 293）。而且，高楠在論述中不區分正字體的臺（臺城）和台（台州），在這一點上也是錯誤的。Frauwallner（1951b: 18）沒有評論高楠譯是否正確，但將臺城比較正確地解釋為"the city of T'ai (Nanking)"。

54 撰寫《婆藪槃豆傳》跋文的人物是真諦弟子的旁證之一是「三藏闍梨」這樣的表達。作為真諦之說，前面提到的《涅槃經本有今無偈論》的末尾有「三藏闍梨解旨云」之類的話（《大正藏》冊二十六，頁二八二下），而且，真諦譯《廣義法門經》的跋文有「此經出《中阿含》一品。陳天嘉四年（五六三），歲次癸未十一月十日，於廣州制旨寺，請真諦三藏闍梨為譯」（《大正藏》冊一，頁九二二上），綜合考慮以上的表達，「三藏闍梨」很可能是真諦的直傳弟子或與之關係親近者對真諦的稱呼。

55 《大智度論》「尊重者，知一切眾生中德無過上，故言尊；敬畏之心過於父母、師長、君王，利益重故，故言重。恭敬者，謙遜畏難，故言恭，推其智德，故言敬。讚歎者，美其功德為讚；讚之不足，又稱揚之，故言歎」（《大正藏》冊二十五，頁二七七上）。在這裡，明顯看到將「尊重」分解為「尊」和「重」，將「恭敬」分解為「恭」和「敬」，將「讚歎」分解為「讚」和「歎」進行說明。關於以上部分，《大智度論》的法譯者拉莫特（Lamotte）依序將「尊重」、「恭敬」、「讚歎」的原語設想為 satkāra, gurukāra, varṇana。並特別對「讚歎」加注說明，指出將「讚歎」分解為「讚」和「歎」是基於中文的注解（Lamotte 1976: 1934 n. 1）。以上誠然是卓見，但是，從細節而論，拉莫特的原語設想還略有需要訂正之處。問題在於 varṇana。以下筆者將說明這一點。第一，該處是對鳩摩羅什譯《摩訶般若波羅蜜經》卷一序品如下一段的注釋。

「欲以諸善根供養諸佛，恭敬、尊重、讚歎隨意成就，當學般若波羅蜜」（《大正藏》冊八，頁二一九中二十一—二十三行）。

相當於漢譯的梵語文與鳩摩羅什譯稍有不同，如下：

punar aparaṃ Śāriputra bodhisattvena mahāsattvena yaiḥ yaiḥ kuśalamūlair ākaṅkṣati tathāgatān arhataḥ samyaksaṃbuddhān satkartuṃ gurukartuṃ mānayaituṃ pūjayituṃ tāni tāni me kuśalamūlāni samṛddhyantām iti bodhisattvena mahāsattvena prajñāpāramitāyāṃ śikṣitavyam. (*Pañcaviṃśatisāhasrikā prajñāpāramitā I-1*, ed. Takayasu Kimura, Tokyo: Sankibo Busshorin, 2007, p. 32, ll. 24-27)

綜上所述，相當於「恭敬」、「尊重」、「讚歎」的梵語恐怕是 satkartum, gurukartum, mānayaitum

三個不定詞，對於前二者，考慮到詞形的不同，拉莫特的設想可以說是正確的，但是把第三個要素「讚歎」的原語作為 varṇana，這一點恐怕是錯誤的。如果硬要將詞形與前二者的 satkāra 和 gurukāra 搭配的話，應該設想為 mānanā，而不是 varṇana。不過，對應於「供養（pūjayitum/pūjā）」、「尊重」、「讚歎」的詞語在梵語中分別都是一個獨立的詞語，這一點正如拉莫特所指出的。因此，在對它們進行注釋的《大智度論》中，將每一個字分開解說，這樣的語詞解釋方法在印度語文獻中是不可能的。能受到鳩摩羅什對弟子們基於漢語進行注釋對內容產生的影響。

56 圓測（《解深密經疏》、《仁王經疏》）和其他唐代諸論師有時引用的印度僧人「長耳三藏」的教說中，也可以看出將「如是我聞」的「如是」（evam）分解為「如」和「是」的經典解說法，並且提及中國佛教特有的修行階位說等。以下將討論的項目分為1.至6.，僅簡潔地記錄各要點。

1.長耳三藏關於「如是我聞」的注釋片段有：唐朝圓測《解深密經疏》卷一（《續藏》一．三十四．四．三〇一表上）、圓測《仁王經疏》卷上本（《大正藏》冊三十三，頁三六二中）、窺基《妙法蓮華經玄贊》卷一末（《大正藏》冊三十四，頁六六三上）、窺基《說無垢稱經疏》卷一末（《大正藏》冊三十八，頁一〇〇三中）、法藏《華嚴經探玄記》卷二（《大正藏》冊三十五，頁一二六中—下）等。另外，在相同的文脈中也存在「一時」的注釋片段，在此省略不提。

2.提到中國特有的修行階位說「三十心」的長耳三藏的注釋片段，見於圓測《解深密經疏》卷五（《續藏》一．三十四．五．四一七表下）、圓測《仁王經疏》卷中本（《大正藏》冊三十三，頁三八七上）、唐代法崇《佛頂尊勝陀羅尼經教跡義記》卷下（《大正藏》冊三十九，頁一〇三六中）、良賁《仁王護國般若波羅蜜多經》卷中一（《大正藏》冊三十三，頁四六五上）等。

3. 湛然《維摩經略疏》卷二（《大正藏》冊三十八，頁五八三中）中記載了「尚統師」與長耳三藏對話的問答。

4. 在這些部分中，雖然沒有明確記載長耳三藏是誰，但根據湛然《維摩經略疏》卷二（《大正藏》冊三十八，頁五八三中五行）記載「尚統師」即法上（四九五—五八〇，又稱「高齊尚統師」〔《大正藏》冊八十五，頁五一四中四—五行〕。「尚」和「上」是同音通用的）和「長耳三藏」的對話，以及從耳朵既長又大的身體特徵（《大正藏》冊五十，頁四三三上十七—二十行；《大正藏》冊五十五，頁三六五中十一—十三行）來看，可以推定為與在北齊擔任昭玄統的那連提耶舍（四九〇—五八九，也稱為那連提黎耶舍。《大正藏》冊四十九，頁八十七下三—四行；頁一〇二下二十—二十一行）為同一人。關於昭玄統，請參考山崎（一九四二，五二一頁）。

5. 明確表示長耳是指那連提耶舍的，有以下文獻。唐代栖復《法華經玄贊要集》卷七：「言『長耳』等者，梵云那連提黎耶舍，隨言尊。北印度烏長國人也。形貌環奇，頂如肉髻，耳長而聳，目正處中，有異常倫，特為殊相。北齊時，遊化至齊，未久遇周武帝滅法，避難潛遊。大隨御宇，重興三寶，降詔書，請來弘譯。年一百歲。住大興善寺也。」（《續藏》一．五十三．四．三二六裏上）〔注〕「隨言尊」正確的說法應該是「隋言尊稱」。同樣，「大隨」是「大隋」之誤。

6. 再者，雖然是後代的資訊，但是江戶時代十八世紀的天台學僧守篤本純將長耳三藏推定為那連提黎耶舍（山口弘江，二〇〇四）。

57 利用中國成立的教義和經論的傾向，在北魏的菩提流支譯中也可以看到（大竹，二〇〇一，六十五—六十八頁）。

【第二篇】

敘述修行的文獻、體系的修行論以及修行成果

第一章　隋唐以前的戒律接受史（概觀）

在探討東亞佛教戒律的普及時，五世紀這一時期在兩方面具有值得關注的分水嶺意義。

第一，五世紀是主要戒律文獻一舉漢譯的時期。眾所周知，中國漢譯的《律》（vinaya 出家者的生活規則）大致分為五組，分別對應印度佛教的五個部派（nikāya）。所謂五個部派，是指說一切有部（薩婆多部 Sarvāstivāda）、摩訶僧祇部（Mahāsāṃghika）、法藏部（曇無德部，Dharmagupta〔ka〕）、彌沙塞部（化地部，Mahīśāsaka）四部以及根本說一切有部（Mūlasarvāstivāda）。❶除了義淨在八世紀初所譯的根本說一切有部的諸律典外，其餘四組律❷都是在五世紀上半葉被漢譯的（平川，一九六〇／九九，一五八頁）。總之，此時期對於聲聞（śrāvaka）或聲聞乘（小乘）的《律》的普及而言，是重要的時代。

第二，五世紀也是大乘獨特的菩薩戒（大乘佛教徒作為菩薩應該遵守的德目）在中國傳播並迅速流通的時期，這一點意義重大。在中國和日本最普遍的菩薩戒經典是《梵網經》，而這是最遲在五世紀末出現的偽經（中國偽造經典 Chinese Buddhist Apocrypha）。

如上所述，五世紀是中國人開始了解多個部派的各種聲聞乘律和一些大乘戒的時代。這些變化在年代上有所重疊，相對於此，地理上則發生在不同地區，如長安（現今的西安）、建康（現今的南京）、涼州（或更具體地說為州治的姑臧，即現今的甘肅省武威）等地，並擴展到其他各地。本章將關注各個事件的年代和地區，概觀這一時代中國佛教的戒律相關文獻和戒律實踐的歷史發展。[3]

一、尋求戒律的趨勢

無庸置疑，戒（śīla，行為的道德習慣、行為德目）是一切佛教實踐的基礎。例如，戒、定、慧「三學」（三個修學項目）這個概念表示戒作為定（samādhi，冥想、三昧）和慧（jñāna，正確的知識）的前提而發揮作用。戒的重要性在「三藏」的概念中也可以看出。即，「vinaya（piṭaka）」以及對應的「律（藏）」，正如上所述，是聲聞乘出家教團規則的文獻集成。此外，在中國文化的脈絡中，戒律有時也表現為與儒教儀禮相對應的佛教要素。[4]

（一）曹魏的曇柯迦羅

中國佛教的最初階段，整體而言，是在沒有嚴格遵守戒律的情況下發展的。而中國的佛教徒們，隨著自身對佛法理解的程度加深，逐漸意識到戒律的重要性。據稱，最早將佛教戒律引進中國的人物是三世紀後半期在曹魏洛陽活動的印度僧人曇柯迦羅（*Dharmakāla）。然而，由於相關資訊極為有限，很難確認其可信度。❺更為確定的是，在曇柯迦羅之後不久有戒本（prātimokṣa-sūtra，戒律條文集）的編纂。❻然而，其具體內容如何，仍無法確定，而且中國佛教最初時期是否真的存在這樣詳細的文本，實際上也令人懷疑。❼但是，唯一確信的是，當時的中國佛教徒似乎還未詳細了解教團規則，就已經成為出家眾。

另外，根據《高僧傳》卷一的曇柯迦羅傳，曇柯迦羅所譯的戒律文獻名為《僧祇戒心》（《大正藏》冊五十，頁三二五上）。將「戒心」理解為與「戒本」、「波羅提木叉」同義是沒有問題的，但另一方面，關於「僧祇」，有很多研究解釋它是印度的部派名「摩訶僧祇部（Mahāsanghika）」，亦即「大眾部」（Zürcher 1959: vol. 1, 56；塚本善隆，一九六一／九〇，一六〇頁注六；任繼愈，一九八一，第一卷一五九—一六〇頁等）。然而，依筆者之見，將《僧祇戒心》理解為摩訶僧祇部戒本之意是有問題的。因為在曹魏時代，部派名和關於部派差異的資訊都尚未傳入中國。倒不如說，「僧祇」應被視為「僧伽的（saṅghi-）」這樣意味的形容詞，《僧祇戒心》只是「出家教團的戒本」之意。順便一提，「僧祇」或「僧祈」可以意指「僧伽」的形容詞型，其詞例可以在失譯《薩婆多毘尼毘婆沙》卷五（《大正藏》冊二十三，頁五三四中—下），唐代窺基《瑜伽師地論略纂》卷十五（《大正藏》冊四十三，頁二一八下）、唐代遁倫《瑜伽論記》卷十七上（《大正藏》冊四十二，頁六八九上）等文獻中找到。

（二）東晉、前秦的釋道安

對戒律意義的理解，恐怕是從佛圖澄（卒於三四八）及其弟子釋道安（三一二—八五）的活動開始的。特別是道安的活動非常引人注目。❽他一方面以阿毘達磨（abhidharma，阿毘曇、論書）的知識為基礎創立了教團運作規則，另一方面培養了以廬山慧遠（三三四—四一六）為代表的年輕、真摯的一代人。

道安充分意識到戒律的重要性。他晚年的長安時代（三七九—八五）值得關注，這一時期是與戒律相關的新出經典大量被漢譯的時代。在前往長安之前，道安就對於作為根本佛說的阿含經典和嚴格戒律生活基礎的律文獻沒有完整的譯本而感到不滿。當道安於三七九年抵達長安時，比丘與比丘尼的戒本從龜茲傳來，並由曇摩侍翻譯出來。❾隨後，於三八三年，竺佛念完成《鼻奈耶》的漢譯（平川，一九六〇／九九，一六二—一六六頁）。

道安對於三藏逐漸齊備表現出莫大歡喜，這一情景可從〈毘奈耶序〉中得知。然而，此時道安對漢譯經典充實整備的懇切心願還不能說是真正實現。這一點也可以從三九九年，著名的法顯以年近六十歲高齡，仍決意從長安出發，進行求取律藏的印度大旅行之事實中可見一斑（章巽，一九八五，一頁以下）。

二、五世紀前十年的長安

（一）鳩摩羅什譯《十誦律》

由此可見，中國人真正意識到戒律重要性的最初時期，是在四世紀末最後約二十年間的長安地區。之後，到五世紀初，即弘始三年（四〇一）的十二月，在當時的政治情勢下，鳩摩羅什（Kumārajīva，童壽）從姑臧被迫遷往長安。同時，關於戒律的資訊也發生極大的變化。隨後，說一切有部的《十誦律》（《大正藏》一四三五號）被譯出，自此「廣律」（具備律典所需各要素的完整版本）的時代開始。

《十誦律》的漢譯始於四〇四年，能背誦該律的弗若多羅⑩（Puṇyatāra）來到長安，應鳩摩羅什的請求展開翻譯。鳩摩羅什雖屬於說一切有部，但並未背誦律典。遺憾的是，當漢譯完成三分之二時，唯一能夠背誦文本的弗若多羅突然去世，導致漢譯不得不中斷

（平川，一九六〇／九九，一二七—一三〇頁）。但後來，在四〇五年秋，另一位名叫曇摩流支（Dharmaruci）的僧侶來到長安，他曾背誦過《十誦律》，在其協助下，翻譯工作得以重新展開，並完成《十誦律》原典的全部翻譯。如此漢譯完成的《十誦律》，不久便在一定程度上傳播開來（船山，一九九八b，二四七頁）。然而，譯者鳩摩羅什對譯文仍不滿意，並計畫進一步製作校訂版，但他在四〇九年左右去世（塚本善隆，一九五五）。

（二）《四分律》

緊隨其後，同樣在長安，法藏部的律典《四分律》（《大正藏》一四二八號），於四一〇至一二年由佛陀耶舍（Buddhayaśas）和竺佛念等人組成的漢譯團隊翻譯完成。雖然這部律典在成立之初並未立即受到重視及成為實踐的基礎，但這兩種不同的律典，幾乎同時在長安出現，這明確地宣告了中國佛教戒律新時代的來臨。

三、四一〇至一五年左右在壽春和江陵的卑摩羅叉

（一）卑摩羅叉（約三三八—四一四）

在考察最初集中於長安的新戒律資訊之普及情形時，還有兩個值得關注的城市：壽

春和荊州的江陵。這兩個城市都與《十誦律》的最終校訂者卑摩羅叉（Vimalakṣa，無垢眼）密切相關（請參見平川，一九六〇／九九，一三〇—一三五頁）。壽春（今安徽省壽縣）位於淮水以南，淮水在六朝時期經常作為南北朝的邊界。這座城市扮演了無可比擬的獨特角色——尤其在五世紀初的佛教中，作為連接長安和建康的中繼站（塚本善隆，一九六〇／七五）。另一方面，位於長江中游的江陵（今湖北省荊州市江陵），不僅與建康有關，與長安也有緊密聯繫，通過慧遠的活動與盧山（今江西省鄱陽湖以西的名山）的關係也很密切。

根據《高僧傳》卷二的卑摩羅叉傳，卑摩羅叉來自罽賓。據考證，在這種情況下，「罽賓」很可能指的是犍陀羅（即現今巴基斯坦白沙瓦盆地一帶），而非通常設想的迦濕彌羅。⓫ 卑摩羅叉在龜茲（Kucha）時曾是鳩摩羅什戒律方面的老師，之後前往長安，與鳩摩羅什重逢。鳩摩羅什逝世後，卑摩羅叉離開了沒有愛徒的長安，前往壽春。在壽春，卑摩羅叉完成了羅什未竟的《十誦律》最終校訂，並向壽春的僧人們講授《十誦律》。隨後，他前去江陵，在夏季安居期間，以漢語講授《十誦律》。這對當地的許多漢人僧侶而言，不僅在理解戒律的理論層面，還在理解實際的運用細則方面提供了很大的幫助。卑摩羅叉的講義被抄寫下來，並迅速傳至建康。慧觀在其中扮演了重要角色。根據卑摩羅叉傳及相關諸史料記載，慧觀親自抄寫了卑摩羅叉的講義內容，並整理成兩卷本送到都城。然而，究竟是否為慧觀親自所寫，多少仍存有疑問。

（二）慧觀與佛馱跋陀羅

慧觀（生卒年不詳），原為廬山慧遠的弟子，後來在長安跟隨鳩摩羅什學習。當停留在長安的佛馱跋陀羅（Buddhabhadra 覺賢）因某一事件，被對他懷有敵意的一派長安漢人僧侶藉機逐出長安時，慧觀隨之同行，經由廬山前往江陵。⓬ 由此可知，源自長安鳩摩羅什的學術資訊分別傳播至壽春（卑摩羅叉）和江陵（佛馱跋陀羅和慧觀），之後，卑摩羅叉與慧觀在江陵重逢，資訊再次匯合。值得注意的是，佛馱跋陀羅被認為是說一切有部的僧侶（湯用彤，一九三八，三〇八頁以下；船山，二〇〇〇 a，三二八頁）。佛馱跋陀羅的名字雖以《華嚴經》（《大正藏》二七八號）的漢譯者而廣為人知，但佛馱跋陀羅與這部大乘經典的關聯並不深厚。該經寫本原典最初是由支法領在于闐（Khotan）獲得。此外，佛馱跋陀羅也因作為《摩訶僧祇律》的漢譯者而聞名，然而他本身並非摩訶僧祇部的僧侶。無論以上何種情況，佛馱跋陀羅僅只是精通佛教教義和印度語言的印度僧人，受託對他人帶來的寫本進行漢譯。

（三）《五百問事》與偽經《目連問戒律中五百輕重事（經）》

如果考察《高僧傳》中對卑摩羅叉、佛馱跋陀羅和慧觀的地理遷移的記載，可以得知卑摩羅叉在江陵製作講義的時期應該是四一二年到四一五年之間的某個夏天。另外，傳記中並未明確記載卑摩羅叉的生卒年，考慮一到二年的誤差，可以推定其生卒年約為三三八至四一四年左右。另外，在《高僧傳》卷二的卑摩羅叉傳中，其在江陵所進行的講義被稱為《內禁輕重》（佛教教團的輕重各種禁戒，見《大正藏》冊五十，頁三三三下）。這個名稱的文獻雖無現存，但在後來的時代，更名為《五百問事》或《五百問事經》而得以留存。這部《五百問事》後來再度更名，有人在其首尾增添內容，使其成為佛說經典的體裁，作為偽經《目連問戒律中五百輕重事（經）》（《大正藏》一四八三號）收錄於大藏經中，流傳至今。⓭

四、四一五至三〇年左右的建康

（一）《摩訶僧祇律》與《五分律》

五世紀初南朝佛教的動向，大體上比長安晚了十年左右。⓮如前所述，佛馱跋陀羅在四一六至一八年翻譯出《摩訶僧祇律》（《大正藏》一四二五號）。他從長安經廬山和江陵抵達建康。經五年後，即四二三至二四年，彌沙塞部（Mahīśāsaka，化地部）的律典《五分律》（《大正藏》一四二一號）由佛陀什和智勝等人漢譯。至此，四個不同部派的廣律皆漢譯齊全。《摩訶僧祇律》和《五分律》的原典由法顯帶來。⑮順便一提，《五分律》成立的四二四年，是文帝即位的那一年，也是隋唐以前佛教最輝煌時代之一的元嘉年間（四二四—五三）的開始。

（二）四種律的關係

簡言之，《十誦律》和《四分律》在長安成立並傳入南朝，大概在《十誦律》成立的十年之後，《摩訶僧祇律》和《五分律》在建康成立。然而，其中六朝時代的僧侶在日常生活中實際遵循的是《十誦律》。特別是南朝到梁末為止，更是如此。⑯眾所周知，慧皎在《高僧傳》卷十一中提及「雖復諸部皆傳，而《十誦》一本最盛東國（中國）」⑰（《大正藏》冊五十，頁四〇三中）。另一方面，《摩訶僧祇律》因引起「踞食論爭」而備受矚目。四二〇年代的建康，僧俗之間圍繞著中國佛教徒是否應按印度的方式進食，而展開一場大型論爭（吉川，一九八四），這次論爭無疑是基於《摩訶僧祇律》的漢譯引起的，但除此唯一之例外，並沒有其他確鑿證據顯示《摩訶僧祇律》在南朝普及。相反，《摩訶僧祇律》在漢譯完成後隨即傳入華北，並在該地被高度評價為實際的生活規範。魏收（五〇六—七二）在《魏書》卷一一四的〈釋老志〉中，記載了當時僧侶實際使用的律是《摩訶僧祇律》（塚本善隆，一九六一／九〇，一八一頁）。

五、四一〇至三〇年左右的涼州——菩薩戒的新登場

（一）北涼的曇無讖

當長安和建康的出家人對於聲聞乘律的新知識不斷深化之際，在中國文化圈的西部邊境，一場至關重要的運動也正在發生。四一二年，印度僧人曇無讖（三八五—四三三，曇無讖的梵語原名尚未確定⓲）來到沮渠蒙遜治下的北涼都城姑臧，並在那裡陸續漢譯新的大乘經典。一般而言，曇無讖以作為《大般涅槃經》的漢譯者而廣為人知，但從戒律史的脈絡來看，曇無讖最值得注目的翻譯作品是《菩薩地持經》（《大正藏》一五八一號）。這部文獻是瑜伽行派的根本聖典《瑜伽師地論》（*Yogācārabhūmi*）中之《菩薩地》（*Bodhisattvabhūmi*）的漢譯之一。此外，曇無讖也以翻譯《優婆塞戒經》（《大正藏》一四八八號）而聞名。這部經典是對在家者的教導，特別是講述在家者的菩薩戒和受戒方法而受到重視。

（二）菩薩戒的概略

在論述戒律的新發展之前，我們應先理解菩薩戒是什麼，以及它與聲聞戒之間的關係。首先，佛教中的戒律有傳統的聲聞乘律（稱為聲聞戒或小乘戒）和大乘之戒（稱為菩薩戒或大乘戒）兩種。所謂的聲聞戒，通常指一般所說的戒，每位佛教徒，都需要受持這些戒律。從這個意義上來說，也可以稱之為通常之戒。具體而言，出家者的戒律稱為具足戒（完全完備的戒律——內容依比丘或比丘尼的性別而異）；在家者則是男女共通的五戒（不殺生、不偷盜、不邪淫、不妄語、不飲酒）。假設現在有一位佛教徒，已經受持了這些通常的戒律，在此基礎上，還希望過著符合大乘的「菩薩」理想形象的戒律生活。在這種情況下，他／她除了聲聞戒之外，還應該受持更高階的戒律，即菩薩戒。在《菩薩地》〈戒品〉中有詳細的規定。菩薩戒既然是菩薩所受持的戒律，無論是男是女，出家或是在家，只要是受持菩薩戒的人，都會被自己和他人視為菩薩般。此外，在受戒時，必須明確表明不僅是現世，甚至在來世、生生世世，直到成佛為止，都應該以菩薩之姿生活，這是受持菩薩戒的必要條件。

菩薩戒在印度佛教史中形成的要點，將於本篇第二章中進行論述，現在暫且聚焦於其中的兩個重點。

第一，菩薩戒的前提是已有受持通常的戒律（聲聞戒）。《菩薩地持經》提及，菩薩戒有三個構成要素：「律儀戒」（為抑制不良行為習慣的行為規範、禁戒）、「攝善法戒」（涵蓋一切善行習慣的行為規範）、「攝眾生戒」（對一切眾生有益習慣的行為規範），這三大支柱通常合稱為「三聚〔淨〕戒」。其中，第一個「律儀戒」是指前述的聲聞戒（具足戒或五戒）。如果尚未受過通常的戒，就不能受持菩薩戒。⑲剩下的兩個要素表明，受持大乘戒的人，並不僅是消極地抑制惡行，更應該成為菩薩，積極地踐行善行和利他行，這展現了菩薩戒的積極性格。

第二，菩薩戒的特色也體現在受戒儀禮中。菩薩戒的受戒法有兩種。一種是通過向十方諸佛菩薩起誓，以獲得諸佛菩薩的承認，這種受戒方法被稱為「自誓受戒」。這是菩薩戒所特有的，聲聞戒並不認可這種方法（船山，一九九八a，三六五—三六七頁）。自誓受戒是求戒者不需借助他人介入，直接從諸佛菩薩受戒的方法。另一種受戒法是從具備授戒資格能力的人（戒師）受戒，這在現代研究者中通常被稱為「從他受戒」。這是和通常的聲聞戒同樣被承認的受戒法。無論採用哪種方法，求戒者都必須事先徹底懺悔（也稱為悔過），以淨化自己的惡業。

首次將這種特質的菩薩戒引入中國文化圈中的人是曇無讖，他的弟子法進（又名道進）在曇無讖的指導下，成為史上首位接受菩薩戒的漢人僧侶。其後，法進也成為戒師，在姑臧以及稍後的高昌，向許多人授予菩薩戒。關於以上內容，詳見第七節。

六、四三〇年代的建康——大乘戒與聲聞戒的展開

（一）求那跋摩譯《菩薩善戒經》與僧伽跋摩

以《大般涅槃經》為首的曇無讖所譯諸經典大約是在四三〇—三一年傳入建康（湯用彤，一九三八，六〇六頁；塚本善隆，一九六四／七五，九十二頁）。與此同時，菩薩戒的概念也在建康為人所知。而另一方面，建康的人們也通過《菩薩地》的另一譯本接觸到了菩薩戒的資訊，即《菩薩善戒經》（《大正藏》一五八二號和一五八三號）。該經譯者是求那跋摩（Guṇavarman，三六七—四三一）。[20]他途經闍婆（爪哇或者是蘇門答臘）、廣州，於元嘉八年[21]（四三一）正月，抵達建康[22]。求那跋摩的到來成為大乘戒普及的重要契機。甚至連宋文帝都希望在他的指導下接受菩薩戒，此一逸聞象徵著菩薩戒相當盛行。但遺憾的是，同年九月戒師求那跋摩突然去世，宋文帝的受戒未能實現。求那跋摩作為通過《優婆塞五戒相經》（《大正藏》一四七六號）等傳播關於聲聞戒教法的人物也具有重要意義。兩年後的四三三年，另一位印度僧人僧伽跋摩來到建康。他出身於說一切有部，並漢譯了《十誦律》注釋之一的《薩婆多部毘尼摩得勒伽》（**Sarvāstivāda-vinaya-mātrikā*，《大正藏》一四四一號）。求那跋摩和僧伽跋摩兩人不僅是譯經僧，更作為戒師，為建康許多僧尼重新以正式的儀式授予具足戒。該事件的詳細情況可從僧祐

（四四五—五一八）撰《薩婆多師資傳》的佚文中窺知（船山，二〇〇〇a，三三五頁以下、三四八—三五〇頁）。

（二）曇摩蜜多

因此，元嘉年間，無論是大乘戒還是聲聞戒，都是佛教戒律資訊普及的重要時期。㉓關於大乘戒，還應注意曇摩蜜多（Dharmamitra，三五六—四四二）和慧覽（生卒年不詳。請參考桑山，一九九〇，五十一頁；船山，一九九五，五十一頁）的活動。特別是曇摩蜜多，以《觀普賢菩薩行法經》（《大正藏》二七七號）的譯者而聞名（船山，一九九五，六十八頁以下；一九九八a，三六五頁以下）。他出身罽賓，經由龜茲、敦煌到達涼州，教授人們冥想法後，於四二四年前往蜀國㉔，再經江陵來到建康。之後，他曾在建康以東沿海的鄮縣暫居過一段時間，在四三三年返回都城，並於四四二年在那裡去世。《觀普賢菩薩行法經》的重要觀點之一，是主張人們應該徹底懺悔，以得見普賢菩薩的形象。另一方面，在接受大乘戒時，此經也以宣揚自誓受戒的獨特方法而聞名。

七、四四〇至六〇年的高昌，以及高昌與建康之間的聯繫

（一）北涼滅亡與曇景

四三三年，曇無讖欲離開蒙遜治下的姑臧時遭到暗殺。此外，在四三九年，姑臧被北魏太武帝入侵而陷落。此事使姑臧的佛教徒大分為三類。許多僧侶被送往北魏首都平城（今山西省大同），除此之外，有一些在家者如沮渠京聲則移居南朝，也有與沮渠氏的殘黨一起逃往西方，經由鄯善國最終抵達高昌（今吐魯番近郊）。在第三類，即逃往西方的沮渠氏人中，以安周為首的沮渠一族的倖存者，於四四二年至四六〇年間統治了高昌。據推測，也有一些僧侶與他們一同遷移，在這些僧侶中，其中一代表人物，是在曇無讖指導下首批受持菩薩戒的法進（又稱道進）。法進於四四四年卒於高昌，詳請參《高僧傳》卷十二（船山，一九九五，十六—二十一頁；吉川、船山，二〇一〇b，一七七—一八〇頁）。

沮渠氏一族因北魏的侵略被迫離開姑臧，並與南朝保有政治上的聯繫，這點大概是可以確定的。四四二年，姑臧陷落不久後，沮渠無諱（卒於四四四）派遣使者前往建康，宋文帝任命無諱為涼州刺史、河西王等。這一舉動的背景因素，可能是沙門比一般人更容易跨越國境移動的特性。㉕例如，當時來到建康的高昌僧人曇景，除了作為沙門進行遊歷

教化的活動之外，推測也有可能作為高昌派往建康的使者，肩負著政治使命。曇景是當時著名的沙門，因為他在五世紀中期從高昌前往建康，將曇無讖的後繼者們在高昌使用的菩薩戒受戒法口傳給建康的佛教徒。記載他所帶來的受戒禮法的手冊被稱為「高昌本」（佚），並在建康受到高度評價㉖（船山，一九九五，三十二頁以下）。

（二）玄暢

同一時期，建康的佛教徒們通過另一種被稱為「玄暢本」（佚）的受戒法而了解菩薩戒的受戒儀禮。玄暢本原本也源自於曇無讖譯《菩薩地持經》，但似乎是一部與高昌本稍有不同的講述受戒法的文獻。

玄暢（四一六—八四）出生於河西金城，在涼州時成為玄高（四〇二—四四）的弟子。於四三九年姑臧淪陷後，玄高和玄暢被遣返平城。隨後，於四四五年，在北魏太武帝即將開始佛教迫害之前，玄暢逃至南朝（前一年，他的師父玄高在道教勢力的傾軋下，因某事件被處決）。玄暢將「玄暢本」帶至建康，大約以十年的時間向建康佛教界傳播菩薩戒受戒法的新資訊，隨後，他前往江陵，也在當地傳播大乘戒，於四七六年到達蜀地。四八二年，玄暢應南齊文帝的要求重返建康，但不久後去世（船山，一九九五，四十—四十四頁）。

八、《梵網經》和《菩薩珞瓔本業經》的出現

（一）偽經《梵網經》與偽經《菩薩瓔珞本業經》

在五世紀後半期，有兩部關於菩薩戒的著名偽經（或作疑經，中國偽造經典之意）問世，分別是《梵網經》（《大正藏》一四八四號）和《菩薩瓔珞本業經》（《大正藏》一四八五號）。《梵網經》在經錄等文獻中被歸為鳩摩羅什譯，但這一傳統觀點在一九三〇年代被望月信亨否定（望月，一九三〇、一九四六）。望月認為《梵網經》是梁代以前於中國創作的偽造經典，之後，這一觀點得到大野（一九五四）為首的諸多研究的支持，迄今為止已證實以下幾點（船山，一九九六，五十五—五十九頁）。

第一，《梵網經》的成立與《仁王（護國）般若經》（《大正藏》二四五號）這部同時代的另一偽經有密切關係（望月，一九一七、一九二八；大野，一九五四）。由於《梵網經》以求那跋摩譯的《菩薩善戒經》為素材之一，因此，《梵網經》最早的成書時間可上溯至《菩薩善戒經》成立的四三一年。另一方面，最晚則大致相當於依據《梵網經》所作的《菩薩瓔珞本業經》的成立年代（見後文）。綜合相關事項，推測《梵網經》大約於四五〇—八〇年間編纂，可能與《仁王般若經》同時期，或稍晚。近期有關《梵網經》的校訂、日譯等方面的研究，請參見船山（二〇一七a）。

另一方面，《菩薩瓔珞本業經》確實是基於《梵網經》下卷編纂的，且寶亮對《大般涅槃經》的注釋（約成立於五〇〇年）也顯示出他知道《菩薩瓔珞本業經》的存在，因此，可以推測《菩薩瓔珞本業經》的編纂年代約在南朝四八〇—五〇〇年左右（船山，一九九六，六十七—七十頁）。

最早提及《梵網經》和《菩薩瓔珞本業經》的史料，有於五一八年逝世的僧祐的《出三藏記集》卷十一〈菩薩波羅提木叉後記〉以及根據梁武帝敕令於五一九年書寫的《出家人受菩薩戒法卷第一》，這是伯希和所發現的敦煌寫本二一九六號。關於這些已有幾項重要的研究（土橋，一九六八／八〇；諏訪，一九七一／九七、一九七二a／九七；船山，一九九五，二十五—三十二頁）。此外，雖然《梵網經》的成書地點仍然無法確定，但先行研究多認為其更可能是在華北而非江南地區（船山，一九九六，五十五—五十九頁）。

（二）《梵網經》的編纂意圖

在曇無讖譯《菩薩地持經》、《優婆塞戒經》，以及求那跋摩譯《菩薩善戒經》等漢譯經典陸續為人所知的這一時期，中國人究竟出於何種目的，還需要編纂《梵網經》這部偽經，當時漢譯諸經典尚不足以作為中國佛教徒們實踐菩薩行的典據？如果足夠，為何還要創造偽經，層層增構？一般而言，創作偽經的背景可能有各種各樣的理由。例如，可能是因為中國人的思想和文化需要一個更適合的論述，而這些在當時的漢譯經典中無法找到，所以偽經才應運而生；或者是為了從佛教的立場對當時的政治和權力者進行批判而編纂。然而，僅憑這些原因不足以解釋《梵網經》的成立，因此我們不得不假設其他理由。

在《梵網經》中，有「十重四十八輕戒」的說法，經常也被稱為梵網戒。大乘的十重戒（十條重罪）也叫十波羅夷，如果犯了這些重戒就不再是菩薩，也會失去將來覺悟的可能性。所謂十重戒，指的是以下十項：1.殺、2.盜、3.淫、4.妄語、5.酤酒（此處為販賣酒之意）、6.說四眾過、7.自讚毀他、8.慳（吝於財產和說法）、9.瞋、10.謗三寶。

同樣是講述大乘戒，但波羅夷的數量在不同文獻中有所不同。《梵網經》列舉了上述十條，這些戒條並不區分出家者和在家者。然而，曇無讖所譯的《菩薩地持經》則列舉了出家者和在家者共通應遵守的四條，相當於梵網戒的7.至10.。求那跋摩所譯的《菩薩善戒經》專門以出家人為對象，舉出八波羅夷，相當於梵網戒的1.至4.和7.至10.。曇無讖所譯的《優婆塞戒經》（《大正藏》一四八八號）針對在家者，規定了六項重罪，相當於梵網戒的1.至6.。如此一來，儘管同屬大乘菩薩戒，但不同經典對於何為最嚴重的罪（即菩薩絕對不能觸犯之事）卻存在歧異，並未達成一致。在此，值得注意的是，「梵網戒」的第五條與第六條對應於《優婆塞戒經》專為優婆塞（即在家者）所制定的大乘戒。由此可見編纂《梵網經》之人（們）認為在家者的實踐活動是重要的。

每十五天，為了檢查期間內各人的行為，共同體的全部成員會同時集合在一處進行戒律確認的儀禮，這稱之為「布薩」（對應於梵語 uposatha, poṣadha, upavasatha 等音譯詞）。在聲聞戒的一般脈絡中，這種布薩，是在受持同一具足戒的出家者集團中進行的。同樣地，關於菩薩戒，若要在其中進行布薩，其前提是所有參加者——無論是出家或在家，無論男女——皆被視為平等的菩薩，並須誦持相同的戒律文本，以此作為實踐的基礎。由此可見，現存諸多規定菩薩戒的「漢譯」經典各有優劣，難以作為出家與在家二眾共同遵循的根本依據。例如《菩薩善戒經》、《優婆塞戒經》明確區分出家與在家兩類戒律，因此無法作為二者共同遵循的統一文本。《菩薩地持經》所列的四條波羅夷未涉及具足戒中的四重禁（殺、盜、淫、大妄語），亦未涉及在家者的兩項戒條，存在一定的不便。因此，當涵蓋出家和在家修行者的實踐團體希望進行大乘布薩時，便有必要從不同的漢譯經典中整合波羅夷戒條，編纂出一部新的戒本（波羅提木叉），可以想見，《梵網經》或許就是基於這樣的實踐需求而創作的。27

為了進一步解釋說明，筆者參考大野（一九五四，二六六—二六七頁）關於梵網十波羅夷與漢譯經典對應關係的論述，盡量使用經典原文，製作了以下對應關係表格。

諸本的十重罪對應關係

曇無讖譯 **《菩薩地持經》** 四波羅夷處 （《大正藏》冊三十，頁九一三中）	**求那跋摩譯** **《菩薩善戒經》** 八重法 （《大正藏》冊三十，頁一〇一五上）	**曇無讖譯** **《優婆塞戒經》** 六重法 （《大正藏》冊二十四，頁一〇四九中）	**偽經** **《梵網經》** 十波羅夷／十重戒 （《大正藏》冊二十四，頁一〇〇四中—一〇〇五上）
	一、（殺）	一、殺	一、殺
	二、（盜）	二、偷盜	二、盜
	三、（淫）	四、邪淫	三、淫
	四、（大妄語）	三、虛說	四、妄語
一、自讚、毀他人	五、自讚		七、自讚、毀他
二、慳惜／悋慳	六、貪慳／悋慳		八、慳
三、瞋恚	七、瞋忿／瞋恨		九、瞋
四、謗菩薩藏說	八、誹謗菩薩方等法藏		十、謗三寶
		五、宣說比丘、比丘尼、優婆塞、優婆夷所有過罪	六、說出家、在家菩薩、比丘、比丘尼罪過
		六、酤酒	五、酤酒

以上表格僅列出十種重罪之間的對應關係，如果深入比較各項規定的具體內容，當然不能說是完全相同的，反而應該注意其中的差異之處。例如，對於「淫（性交）」這個詞，是指所有形式的淫，還是只指邪淫（與在家配偶以外的人發生性行為），這個問題需要特別留意，不能輕易說是對應的。但如果忽略這些細微的差異，只就大致的對應關係進行比較，則如上表所示。

該一覽表顯示，三種漢譯本各有不同，若將這三種版本中的條目，毫無遺漏全數列舉後，與梵網的十波羅夷相一致。梵網的十波羅夷是綜合三種漢譯本各項條目的結果，這並非偶然，而是反映了《梵網經》編纂者的意圖。

例如，《菩薩善戒經》中的八重法是專為出家者而說的波羅夷。因此，根據《菩薩善戒經》，這些戒律並不適用於在家菩薩，因而，在家菩薩和出家菩薩必須依據不同的戒條來生活。這樣就違背了菩薩本來的規定，即既然是菩薩，就不應該有出家或在家的差異。

情況同樣也適用於以《優婆塞戒經》為基礎的六重法，該經典僅針對在家菩薩設立六條戒律。然而，這六項內容與出家菩薩所遵循的八重法並不相容，因此，無法在保持菩薩理念的同時，區分出家菩薩和在家菩薩。

那麼，《菩薩地持經》所述的四波羅夷又是如何？確實，這是作為出家菩薩和在家菩薩共同遵守的菩薩波羅夷而開示的。然而，無論是《菩薩善戒經》的出家八重法，還是

《優婆塞戒經》的在家六重法，都無法包含在條數較少的四波羅夷中。由此可見，三種漢譯的重罪具有互不相容的一面，所以出家和在家無法使用其中一種作為共同規則來生活。筆者認為，這或許正是《梵網經》將波羅夷的數量定為十種的原因。換言之，諷刺的是，在承認所有漢譯的、源自印度的權威教法之基礎上，為了進行某種調和，必須創作一部包含這些內容的偽經。確實，十波羅夷比任何一種漢譯經典所說波羅夷的都多，但若要在不產生矛盾的情況下進行整理，就不得不歸結為十條。

這種情況不僅適用於十重戒，可能也適用於四十八輕戒。簡而言之，編纂梵網戒的原因之一，就是在不否定當時已知的菩薩戒相關漢譯諸經典說法的前提下，創作一個關於菩薩行為的必要且完整的核對清單。

換個角度來看，實際上並不存在像《梵網經》所要求的那樣，菩薩必須自行遵守全部十條波羅夷的情況。例如，禁止「酤酒（實際上是販賣酒之意）」，對一般的出家人來說是理所當然的事情，只有對於在家菩薩才有意義。《優婆塞戒經》的第五重法也是如此。另一方面，也有只對於出家菩薩才有意義的戒條。這些戒條不屬於十重戒，而屬於四十八輕戒，其中第二十一輕戒、第二十二輕戒、第二十六輕戒、第二十七輕戒、第四十輕戒的內容專門以出家菩薩為對象。關於這一點，請參考筆者的論述（船山，二〇一七a，四八九頁）。

另外，關於另一部重要的偽經《菩薩瓔珞本業經》，有一種假說推測此經是在南朝大約四八〇—五〇〇年間，基於《梵網經》和《仁王般若經》所編纂而成（船山，一九九六，六十七—七十頁）。《菩薩瓔珞本業經》在菩薩修行階位說和戒律觀等方面有其特徵，其中，關於菩薩戒的部分，本經主張所謂的三聚淨戒（見上述第四節）中的律儀戒就是十波羅夷（《梵網經》之說），這是極具特色的見解。然而，原素材《梵網經》只闡述了十重四十八輕戒，並沒有提及三聚淨戒。因此，《菩薩瓔珞本業經》中所論述的菩薩戒，並不要求接受聲聞戒作為前提。換言之，即使之前未曾受過在家五戒或具足戒的人，在理論上也有可能單純接受菩薩戒。在這一點上，《菩薩瓔珞本業經》可以被視為是後來日本佛教中圓頓戒之說的先驅，具有革新性。然而，實際上有多少人根據這部經典僅接受菩薩戒而未接受聲聞戒，目前仍不清楚。

九、六世紀重估的《四分律》

（一）北朝的《四分律》

從《四分律》的定位，也可以看出戒律接受史的一個重要趨勢。該律作為初唐道宣（五九六—六六七）所確立的「南山宗」的根本典籍而聞名。然而，在唐朝以前，即使在六世紀上半葉的華北地區，「地論宗」的祖師慧光[28]對《四分律》也給予高度評價。重視《四分律》的風潮，隨著北朝諸王朝都城的變遷，從平城到洛陽，再到鄴城，逐漸普及和傳播開來。

另一方面，如本章第四節所示，華北地區也有《摩訶僧祇律》流行的痕跡。這兩部律有何關係？根據道宣《續高僧傳》卷二十二中的慧旻傳（《大正藏》冊五十，頁六二〇中），《四分律》在四一二年問世，直到北魏孝武帝時代（四七一—九九在位）的法聰（約四六八—五五九左右）之時都還未得到充分研究（《續高僧傳》卷二十一慧光傳，《大正藏》冊五十，頁六〇七下；《續高僧傳》卷二十二慧旻傳，《大正藏》冊五十，頁六二〇下）。繼法聰之後的是道覆（年代不詳），而繼承道覆的是其弟子慧光。隨後，進入隋朝時期，《四分律》取代《摩訶僧祇律》成為主流，而這一轉變的關鍵人物是洪遵（五三〇—六〇八）。綜上所述，可以得知《四分律》是在漢譯完成數十年之後才開始受到重視。

（二）《四分律》與大乘的關聯

那麼，為何《四分律》如此晚才受到重視？探索其理由本身就是一個重大的課題，不能倉促下定論，但暫且可從以下兩方面來探討可能的方向。一、《四分律》在漢譯完成後，為何沒有立刻流行？二、為何在慧光時期才開始受到重視？

在探討這些問題時，可以參考平川彰的觀點。根據平川的說法，《四分律》之所以未能在初期得到普及，可能是因為漢譯者佛陀耶舍在未培養出弟子的情況下就離開了中國；反之，《十誦律》受到高度評價的原因，可能是漢譯者鳩摩羅什培育了許多繼承者。這一觀點似乎基於《續高僧傳》中道宣的說法，但平川對於《四分律》漢譯後未能立刻流行的理由提出了獨特見解。換句話說，慧光之所以重視《四分律》，可能與他對瑜伽行派理論的重視密切相關，而在鳩摩羅什時代，《十誦律》和中觀派的理論同時流行，由此推測慧光可能有意否定與中觀派有關的《十誦律》（平川一九八六／九一，一七〇頁）。

姑且不論是否同意平川彰的這個假說，但似乎還可從另一視角來看，即法藏部的《四分律》與大乘佛教的關聯。例如，在《四分律羯磨疏》中，道宣使用了「分通大乘」一詞，主張《四分律》與大乘佛教有一些共同之處（元照《四分律羯磨疏濟緣記》卷十六引《四分律羯磨疏》，《續藏》一・六十四・五・四二七裏上。水野，一九七二／九三，四九六頁；土橋，一九八五）。這種觀點對於中國佛教徒來說無疑是事關重大的理論，他們雖自命為與「小乘」截然不同的「大乘」[29]佛教徒，但希望以《四分律》此一部派律為行動基礎，同時又能自命為菩薩。類似的態度可能早在南山律宗之前的地論學派時期就已經存在了。道宣在承認《四分律》與大乘之間有共通性這一點上，表示與慧光持有相同的看法（道宣《四分律行事鈔》卷上三、《大正藏》冊四十，頁二十六中）。

在地論宗中，《四分律》與大乘的關聯可從以下兩點看出。一、地論宗的文獻，有時並不以一般「三藏法師（trepiṭaka）㉚」的稱謂來稱呼《四分律》的漢譯者佛陀耶舍㉛，而是有意地稱為「大乘律師」。二、歷史的可信度暫且不論，有時會將法藏部之祖達摩笈多（Dharmagupta），描述為具有菩薩素質（「菩薩根性」）的人物。㉜

注釋

❶ 有關說一切有部和根本說一切有部之異同關係的新近研究，請參考 Enomoto（2000）。

❷ 梁代僧祐也知道迦葉維部（Kāśyapīya）《律》的存在，但未被漢譯（《出三藏記集》卷一，《大正藏》冊五十五，頁二十一中）。關於這部律，僅有波羅提木叉（戒律條文集）後來由般若流支於五四三年在鄴譯出，即《大正藏》一四六〇號的《解脫戒經》。

❸ 本章旨在概述五世紀中國佛教戒律史。部分討論在筆者之前的文稿中已有涉及。特別是關於菩薩戒的各項討論，請參考船山（一九九五）；關於五世紀前半期戒律的意義，請參考船山（一九九八b，二六八—二七三頁）。

❹ 例如，釋道安引用慧常的語詞（《出三藏記集》卷十一，《大正藏》冊五十五，頁八十中「戒猶禮

也」），或者慧皎關於戒律普及於中國的論述（《高僧傳》卷十一、《大正藏》冊五十，頁四〇三上三行、中二十九—下五行）等。

❺ 如本文下一段落所述，一般先行研究認為曇柯迦羅漢譯了「摩訶僧祇部戒本」（然而此是根據曇柯迦羅傳中所見之「僧祇戒心」一詞的解釋），但是，這部文獻已不復存在。另外，據說在他之後不久，另一位名叫曇諦的僧人來到洛陽，對《羯磨》（*Karmavācanā*）（規定戒律儀禮的文獻）進行漢譯。《高僧傳》卷一（《大正藏》冊五十，頁三二四下—三二五上）、橫超（一九五八，二十四—二十六頁）。

❻ 僧祐《出三藏記集》記載有西晉竺法護譯的《比丘尼戒》和東晉覓歷的《大比丘尼戒》，但兩者在僧祐的時代均已佚失（《大正藏》冊五十五，頁九中、頁十四下—十五上、頁三十八下）。

❼ 《大正藏》收錄了二五〇年代翻譯的兩部法藏部的《羯磨》，分別為康僧鎧（Samghavarman）所譯的《曇無德律部雜羯磨》（《大正藏》一四三二號）和曇諦所譯的《羯磨》（《大正藏》一四三三號）。不過，正如平川（一九六〇／九九—二〇〇〇Ⅰ，二〇八—二一六頁）所指出的，兩者都是《四分律》漢譯（四一〇—一二）之後在中國編纂的文獻，不可能是二五〇年代的漢譯文獻。

❽ 前往長安之前，釋道安還在襄陽之時，總結了教團的三個規則。其弟子慧遠也有同樣的規範。請參考吉川、船山（二〇〇九b，一三三—一三五頁）、塚本善隆（一九七九，五一四—五一六頁）、諸戶（一九九〇，五十三—五十五頁）。

❾ 請參考釋道安〈毘奈耶序〉（《大正藏》冊二十四，頁八五一上）、湯用彤（一九三八，二一二—二一五頁）。

❿ 由於「弗若多羅」意譯為「功德華」，因此可以認為對應於梵語 Puṇyatāra，而可能不是經常使用的 Puṇyatara。「tāra」意味著光輝，可以對應於漢語的「華」，但是，「tara」和「華」不相對應。以上內容是根據榎本文雄先生（大阪大學）的口頭教導。

⓫ 關於六朝佛教文獻中「罽賓」所指的地區，請參考桑山（一九九〇，四十三—五十三頁）和 Enomoto（1994）。

⓬ 佛馱跋陀羅是「罽賓」（此處大概是指犍陀羅）出身的僧侶。他前往長安的確切路線尚不清楚。

⓭ 船山（一九九八b，尤其是二三八至二四二頁）。筆者關於《內禁輕重》、《五百問事》、《目連問戒律中五百輕重事》的觀點，是基於初唐的兩位代表性戒律專家道宣和道世的證言，即《五百問事》是抄寫了卑摩羅叉關於《十誦律》的口訣。

⓮ 據吉川（二〇〇〇）的觀點，一般而言，在六朝時代，南朝在史書和文學方面，淩駕於北朝之上；相對於此，在儒學方面則情況恰好相反。此外，佛教的情況，更加錯綜複雜，但至少從五世紀到六世紀，不能認為北朝的佛教落後於南朝。

⓯ 回中國的途中，於四一二年，法顯抵達青州長廣郡（今青島附近），準備前往南朝（章巽，一九八五，一七七頁注一）。此時長安已經漢譯了《十誦律》。

⑯《十誦律》漢譯後，南朝出現了多位律師。其中一人是法穎（四一四—八〇），他將《十誦律》教授給僧祐。此外，在宋孝武帝（在位於四五三—六四）和明帝（在位於四六五—七二）時代，編纂了幾部重要的戒律文獻。亦即，在孝武帝時代，僧璩編纂了名為《十誦律比丘要用》（《大正藏》一四三九號）的文獻。根據《高僧傳》卷十一，上面提到的法穎編纂了《十誦戒本》、《羯磨》等，另外，志道（四一二—八四）教授了受戒法。這些有助於儀禮的正確推行。

⑰此外，道宣也有類似的陳述（《大正藏》冊五十，頁六二〇中）。另外，義淨也提到，《四分律》在華北極其興盛，《摩訶僧祇律》也在部分地區流行，相對於此，在早期的江南，則有《十誦律》普及（《大正藏》冊五十四，頁二〇五中）。

⑱許多先行研究將相當於曇無讖的梵語標記為 Dharmakṣema，但其推定的依據並不明確。「曇無」和曇摩一樣都是 dharma 的音譯詞，這沒有任何問題，但是「讖」的原語存在問題。將「讖」的原語設想為 kṣema 的唯一理由，似乎是因為後漢譯經僧支婁迦讖的原語被設想為 Lokakṣema，而得出推論。不過，實際上也找不到（支）婁迦讖是 Lokakṣema 的確鑿根據。僧祐《出三藏記集》和慧皎《高僧傳》都未記載支婁迦讖和曇無讖這樣的漢譯詞。後代文獻中出現了將曇無讖意譯為「法豐」，最早見於隋代費長房《歷代三寶紀》卷九（《大正藏》冊四十九，頁八十四中），但其中完全沒有解說「讖」與「豐」的對應關係，未能確定此解釋是基於何文獻，因此仍存在問題。六朝文獻中幾乎找不到將「讖」字作為音譯詞使用的例子，也是問題難以解決的原因之一。

⑲ 順便一提，不久後，中國人編纂了《菩薩瓔珞本業經》，其中規定律儀戒是梵網十波羅夷，從而開闢了菩薩戒思想新發展的可能性。請參考本章第八節。

⑳ 目前尚不清楚求那跋摩的歸屬部派。可能的選項是有部或法藏部，總結其問題點如下。首先，從僧祐在《薩婆多師資傳》的說一切有部師資相承名單（《大正藏》冊五十五，頁九十上）中可以看到求那跋摩的名字來看，可以認為他是說一切有部的僧人。然而，在同一名單中卻沒有記載與求那跋摩同時代的年輕僧人僧伽跋摩（《薩婆多部毘尼摩得勒伽》〔《大正藏》一四四一號〕譯者）的名字，這點有些奇怪，不能排除其中包含某種混亂的可能性（船山，二〇〇〇a，三三四頁）。另一方面，也有紀錄指出求那跋摩為法藏部的羯磨《曇無德羯磨》（《大正藏》冊五十，頁三四一上；《大正藏》冊五十五，頁十二中、頁一〇四中）之漢譯者（然而，根據平川，一九六〇／九九—二〇〇〇 I，二一六頁中，認為該文本與現存文獻並不對應）。如果假設求那跋摩將《曇無德羯磨》的原典從印度帶來，那麼他有可能出身於法藏部。

㉑ 《高僧傳》和《出三藏記集》等主要佛教史書記載求那跋摩到達建康的時間是元嘉八年（四三一），相對於此，《比丘尼傳》與道宣的幾部著作（《大正藏》冊四十，頁五十一下；《大正藏》冊四十五，頁八一二下）記載為前一年，即元嘉七年。儘管目前尚不清楚這些傳承差異的根據為何，但可以確定的是，《比丘尼傳》中記載的年代確實缺乏一貫性。即《比丘尼傳》的慧果尼傳認為求那跋摩的到來的時間為元嘉六年（《大正藏》冊五十，頁九三七中），而德樂尼傳和淨秀尼傳

為元嘉七年（《大正藏》冊五十，頁九四四下、頁九四五中）。有關近年來的研究，可以參考船山（二〇一八，四十八頁）。

㉒ 求那跋摩從廣州至建康的路線在傳中並沒有明確記載。不過，他從廣州出發北上，在始興郡停留了一年多（《大正藏》冊五十，頁三四〇下），這暗示了路線為陸路。在這種情況下，可以推測其路線為廣州—始興郡—（大庾嶺）—南康郡—豫章郡—江州—（長江）—建康。同樣的路線在《高僧傳》曇摩耶舍傳（《大正藏》冊五十，頁三二九下，與竺法度的出生地相關）中也有所暗示。此外，到了唐代，著名的律師鑑真（六八八—七六三）也曾經走過該路線。總之，建康是作為《菩薩善戒經》相關資訊向中國各地傳播的重要樞紐，這顯示求那跋摩從廣州前至建康的行動值得關注。另一方面，就《菩薩地持經》的情況而言，建康是資訊的接受方。

㉓ 作為聲聞戒資訊的普及情況，智嚴的活動也值得關注。涼州出身的智嚴，作為從西北印度帶著佛馱跋陀羅回到中國的巡禮僧而廣為人知，但巡禮後，智嚴停留在建康。元嘉年間（四二四—五三），因為他自己作為年輕的在家人之時破過五戒，所以擔心成為僧侶之後所受的具足戒的戒體（戒的本質）實際上在自己身上是不成立的，因此決定再次前往印度諮詢合適的人，以消除疑慮，於是再度出發去印度旅行。參考智嚴傳，《大正藏》冊五十五，頁一一二下二十一—二十七行＝《大正藏》冊五十，頁三三九下五—十二行；船山（一九九八b，二七二頁、二八九頁注五十二）。

㉔ 如果根據《高僧傳》和《出三藏記集》的曇摩蜜多傳，曇摩蜜多於四二四年從涼州前往蜀地。另一

方面，《名僧傳》則認為曇摩蜜多於四二二年到達江陵，元嘉初年（四二四）到達建康。

㉕ 另請參考吉川（二〇〇〇，一五三—一五五頁）所指出的跨越南北國境往來的數名重要僧侶。

㉖ 《出家人受菩薩戒法卷第一》（伯希和二一九六號，五一九年在建康書寫）中有「高昌曇景口所傳受菩薩戒法」此一表述。此中「口所傳」的說法，無疑表明曇景親自從高昌來到建康。

㉗ 在印度，菩薩戒的概念主要是通過《菩薩地》和《解深密經》來了解的。《菩薩地》有現存梵本、西藏譯本、玄奘譯本在內的三種漢譯等不同的諸本。如果在這些版本之間比較波羅夷的條數，只有求那跋摩譯《菩薩善戒經》中的八波羅夷說是不同的。也就是說，在印度大乘修行者中，對於不同版本之菩薩戒的波羅夷說，並無統一的必要性或要求。從宏觀上比較印度和中國的經典編纂情況，可以窺見中國《梵網經》的創作者（們）所面臨的特殊狀況。

另外，順便一提，曇無讖所譯的《優婆塞戒經》（《大正藏》一四八八號）提及在家者的六波羅夷、出家者的八波羅夷（《大正藏》冊二十四，頁一〇三五中）。同樣是曇無讖的翻譯，在《菩薩地持經》中是四條，在《優婆塞戒經》中是八條，這顯示出家者波羅夷條數的差異。這可能與《優婆塞戒經》的成立問題有關。

㉘ 慧光撰有「僧制十八條」（《大正藏》冊五十，頁六〇八上）。早在慧光之前，「僧制四十七條」於四九三年在北魏被編撰（諸戶，一九九〇，五十八—六十七頁）。此外，釋道安和慧遠在很久之前也制定了類似的規則，參考前注❽。筆者推測這種「僧制」（教團規則）應是在與社會的聯繫

下，根據中國佛教的實際情況而制定的，應視為與通過律藏的漢譯直接從印度佛教導入的「戒」（sīla）的性質不同。此外土橋（一九七〇／八〇，特別是九一八—九二〇頁），還討論了「僧制」與禪的「清規」的關係。

㉙ 另一方面，也須注意道宣對這一問題的態度與道世不同。請參考土橋（一九八五）。

㉚ 關於對應於漢語「三藏（法師）」的 trepiṭaka（與 tripiṭa 同義），請參考 Forte（1990: 247-248 n.7）。

㉛ 地論宗對佛陀耶舍給予很高的評價，這可能與《高僧傳》和《出三藏記集》中的佛陀耶舍傳有關。據傳中記載，佛陀耶舍對於《十地經》擁有比鳩摩羅什更深厚的知識（《大正藏》冊五十，頁三三四中＝《大正藏》冊五十五，頁一〇二下）。

㉜ 請參考《毘尼心》（斯坦因帶來的敦煌寫本四九〇號，伯希和帶來的敦煌寫本二一四八號）。據青木（二〇〇〇，一九七、二〇〇頁）的說法，《毘尼心》被分類為地論宗文獻的第二期。「菩薩根性」與「罽賓三藏大乘律師佛陀耶舍」這一表達見於《毘尼心》（《大正藏》冊八十五，頁六五九中）。順便一提，將佛陀耶舍稱為「大乘三藏」這一表達，也出現在《四分律》高麗藏再雕本所附的序中（作者不明，《大正藏》冊二十二，頁五六七上）。

第二章　大乘的菩薩戒（概觀）

在印度大乘佛教成立一段時間後，部分大乘佛教徒中開始出現一種動向，將適合大乘佛教的戒律稱為「菩薩戒」，並且想要受持這種戒律。菩薩戒是一種大乘佛教獨有的戒律，旨在系統地規定為了達到菩薩這一大乘理想形象所需的實踐項目和心態。

一般而言，當一個佛教徒在日常生活中區分應該做和不應該做的事情時，行為的規範是什麼呢？對於聲聞乘（所謂小乘）而言，如果是在家者，行為規範是不殺生、不偷盜、不邪淫、不妄語、不飲酒等五戒（pañca-śīla，五種習慣性的行為），如果是出家者，就是具足戒（upasampadā，〔入門條件的〕具備、充足）。所謂具足戒，就是律（vinaya）所規定的比丘應該遵守的二百五十戒，比丘尼的五百戒。那麼，相對而言，大乘的行為規範又是什麼呢？也就是說，當一個人信仰大乘佛教，並決心按照經典教導的方式以菩薩的方式生活，他應該將什麼作為行為規範呢？答案正是菩薩戒。那麼，菩薩戒的具體內容是什麼呢？與聲聞乘的行為規範相比有何特色？此外，大乘初期的文獻中稱為大乘戒律的十善戒和菩薩戒有何關係（換言之，所謂的大乘戒和菩薩戒是否完全相同，或者它們之間存在某些差異）？並且，歷史上所有的大乘佛教徒都實踐菩薩戒嗎，或者大乘佛教中有些人實踐菩薩戒，而另一些人則沒有呢？應該如何看待菩薩戒實踐者和大乘學派（如瑜伽行派、中觀派等）之間的關係？鑑於以上問題的考量，本章將以菩薩戒作為探究對象，概述菩薩戒在印度和中國的早期成立狀況與傳播的基本事項，並指出菩薩戒這一學說的特徵以及其中涉及的一些問題。

菩薩戒的概念，如下文所述，是在印度大乘佛教的某個時期由瑜伽行派的人們所建立的。不過，具體情況仍有許多不明之處，關於其後的發展，目前實際上僅能釐清一些片段的事情。然而，可以肯定的是，菩薩戒自其確立以來，直至印度佛教的末期，都被相當多的人以某種形式不斷傳承和實踐。此外，也可以知道，這一戒律傳入中國，並在中國的佛教徒中取得新的發展。就某種意義而言，甚至比在印度本土更為活躍。菩薩戒在中國的起源可以追溯到五世紀前半，此後，菩薩戒在中國大陸廣泛流傳，跨越不同時代和地區。在中國，菩薩戒有時具有作為出家人嚴格戒律生活的基礎的意義，有時被視為王侯貴族等在家人的生活指南，有時甚至被利用作為炫耀他們在佛教信仰中某種地位的工具。此外，菩薩戒的教義也在中國產生了特有的新經典，即所謂的偽經，也就是偽造的經典，不僅對中國，而且對漢字文化圈的所有佛教都具有重要意義。雖然本章無法詳細討論，但在日本，從中國傳入的菩薩戒教義也經歷了進一步的變革，例如，在最澄的圓頓戒說和鎌倉戒律復興運動等各種局面中產生了新的開展。總之，菩薩戒從理想的修行者形象到出家者戒律的實際運用，乃至虔誠的信仰者或形式上的信仰者，實際上都在各個層面對於東亞佛教的特質具有重要影響。

本章首先探討菩薩戒的本質，並介紹其最初傳入中國時的相關背景與資料。毋庸置疑，菩薩戒之傳入中國是建立在印度佛教菩薩戒的確立與普及之基礎上。然而，由於菩薩戒在印度的具體情況仍有諸多未解之處，因此，儘管這與歷史發展的順序相反，我們將先聚焦於菩薩戒在中國早期的發展情況。

一、在中國的菩薩戒的開端

在中國，菩薩戒被視為佛教徒應當遵守的戒律之一，並與聲聞乘的律密切相關。戒（śīla，指習慣性的行為）和律（vinaya，指〔出家者的〕紀律及其文本）當然是不同的，但尤其是在中國，常常不區分戒和律，而統稱為戒律，以此一傾向為背景，菩薩戒也可以在戒律的語境中來理解（戒和律的關係問題將在後文中詳細討論）。

（一）五世紀的戒律書

從這個視角來看，五世紀的百年間可視為戒律傳播普及歷史上的一個重要時期（參考本書第二篇第一章，或 Funayama 2004）。在此時期，各種主要的律文獻相繼被漢譯，作為實踐基礎之用，同時，這也是有別於「小乘律」的菩薩戒，作為「大乘戒」在中國佛教徒中廣為人知、迅速普及的一個世紀。當然，在四世紀末之前，佛教徒對於戒律已有所了解，但資訊十分有限。直到五世紀的最初十年，在後秦姚興（在位於三九四—四一六）所統治的長安（今陝西省西安），鳩摩羅什（約三五〇—四〇九左右）所翻譯的《十誦律》（《大正藏》一四三五號）是詳細說明戒律內容的律文獻，也是律文獻漢譯之嚆矢。《十誦律》是薩婆多部，即說一切有部的律典。緊接其後，同在長安，法藏部（曇無德部）的《四分律》（《大正藏》一四二八號）由佛陀耶舍、竺佛念等人譯出。而且，比鳩摩羅什晚了大約十年的時期，在南朝都城建康（今江蘇省南京），大眾部（摩訶僧祇部）的《摩訶僧祇律》（《大正藏》一四二五號）由佛馱跋陀羅和法顯等人譯出，化地部（彌沙塞部）的《五分律》（《大正藏》一四二一號）由佛陀什和智勝等人譯出。由於這四種律的譯出，之前深感戒律相關的詳細資訊不足的漢人僧眾們，競相學習這些新文獻，並將其作為自己教團的運作基礎。特別是在南朝，出家人專門以《十誦律》作為戒律實踐的具體基礎。另一方面，根據《魏書》〈釋老志〉的記載，北朝的北魏地區則主要使用《摩訶僧祇律》。另外，唐代道宣的南山宗將《四分律》作為實踐的基礎，這一情況最早可以追溯到六世紀的華北地論宗的慧光時期，而在五世紀時，《四分律》雖然被作為學習的對象，但作為實踐基礎的功能並未充分發揮。

在長安和建康的比丘、比丘尼們不斷深化對聲聞乘律的新知識的同時，在中國文化圈的西部地區，另一個重要的趨勢也迅速興起並普及開來。在玄始元年（四一二），印度僧人曇無讖（三八五—四三三）抵達沮渠蒙遜所統治的北涼國（五胡十六國之一）的都城姑臧（今甘肅省武威），翻譯了一系列新的大乘經典和論書。他帶來的新文獻，與之前活躍的鳩摩羅什所翻譯的文獻性質有所不同。其中代表性的翻譯有《大般涅槃經》（《大正藏》三七四號），而在戒律方面更為重要的是宣揚菩薩戒教義的《菩薩地持經》（《大正藏》一五八一號）。值得一提的是，鳩摩羅什主要帶來了與空性思想和以龍樹為祖師的中觀派思想相關的大乘諸經典，並在短短十年間翻譯了這些文獻，但他所處的環境並不了解菩薩戒這一更新的教說。此外，曇無讖帶來的如來藏教義也顯示了大乘新的發展，這在羅什的翻譯中未曾見到。

（二）曇無讖、道進

曇無讖傳收錄於梁代僧祐所撰的《出三藏記集》卷十四、梁代慧皎所撰的《高僧傳》

卷二（吉川、船山，二〇〇九a，二二一—二三五頁）。關於中國歷史上首次接受菩薩戒，特別在後者的著作中有所記載。在中國，最初被授予菩薩戒的僧侶是道進，他是曇無讖的直傳弟子。其受戒過程被記載在《高僧傳》的曇無讖傳中，另一方面，道進被認為與《高僧傳》卷十二中立傳的法進（於四四四年在高昌逝世）是相同的人物。

首先，介紹《高僧傳》卷二的曇無讖傳中道進受戒的內容：

初，讖在姑臧，有張掖沙門道進，欲從讖受菩薩戒，讖云：「且悔過。」乃竭誠七日七夜，至第八日，詣讖求受，讖忽大怒。進更思惟：「但是我業障未消耳。」乃勠力三年，且禪且懺，進即於定中，見釋迦文佛與諸大士授己戒法。其夕同止十餘人，皆感夢如進所見。進欲詣讖說之，未及至數十步，讖驚起唱言：「善哉！善哉！已感戒矣，吾當更為汝作證。」次第於佛像前為說戒相。（《大正藏》冊五十，頁三三六下）

曇無讖在姑臧時，有張掖出身的沙門道進，想從曇無讖受菩薩戒。曇無讖說：「首先要悔改過去的罪過。」於是道進七日七夜誠心誠意地（進行懺悔），在第八天，到曇無讖處求受戒。曇無讖突然怒吼起來。道進再次思惟，這是因為我惡業的障礙還沒有除盡。於是，三年中致力於冥想和懺悔，在冥想中親眼看到釋迦牟尼佛與諸菩薩大士一起授予自己戒法。

當晚，一起生活的十多個人都在夢中共同體驗了和道進所見相同的情景。道進決定前去告訴曇無讖這件事。走到曇無讖身前數十步（一步不到一點五米），曇無讖就吃驚地說：「太棒了！太棒了！你已經感得菩薩戒了。我將再次作為你的受戒證人。」於是，曇無讖為他在佛像前依次地說明戒的具體項目。

雖然故事中沒有明確記載發生在什麼時候，但可以確定這一事件發生在曇無讖於姑臧逝世的四三三年之前。這段逸聞在如下幾個方面非常有趣。

第一，師父曇無讖要求道進徹底懺悔，認為這是受持菩薩戒必不可少的條件。有學者已經考證了，原文中的「悔過」（悔改罪過）與「懺悔」是同義的（平川，一九七六／九〇，四三一—四五三頁）。二者都意味著將罪業在他人面前徹底坦白，滅除已犯罪行的餘力，以淨化心靈。❶在以上的記載中，道進在懺悔和禪定上花了三年時間。不過，受戒並不一定需要如此長的時間。❷暫且不論時間長短，接受菩薩戒需要在一定時間內先進行徹底的懺悔，從而淨化自己的身心。

第二，道進在冥想中被釋迦牟尼直接授予菩薩戒。道進當初請求從師父曇無讖受戒，但是最終不是從曇無讖，而是從釋迦牟尼佛授戒。授戒的主體是佛，這是菩薩戒的特徵之一。一般而言，在聲聞乘一般的受戒儀禮情況下，戒原則上是由比丘授予的，這樣經由其他修行者接受戒的方法被稱為從他受戒。這種受戒法，如果追溯所謂師資相承的系譜的話，可以一直連接到釋迦牟尼佛，這一點很重要。雖然是間接的，但具有代代相承釋迦牟尼佛制定的戒律的特徵。另一方面，在菩薩戒中，有時在受戒者的冥想或者夢中會出現釋迦牟尼佛或其他佛菩薩，並直接從佛菩薩處獲得戒。這種受戒方法是通過向佛或菩薩親自表明菩薩的誓願來實現的，因此經常被稱為自誓受戒。實際上，唐朝道世撰《法苑珠林》卷八十九將道進受戒視為中國菩薩戒的開端，並規範道進受戒是「自誓受戒」（《大正藏》冊五十三，頁九三九上）。在自誓受戒時，以親眼見佛或者佛的應現為前提條件，因此極力主張徹底懺悔。通過懺悔，自己惡業的力量被減弱或消除，使修行者的心變得清淨無染。而且，通過消除阻礙佛菩薩應現的汙染，佛和菩薩得以應現，並通過其宗教經驗，可以從這些佛菩薩處直接獲得受戒的認證。❸

第三，道進的受戒最終被師父曇無讖認可，並且曇無讖說明了戒的具體項目（原文為「戒相」）。這一記載表明，曇無讖根據某種文本，逐一具體確認了菩薩戒的內容。雖然沒有明確記載其內容，但很可能是《菩薩地持經》〈戒品〉的一部分。關於菩薩戒傳入中國，《高僧傳》有如下敘述：

> 有別記云：「《菩薩地持經》應是伊波勒菩薩傳來此土。」後果是讖所傳譯，疑讖

或非凡也。（《大正藏》冊五十，頁三三七上）

在另一個紀錄中說：「《菩薩地持經》是伊波勒菩薩帶到此地，並將其傳播開來。」其後，果然是曇無讖翻譯了此經，因此曇無讖不是普通人吧！

在此，本傳撰者慧皎承認道進受戒與《菩薩地持經》的關聯。由此可以看出，對於曇無讖而言，菩薩戒的教說是基於《菩薩地持經》的。

雖然還有其他值得注意的事項，但為了避免繁瑣，現在暫且提出上述三點。這些都充分地反映了菩薩戒的基本特徵。此外，關於道進，曇無讖傳中還有如下的說明。

於是從進受者，千有餘人。傳授此法，迄至于今，皆讖之餘則。（《大正藏》冊五十，三三六下—三三七上）

這樣，從道進受戒的人達到千人以上。當時的受戒法被傳授至今，都是曇無讖留給後世的規範。

因此，大乘佛教徒戒律的菩薩戒，由曇無讖首次傳入中國文化圈，並且在他的直傳弟子之一的道進受戒之後，道進也成為戒師，並且有相當多的人從道進受戒。此外，這種影響不僅限於姑臧和高昌，而且擴及中國全境。本文將於第三節確認菩薩戒在中國開展的情況，在此之前，筆者希望將考察的焦點轉向曇無讖的家鄉印度，並總結目前所知的有關印度佛教中菩薩戒的意義。

二、印度的大乘戒

（一）大乘戒與菩薩戒

在談及印度的菩薩戒之前，為了避免理解上的混亂，首先將兩個術語加以區分會更加清晰明瞭。這兩個詞語分別是在大乘佛教經典中廣泛提及的「大乘戒」（也被稱為大乘的戒，或大乘中的戒），以及菩薩應當遵守的具有特殊性質的「菩薩戒」。前者在年代上與大乘佛教的形成同時開始出現，而後者稍晚一些，是在特定的文本中確立的概念。對於一般意義上的大乘戒，特別需要關注的關鍵詞是「十善」和「戒波羅蜜」。這兩者雖然是不同的概念，但同時也密切相關。

眾所周知，「十善」是從身、口、意三業的角度，簡稱為「身三、口四、意三」。即作為身體行為的三種善行、作為語言行為的四種善行、作為心理行為的三種善行。如果以鳩摩羅什譯《小品般若波羅蜜經》〈阿惟越致相品〉的漢譯來表示它們，就是不殺生、不偷盜、不邪淫（以上簡稱「身三」）、不妄語、不兩舌、不惡口、不無益語（＝不綺語）（以上簡稱「口四」）、不貪嫉（＝不貪婪）、不瞋惱（＝不瞋恚）、不邪見（以上簡稱「意三」））（《大正藏》冊八，頁五六四上）。這樣的十善汲取了部派佛教中十善業道說的法流。平川彰（一九六八／九〇）對其詳細情況進行了全面的考察。

另一方面，「戒波羅蜜」是六波羅蜜之一，又稱尸波羅蜜、尸羅波羅蜜。對應的梵語是 **śīlapāramitā**，意為「完美的戒」。

以上所示的兩個關鍵詞雖然是視角不同的語詞，但實際上是以密切相關的形式出現在經典和論書中。總之，較早期的大乘經典中的戒波羅蜜無非就是十善（平川，一九六八／九〇，二〇七頁）。

從這種初期大乘戒學思想的發展，稍後出現的新戒學概念就是菩薩戒。這一概念與《般若經》或中觀派的說法有所不同，首次出現在瑜伽行派的文獻中。讓我們簡單地來看一下此點。

（二）關於《菩薩地》

菩薩戒的論述最初是由瑜伽行派的人們記錄下來的。具體地說，詳細的記載可以在《瑜伽師地論》（*Yogacārabhūmi*）本地分（maulī bhūmiḥ）的《菩薩地》

（Bodhisattvabhūmi）的〈戒品〉（śīlapaṭala）中找到。所謂〈戒品〉，就是宣說六波羅蜜中的戒波羅蜜的章節。

關於《菩薩地》的梵本，有如下兩個校訂本：

Unrai Wogihara (ed.), *Bodhisattvabhūmi: A Statement of Whole Course of the Bodhisattva (Being Fifteenth Section of Yogācārabhūmi)*, Tokyo: Sankibo, 1971 (originally published in 1930-36).〔以下略記為W〕

Nalinaksha Dutt (ed.), *Bodhisattvabhūmiḥ: Being the XVth Section of Asangapāda's Yogācārabhūmiḥ*, Patna: K. P. Jayaswal Research Institute, 1978.〔以下略記為D〕

《菩薩地》的漢譯有以下三種，按成立順序依次為：

1. 北涼曇無讖譯《菩薩地持經》十卷（《大正藏》一五八一號）。
2. 南朝宋求那跋摩譯《菩薩善戒經》九卷（《大正藏》一五八二號）和《菩薩善戒經》一卷（一五八三號）。
3. 唐朝玄奘譯《瑜伽師地論》百卷（《大正藏》一五七九號）中收錄的《菩薩

地》。

雖然無法考證曇無讖譯《菩薩地持經》的譯出年代，但有一種說法是玄始七年（四一八）十月翻譯的（根據宋《思溪藏》《出三藏記集》卷二的「新集撰出經律論錄」等。不過，高麗版沒有這一記載）。

根據《高僧傳》卷三的本傳，求那跋摩於元嘉八年（四三一）正月抵達建康，並於同年九月二十八日突然逝世，因此，可以確定《菩薩善戒經》是在這一年翻譯的。然而，同樣根據其本傳，在求那跋摩急逝後，三十品中的兩品大概是由他的弟子代為譯出的。這兩品很自然地會設想為最後的兩品（〈三十二相八十種好品〉和〈住品〉），可以認為作為第十一品的〈戒品〉是在求那跋摩生前譯出的（船山，一九九五，四十八—四十九頁）。

玄奘譯《瑜伽師地論》於貞觀二十二年（六四八）譯出。

其中，求那跋摩譯《菩薩善戒經》與梵文原典、藏文譯本（詳細內容略）以及其他兩種漢譯本相比，有許多顯著的差異。可以看出，《菩薩善戒經》是基於《菩薩地》的特殊系統，與《菩薩地持經》等不同。此外，關於〈戒品〉，有基於梵文原典和藏文翻譯的現代日語翻譯（藤田光寬，一九八九、一九九〇、一九九一）。

（三）三聚戒

根據《菩薩地》文獻的基礎資訊，接下來讓我們簡要敘述《菩薩地》所說的菩薩戒的基本事項。根據《菩薩地》〈戒品〉的說法，菩薩應該受持的戒波羅蜜從九個方面進行解釋。如果以《菩薩地持經》卷四中〈戒品〉的術語來表示，九種分別是自性戒、一切戒、難戒、一切門戒、善人戒、一切行戒、除惱戒、此世他世樂戒、清淨戒。其中，菩薩戒被描述為「菩薩的戒（bodhisattvaśīla）」、「對於菩薩們的戒（bodhisattvānāṃ śīlam）」、「菩薩戒的防護力（bodhisattvaśīlasaṃvara）」等，在九種戒的第二種一切戒中進行展開。[4]而一切戒分為出家者和在家者兩種，內容上則包含三個構成要素。如下所述：

> 其中，什麼是菩薩的一切戒？概而言之，菩薩有在家的戒和出家的戒，二者都被稱為一切戒。而且，立足於在家立場上的戒和立足於出家立場上的戒，概括起來有三種，分別是防止〔惡〕的戒（saṃvaraśīla）、攝持善法的戒（kuśaladharmasaṃgrāhaka-śīla）、對眾生實行有益之事的戒（sattvārthakriyā-śīla）。
> （W 138, 18-23. D 96, 6-9）

這裡所示的三要素通常被稱為「三聚戒」（trividha śīlaskandha, W 152, 22. D 105, 7，三種

戒的根本）或「三聚淨戒」。關於三種戒的名稱，以上的譯文中特意以直譯表示，而根據漢譯的表達，相當於曇無讖譯《菩薩地持經》中的律儀戒、攝善法戒（總括善法的戒）、攝眾生戒（總括〔為了〕眾生〔的行為〕的戒）。玄奘譯第一、第二種的名稱相同，第三種為饒益有情戒（利益眾生之戒）。在與梵語的接近性這一點來說，比起曇無讖譯，玄奘所譯的「饒益有情戒」更為準確。在求那跋摩譯中，則是將它們分別表達為戒、受善法戒、為利益眾生故行戒（為了利益眾生而行的戒）。此外，與這三項對應的語句也出現在《解深密經》中。關於這兩種文獻的先後關係有不同的說法，但本章暫且假設《菩薩地》在時間上先於《解深密經》。[5]無論如何，不管採取哪一種表達，菩薩戒是指這三個要素的總體，而且，對於接受菩薩戒的人來說，無論是出家者還是在家人，在本質上並無差別。此外，接受菩薩戒的人，無論出家在家、男女老少，都應當視自己為菩薩，也應當被他人視為菩薩。[6]

接下來，讓我們檢視大乘戒與通常的聲聞戒之間的關係。作為三聚戒的第一要素的律儀戒是什麼呢？根據《菩薩地》〈戒品〉的教說，指的就是比丘、比丘尼、沙彌、沙彌尼、式叉摩那、優婆塞、優婆夷等七眾在各自的立場上已經受持的戒。換句話說，在傳統的聲聞乘的意義上，作為佛教徒必須接受適當的戒律，而這些戒律，在菩薩戒中被稱為律儀戒，作為構成菩薩戒的一部分。這表明，菩薩戒並不與通常的戒律相衝突，而是將其含攝在內。

第二要素是攝善法戒，意味著積極實踐一切善行，但《菩薩地》並沒有具體列舉出它到底包含哪些行為。另外，在菩薩戒成立之前就已經宣說的大乘戒的十善戒，其與菩薩戒之間的關係，很少有文獻進行明確的說明，但根據《菩薩善戒經》的記載，表明將身、口、意的十種善法作為受善法戒的一部分（《大正藏》冊三十，頁九八二下）。因此，十善戒可以解釋為直接涵蓋在攝善法戒之中。上文已知，在早期的大乘經典中，戒波羅蜜有時被解釋為十善戒。另一方面，在《菩薩地》中，從九種視角解說戒波羅蜜，在其中的一切戒中規定了菩薩戒，並且攝善法戒被視為菩薩戒三大支柱之一。由此可以看出，菩薩戒這一概念比之前作為大乘戒代表的十善有進一步地擴張和發展。

第三要素是攝眾生戒（饒益有情戒），與梵文原語都意為「對眾生有益的戒」（sattvānugrāhakaṃ śīlam, W 140, 4. D 97, 9），其中列舉了十一種行為。例如，看到眾生困苦，就應當施捨必要的物品；對犯下過錯的人，就應該出於慈悲心地責備並促使其悔改等。詳細內容在此不一一展開。

在以上三要素中，「律儀戒」是指通常戒本身，因此涉及到禁止某些行為的否定性表達。與此相對，「攝善法戒」和「攝眾生戒」分別在積極地行善和為他人帶來益處的意義上，具有積極、肯定的特性。也就是說，菩薩戒不僅僅是單純的不作惡（止惡），還包括積極地做善行（行善）、救濟他人（利他）的菩薩行理念，三者總稱為三聚戒。因此，菩薩戒具有無法網羅性地具體列出全部條目的特性。

（四）受戒儀禮

菩薩戒的另一個特徵是具體規定了受戒方式，並且這種方式與聲聞乘中通常受戒的方式有很大的不同。舉例來說，在比丘受具足戒的情況下，為了完成一個人的受戒，至少需要十名參與者，通常被稱為「三師七證」，但菩薩戒並沒有這樣的規定。如上所述，菩薩戒的受戒有從他受戒和自誓受戒兩種方式，而在從他受戒的情況下，即通過人類戒師進行受戒的情況下，只要有求受戒者和戒師在場，受戒便能成立。因為在菩薩戒中，戒師被稱為智者（vijña-，具有知識的人），具備進行儀禮所需的知識，並作為儀禮的主持者，但實際上授予戒的不是戒師。儀禮是在佛像前舉行的，授戒的始終是佛，並且見證受戒成立的證人（sākṣin）也不是人類，而是十方的諸佛諸菩薩，因此在儀禮現場有多少僧侶在本質上並不重要。不過，當然地，十方諸佛和諸菩薩與人類不同，在受戒儀式上實際上無法被目睹。這個儀禮是通過向這些我們看不見的佛菩薩表達，並獲得他們的認證。在實際的受戒儀禮上，可能會有其他人在場，但他們並不是受戒所必需的成員。菩薩戒的從他受戒實際上是在一種奇特的情景中進行的，其中求受戒者和戒師對看不見的存在表達意願。另一方面，作為另一種受戒法的自誓受戒的受戒方式，更為獨特。在《菩薩地》中，自誓受戒是在沒有合適的戒師時所採取的方法，在這種情況下，求受戒者自己在佛像前直接對諸佛諸菩薩說話，從而實現受戒。也就是說，在儀禮中可見的只有求受戒者一個人，他對看不見的存在說話，並取得認證，這是自誓受戒儀禮的進行方式。

（五）菩薩的自覺與輪迴轉生

通常的戒律中，有些是終身受持的戒，也有一些是較短期的戒。終身受持，常常被形容為「盡形壽」（直到肉體和壽命的盡頭）。此外，還有較短期的戒，例如八關齋戒，也被稱為一日戒。相較之下，菩薩戒具有重要特色。作為菩薩戒基礎的菩薩行，從發菩提心開始，經過無數次的輪迴轉生，直到最終證得菩提成佛。因此，在菩薩戒的受戒儀禮的一開始，戒師會提出兩個非常獨特的問題。即，「你是否是菩薩」以及「你是否已經發菩薩誓願（kṛtapraṇidhāna）」。前者詢問希望受戒者是否具有作為菩薩的自覺，後者詢問求受戒者是否已經具備菩薩的發菩提心（發心、發菩提願）。對此，求受戒者必須肯定地回答，並在充分意識到菩薩行的意義的基礎上，向諸佛諸菩薩祈求接受菩薩戒，並取得他們的認證，才能成為菩薩。所謂受菩薩戒，不僅在現世，還包括來世和未來生生世世，受戒者都要一直以菩薩的身分生活，並且自己和他人都要認可這一點。

（六）重罪的種類

菩薩戒的另一個特徵是明確規定了菩薩絕對不能犯的重罪，以及相對輕微的罪行。總結這些禁止事項的具體條文集是「波羅提木叉（prātimokṣa）」，又稱為「戒本」。重罪被稱為「波羅夷（pārājika）」，這個術語很難準確地翻譯成中文（玄奘譯作「他勝處」），它是從傳統的聲聞乘律中借用而來。在聲聞乘律中，這是要被逐出教團的最嚴重的罪行，包括淫、殺人、偷盜、大妄語四種。

菩薩戒的特徵也體現在波羅夷的內容和數量上。《菩薩地》列舉了四種（與聲聞乘律的四種波羅夷內容不同），曇無讖譯《菩薩地持經》也是如此，然而，求那跋摩譯《菩薩善戒經》僅以出家菩薩為對象列舉八種重罪，另一方面，曇無讖譯《優婆塞戒經》僅以在家菩薩為對象規定六種重罪。因此，不同經典中對於重罪的條數和內容存在著顯著的差異。

（七）在《菩薩地》之後

在《菩薩地》中展開的菩薩戒後來是如何傳承和發展的，這是一個非常有趣的課題，然而遺憾的是，我們對此所知不多。關於印度的菩薩戒，平川彰（一九六〇b／九〇，二四七—二四八頁）（一九六〇a／九〇，二六七—二七二頁）深入研究了由杜特

（Nalinaksha Dutt）出版的 *Bodhisattvaprātimokṣa*（菩薩波羅提木叉，Dutt 1931）此一成立年代未詳的文獻，此外，他還考察了寂天（Śāntideva，七世紀左右）的《入菩提行論（*Bodhicaryāvatāra*）》和《學處集成》（*Śikṣāsamuccaya*，對應的漢譯為《大乘集菩薩學論》）中所見的菩薩學處（śikṣāpada）。羽田野伯猷（一九七七／八八）總結了月宮（Candragomin，七世紀左右）《菩薩律儀二十》及作為其注釋的寂護（Śāntarakṣita，約七二五—八八左右）《菩薩律儀二十註》的特色概要，此外，關於這一文獻，也有藤田光寬（一九八三）（二〇〇二）（二〇〇三）周密的研究。另外，也有其他研究者關於這些以外的文本研究（沖本，一九七二；藤田光寬，一九八八）。然而，關於菩薩戒，初期瑜伽行派的菩薩戒說在後世中具體是如何繼承和發展的，或者是由何人或學派維持的，還是應該理解為超越了瑜伽行派產生的原始語境，進而與大乘全體相結合等，這些問題尚未被充分闡明，筆者期待未來的研究有進一步的突破。

三、在中國的開展

根據上一節確認的印度佛教中的菩薩戒形成史，我們再次將目光轉向中國。正如前面第一節所述，《菩薩地》〈戒品〉的菩薩戒教說是由曇無讖引進中國的，在他的指導下，道進（法進）完成了菩薩戒的受戒，並傳授予很多人菩薩戒。那麼，在道進之後，菩薩戒在中國佛教史上又是如何開展的呢？

（一）《出家人受菩薩戒法》

在了解中國最早期的菩薩戒接受史上，有一部不可或缺的文獻，即伯希和帶來的敦煌寫本二一九六號《出家人受菩薩戒法》。此文獻只殘留卷一，雖然缺少卷首，但卷一的內容大部分仍然完整。根據一份明確記載於梁天監十八年（五一九）夏五月所敕寫的跋文，可知這部文獻是受梁武帝（在位於五〇二—四九）敕命而抄寫的。雖然沒有確切的證據，但根據當時武帝的整體佛教活動來看，很可能是在天監十八年五月，武帝不僅命令抄寫現有的文獻，還同時進行了這一新文獻的編纂和抄寫等一系列活動。

關於這一文獻，有各種研究論文（土橋，一九六八／八〇；諏訪，一九七一／九七、一九七二a／九七、一九七二b／九七；船山，一九九五；Janousch 1999；阿，二〇〇六）。這些論文闡明了流傳於南朝都城建康的菩薩戒受戒方法共有以下六種，據傳天台智顗所作的《菩薩戒義疏》也吸收了這些方法。

《出家人受菩薩戒法》卷一由九章組成，其「序一」記載戒本（即波羅提木叉）大致分為《菩薩地持經》和《梵網經》兩種，而且當時流傳於世的「菩薩戒法」有以下六種：

1. 根據鳩摩羅什《梵網經》的菩薩戒法。
2. 根據《菩薩地持經》和《梵網經》兩者，直接由高昌曇景所流傳的受菩薩戒法。
3. 長沙寺玄暢所撰的菩薩戒法。
4. 根據《優婆塞戒經》，在建康流傳的菩薩戒法。
5. 根據《菩薩瓔珞本業經》所撰的菩薩戒法。
6. 根據《觀普賢行經》所撰的菩薩戒法。

從與智顗《菩薩戒義疏》的說明比較中可以看出，這些所謂的菩薩戒法主要是指受戒法（《大正藏》冊四十，頁五六八上—五六九上）。

以上六種菩薩戒法可以簡單解釋如下。首先，關於《梵網經》（《大正藏》一四八四號），雖然《出家人受菩薩戒法》無疑將之視為羅什的翻譯，但正如後文所提到的，現在幾乎可以確定該經是在中國成立的偽造經典，而非羅什的翻譯。有關梵網戒的概要將在後文敘述。❼

關於第二種，雖然高昌曇景在《高僧傳》中沒有詳細的記載，但北涼被北魏滅國（四三九年）以後，北涼的沮渠氏於四四二—六〇年占據高昌，因此可以推測曇景是與沮渠氏一起行動的，也就是與曇無讖和道進同系的人物。另外，《出家人受菩薩戒法》的敘述是

「高昌曇景口所傳受菩薩戒法」，因此可以推斷曇景可能親自來到建康，傳播了高昌直傳的受戒法。

關於第三種，長沙寺的玄暢（四一六—八四，立傳於《高僧傳》卷八）是玄高（四〇二—四四，立傳於《高僧傳》卷十一）的弟子。他們都屬於曇無讖的系統。

關於第四種，《優婆塞戒經》（《大正藏》一四八八號）由曇無讖所譯，其〈受戒品〉宣說了優婆塞即男性在家信徒應該受持的菩薩戒。其特徵尤其在於將優婆塞菩薩的重罪列舉為六種（六重法），並逐一規定（《大正藏》冊二十四，頁一〇四九上—中）。而《菩薩地持經》中規定的菩薩戒適用於出家者和在家者，其中所說的重罪有四種（四波羅夷，《大正藏》冊三十，頁九一三中）。儘管《優婆塞戒經》和《菩薩地持經》都來源於曇無讖，但在菩薩戒的內容規定上卻存在差異。

關於第五種中的《菩薩瓔珞本業經》，雖然《出家人受菩薩戒法》未具體指明譯者的姓名，但目前已有論述指出，這是基於《梵網經》，並且是緊接《梵網經》之後在中國偽造的經典。關於它與《梵網經》的關聯，我們將在稍後進行探討。

第六種中的《觀普賢行經》是指曇摩蜜多（三五六—四四二）所譯的《觀普賢菩薩行法經》（《大正藏》二七七號），又稱為《普賢觀經》。在該經的末尾（《大正藏》冊九，頁三九三下），講述了一位修行者通過進行徹底的懺悔以淨化心靈，然後以釋迦牟尼佛為和上，自誓受戒菩薩戒的方法。因此，這可能是被視為第六種菩薩戒法的原因。

《出家人受菩薩戒法》所說的菩薩戒的特徵並不僅限於上述幾種。例如，受戒儀禮極其詳細，也是其中一個特徵，特別是授予菩薩名稱的一段，是印度諸文獻中未曾見過的獨特之處（勝野，二〇〇二）。另外，該文獻將「律儀戒」（三聚的第一戒）稱為「攝大威儀戒」或「調御戒」，並且認為將聲聞乘受持的戒納入菩薩戒三聚之一有兩種方法，即「重受」（重新接受）和「轉戒」（將已經接受的戒轉換為菩薩戒之一部分），而且詳細規定了各種操作方法，這也是該文獻的特色之一。此外，該文獻認為攝善法戒（與十善的內容不同）和攝眾生戒（通常是十一種）各有十種，並具體列舉出；在受戒後確認戒相（具體戒條）時採用了《梵網經》的十波羅夷，這也是該文獻的一個值得關注的特徵。

（二）與皇帝或貴族的關聯

從上述內容我們可以大致了解在中國的菩薩戒從曇無讖到梁武帝的大致發展過程，而除了上述六種以外，還有其他值得關注的經典。例如，南朝宋元嘉八年（四三一）求那跋摩譯出的《菩薩善戒經》（前文已經提及）就是其中之一。作為相關事項，《高僧傳》卷三中求那跋摩傳的資訊值得關注（《大正藏》冊五十，頁三四一中），宋文帝曾希望從求那跋摩獲得菩薩戒。雖然由於求那跋摩突然逝世，文帝未能實現他的受戒願望，但在南朝，菩薩戒從傳入之初就與皇帝這一在家的最高統治者聯繫在一起。之後，有宋明帝受戒的紀錄，而歷代皇帝中最有名、最虔誠的菩薩戒受持者是梁武帝（法名為「冠達」）。武帝後來傾向於佛教，被稱為「溺於釋教」（《南史》卷七，〈梁本紀〉之論），被認為是梁代滅亡的一個重大原因。然而，在武帝統治前半期，他的佛教信仰並不算過度。劃分武帝前後期的事件就是天監十八年四月八日佛誕日所舉行的菩薩戒受戒儀禮。前文提到的《出家人受菩薩戒法》就是在約一個月後由敕令寫成的。

菩薩戒的受戒不僅限於皇帝，而是廣泛地進行，無論是出家還是在家的人都有。從《僧傳》等記載中，我們至少可以舉出宋、齊時期二十位以上的知名人士受戒的例子（船山，一九九五，七十七—七十九頁，一〇八頁）。另外，儘管現在不再現存，但從《出三藏記集》卷十二中可以得知曾有一份名為「宋齊勝士受菩薩戒名錄」的紀錄存在。由此可見，當時許多王侯貴族風靡一時地接受了菩薩戒。

梁武帝，尤其是在對諸佛諸菩薩的懺悔文（懺悔的表白文）中，曾自稱為「菩薩戒弟子皇帝」（被授予菩薩戒的佛弟子皇帝）。這個名稱不僅被用於武帝，也被之後的皇帝所用。例如，梁代簡文帝（在位於五四九—五五一）、陳代文帝（在位於五五九—六六）、宣帝（在位於五六八—八二）等接受菩薩戒，並留下了自稱為「菩薩戒弟子皇帝」的懺悔文。此外，後來成為隋煬帝（在位於六〇四—一七）的楊廣，在開皇十一年（五九一）還是晉王之際，從天台智顗接受了基於《梵網經》的菩薩戒（法名為「總持」），並在即位後自稱為「菩薩戒弟子皇帝總持」。❽值得一提的是，在北朝的北魏，皇帝被視為「當今如來」，這一事實可以從《魏書》〈釋老志〉得知，與此相對，南朝的諸皇帝使用「菩薩戒弟子皇帝」的稱號，將自己視為如來的弟子。將皇帝視為佛本身，還是佛弟子，這一點在考慮當時佛教中南、北的差異方面非常有趣。此外，雖然不是皇帝，但「菩薩戒弟子」這一稱呼被用於梁代沈約（四四一—五一三）和陳代曹毘（《續高僧傳》卷一，《大正藏》冊五十，頁四三一中）等。順便一提，從理念上來說，在接受菩薩戒這一點上，出家者和在家者應該沒有區別，但是「菩薩戒弟子」的稱號似乎並不用於出家者，而主要是在家者的獨特稱呼。

而且，在梁代貴族之間，以懺悔為主題的詩歌創作成為一種潮流（鈴木修次，一九八三），可以設想其時代背景，就是作為時代風潮的菩薩戒，以及作為其前提的懺悔之流行。

（三）《梵網經》的出現

在中國，菩薩戒是由曇無讖譯《菩薩地持經》（即《菩薩地》之異譯）的傳入而開始的，但是，由於新經典的成立，菩薩戒在中國呈現出不同於印度的新面貌。這部經典就是

《梵網經》，也被稱為《梵網經盧舍那佛說菩薩心地戒品第十卷》二卷（《大正藏》一四八四號）。本經作為後秦的鳩摩羅什譯出現於世。甚至還有記載這件事的經記〈菩薩波羅提木叉後記〉（《出三藏記集》卷十一），但是，此經實際上與鳩摩羅什無關，而是在中國編纂的偽造經典（偽經、疑經），這一點已由望月信亨、大野法道等人的研究論證了，已經廣為人知。此經的成立被認為是在五世紀中葉或後半期——大約在四五〇—八〇期間（望月，一九一七；一九三〇，一四〇—一九六頁；一九四六，四二五—四八四頁；大野，一九五四，二五二—二八四頁；船山，一九九六；二〇一〇a；二〇一一a；二〇一七a，十八—十九頁）。

本經的上卷講述了菩薩修行階次，包括十住、十行、十迴向和十地，而下卷則闡述了菩薩戒。值得一提的是，上、下卷不是同時成立的，推測下卷編纂完成後才加入了上卷（船山，二〇一一a）。尤其是下卷中十重四十八輕戒的說法廣為人知。十重是十種重罪之意，又稱十波羅夷。簡單地說，具體有以下十項事情：1.不得故意殺生；2.不得偷竊；3.不得邪淫；4.不得妄語；5.不要買賣酒類（尤其禁止販賣）；6.不得隨意論斷他人所犯的罪行；7.不得自讚毀他；8.不得吝惜於說法、財施等布施；9.不得處於憤怒得發抖的狀態；10.不得誹謗佛、法、僧三寶。這些教說被通稱為「梵網戒」，成為後來東亞佛教發展的重要契機。如上所述，作為五世紀前半葉的漢譯經典，有作為出家者和在家者共通四種重罪的《菩薩地持經》；僅適用於出家者的八種重罪的《菩薩善戒經》；僅適用於在家者的六種重罪的《優婆塞戒經》等。與此相對，《梵網經》提供了出家者和在家者共同遵守的十重四十八輕戒，作為「菩薩的波羅提木叉（戒本）」，並說明了在每半個月舉辦的被稱為「布薩」的戒律確認儀禮中應該確認菩薩戒的持戒、犯戒情況。總之，在本經的十重教說中可以看出將以上提到的漢譯諸經典中不同的教說綜合化的性格。考慮到這一教說以及出家者與在家者共同布薩實踐的觀點，可以推測，編纂本經的目的之一是將漢譯經典中以不同方式講述的缺乏統一性的重罪規定綜合地體系化，並以適合實踐的形式，無論出家者或在家者，供眾多人士可以共同使用的菩薩戒的檢查清單。在菩薩戒的引進不久後，作為本經偽造的背景，大概可以設想各種各樣的原因，但是其中之一，確實有以上所說的情況。另外，在編纂梵網戒時，參考了曇無讖譯《菩薩地持經》、《大般涅槃經》、《優婆塞戒經》，求那跋摩譯《菩薩善戒經》，偽經《仁王般若經》（《梵網經》之前或同時成立的）等，並且在卷末的偈頌部分中還使用了鳩摩羅什譯《中論》等作為下卷的素材，這些都是先前研究所指出的。❾

本經成立後，其中的很多教義對後世產生了深遠的影響。例如，禁止食用肉類和五辛（包括葱、大蒜等五種食材）的教法。這些教法原本可能是從《大般涅槃經》及其他翻譯經典中借用的觀念，但是，從菩薩行的實踐而言，給人們帶來直接影響的反而不是那些翻譯經典，而是《梵網經》。此外，第十六輕戒中提到，出家菩薩必須進行焚身燒指等捨身行為以供養佛菩薩。雖然對於這一條輕戒可以有不同的解釋，但無論如何，《梵網經》中第十六輕戒以及其他教義對後世的受戒儀禮產生了重大影響，這一點值得特別關注。

（四）《菩薩瓔珞本業經》

《菩薩瓔珞本業經》（《大正藏》一四八五號）是另一部涉及菩薩戒的偽經，以《梵網經》為素材編撰而成。《菩薩瓔珞本業經》探討了各種主題，其中菩薩戒也是重點之一。本經在《梵網經》成立後的五世紀末在中國成立。更具體地說，考慮到其與五世紀南朝佛教教理學的術語和理論具有共通之處，因此可以認為本經的成立地點可能是南朝而非北朝。正如先行研究所指出的那樣，編纂該經時隱含使用了多種經典作為素材，其中包括《梵網經》、《仁王般若經》，以及吳代支謙譯《菩薩本業經》、東晉佛馱跋陀羅譯《華嚴經》、北涼曇無讖譯《菩薩地持經》、南朝宋求那跋陀羅譯《勝鬘經》等。

《菩薩瓔珞本業經》中的菩薩戒是在《梵網經》的基礎上成立的。其中的菩薩戒有兩個特點值得注意。一是其中論及的菩薩戒的自誓受戒，這一點前文已經簡要提到過。另一個值得注意的是，三聚戒的第一項被明確規定為十波羅夷。在《菩薩地持經》等《菩薩地》諸譯本中，三聚戒的第一項為律儀戒（具足戒、五戒等），相對於此，《菩薩瓔珞本業經》在〈大眾受學品第七〉中，將《梵網經》中所述的十波羅夷稱為「攝律儀戒」，明確說「攝律儀戒，所謂十波羅夷」，再加上「攝善法戒」和「攝眾生戒」，合稱為「三受門」（相當於《菩薩地持經》中的「三聚戒」）。這意味著只要受持了《梵網經》的戒律，即使不受持聲聞乘的律和戒，菩薩戒也可以成立（值得一提的是，《梵網經》只說明了十重四十八輕戒，而無三聚的概念）。簡而言之，即使不受持聲聞乘的通常戒，只要受持《梵網經》的十波羅夷，受戒也可能成立。換言之，《菩薩瓔珞本業經》允許僅受持大乘戒的可能性，並有可能導向後來的圓頓戒。然而，在中國佛教史上，是否有人實際進行這樣的受戒，仍尚未得到充分的闡明。對於這一點，殷切盼望今後的研究進展。

（五）隋唐以後

六朝時期建立的菩薩戒的各種教說，由著有《菩薩戒義疏》的隋代智顗與其弟子灌頂以及其他人繼承，並在隋唐乃至更晚的時代得到發展。許多針對《梵網經》的注釋問世，在家者眾受持菩薩戒的風潮也被傳承下來（岩崎，一九八九；谷井，一九九六）。也有研究指出敦煌地區菩薩戒的實際情況（湛如，二〇〇三）。此外，隋唐時期很可能因應實際需求，編纂了多種關於菩薩戒受戒法的文獻，並且受戒的儀式也出現了明顯的變遷（平川，一九九一；阿，二〇〇六等）。

四、遺留的問題

本章在印度大乘佛教的脈絡中探討了《菩薩地》〈戒品〉中所說的菩薩戒教義，並概觀了如何透過曇無讖的傳播而在中國展開新的發展。最後，將針對菩薩戒包含的議題提出一些觀點，並展望未來的研究方向。

（一）菩薩戒與大乘律

正如學者經常指出的，「戒」與「律」是不同的（平川，一九六四／二〇〇〇I，一一八—一八四頁「戒と律」；森章司，一九九三）。而且，這一觀點有時也會被用來批判中國所謂的「戒律」這一總稱。然而，在討論「戒」與「律」的區別時，考慮其漢字的本義是沒有意義的，關鍵在於「戒」的原語 śīla 和「律」的原語 vinaya 是不同的。❿

śīla 意指習慣性或者性格等，從而可以引申為善的習慣性或者道德行為等的意思。śīla 這個詞通常表示個人應該自發地遵守的倫理或者道德，這與出家人在教團中應該集體遵守的律（vinaya），性質是不同的。戒與律的不同，有時也可以解釋為懲罰規定的有無（例如，在家人即使違犯五戒，也沒有懲罰規則）。另外，也有人指出，存在大乘戒而不存在大乘律。此外，也有人認為 śīla 這個單詞沒有否定或禁止的意思，而 vinaya 有禁止的意思。這樣區分 śīla 和 vinaya 在聲聞乘中大致有效。然而，在大乘的場合，情況稍有不同。如下所述，應該承認在菩薩戒中，戒與律之間存在更為密切的關係。

律中的各條款在漢字中都用「戒」來表示，但在梵語中稱為學處（śikṣāpada，學習項目），而不是「戒」（śīla）。但是，在《菩薩地》〈戒品〉所說的菩薩戒中，將三聚戒的第一項律儀戒解釋為比丘、比丘尼、式叉摩那、沙彌、沙彌尼、優婆塞、優婆夷之戒（śīla）。由此可以看出，比丘、比丘尼所受持的律或者學處被視為戒。

另外，菩薩戒中有很多來自律的借用語。例如，「波羅提木叉」、「波羅夷」、「懺悔」、「惡作」、「學處」等。「波羅夷」和「懺悔」與懲罰規定直接相關。也就是說，儘管菩薩戒是戒，但也存在懲罰規定。

而且，在《菩薩地》〈戒品〉中，有將菩薩戒表示為「bodhisattva-vinaya」的例子（W181, 7. D124, 18）。曇無讖漢譯為「菩薩毘尼」（《大正藏》冊三十，頁九一七上），玄奘漢譯為「菩薩毘奈耶法」（頁五二一上），可見 bodhisattva-vinaya 意為「菩薩之律」。確實，在印度佛教中，應該認為大乘律在歷史上並不存在，但另一方面，從這裡所示的語句用例來看，《菩薩地》的編纂者們將菩薩戒視為對聲聞律的對應物是無庸置疑的。我們可以推測菩薩戒思想的創立者們，應該是將所有聲聞戒律條文包含在內，並試圖超越它們，以確立菩薩戒。他們或許希望創建一種可稱之為大乘律的東西，這並非不切實際的想像。

因此，在菩薩戒的情況，即使在印度佛教的脈絡中，戒與律之間存在著重疊的情況。換句話說，對於菩薩戒而言，戒與律的截然區別反而會引發問題。而這種狀況在中國成立的《梵網經》中變得更加顯著。中國成立的《梵網經》下卷中提到，將十波羅夷稱為「十重波羅提木叉」，並表述為「半月半月布薩誦十重四十八輕戒」（《大正藏》冊二十四，頁一〇〇八上）。由此可見本經編纂者們似乎認為大乘應該有其獨特的布薩方式。不僅如此，在本經的條文中，多處使用了意味著菩薩戒的「大乘經律」一詞。由此可以窺見將梵網菩薩戒的教義與律相連結的意圖。總之，菩薩戒和律的密切關係在《菩薩地》中已經存在，而在中國，《梵網經》的創作者們進一步強化了這種趨勢。

（二）恢復清淨性的出罪法

菩薩戒教說內在的另一個問題在於對違反戒律的處理方法。眾所周知，在律中設有懲罰規定，例如，破壞波羅夷就會被教團驅逐（不共住）。那麼，在菩薩戒的情況下，《菩薩地》〈戒品〉有如下規定：

如果菩薩犯了與波羅夷相當的行為，而這是由極度（adhimātra）的煩惱心

（paryavasthāna）所導致的，那麼就需要放棄律儀戒（菩薩戒）。因此，必須重新受持〔菩薩戒〕。（W 180, 26-181, 2. D 124, 14-15.〔參考〕曇無讖譯，《大正藏》冊三十，頁九一七上；玄奘譯，《大正藏》冊三十，頁五二一上）

在接下來的內容中，討論了對於煩惱心的程度較輕的情況，可以透過懺悔來對治。於是，《菩薩地》將煩惱的程度分為重度（曇無讖譯為「增上煩惱」、「上煩惱」）、中度、輕度三種，並明確指出只有出於極度煩惱心故意違反時才會觸犯波羅夷。另一方面，在中度或輕度的情況下，或者不屬於波羅夷的所謂「輕垢罪」的情況下，可以透過適當的懺悔來擺脫罪業。此外，關於將煩惱分為三種，並且只有在重度煩惱心的情況下才成立波羅夷的描述，在上述引用之前的部分也有提到，內容非常有趣。在菩薩戒的情況下，即使觸犯了波羅夷，也允許再受戒，這與聲聞律有所不同，聲聞乘的比丘一旦觸犯了波羅夷，就無法再受戒了，這一點在原典中有明確的說明（W 159, 16-23. D 109, 8-13. 曇無讖譯《大正藏》冊三十，頁九一三中；玄奘譯《大正藏》冊三十，頁五一五下）。從這些描述中可以了解到，《菩薩地》的創作者們具體認為菩薩戒和聲聞律之間有何共通之處，以及有何區別。總之，對於菩薩戒而言，即使在觸犯波羅夷的情況下，並非違反一次就會成立波羅夷，而是只有在故意多次違反且具有極度惡意的情況下才會成立波羅夷，甚至在這樣的情況，再受戒也是可能的，這與聲聞律有著明顯的區別。

在此，我們可以了解到波羅夷的意義在大乘和小乘中有相當大的區別。然而，實際上如何運用這些規定，並不一定從這一簡短的說明中就能完全明確。例如，犯了波羅夷之後，重新受戒實際上是否容易被承認？或者是否需要符合若干困難的條件呢？是否由於尚未充分懺悔之類的判斷，而認為重新受戒是相當困難的呢？這些情況都沒有具體記載。為了更深入了解菩薩戒的實際情況，不僅要查閱經典文本的語句，還應該從後世的注釋書等之中找到更詳細的解釋，或者從歷史文獻中尋找具體的受戒事例等，這些都是未來需要進一步研究的方向。

以上，我們指出了菩薩戒與律的銜接點或相關性，以及犯罪的淨化法這兩個問題點。然而，這些只是菩薩戒的一部分。對於菩薩戒在印度、中國、日本和西藏的具體受持方法，其實際情況仍然存在許多不明之處。在菩薩戒的情況下，經典的規定中也有很多難以理解之處，但更令人感到隔靴搔癢的是，人們實際上如何應用這些經典規定並運用相關規則呢？關於這些問題，目前我們無法提供明確的答案。今後，我們應積極關注各種相關文獻，並善用碑文史料等，從各種角度探討佛教史中菩薩戒的實際情況。

注釋

❶ 相當於懺悔的梵語是〔āpatti-〕pratideśanā「向某人明示、告白〔過錯〕」，或者 deśanā「明示、告白」。而且，與懺悔意思相同的動詞有 āviṣ-kṛ「使發露、暴露」、vi-vṛ「不隱瞞地暴露」、pra-kāś「表明」、na pratichad/prachad「不隱蔽」、uttānī-kṛ「公開」等。此外，與「懺悔」大致同義的漢語有「悔過」、「懺謝」、「發露」、「說罪」等。

❷ 根據後述的《出家人受菩薩戒法》，在受戒之前的懺悔期間並不總是固定的。也就是說，以一周為基準，有時是更短期的三天或一天，反之，如果有必要，也可能長達一年或兩年。

❸ 道進以後的菩薩戒受戒者中，自誓受戒在史書中記載的著名人物有梁代陶弘景（四五六—五三六）。關於《梁書》卷五十一與《南史》卷七十六的陶弘景傳中所見的自誓受戒及其背景，船山（一九九八 a）做了詳細的分析，敬請參考。

❹ 在九種尸波羅蜜中，一切戒中的菩薩戒說在分量上明顯突出。如果允許假設「菩薩地」內部的增補與發展，那麼菩薩戒說可能是在一切戒的原始教義確立後附加的新層。

❺ 如果根據玄奘譯的《解深密經》，見於卷四的〈地波羅蜜多品〉講述六波羅蜜的部分，提到戒（即戒波羅蜜）有三種，分別列舉了「轉捨不善戒」、「轉生善戒」、「轉生饒益有情戒」等術語（《大正藏》冊十六，頁七〇五下）。然而，並未提供對於這些術語的具體解釋。這些術語對應的藏語翻譯依次為 mi dge ba las ldog pa'i tshul khrims, dge ba la 'jug pa'i tshul khrims, sems can gyi don la 'jug pa'i tshul khrims，如果根據拉莫特校訂的藏語譯本，推定的梵語原語依次是akuśalanivartakaśīla（止惡的戒）、kuśalapravartakaśīla（為善的戒）、sattvārthapravartakaśīla（為利益眾生的戒）（Lamotte 1935: 135）。關於《解深密經》和《菩薩地》的成立順序，勝呂（一九八九，二九〇頁）推定《解深密經》是在《瑜伽師地論》的「本地分」和「攝決擇分」中間成立的。筆者也同意這一觀點。然而需要指出的是，關於這一點並沒有明確的共識，特別是在勝呂氏之前的各項研究，傾向於認為《解深密經》比《瑜伽師地論》更為古老（平川，一九六八／九〇，二一七頁等）。但筆者目前不採取這樣的觀點。

❻ 受菩薩戒者皆為菩薩，但有階位的差異。菩薩有「凡夫」（pṛthagjana）和「聖人」／「聖者」（ārya, alaukika=lokottara 出世間）的區別，其劃分是十地中的初地。初地及以上為聖者，特別稱為「入地菩薩」（或「登地菩薩」，bhūmipraviṣṭo bodhisattvaḥ）。此外，「入大地菩薩」（mahābhūmipraviṣṭo bodhisattvaḥ）或者「大地菩薩」等詞也指聖者菩薩中的特別高位者。另一方面，沒有達到聖位的人，即使被說為菩薩，也只是凡夫。特別是那些剛成為菩薩的人被稱為「新學菩薩」或者「新發意菩薩」（ādikarmika bodhisattva, navayānasamprasthita bodhisattvaḥ）。像這樣，菩薩根據境界的不同自然也有所不同，但是，出家者或者在家者，男或者女，這些不能作為區分菩薩境界的根據。

❼ 值得注意的是，現存的《梵網經》並未以足夠實用性的方式記錄受戒法。關於這一點，唐代道世

《法苑珠林》卷八十九中有「梵網經云」（《大正藏》冊五十三，頁九三九下）的一段文，闡述了部分受戒法，但是，這段文與《梵網經》現存本完全無法對應。對於這個問題，目前尚無定論。這是今後關於《梵網經》研究的課題之一。

❽ 作為表示諸位皇帝與菩薩戒聯繫的記載，可以參考道宣《廣弘明集》卷二十七（《大正藏》冊五十二，頁三〇五下）、卷二十八（《大正藏》冊五十二，頁三二八中—下、三三二上—三三三下）等。

❾ 影響《梵網經》成立的主要先行經典如本文所述，另一方面，也有以《梵網經》為素材在中國成立的經典。其代表是《菩薩瓔珞本業經》，這一點無可爭議。並且，在南朝宋的求那跋摩譯的《優婆塞五戒威儀經》（《大正藏》一五〇三號）中，可以看到《梵網經》中的特徵性的文句，恐怕這本經也是《梵網經》成立後在中國編纂的。關於《優婆塞五戒威儀經》，也請參考船山（二〇一七a、四八七—四八八頁）。此外，相傳為唐代的不空譯或者金剛智譯的《大乘瑜伽金剛性海曼殊室利千臂千鉢大教王經》（《大正藏》一一七七A號）中，不僅有某些地方將《梵網經》下卷的用語作為藍本，而且將上卷的部分文句直接轉寫下來的地方也不少。關於此密教經典不是翻譯，而是中國成立的經典並以《梵網經》為部分素材，請參考小野玄妙（一九二〇）和望月（一九四六，五一九—五三一頁）。

❿ 「戒與律不同，兩者不可混同。兩者合在一起的戒律這個詞不存在於印度」，此一說法內含著

一種前提，即「戒」和「律」分別是 śīla 和 vinaya 的譯語，而沒有其他的解釋。然而，如果以漢譯角度來看，這個前提不一定正確。詳細情況在此一一展開，不過，「戒」並非任何時候都是 śīla 的譯語，有時是 śikṣā（學）或 śikṣāpada（學處）的譯語，或者是 saṃvara（律儀）的譯語。至於「律」，確實可以作為 vinaya 的譯語來使用，但除此之外，也確認了作為 saṃvara 或其他梵語的譯語來使用的例子。而且，「戒律」作為譯語是實際存在的，它可能是 śīla、vinaya、śīlasaṃvara、śikṣāpada、pratimokṣa 等的譯語（換言之，不是 *śīlavinaya 的譯語），這可以在文獻學上得到確認。總之，「戒律」這個漢語本身並不存在矛盾，問題在於，如果將它解釋為只對應梵語 *śīlavinaya 的話，就會產生衝突。

第三章　梁代僧祐的《薩婆多師資傳》

僧祐（四四五—五一八），活躍於南齊與梁代，其有一部名為《薩婆多師資傳》的著作，從書名可見，這是一部記錄印度佛教諸部派中最有勢力與影響力的說一切有部之師資傳承的作品。一般認為，僧祐是作為《出三藏記集》、《釋迦譜》、《弘明集》等佛教經錄、歷史書和選集的撰述者而聞名，然而同時，他也是屬於薩婆多系譜的一位律師，是後秦鳩摩羅什所譯的《十誦律》的專家與實踐者。僧祐的律師身分與佛教史家的特長相結合，所撰述的著作正是《薩婆多師資傳》。

不幸的是，《薩婆多師資傳》未能傳承至今，但其內容大致可以通過《出三藏記集》卷十二中的〈薩婆多部記目錄序〉（即《薩婆多師資傳》的目錄與序）❶來了解。據此記載，本書共分為五卷：卷一記述了從大迦葉羅漢至達磨多羅菩薩之間共五十三位的事跡；卷二標題為「長安城內齊公寺薩婆多部佛大跋陀羅師宗相承略傳」，記錄了從阿難羅漢到僧伽佛澄共五十四位的傳承；卷三介紹了從卑摩羅叉到佛大跋陀羅，共六位來自印度和西域的僧人的傳記，這些僧人曾到達中國；卷四記載了從業律師到稱律師之間二十位律師的傳記，這些傳記可以認為是屬於中國的薩婆多系律師之傳；卷五包括〈元嘉初三藏二法師重受戒記〉等五個關於戒律的逸事。本章的研究將關注以往研究中未曾探討的佚文，並概述《薩婆多師資傳》的特徵，此外，還將討論《薩婆多師資傳》對禪宗祖統說形成的貢獻、對唐代佛教的影響，以及該傳之流布與散佚等問題。

一、《薩婆多師資傳》的構成與特徵

（一）書名與卷數

在各種史料中，本書的名稱有多種不同的表述。首先，根據《出三藏記集》卷十二的記載，本書被稱為「薩婆多部記」（〈薩婆多部記目錄序〉）、「師資之傳」或「薩婆多部相承傳」（〈釋僧祐法集總目錄序〉）、「薩婆多部師資記」（卷十二開頭之目次）等，可見撰者僧祐使用的名稱本身就有多種，並未統一。接著，轉向後代的文獻，可以看到「薩婆多師資傳」（《歷代三寶紀》卷十一、《大唐內典錄》卷四、《新唐書》〈藝文志三〉等多處）、「薩婆多部傳」（《隋書》〈經籍志二〉、《舊唐書》〈經籍志上〉）、「薩婆師諮傳」（《法經錄》卷六）、「薩婆多關西江東師資傳」（《四分律搜玄錄》卷二）等名稱。此外，「薩婆多傳」這一簡稱也被廣泛使用。在這些名稱中，使用頻率最高的是

「薩婆多師資傳」。至於卷數，「薩婆多部記目錄」及其他多數史料記載其為五卷，但也有例外，例如記載為三卷（《法經錄》）或四卷（《舊唐書》〈經籍志〉、《新唐書》〈藝文志〉）的情況。本文將依照最常見的表述方式，使用「薩婆多師資傳五卷」這一名稱。

（二）編纂時期

本書的成立時期雖然無法確定，但大致可以推測為西元五〇〇年前後。❷以下列出其理由。首先，根據「薩婆多部記目錄序」中所載的「序」——這應可視為《薩婆多師資傳》原序文之轉載——其中有「唯薩婆多部偏行齊土」、「祐幼齡憑法，季踰知命」的表述。由此可見，僧祐撰寫此序的時間上限為他五十歲「知命」之年，即四九四年，下限為南齊末年的五〇二年。序中還提到「承業《十誦》，諷味講說，三紀于茲」。若從他十四歲出家算起，三紀即三十六年，則為四九三年；若從二十歲受具足戒開始算，則為四九九年。哪種推測較為合適則難以確定。

其次，根據同一「薩婆多部記目錄序」的目錄，記載中國律師傳的卷四中，末尾三人分別是暢律師、獻律師和稱律師。這些人應分別指的是於建武年間（四九四—九七）去世的玄暢（《高僧傳》卷十三的法獻傳）、大約於同一時期過世的法獻（《高僧傳》卷十三的法獻傳），以及於永元三年（五〇一年）卒的智稱（《高僧傳》卷十一的智稱傳。智稱的卒年一說為永元二年，見陳垣，一九六四，二十八頁）。此外，在講述戒律相關逸話的卷五中，第四個標題也出現了「建武中」的表述。因此，若推測《薩婆多師資傳》包括序在內的全書都是在同一時期編成，則編成的時間可限定在智稱去世的五〇一年至南齊末年的五〇二年間；但這樣的推測與「知命」之年四九四年之間的差距可能會成為問題。如同《出三藏記集》的編纂從南齊時期開始一直持續到作者去世前不久（佐藤哲英，一九三〇），《薩婆多師資傳》也可能是在全書初步完成後，陸續補充若干記載的。

（三）卷一與卷二

卷一所記載的人數為五十三人。這對於通常的傳記一卷分量而言過於龐大，因此可以推測，卷一中的五十三人並非逐一立傳，而是以一系列的文章形式呈現。

同樣的情況也適用於卷二，該卷記錄了五十四人。「薩婆多部記目錄」提到，卷二中的第四十七個人物描述為「又師以鬘為證不出名羅漢第四十七」，意思是有一位以髮飾為師資相承之證的羅漢，然而其名字不詳。如果他的事蹟是以獨立的傳記形式紀錄，就不太可能出現這種簡略的表述。

卷一與卷二的關係，在序文中提到「其先傳同異，則並錄以廣聞」，意思是僧祐所獲得的印度師資相承的傳承有兩種不同的版本，因此兩者都記錄下來。換句話說，卷一與卷二可以視為關於印度薩婆多部系譜的兩種不同傳承。卷二的題名「長安城內齊公寺薩婆多部佛大跋陀羅師宗相承略傳」顯示，這些信息來自佛大跋陀羅，而卷一的資料來源則不明確。

佛大跋陀羅是以參與《華嚴經》翻譯等活動而聞名的大乘佛教僧侶，他的名字出現在此處，顯示他是一位屬於說一切有部的大乘僧侶。至於長安的齊公寺，根據目前的資料，詳細情況尚不明。❸

將卷一與卷二的結構進行比較，可得如下列表：❹

卷一	卷二	參考《付法藏因緣傳》	備註
1 大迦葉羅漢傳		1 大迦葉、摩訶迦葉	附錄佚文②
2 阿難羅漢	1 阿難羅漢	2 阿難	
3 末田地〈中〉羅漢	2 末田地羅漢	（摩田提）	
4 舍名婆斯羅漢	3 舍那婆斯羅漢	3 商那和修	
5 優婆崛羅漢	4 優婆崛羅漢	4 憂波毱多	
6 慈世子菩薩			

7 迦旃延羅漢	5 迦旃延菩薩		
8 婆須蜜菩薩	6 須蜜菩薩		
9 吉栗瑟那羅漢	7 吉栗瑟那羅漢		
		5 提多迦	
		6 彌遮迦	
		7 佛陀難提	
		8 佛陀蜜多	
10 長老脇羅漢	8 勒比丘羅漢	9 脇比丘	卷二「勒」是「脇」之誤
		10 富那奢	
11 馬鳴菩薩	9 馬鳴菩薩	11 馬鳴	卷一16、附錄佚文⑤
12 鳩摩羅馱羅漢			卷二25、付法藏18
13 韋羅羅漢		12 比羅	
14 瞿沙菩薩	10 瞿沙菩薩		卷一20＝卷二15、附錄佚文⑥
15 富樓那羅漢	11 富樓那羅漢		
16 後馬鳴菩薩			卷一11＝卷二9

17 達磨多羅菩薩	12 達磨多羅菩薩		卷二22、卷一53＝卷二50
18 蜜遮伽羅漢	13 寐遮迦羅漢		
19 難提婆秀羅漢	14 難提婆秀羅漢		
20 瞿沙羅漢	15 巨沙		卷一14＝卷二10
21 般遮尸棄羅漢	16 般遮尸棄		
	17 達磨浮帝羅漢		
22 羅睺羅羅漢	18 羅睺羅		卷二52、付法藏15
23 彌帝麗尸利羅漢	19 沙帝貝尸利羅漢		
24 達磨達羅漢	20 達磨巨沙		24達磨達羅漢和20達磨巨沙是同一個人，還是應該理解為不同的人？
25 師子羅漢	21 師子羅漢		付法藏23
	22 達磨多羅		
26 因陀羅摩那羅漢	23 因陀羅摩那羅漢		卷一17＝卷二21、卷二53＝卷二50
27 瞿羅忌梨婆羅漢	24 瞿羅忌梨羅漢		

	25 鳩摩羅大菩薩		卷一12、付法藏18
28 婆秀羅羅			
29 僧伽羅叉菩薩	26 眾護		
30 優波羶馱羅漢	27 憂波羶大		
31 婆難提羅漢	28 婆婆難提		
32 那伽難羅漢	29 那迦難提		
33 達磨尸梨帝羅漢〈法勝〉	30 法勝菩薩		
34 龍樹菩薩		13 龍樹	
35 提婆菩薩		14 迦那提婆	
		15 羅睺羅	卷一22＝卷二18、卷二52
		16 僧伽難提	
		17 僧伽耶舍	
		18 鳩摩羅馱	卷一12、卷二25
		19 闍夜多	
36 婆羅提婆菩薩	31 婆難提菩薩		

37 破樓提婆	32 破樓求提		
38 婆修跋摩	33 婆修跋慕		
39 毘栗慧多羅	34 比栗瑟嵬彌多羅		
40 毘樓	35 比樓		
41 毘闍延多羅菩薩	36 比闍延多羅菩薩		
42 摩帝麗菩薩	37 摩帝戾拔羅菩薩		
43 訶梨跋暮菩薩❺	38 呵梨跋慕菩薩		
44 婆秀槃頭菩薩〈青目〉❻	39 波秀槃頭菩薩	20 婆修槃陀	附錄佚文⑦
		21 摩奴羅	
		22 鶴勒那夜奢	
		23 師子	卷一25＝卷二21
45 達磨達帝菩薩	40 達磨呵帝菩薩		
46 栴陀羅羅漢	41 旃陀羅羅漢		
47 勒那多羅菩薩	42 勒那多羅菩薩		
48 槃頭達多	43 槃頭達多		
49 弗若蜜多羅漢			

50 婆羅多羅			卷二48
51 不若多羅	44 不若多羅		
	45 佛大尸致利羅漢		
	46 佛馱悉達羅漢		
	47 又師以鬘為證不出名羅漢		
	48 婆羅多羅菩薩		卷一50
52 佛馱先	49 佛大先		
53 達磨多羅菩薩	50 曇摩多羅		卷一17＝卷二12、卷二22
	51 達摩悉大		
	52 羅睺羅		卷一22＝卷二18、付法藏15
	53 耶舍		
	54 僧伽佛澄		

其中，大迦葉、馬鳴、婆秀槃頭、瞿沙的部分內容，可以從後代文獻中回收佚文（本

章附錄佚文②、⑤、⑥、⑦）。此外，在右側表格中，還列出西元四七二年於北魏平城編成的《付法藏因緣傳》六卷中所載的相關人名（然而根據田中，一九八一之研究，則省略摩田提，並將最後的師子列為第二十三祖）。不難看出，其記載與《薩婆多師資傳》的卷一、卷二內容並不一致，這顯示《薩婆多師資傳》並非以《付法藏因緣傳》為信息來源。事實上，由《出三藏記集》卷二可見，僧祐雖知曉《付法藏因緣傳》的存在，但無法參考，因他將其視為未傳入建康的闕本。❼

在卷一的五十三人和卷二的五十四人中，有許多人被列為「羅漢」或「菩薩」，少數人則不屬於這兩種稱號。對於既非「羅漢」又非「菩薩」者的意義，未有詳細說明，或許意指未證得阿羅漢果的薩婆多部成員。此外，儘管卷一與卷二的人物皆屬薩婆多這一部派，但其中仍有被稱為「菩薩」者，此點不容忽視。卷一的五十三人中有十七人是菩薩，卷二的五十四人中則有十五人是菩薩。最自然的解釋是，這些菩薩是大乘佛教的成員，因此卷一和卷二的名單中包含了出身於薩婆多部的菩薩，可見大乘與部派之間的密切關係，這點值得關注。

以下嘗試進一步探討卷一和卷二中的師徒關係的意涵。《摩訶僧祇律》卷三十二和《根本說一切有部毘奈耶雜事》卷四十記錄了與《薩婆多師資傳》相同的師資相承系譜（塚本啟祥，一九八〇，九十七頁以下）。在《摩訶僧祇律》中，師資相承的系譜是以誰從誰處「聞」得「毘尼、阿毘曇、雜阿含、增一阿含、中阿含、長阿含」此一意義上的系譜。而在《根本說一切有部毘奈耶雜事》，則是以「教法」的「付囑」為系譜意義，並且師父在傳授教法給弟子後不久即逝世（般涅槃、滅度）。值得一提的是，作為師父的人物被表記為弟子的「鄔波馱耶」（和上、直接的師父、upādhyāya）。因此，部派文獻中的師資相承，是指從師父的角度看，「把佛法的傳承託付給哪位弟子」；而從弟子的角度看，則是表示「自己繼承了誰的法脈，進而追溯自己如何與釋尊相連」這一意義上的佛法認可系統，亦即傳法的系譜。《薩婆多師資傳》卷一和卷二的師資相承，如果可以這樣理解的話，這就不僅僅是《十誦律》的傳承系譜，而是涵蓋了薩婆多部所持有的經、律、論整體傳承的系譜。❽

（四）卷三與卷四

卷三記載了六位來華的外國律師的傳記。雖然具體細節尚不清楚，但這些傳記的形式和篇幅可能類似於《出三藏記集》卷十四或《高僧傳》中譯經篇所見的各人傳記，只是排列順序有所不同。本卷將鳩摩羅什的戒律師「卑摩羅叉」列為第一，接著是薩婆多部《十誦律》的翻譯者「鳩摩羅什」，以及負責胡本誦讀的「弗若多羅」和「曇摩流支」，之後列「求那跋摩」，最後是提供卷二信息的「佛大跋陀羅」（佛馱跋陀羅）。令人困惑的是，求那跋摩被列入其中，但《薩婆多部毘尼摩得勒伽》的譯者僧伽跋摩的名字卻沒有出現。可能需要考慮求那跋摩是否為僧伽跋摩的誤寫。由於求那跋摩是帶來《曇無德羯磨》的僧人，因此可能屬於曇無德部（法藏部，《四分律》的系統），而非薩婆多部。因此，求那跋摩與曇無德部的關係是否應予否定，或者他因在卷五〈元嘉初三藏二法師重受戒記第一〉（附錄佚文⑧）中扮演了重要角色而被列入其中，仍無法確定。

卷四則記載了從僧業到智稱的二十位律師的傳記，依次為〔僧〕業、〔慧〕詢、〔道〕儼、〔法〕香、〔法〕力、〔慧〕耀（慧曜）、〔僧〕璩、〔慧〕猷、〔慧〕光、〔道〕遠、〔成〕具、〔法〕穎、〔志〕道、〔道〕嵩、〔慧〕熙、〔超〕度、暉、〔玄〕暢、〔法〕獻和〔智〕稱（比較參考福原，一九六八）。在這些人物之中，除暉律師外，所有律師皆可在《高僧傳》或《名僧傳》中確認其存在。然而，除按活躍年代排序的原則外，其具體的排列方式仍不明朗。

此外，在卷三和卷四的序言中，提及卷一和卷二的「其先傳同異，則並錄以廣聞」，接著說明「後賢未絕，則製傳以補闕」。這表明卷一和卷二記錄了已有的信息，而卷三和卷四的傳記可能是僧祐自己撰寫的。卷三中的鳩摩羅什傳第二、求那（僧伽？）跋摩傳第五、佛大跋陀羅傳第六，幾乎原樣被《出三藏記集》卷十四（傳中卷）的鳩摩羅什傳第一、佛馱跋陀傳第四及求那跋摩傳第五（僧伽跋摩傳第六？）所採用，並且可能被納入慧較的《高僧傳》中對應的部分。同樣，應考慮《高僧傳》〈明律篇〉中的相應傳記是否受到《薩婆多師資傳》卷四的某種影響而形成的可能性。

（五）卷五的特色

本卷記錄了有關戒律的逸事，具有獨特的價值。首先是〈元嘉初三藏二法師重受戒記第一〉，詳細記述了南朝宋元嘉年間漢人比丘尼在僧伽跋摩的指導下重新受戒的過程，這是一個非常有趣的逸事。

〈元嘉初三藏二法師重受戒記第一〉的概要——元嘉六年（四二九），來自師子國（斯里蘭卡）的八位比丘尼抵達建康，居住在影福寺。到元嘉八年（四三一），她們已經能夠用漢語交談，並告知當地的漢人比丘尼一件事實，即比丘尼受戒必須首先在比丘面前進行受戒儀式，接著再到比丘尼面前受戒。然而，由於此前都城從未有過正式具備戒律資格的外國比丘尼來訪，因此漢人比丘尼此前的受戒方式在禮儀上無效，這意味著她們在嚴格意義上並非真正的比丘尼。漢人比丘尼聽聞此事後非常悲痛，便在同年拜訪了剛抵達的求那跋摩三藏，懇求他幫助她們以正式的方式重新受戒。求那跋摩向她們解釋道，受戒若能在比丘前正式進行，不一定非得再從比丘尼受戒。此外，受戒需要三師七證，共計十人，因此師子國的八位比丘尼無法組成可以授戒的集團（十人僧伽）。在闡明這些要點後，他最終允許她們重新受戒，並計畫從師子國再邀請比丘尼。不幸的是，在再度受戒的安排尚未完成前，作為戒師的求那跋摩突然去世，這令比丘尼們陷入絕望。元嘉十年（四三三），師子國又有三位比丘尼抵達，使外國比丘尼的總數達到十一人。同一時期，另一位名為僧伽跋摩的僧人與弟子菩提一同來到建康。❾漢人比丘尼於是請求僧伽跋摩進行受戒儀式，終於在元嘉十一年（四三四）春天，於南林寺已故的求那跋摩三藏的戒場（於南林寺前三藏本戒場處）❿正式受比丘尼戒。當時受戒的比丘尼有影福寺的慧果、淨音、僧要、智菓（或智景？）等二十三人，小建安寺的孔明、僧敬、法茂、法盛，瞿曇寺的法明、法遵，永安寺的普敬、普要，王國寺的法靜、智穆等。十一天內，共有三百餘人受戒。這一事件影響所及，一些比丘也希望重新受戒，其中祇洹寺的慧照等數十人受戒。然而，祇洹寺的慧義得知此事後，對於這種看似忽視傳統的急劇變化感到不滿，並向僧伽跋摩提出異議。然而，在經過有關戒律理論的辯論後，慧義最終理解並接受了重新受戒的意義，並安排弟子慧基、靜明、法明三人重新受戒。最後，這段逸事以始興寺的慧叡（即僧叡，根據橫超，一九四二／七一）對慧義言行的評論作為結尾。

以上的逸事部分與《出三藏記集》、《高僧傳》的僧伽跋摩傳，《高僧傳》的求那跋摩傳，以及《比丘尼傳》的慧果尼傳、僧果尼傳、寶賢尼傳、僧敬尼傳等文獻中都有所記載。然而，從故事的詳盡程度和形成的年代來推斷，《薩婆多師資傳》的逸事應為原創，其他則應視為其摘錄。除了故事的內容之外，標示著重點的僧尼名稱和寺名是其他文獻中未見的珍貴資訊。此外，該逸事詳細描述了僧伽跋摩與慧義之間的具體對話，並以此為契機，講述了慧義的弟子慧基等三人在渡過蔡州的途中，於長江中船上受戒的經過。總而言之，〈元嘉初三藏二法師重受戒記第一〉在《高僧傳》、《比丘尼傳》等既有史料中僅為零散的記載，因此，整體地論述幾個讀者可能感到意猶未盡的要點，且據筆者所知，以往的研究完全未曾介紹此逸事，其史料價值實在極高。

引用該逸事的文獻有：唐代道宣的《四分律刪繁補闕行事鈔》卷上三及卷中一（成書於六三〇年左右）、唐代定賓的《四分律疏飾宗義記》卷三本（八世紀初⓫，為法礪的《四分律疏》之注釋，屬相部宗）、唐代大覺的《四分律鈔批》卷九及卷十三（七一二年，行事鈔的注釋，卷十三引用兩處）、唐代景霄的《四分律行事鈔簡正記》卷七上（九世紀末至十世紀初⓬，行事鈔的注釋）、北宋贊寧的《大宋僧史略》卷上尼得戒由（九九九年）。此外，雖非直接引用，但道宣的《四分律刪繁補闕行事鈔》卷中一、道宣的《關中創立戒壇圖經》戒壇高下廣狹第四（也可比較參考「戒壇立名顯號第二」。六六七年）、定賓的《四分律疏飾宗義記》卷三本、景霄的《四分律行事鈔簡正記》卷九，以及南宋守一述、行枝輯的《終南家業》卷三（十三世紀前半）中，也可見到基於此逸事的文句表述。在這些文獻中，最忠實且逐字的引用似乎來自《四分律鈔批》中三個引用片段，筆者以此為主要材料，結合其他資料中的文句，試圖復原原文，該結果見於本章附錄的佚文⑧。

其次，「元嘉末賦住阮奇弟子受戒記第二」的內容在管見所及範圍內仍不明確，相關的佚文也無法找到。

「永明中三吳始造戒壇受戒記第三」是記述南齊永明年間（四八三—九三）在三吳地區建立戒壇並進行受戒的逸事。該佚文尚未回收，但在附錄⑨中附有相關的記事。

「建武中江北尼眾始往僧寺受戒記第四」在本卷中的逸事中，為人所熟知程度似乎僅次於本卷第一之逸事。該故事記載了南齊建武年間（四九四—九七）長江北岸的比丘尼前往比丘寺進行受戒的情況（可參見附錄佚文⑩）。

最後的「小乘迷學竺法度造異儀記第五」在《出三藏記集》卷五中有同名的記事，從其成立年代推測該記事是基於《薩婆多師資傳》的轉載（可參見附錄佚文⑪）。其內容較為人知，因此暫不贅述。

二、《薩婆多師資傳》對禪佛教的祖統說的影響

《薩婆多師資傳》五卷在後世的傳承中，發揮了怎樣的作用，即此書對後代的影響，

可以從兩方面來探討。一方面，卷一和卷二中關於印度的師資相承記錄對禪佛教的祖統說所產生的影響；另一方面，則是《薩婆多師資傳》在南山律宗中的價值。

在論述禪佛教的祖統的諸文獻中，最早採納《薩婆多師資傳》之說的是智炬的《寶林傳》，這一點已有學者指出。因此，筆者將以胡適、柳田聖山等前輩學者的優秀研究為基礎，盡量避免簡單的重復，而特別關注《薩婆多師資傳》或者《出三藏記集》「薩婆多部目錄」的相關性，簡要闡述祖統說的形成過程。

（一）神會的達摩西天八祖說

在禪宗確立之前，隋朝時期，天台宗的智顗在其《摩訶止觀》開篇中已經闡述了西天的師資相承。這一相承的世系記錄於《付法藏因緣傳》中，以師子為二十三祖的傳承體系。與此相對，唐朝玄宗時期，神會在其《菩提達摩南宗定是非論》（七三二年）中開始主張菩提達摩是印度的第八代祖師。具體而言，這一法系為：如來—1.迦葉—2.阿難—3.末田地—4.舍那婆斯—5.優婆崛—6.須婆蜜（而非「婆須蜜」）—7.僧伽羅叉—8.菩提達摩。當神會被問及這一說法的根據時，他回答說：「根據《禪經序》，可以明確地了解西國的代數。此外，惠可禪師在嵩山少林寺親自向菩提達摩詢問西國的相承時，他的回答與《禪經序》中所述完全相同。」（柳田譯，一九六七年，一二三—一二四頁）。此處提到的《禪經序》，在此文脈中當指廬山慧遠的《廬山出修行方便禪經統序》（見《出三藏記集》卷九），然現存序文中無與此完全對應的文字。倒不如說，這或許與作為其基礎的佛馱跋陀羅譯《達摩多羅禪經》開頭所述的系譜有關：1.大迦葉—2.阿難—3.末田地—4.舍那婆斯—5.優波崛—6.婆須蜜—7.僧伽羅叉—8.達摩多羅……不若蜜多羅。因此，神會主要通過將《達摩多羅禪經》中記錄的「達摩多羅」故意解讀為「菩提達摩」，從而主張達摩西天八祖說。

（二）達摩二十九祖說

由神會編纂的「達摩多羅＝菩提達摩＝西天八祖」的南宗祖統說，經過與智顗所關注的《付法藏因緣傳》之說的若干整理——不過包含了摩田提在內，以師子為二十四祖——而最終形成了一個簡單的結合，亦即到了八世紀後半葉，禪宗創造了「菩提達摩多羅」這個奇特的人名，並形成了「菩提達摩多羅」即達摩作為西天二十九祖的說法。這一說法可以在推定為無住（保唐派）弟子所編撰的《歷代法寶記》（大約成書於七七五年？）中得到確認，其中提到：「按《付法藏經》云，……，因師子比丘，佛法再興，舍那婆斯付囑優波掘。優波掘付囑須婆蜜，須婆蜜付囑僧迦羅叉，僧迦羅叉付囑菩提達摩多羅。西國二十九代，除達摩多羅，即二十八代也。」這裡的系譜為：24.師子—25.舍那婆斯—26.

優波掘—27.須婆蜜—28.僧伽羅叉—29.菩提達摩多羅。根據柳田聖山的研究（一九六七，一三六—一四三頁），同樣的思路在此前不久的李華（—七六六？）的〈左溪玄朗大師碑〉（《全唐文》卷三二〇）中也已有所體現。柳田認為，二十九祖說最初可能是牛頭宗之說，並且推測二十九祖說是從牛頭宗反北宗的思想中吸收而來，部分採納了天台及神會南宗的祖統說而形成，最終被《歷代法寶記》所承襲。

（三）《寶林傳》的達摩二十八祖說

進入九世紀後，在智炬（慧炬）的《寶林傳》（八〇一年）中，出現了後來禪祖統說的主流——二十八祖說（關於《六祖壇經》的成立問題以及其與《寶林傳》二十八祖說的前後關係，在此不深入探討）。《寶林傳》的二十八祖說與《歷代法寶記》的二十九祖說雖然在祖師數量上僅有一位的差異，但內容上卻有著很大的不同。也就是說，《寶林傳》的作者通過將第二十四祖以下的系譜設定為24.師子—25.婆舍斯多（也稱婆羅多那）—26.不如密多—27.般若多羅—28.菩提達摩等，試圖解決由《付法藏因緣傳》和《達摩多羅禪經》的簡單結合所產生的《歷代法寶記》的問題點（詳情可參考柳田，一九六七，三七〇頁）。

（四）《薩婆多師資傳》所帶來的影響1——《寶林傳》

以上所述皆為關於祖統說成立的一般事項，就此而言，《薩婆多師資傳》並未直接涉及。然而，另一方面，《寶林傳》在禪宗文獻中或許是最早關注《薩婆多師資傳》的典籍，因此具有重要意義。也就是說，《寶林傳》卷五中達磨以下的二十二人乃是取材自《薩婆多師資傳》，其中，《薩婆多師資傳》卷一被隱含地作為從婆舍斯多至達磨的四世旁系資料。這一點已被多次指出，且針對卷五相關部分的訓讀工作也已經完成（常盤，一九四一a，二二八頁；柳田，一九六七，三七四—三七六頁；田中，二〇〇三，二九九頁以下），因此，在此無需再行確認原文。此外，《寶林傳》中並沒有直接引用《薩婆多師資傳》的痕跡，因此，推測其是根據《出三藏記集》目錄進行編纂。

（五）《薩婆多師資傳》所帶來的影響2——〈傳法堂碑〉

《薩婆多師資傳》對禪宗祖統說的形成還有另一項影響。這就是在《寶林傳》成立之後，白居易（七七二—八四六）為興善惟寬（七五五—八一七）撰寫的〈西京興善寺傳法堂碑〉，其祖統說——將佛馱先那視為西天五十祖，達摩視為五十一祖——是基於《薩婆多師資傳》卷二所構建的⓭（胡適，一九三〇）。不過，這同樣只是一個人名的羅列，與其說是直接參考了《薩婆多師資傳》，不如說是參考了《出三藏記集》的目錄來得更為合理。無論如何，智炬間接地將《薩婆多師資傳》作為祖統說的資料利用，與惟寬一樣，他也屬於南嶽懷讓（六七七—七四四）、馬祖道一（七〇九—八八）的系統（柳田，一九六七，三六〇頁），這一點值得我們注意。

（六）《北山錄》的達摩二十九祖說批判

元和年間（八〇六—二〇）時期逝世的神清（《北山錄譯注》，一九八〇，解題）在《北山錄》第六卷中的「譏異說」中，對達摩二十九祖說提出了批判，他指出：「《付法傳》止有二十四人。其師子後舍那婆斯等四人，並餘家之曲說也。又第二十九名達摩多羅，非菩提達磨也。」（古賀，一九九四，五十五頁）這對達摩西天二十九祖說形成了尖銳的批判。慧寶（十一世紀以後的人）對「餘家曲說」做了註解，認為「載於《寶林傳》」，但根據先前的研究，更適宜看作是對《歷代法寶記》的批判。另有一說，認為「餘家」是指神會（古賀，一九九四，五十六頁）。《歷代法寶記》被推測為與淨眾寺無相（六八四—七六二／六八〇—七五六）及保唐寺無住（七一四—七四）系統相關的人物所作，而《北山錄》的作者神清有向無相學習的經歷，其第六卷的「譏異說」被認為「主要是對無住門下行為過激的非難」（柳田，一九六七，二八九頁、三一六頁、三三五頁）。

（七）《薩婆多師資傳》的影響3——北宋的契嵩

到了十一世紀，雲門宗的契嵩（一〇〇七—七二）著作了《傳法正宗記》九卷（一〇六一年）和《傳法正宗論》二卷等，試圖從不同的角度論證達摩二十八祖說的正當性，亦即，重新利用《出三藏記集》中的薩婆多部記目錄。契嵩在《傳法正宗論》卷上第一篇中提到：

> 隋唐來，達磨之宗大勸，而義學者疑之，頗執《付法藏傳》，以相發難，謂：「《傳》所列但二十四世，至師子祖而已矣，以達磨所承者，非正出於師子尊者，其所謂二十八祖者，蓋後之人曲說。」禪者或引《寶林傳》證之。然《寶林》亦禪者之書，而難家益不取。（《大正藏》冊五十一，頁七七三下）

自隋唐以來，達摩的宗派受到了極大的推崇，但佛教學者（義學者）（對於禪宗的法系）提出了質疑，對《付法藏傳》有些執著，並這樣批評：「《付法藏傳》中列出的僅有二十四世，師子之後便斷絕了。因此，達摩所繼承的系統，正確地說並不是出自師子尊者。他們所稱的十八祖，無疑是後人所捏造（曲說）的。」雖然禪宗中也有引用《寶林傳》來進行證明的傾向，但由於《寶林傳》也是禪家的書籍，因此批評者更不容易同意。

契嵩深感祖統說的立證困難，於是思考是否能在拋開禪宗文獻的情況下，證明祖師的正統性。最終，他找到的資料正是《薩婆多部記目錄》。契嵩說：

> 余常疑其無證，不敢輒論。會於南屏藏中適得古書號《出三藏記》者，凡十有五卷，乃梁高僧僧祐之所為也。其篇曰「薩婆多部相承傳目錄記」。……自大迦葉至乎達磨多羅，凡歷二卷，總百餘名。從而推之，有曰婆羅多羅者，與乎二十五祖婆舍斯多之別名同也。有曰弗若蜜多者，與乎二十六祖不如蜜多同其名也。有曰不若多羅者，與乎二十七祖般若多羅同其名也。有曰達磨多羅者，與乎二十八祖菩提達磨法俗合名同也。（《大正藏》冊五十一，頁七七四中）

我一直懷疑（達摩的法系）缺乏明證，因此一直避免隨意討論。恰巧在南屏藏中，我發現了題名為《出三藏記》的古文獻，共十五卷，由梁朝的高僧僧祐所作。其中有一篇「薩婆多部相承傳目錄記」。……從大迦葉到達磨多羅，共有百餘人列於兩卷之內。由此推測，（目錄中）有一位名為婆羅多羅的人，這與第二十五祖婆舍斯多的別名（婆羅多那）相同。又有一位名為弗若蜜多的人，這是第二十六祖不如蜜多的同名。還有一位名為不若多羅的人，這是第二十七祖般若多羅的同名。而達摩多羅，則是第二十八祖菩提達摩的法名（菩提達摩）與俗名（菩提多羅）的合稱。

根據以上內容，契嵩所見的目錄與現行目錄以及《寶林傳》以後確定的祖師名進行對照，可以得出如下表格：

薩婆多部記目錄卷一	薩婆多部記目錄目錄（根據契嵩）	《寶林傳》、《景德傳燈錄》
49 弗若蜜多羅	婆羅多羅	25 婆舍斯多（婆羅多那）
50 婆羅多羅	弗若蜜多	26 不如密多
51 不若多羅	不若多羅	27 般若多羅
52 佛馱先	（沒有言及）	
53 達磨多羅	達磨多羅	28 菩提達磨（菩提多羅）

契嵩在達摩二十八祖說方面還進行了各種研究，包括對《禪經》、慧遠的序、慧觀的序等文獻進行他自己的解釋，以及討論僧祐記載的可信性等。其最終的結論是：「以之驗師子比丘雖死，而其法果有所傳，婆舍而下四祖其相承不謬，不亦大明乎。《（景德）傳燈（錄）》所載誠有據也。」（《大正藏》冊五十一，頁七七四下）相關的討論散見於《傳法正宗論》的各處，另一著作《傳法正宗記》九卷也有所涉及，但確認這些內容不是本章的目的，且本文篇幅有限，故不做詳細探討。可以確認的是，北宋的契嵩在論證達摩

二十八祖說的過程中對「薩婆多部記目錄」進行重新檢討的事實，這就已經足夠了。

（八）否定禪祖師說的子昉

在同一時期，天台宗的子昉對契嵩的觀點進行了批判，這一點相當有趣。在《佛祖統紀》卷二十一中，有一段故事指出，捏造禪宗的祖統說的始作俑者是智炬，而契嵩僅被視為是智炬的模仿者。對子昉來說，契嵩無疑是同時代的論敵：

> 法師子昉，吳興人，賜號普照。早依淨覺。嵩明教據《禪經》，作《定祖圖》，以《付法藏》斥為可焚。師作《祖說》以救之。又三年，嵩知《禪經》有不通，輒云傳寫有誤。師復作《止訛》以折之。其略有曰：
>
> 契嵩立二十八祖，妄據《禪經》，熒惑天下，斥《付法藏》為謬書。此由唐智炬作《寶林傳》。因《禪經》有九人，其第八名達摩多羅，第九名般若密多羅。故智炬見「達摩」兩字語音相近，遂改為達磨，而增「菩提」二字，移居於「般若多羅」之後。又取他處二名「婆舍斯多」、「不如密多」以繼二十四人，總之為二十八。炬妄陳於前，嵩繆附於後，瀆亂正教，瑕玷禪宗。余嘗面折之，而嵩莫知媿。又據僧祐《三藏記》傳律祖承五十三人，最後名「達摩多羅」，而智炬取為梁朝達磨，殊不知

僧祐所記，乃載小乘弘律之人。炬、嵩既尊禪為大乘，何得反用小乘律人為之祖耶。況《禪經》且無二十八祖之名，與《三藏記》並明聲聞小乘禪耳。炬、嵩既無教眼，纔見「禪」字，認為己宗。是則反販梁朝達磨，但傳小乘禪法。厚誣先聖，其過非小。⓮（《大正藏》冊四十九，頁二四二上）

法師子昉是吳興人，號普照，年輕時向淨覺（九九二—一〇六四）學習。契嵩根據《〈達摩多羅〉禪經》創作了《〈傳法正宗〉定祖圖》，並認為《付法藏因緣傳》應該被焚燒。子昉則編寫《祖說》以救之。三年後，當契嵩知道《禪經》中存在某些不通之處，表示《禪經》的傳寫存在錯誤時，子昉法師創作了《止訛》來反駁他。《止訛》的內容可概述如下：

契嵩建立了二十八祖的說法，並無根據地依賴《禪經》，使天下迷惑，同時斥責《付法藏》為錯謬的書籍，這一觀點來源於唐代智炬的《寶林傳》。在《禪經》中有九人，其中第八人名為達摩多羅，第九人名為般若密多羅。因此，智炬因為看見「達摩」兩字的發音相似，於是將其改為「達磨」，並增加了「菩提」兩字，置於「般若多羅」之後。再者，他從其他地方提取了名為「婆舍斯多」和「不如密多」兩個名字，作為二十四位祖師的後繼者，總共合計為二十八位。契嵩盲目遵從智炬的無根據論述，混淆了正確的教義，玷汙了禪宗。自己曾當面糾正過契嵩，但對方毫無悔意。此外，僧祐的《三藏記》中傳承的五十三位律師，最後的名字是達摩多羅，因此智炬解釋為梁朝的達磨，卻未理解僧祐所記載的其實是弘揚小乘律的僧人。智炬和契嵩既然尊重禪為大乘，怎麼能將小乘律師作為自己的祖師呢？更何況，《禪經》中根本沒有二十八祖的名字，而它與《三藏記》一同只是闡明小乘的禪法而已。智炬和契嵩因為缺乏對教義的洞察，看到「禪」字就認為是自家之禪宗。這反而會使梁朝的達磨被認為只傳授小乘的禪法。他們對先聖教義的誣陷可謂罪過重大。

小結

在前一節中，筆者簡要說明了禪宗祖統說與《薩婆多師資傳》的關係，但在禪宗的文獻中，幾乎看不到直接參考《薩婆多師資傳》的痕跡。因此，根據禪宗資料，我們無法確定《薩婆多師資傳》究竟流傳到何時。

在三論宗方面，吉藏雖未採用忠實引用的方式，但他曾兩次提到「薩婆多傳」（附錄③、④），並且唐代元康的《中論疏》（七世紀前半頃，不再現存）也承接了吉藏的觀點，對僧祐的婆秀槃頭的記述提出異議（附錄佚文⑦）。然而，由於《薩婆多師資傳》與三論教理學的關聯性較弱，因此我們仍然無法明確指出它被使用到何時以及被運用的程度。

相較之下，正如本章二八八—二八九頁和附錄所記，自道宣以後的南山律宗諸師則明顯地閱讀並活用《薩婆多師資傳》。即道宣為了闡明《四分律》的教義，便使用《薩婆多師資傳》作為輔助資料，並且後來的注釋家們逐字引用了該書的相關部分。特別是在卷五中，關於〈元嘉初三藏二法師重受戒記第一〉似乎被特別重視，因為這是《薩婆多師資傳》中獨特的故事。在南山宗的律師中，最多且忠實地引用《薩婆多師資傳》的便是大覺的《四分律鈔批》（七一二）。此外，志鴻的《四分律搜玄錄》（大曆〔七六六—七七九〕以前）和景霄的《四分律行事鈔簡正記》（九世紀末—十世紀初）中也出現了類似的引用，因此可以推測，在律宗中，《薩婆多師資傳》在那個時期仍然存在並持續被閱讀。

然而，當我們將目光轉向經錄時，唐朝智昇的《開元釋教錄》卷六提及僧祐所舉出的著作，在當時現存的就只有《釋迦譜》、《出三藏記集》和《弘明集》這三部，並且說到「自外《法苑集》、《世界記》、《師資傳》等，以非入藏故闕不論」。因此，在七三〇年左右的長安，似乎《薩婆多師資傳》已被視為散逸的著作。這與律宗在唐末仍逐字引用《薩婆多師資傳》的事實，究竟應如何調和，仍然存在問題。或許應考慮到《薩婆多師資傳》只有部分內容被保存到後期的可能性。

另一方面，在禪宗中，《寶林傳》卷五使用了《薩婆多師資傳》卷一的人名，〈傳法堂碑〉使用了《薩婆多師資傳》卷二的人名。在這種情況下，律宗和禪宗對文獻的態度差異，自然也應考慮長安和成都等地區的差異。然而，正如前述，禪宗對本書的利用可能僅僅是參考了薩婆多部記目錄。此外，《薩婆多師資傳》的名稱在北宋的贊寧所作的《大宋僧史略》（九九九）中也被引用，但這是他直接參考了原書還是引自他人的作品，仍難以判定。另外，北宋的元照（一〇四八—一一一六）在《四分律行事鈔資持記》卷中一上說到「引證中《師資傳》，今藏中無本。（諸記云：梁僧祐撰，有五卷）」。似乎與智昇《開元釋教錄》所說相同。事實上，作為注釋家的元照曾經提及《薩婆多師資傳》，但卻找不到他親自引用的痕跡。

最後，本章可總結如下：《薩婆多師資傳》五卷中，記錄印度薩婆多部法系的卷一與卷二，可能透過《出三藏記集》的目錄間接地影響了禪宗祖統說的形成與發展。記錄中國戒律專家的卷三與卷四，可能成為《出三藏記集》卷十四的傳記的素材，並影響了《高僧傳》中相關傳記的用語表達。記錄戒律相關逸事的卷五作為其他資料中未見的詳細紀錄，受到了道宣及後來南山宗律師的重視。因此，這本書似乎仍然流傳在曇無德部（法藏部）而非薩婆多部的傳統中。《薩婆多師資傳》在初唐末期應該確實存在。而在律宗中，它在唐末至少部分內容仍然存在，但具體情況卻不明確。到了北宋元照活動的時候，《薩婆多師資傳》則已完全散逸，律宗的專家們也無法再接觸到這部作品。

（附）《薩婆多師資傳》佚文錄

①序

●與《出三藏記集》卷十二〈薩婆多部記目錄序〉的序文相同。

②卷一〈大迦葉羅漢傳第一〉

●迦葉蹈泥，造五精舍。《玄》（＝唐代志鴻《四分律搜玄錄》）云，准《師資傳》，「迦葉不憚疲苦，常自營造五所伽藍也。一在耆闍堀山，二在毘羅跋首山，三在薩波燒持山，四在多般那舊山，五在竹園田。此五緣共為一衣戒（界？），無離衣罪，迄于（迄於今？）承用等」（云云）。又准《多論》，迦葉治僧坊，自手泥壁。（唐代景霄《四分律行事鈔簡正記》卷十六）

參考──大迦葉凡經營五大精舍，一者耆闍崛山精舍，二者竹林精舍，餘有三精舍。……迦葉自治僧坊，自手執作泥塗垣壁，自手平治地。（失譯《薩婆多毘尼毘婆沙》卷四）

●迦葉緣者，《薩婆多傳》云：「迦葉於耆山自經營五寺，通為一界，自作泥塗

壁。」（北宋元照《四分律行事鈔資持記》卷下四）

③卷一某處

參考一——《律》及《薩婆多傳》，過六七四十二日方說。（隋代吉藏《法華義疏》卷四）

參考二——《律》及《薩婆多傳》，過六七四十二日，方說法，梵天來請，憍陳如等根方熟故。（唐代窺基《妙法蓮華經玄贊》卷四末）

參考三——然《律》及《薩婆多傳》云，過六七日，梵天來請，方乃說法。始度五人，即四十二日，方說法也。（窺基《大乘法苑義林章》卷一）

參考四——「薩婆多傳」者，梁僧祐撰，一部五卷，其第一卷文也。（日本基弁《大乘法苑義林章師子吼鈔》卷二）

④卷一某處

參考——而《薩婆多傳》有異世五師，有同世五師。異世五師者：一迦葉，二阿難，三末田地，四舍那婆斯，五優婆掘多。此五人持佛法藏，各得二十餘年，更相付屬，名異世也。同世五師者，於優婆掘多世，即分成五部，一時並起，名同世五師。一曇無德，二

摩訶僧祇，三彌沙塞，四迦葉維，五犢子部。（吉藏《三論玄義》）

⑤卷一〈馬鳴菩薩第十一〉或卷二〈馬鳴菩薩第九〉

●《薩婆多記》云：「馬鳴菩薩，佛滅後三百餘年生東天竺，婆羅門種。出家破諸外道，造《大莊嚴論》數百偈，盛弘佛教。」（隋代費長房《歷代三寶紀》卷一，夾注）

●龍樹菩薩，承大乘法於馬鳴菩薩。馬鳴論師，依《摩耶經》，如來滅後，六百年出。僧祐律師《薩婆多記》云：「馬鳴菩薩，三百餘年出。」是時出世承文殊。龍樹或說云，五百三十年出，承於馬鳴，是七百時。（日本凝然《五教章通路記》卷二十三）

⑥卷一〈瞿沙菩薩第十四〉

●案《薩婆多師資傳》，從迦葉至達摩多羅，有十二人（有五十三人？）。其瞿沙尊者，即其一也。《傳》云：大師名瞿沙菩提（薩），博綜強識，善能約言。以感眾心，時一集會，有五百餘人，讓人各賦一器，然後說法。眾會感悟，涕淚交流，以器承淚，聚在一處。有一王子，兩目生盲。尊者瞿沙，立誠誓言：「若我必當成無上道，利益盲冥無慧眼者。今以此淚，洗此人眼，眼即當開。」既以淚洗，兩目乃明。於是四輩咸重也。（唐代志鴻《四分律搜玄錄》卷二。唐代景霄《四分律行事鈔簡正記》卷五中亦有，字句有若干出入，但幾乎引用同一文段。）

⑦卷一〈婆秀槃頭菩薩第四十四（譯曰青目）〉

●梁時僧祐律師作《薩婆多傳》云：「婆秀槃陀，漢言青目，善通深論，造《三法度》，釋《中》、《百》論及《法勝毘曇》。」元康師（＝元康《中論疏》）破云：「婆秀槃陀，只是婆藪般豆。梵音輕重，故此不同。婆藪槃豆則是菩薩，賓羅伽（賓伽羅）乃是外道。」兩說不同，未知就（孰）是，多恐祐律師錯。（日本安澄《中觀論疏記》卷一本，吉藏《中觀論疏》卷一本，中論序疏，「青目非天親」注）

⑧卷五〈元嘉初三藏二法師重受戒記第一〉（參考本章四一一—四一二頁。因篇幅所限，校勘割愛）

●（前欠）宋元嘉六年，有師子國尼八人，隨舶至都，停影福寺。上（止？）經三年，言辭轉狎，八人問諸尼曰：「頗曾有外國尼來此國不？」答曰：「屬有大僧，未曾有尼來也。」八人愕然曰：「尼受要因二部僧得戒。汝等前師受時，那得尼眾？」諸尼不知所對，既知尼眾受無因起，乃請求那跋摩三藏，及請外國八尼，更從受戒。三藏答曰：「佛制戒法，法出大僧，但使大僧作法成就，自然得戒，所以先令作本法者，欲生起其心，為受戒方便耳。至於正得戒時，是大僧中也。假使都不作本法，直往大僧中受亦得戒，而師僧犯罪耳。唯大愛道一人，八敬得戒，初羯磨時，未有尼僧也。」諸尼欣然心解，迴又思曰：「我等凡夫，盲無慧目，既已出家，為世福田，脫為田不良，可慨可懼。夫善不厭增，功不倦廣，決定更受，使千載無恨。若元受未得，今更獲之。若先已得，今益增勝。心事了然，無負信施。」三藏曰：「善哉。夫戒定慧品，從微至著。今欲增明，深心隨喜，但眾緣難具耳。汝等苟欲從外國諸尼受戒者，此尼唯有八人，數不滿十人。胡漢音異，不相解語。無傳譯人，不得作法。」諸尼聞此，唯深嘆泣：「女人多障，憑誠闍梨，而不蒙慈救，當何所歸？」三藏憫其誠至，即便設計，為囑舶主難提更要外國諸尼，又教先來者學習漢語，諸尼蒙許。於是慧果、淨音等十餘人，便受學戒，翹心企滿，事未及就，又值三藏無常，諸尼望斷，謂永遂理。到元嘉十年，難提舶返，更得師子國尼鐵薩羅等三人，足前成十一人。其先來者，學語已通，尼眾既滿，諸尼僉然求果前志。時有三藏法師僧伽跋摩，此名眾鎧，及三藏神足弟子菩提，並時所推崇。諸尼祈請，即皆許之。至十一年春，於南林前三藏本戒場處，與諸尼受戒。最初為影福寺尼慧果、淨音、僧要、智菓（景？）等二十三人受戒，次為小建安尼孔明及僧敬、法茂、法盛姉妹等受。次為瞿曇寺法明、法遵等受。次為永安寺普敬、普要等受。次為王國寺法靜、智穆姉妹等受。總得十一日法事，相仍有三百餘人。爾時祇洹寺慧照等諸僧有數十人，並同受戒。其後二眾，隨次欲受，會安居時到，攖（權？）且停止（云云）。時祇洹寺慧義法師，當時望重，為性剛直，見跋摩等重授具戒，情有不同，怒曰：「大法東流，傳道非一，先賢勝哲，共有常規，忽為改異，豈穆眾心？」跋摩答曰：「五部之異，此自常理，相與棄俗，本為弘法，法必可傳，豈忤眾情？」問曰：「夫戒非可見之色，理自難辨，但即事而言，足致深疑。頃見重受戒者，或依本臘次，或從後受為始。若先受已得戒，則不容更受。若復始得，則不應依本臘次(*)。」答曰：「人有二種，故不一類。若年歲不滿，胎月未充，則以今受為初。若先年已滿，便入得戒之位。但疑先受有中下心，理須更求增勝而重戒，即依本臘而永定也。」又問：「自誓不殺，身口已滿，有何不盡更重受耶？」答曰：「戒有九品，下為上因，至於求者，心有優劣，所託緣起，亦自不同。別受重發，有何障礙。五戒十戒，生亦各異，乃至道定律儀，並防身口，不同心業有一無二也。」如是云云，又問：「求那跋摩在世之日，布薩僧事，常在寺中，及至受戒，何故獨在邑外，等成善法，何以異耶？」答曰：「諸部律制，互有通塞，唯受戒事重，不同餘事。若餘不成，唯得小罪，無甚毀損，罪可懺悔。夫紹隆佛種，用消信施，以戒為本。受若不成，非出家人，障累之原，斷滅大法，故異餘法事也。」義法師忻然心伏，無復餘言，遂令其弟子慧基、靜明、法明三人，度蔡洲岸，於船上受戒。人問其故，答云：「結界如法者少，恐別眾非法，不成受戒。餘事容可再造，不成無多過失。夫欲紹隆佛種，為世間福田者，謂受具戒不宜輕脫，故在靜處，事必成就。」於時始興寺叡法師評曰：「覩善患不及，見惡猶探湯，義公於可同立異，未經旬月，而復同其所異。」蓋譏其始惑也。

（*）道宣《四分律行事鈔》卷中一：「……如《薩婆多師資傳》云：『重受增為上品，本夏不失。』《僧傳》云：『宋元嘉十年，祇洹寺慧照等，於天竺僧僧伽跋摩所，重受大戒。』或問其故，答曰：『以疑先受若中若下，更求增勝，故須重受，依本臘次。』」（《大正藏》冊四十，頁五十一中）定賓《四分律疏飾宗義記》卷二末：「《薩婆多傳》云：『受具已，嫌前心不上品，更以上品心受戒，不失本夏。』」

⑨卷五〈永明中三吳始造戒壇受戒記第三〉

參考一——永明中，勅入吳，試簡五眾，并宣講《十誦》，更申受戒之法。（《高僧傳》卷十一，僧祐傳）

參考二——〔法〕獻以永明之中，被勅與長干〔寺〕玄暢同為僧主，分任南北兩岸。暢本秦州人，亦律禁清白，文惠太子奉為戒師。獻後被勅三吳，使妙簡二眾，〔玄〕暢亦東行，重申受戒之法。（《高僧傳》卷十三，法獻傳）

參考三——三吳初造戒壇，此又吳中之始也。（北宋贊寧《大宋僧史略》卷上）

⑩卷五〈建武中江北尼眾始往僧寺受戒記第四〉

●一問，僧至尼寺，受戒成否。答，若依《薩婆多師資傳》說，此不如法。不成受戒，如端正女人。此是難故，猶不許請僧來至尼寺受戒。此既非難，何容得開。（唐代道宣《四分律比丘尼鈔》卷二）

●第一問，僧至尼寺，受戒成不。答，若依《薩婆多師資傳》，此不如法。不成受戒，如端正女人。此是難故，猶不許請僧來尼寺受。尚令遣信，方得成受。此既非難，何得開受。（道世《毘尼討要》卷二）

●僧不得往尼寺為尼受戒也。……今有往尼寺為受者，迷之遠矣。故《薩婆多師資傳》中，祐律師曰：「夫大海王，百川自到，大師為近，則宜群萌如從。故《曲禮》云：禮聞來學，不聞往教。《曲禮》立制，猶尚如茲，況三寶戒德，豈可輕忽哉。本以男女異位，高卑殊義。准半尸迦女，遇有諸難，不得出寺，故開遣使受戒。夫若戒可往授，何不屈師。此即明文顯證也。自律興帝京，而江北未備，多在尼寺而具足，大僧自輕托難往授也。」（唐代大覺《四分律鈔批》卷二十八）

●又《師資傳》云：「夫大海為王，百川自到；大師為匠，群萌自依。《俗禮》亦云，禮聞來學，不聞往教。俗典律制尚然，況三寶尊高，豈輙輕忽也。」（唐代景霄《四分律行事鈔簡正記》卷十七）

參考一——上代僧祐律師云：「遍尋諸律，有難尚令遣使往受，豈容無難輒受尼請來就尼寺。往往有人，輕藻無識，往赴尼寺與受戒者，深違教意。」（唐代定賓《四分律疏飾宗義記》卷二本）

參考二——及建武中，江北諸尼，乃往僧中受戒。（北宋贊寧《大宋僧史略》卷上）

參考三——及建武中，江北諸尼，乃往僧寺受戒，累朝不輟。（贊寧《大宋僧史略》卷上）

⑪卷五〈小乘迷學竺法度造異儀記第五〉

● 與《出三藏記集》卷五〈小乘迷學竺法度造異儀記第五〉同文。末尾「昔慧叡法師……顯證同矣」三十一字除外。

注釋

❶〈薩婆多部記目錄序〉的全文，近年由王邦維 Wang（1994: 192-195 Appendix II）做了英譯注。然而，其譯文有許多與筆者見解不同之處，尤其是對卷一與卷二中人名的梵語原語的推定基礎，不明之處甚多。

❷ 關於《薩婆多師資傳》的成書年代，已有將其推定為南齊末期的觀點，見佐藤哲英，一九三〇，一四五頁。

❸ 關於齊公寺，湯用彤（一九三八，三〇六—三〇七頁）提出，僧肇〈答劉遺民書〉中提及的「瓦官寺」應視為與之相同，並認為這裡的「瓦官寺」應正確稱為「宮寺」，即逍遙園。然而，尚未發現充分的證據支持該觀點。

❹ 關於卷一與卷二中人名的梵語原型的推定，Wang (1994) 提出了一些推測，但其準確性仍有疑問。另外，也有利用卷一與卷二記述的相關研究，見印順（一九六八，一一二頁、二七三頁、二八四頁、三九二頁、五三六頁、六一九頁）。

❺ 關於此「訶梨跋暮」是否即為《成實論》的作者訶梨跋摩，尚存疑問。在《出三藏記集》卷十一「訶梨跋摩傳」末尾，撰者僧祐附有夾注：「造諸數論大師傳並集在薩婆多部，此師既不入彼傳，故附於此。」（《大正藏》冊五十五，頁七十九中）。筆者推測，這表明僧祐認為《成實論》的作者並未包含在《薩婆多師資傳》中。

❻ 關於「婆秀槃頭」，尚有許多待解決的課題。一般而言，「青目」指的是鳩摩羅什所譯《中論》的註釋者賓伽羅，並非指世親（Vasubandhu）。請參照本章附錄佚文⑦。此外，僧伽跋摩譯《雜阿毘曇心論》（作者為法救，即達磨多羅）中的「歸教偈」，作為法勝《阿毘曇心論》之註解，曾被《無依虛空論》所引用，其夾注將此論的作者標為「和修槃頭」。而在《薩婆多師資傳》此

處（本章附錄佚文⑦）提到的「婆秀槃頭」，或許正是這位「和修槃頭」。另外，佚文中提到的「三法度」，可能對應於僧伽提婆譯的《三法度論》，而慧遠在《三法度序》（《出三藏記集》卷十，《大正藏》冊五十五，頁七十三上）將此書的作者表述為「山賢」。但「山賢」為一不見於其他記載的名字，因此《慧遠研究》（一九六〇，二八五頁注九）提出，「山賢」可能為「世賢」（Vasubhadra）的誤記。「世」確實可能為 *Skt.* vasu 之譯，但這一對應關係難以追溯至唐代玄奘以前（例如玄奘譯為「世親」（Vasubandhu）的前代譯文中，無論是真諦譯或菩提流支譯，皆譯為「天親」，而未使用「世」）。此外，此名與唯識派中「世親」之異同，也還是問題。

❼ 《出三藏記集》卷二，「《雜寶藏經》十三卷（闕），《付法藏因緣經》六卷（闕），《方便心論》二卷（闕），右三部共二十一卷，宋明帝時，西域三藏吉迦夜，於北國以偽延興二年（四七二），共僧正釋曇曜譯出，劉孝標筆受。此三經並未至京都」（《大正藏》冊五十五，頁十三中）。參考《佛祖歷代通載》卷九引楊衒之《銘系記》「……梁簡文帝聞魏有本（＝《付法藏因緣傳》），遣使劉玄運往彼傳寫，歸建康，流布江表」（《大正藏》冊四十九，頁五五一上）。

❽ 兩卷所述的系譜，如果假定記錄一位師父只有一位弟子，那麼五十數人應該是五十數世代，然而這是不太可能的。假設每代差距為三十年，簡單計算五十代則為一千五百年，這將遠遠超過釋尊到六朝的時間。因此，這兩卷應該是顯示出同一師父有多位弟子，即包括同一世代的旁系紀錄。

❾ 關於「菩提」這個人物，史料較為稀少，但可能與僧祐在《出三藏記集》卷二〈新集經論錄〉所提

到的「菩提」是同一人物，即僧祐列舉佛馱跋陀羅的譯經一覽表之後，所說「在宋文帝時，天竺摩訶乘法師求那跋陀羅，於元嘉中及孝武時，宣出諸經，沙門釋寶雲及弟子菩提、法勇傳譯」（《大正藏》冊五十五，頁十三上）之中的「菩提」。

⑩ 此處所提到的南林寺戒場，正是慧皎在《高僧傳》卷三的求那跋摩傳中所記，求那跋摩死後荼毘之處，被稱為「南林戒壇」（《大正藏》冊五十，頁三四一中）。此外，求那跋摩死後，建康的多位比丘尼在僧伽跋摩的主持下完成最終受戒的場所，與寶唱在《比丘尼傳》卷二的僧果尼傳中稱為「南林寺檀界」（《大正藏》冊五十，頁九三九下）以及《比丘尼傳》卷二的寶賢尼傳中提到的「南林寺壇」（《大正藏》冊五十，頁九四一上），均指同一場所。這些場所是求那跋摩突然逝世之前為實現比丘尼再受戒而準備的建康南林寺的某一區域。關於此「戒壇」的詳細資料，請參見**Funayama**（2012）進行的綜合史料蒐集與分析。另外，《比丘尼傳》的撰者確為寶唱，此事無庸置疑，可參考船山（二〇一八）。

⑪ 《宋高僧傳》卷十四的懷素傳附賓律師傳中提到，「開元中（七一三—四一），嵩山賓律師造《飾宗記》以解釋之，對〔法〕礪《舊疏》也」。然而，這一年代並不可靠。《四分律疏飾宗義記》卷三本記載「今大周長安三年歲次癸卯（七〇三），「從大唐中興應〔則〕天皇帝神龍元年乙巳（七〇五）……」的時間標註，並且唐代大覺《四分律鈔批》有「賓云」、「賓曰」、「賓《飾宗》」、「《飾宗記》」等的表述，即提及了定賓的《飾宗義記》。《四分律鈔批》卷末的記中簡

述在太極元年（七一二）編撰的宗旨，然而卷十三的正文四次提及「開元二年（七一四）」，且散見其他年號的標記，因此，可以認為此書的撰述跨越了數年的時間範圍。總之，回到《飾宗義記》來看，其成書年代應不會晚至《宋高僧傳》所示的開元年間，而應大致認定為八世紀初的作品。

⓬《四分律行事鈔簡正記》的撰寫年代，根據本文卷一的夾注提到「今乾寧二年乙卯（八九五）」，卷九的正文中又提到「今天復三季癸亥（九〇三）」，可知該書應該是九世紀末到十世紀初所寫。

⓭此外，根據柳田（一九六七，三九六頁）的說法，〈傳法堂碑〉中的祖統說間接受到了《寶林傳》的影響。

⓮參見常盤（一九四一a，三〇一頁）和陳垣（一九五五，一一六頁）。另外，也可參見《釋門正統》卷四中的〈興衰志〉及卷七的子昉傳。

第四章　隋唐以前的破戒與異端

日本鎌倉時期以「非僧非俗」的念佛者身分生活的親鸞，在保守傳統的佛教者眼中，無疑是一位犯有女色和食肉之罪的破戒僧，這一點是眾所周知的。對於親鸞而言，「非僧非俗」不僅意味著超越「僧」與「俗」的二元對立，同時也被認為代表了一種「僧俗不二」的新生活方式（梶山，一九八七）。受此啟發，若將視線轉向中國，將時代追溯至五、六世紀左右，是否有類似親鸞的例子？這些例子是否表明，當時被視為破戒僧或異端僧的人，也具備某種引領時代的特質？本章並非對標題的主題進行全面檢討，而是透過三個方面——即在通常戒律中被視為重罪的出家者的性行為、可能涉及殺人有關的政治參與問題，以及偽裝聖者的行為，試圖從破戒與異端的實例中，探察隋唐以前中國大乘佛教的某些特質。❶

一、關於性行為的問題——鳩摩羅什與其他案例

原則上，僧侶不得娶妻。然而，這並不意味著歷史上完全不存在僧侶娶妻的現象。事實上，這樣的紀錄確實存在。但理所當然地，僧侶娶妻通常被視為不可接受的行為，並多以批判的角度記錄下來。例如，北魏延昌四年（五一五），發動殺人叛亂被稱為「大乘之賊」的法慶，雖身為沙門，卻與名為惠暉的尼僧結為夫妻（《魏書》卷十九上的京兆王傳）。稍早一些的時代，太武帝斷然實行廢佛，直接原因是在蓋吳之亂（四四五年）後發生的一起事件引發的——當時長安的沙門在寺內飲酒、儲藏武器，並在密室中進行性行為。再往前追溯，在牟子《理惑論》中有一節也提到，一些沙門飲酒、養妻育子，以及從事商業買賣（《大正藏》冊五十二，頁四上）。這些案例顯然是絲毫稱不上情有可原的破戒行為，相對於此，也有極少數案例的破戒行為，具有一些積極的意義。

最先浮現在腦海的便是鳩摩羅什的事蹟。眾所周知，在玄奘的所謂新譯尚未出現之前，鳩摩羅什是最具影響力的譯經僧。不僅如此，他在長安短短十年的停留期間，培養出眾多優秀的弟子，亦以傑出的教育者之名廣為人知。然而，這樣的他在一生中有兩次不得不違背淫戒。第一次是在前秦苻堅的部將呂光攻陷龜茲時（三八四年），呂光將鳩摩羅什強行幽禁於密室，並有龜茲王的女兒及酒相伴。[2]另一次則發生在鳩摩羅什從姑臧移居

至後秦姚興統治下的長安，當時他作為譯經僧展開興盛的活動，這件事是由姚興安排的，姚興對鳩摩羅什說：「大師聰明超悟，天下莫二。若一旦後世，何可使法種無嗣。」並為鳩摩羅什安排了十名伎女，迫使其發生性行為。此後，鳩摩羅什離開僧坊，居於宿舍，並由姚興供給充足的生活物資❸（據《出三藏記集》與《高僧傳》的鳩摩羅什傳）。在其高足僧肇所撰的〈鳩摩羅什法師誄〉中，亦曾輕描淡寫地提及鳩摩羅什與女性的關係：「如彼維摩，跡參城坊，形雖圓應，神冲帝鄉。來教雖妙，何足以臧。」（吉川翻譯為：「如同維摩居士，生活在市井之中，身體皆應合於圓滿，而精神則高翔於天帝之鄉。伴隨的女子容貌秀麗，但不值得一提。」見吉川譯，一九八八，二五六頁）順帶一提，有關羅什有後嗣的傳聞開始在民間流傳，隨著時間的推移，這些傳說逐漸被添油加醋，愈來愈有趣。作為後續的故事，首先可以提到《魏書》〈釋老志〉中的一則記載：太和二十一年（四九七），北魏孝文帝認為鳩摩羅什一定有子嗣，便派人搜尋其後代。只是沒有記錄其結果如何。隋代吉藏也說「即長安猶有其孫也」（《百論疏》卷上之上，《大正藏》冊四十二，頁二三五下），即羅什的子孫在長安。到唐代神清撰《北山錄》時，關於羅什子孫的故事，則發展為「魏孝文詔求什後，既得而祿之」（《大正藏》冊五十二，頁五八九下），找了其後裔。最極端的版本出現在《入唐求法巡禮行記》中的一節。唐代開成五年（八四〇），日本的慈覺大師圓仁在五台山巡禮結束，即將前往長安時，在太原府遇到了名為法達的一位南天竺僧人。令人吃驚的是，那人自稱為「鳩摩羅什三藏第三代後裔」❹。此時距離鳩摩羅什時代已有四百多年，竟然存在第三代後裔，且該後裔不是來自龜茲，也不是來自罽賓，而是來自南天竺的僧人，著實令人難以置信，但這段故事頗具趣味，其簡單直白的敘述方式反而令人莞爾。這些故事的可信度如何，姑且不論，但從中可以看出羅什的影響力竟然如此之大。

回到正題。鳩摩羅什破淫戒的事實，當時的人們究竟如何看待，實際上尚不明確。對於僧人而言，應當遵守的戒律，原則上是從沙彌成為比丘時所受的具足戒（二百五十戒）。其中，尤以四波羅夷最為嚴重，即性交、偷盜、殺人、大妄語（謊稱證悟或偽裝聖者）。若觸犯波羅夷罪，便會被判「不共住」——即被逐出佛教僧團。因此，若破波羅夷四條中的第一條淫戒，就成為「不共住」，不再被允許以僧人的身分參加教團集體生活，亦即不得不還俗。基於此，證悟的可能性隨之消失，並必然墮入惡趣輪迴。由此可見，波羅夷罪具有極其重大的意涵。

那麼，鳩摩羅什的情況又如何呢？若要問他是否還俗，就現有資料而言，並無任何能夠證明此事的記載。此外，戒律中亦有避免犯戒的手段，稱為「捨戒」。這是指僧人出於對觸犯波羅夷罪的恐懼，依據規定的儀式，向大眾告白自己無法繼續教團生活，從而暫時捨棄具足戒。尤其是在破淫戒的情況下，若僧人選擇捨戒，並且後來通過正當程序重新受戒，便可以毫無問題地回歸教團。然而，就目前的紀錄而言，並無證據表明鳩摩羅什曾進行過捨戒。《高僧傳》中記載了羅什的傳記，這表明其撰者慧皎仍將羅什視為僧人。[5]在羅什傳之中，慧皎高度評價其出眾的智慧。這或許可以解釋為，羅什因其非凡的才智，而獲得了「特殊待遇」。然而，羅什自行搬離僧坊而另居的行為，可能既不是追求奢華生活，也不是意味著正式還俗，而是某種程度上表明，羅什將自己置於「不共住」的立場，其表現或許隱含了更深的意味。

至於羅什的「妻室」問題，若考慮當時河西一帶的實際情況，難以給出簡單的評價。首先，關於羅什的故國龜茲一帶的佛教性質，學者們似乎存在分歧，有的認為其佛教是嚴守戒律型，也有的認為其性質略有偏離戒律的規範。[6]然而，根據近年的研究，有人指出，從尼雅遺蹟出土的木簡中，可以窺見沙門有妻室的情況。這些木簡反映了從漢代到晉代精絕國的生活狀態（市川，一九九九，六頁，注十六）。尼雅遺址與于闐一同位於西域南道，而龜茲位於北道，其位置雖有所不同，但作為反映當時西域沙門實際生活情況的為數不多的珍貴資料之一，其研究價值毋庸置疑。至少，可以認為，將僧侶在某些情況下可能有妻室這種帶有濃厚世俗性的現實，與胡族統治下的地區中，命運多舛的西域僧人鳩摩羅什兩次破戒的事實結合起來進行解釋，更有助於接近真相。

然而，鳩摩羅什對於自身破戒的強烈自覺，恐怕是無可否認的。他在龜茲曾向卑摩羅叉學習薩婆多部（說一切有部）的戒律《十誦律》，而他本人在長安時，亦擔任該律典的翻譯團隊的核心人物。然而，雖然他向眾多俊才傳授經論，但在律典的態度上似乎有所不同。根據傳記記載，他曾對卑摩羅叉說：「漢境經律未備，新經及諸論等，多是什所傳出，三千徒眾，皆從什受法，但什累業障深，故不受師教耳。」同時，據傳他每次講說時，都會對聽講的弟子們說：「如臭泥中生蓮花，但採蓮花，勿取臭泥也。」由此可見，鳩摩羅什似乎有意將自身定位為經論法師，並刻意遠離律典。然而，這種疏離反而可能增強了鼓吹律典嚴格性之效果。就破淫戒而言，傳記中的鳩摩羅什更多被視為一種反面教材。然而，正因如此，羅什才被評價為一位優秀的教育者，以及一位能夠撰寫打動人心的譯文的翻譯家——傳記的編撰者似乎試圖將故事導向讚美鳩摩羅什人性化的一面。鳩摩羅什圓寂後，他的弟子們一方面對《般若經》和《維摩經》中「空」的教義進行多種理論化探討，另一方面深入研究《十誦律》，開創了一個依此律而過嚴格戒律生活的時代。歷史不容假設，但可以推想，假若鳩摩羅什在觸犯經戒的情況下仍教授律藏，那麼其後時代對《十誦律》的嚴守之風或許難以形成。此外，在鳩摩羅什圓寂不久後，中國人開始認識到所謂「小乘戒」之外的「大乘戒」的重要性，並以中國的實際情況為基礎創制出菩薩十重四十八輕戒，最終整理為「梵網菩薩戒」，這些菩薩戒傳說為譯出大、小乘諸經的鳩摩羅什「最後的誦出」（《出三藏記集》第十一卷〈菩薩波羅提木叉後記〉）。這一現象背後的原因或許在於，正是因為羅什與傳統小乘戒律的關聯相對薄弱，這使得人們容易將他與大乘戒連結，並聯想他是與維摩同等的菩薩。

傳記在記述鳩摩羅什與卑摩羅叉的對話後，又提到另一則逸事。杯度在彭城聽聞鳩摩羅什身在長安，感慨道：自己與羅什分別已有三百年（吾與此子戲別三百餘年）。這種略顯唐突的逸事的意圖並不十分明確。杯度因乘木杯渡河而得名，其行蹤神出鬼沒，他的傳記被記錄在《高僧傳》卷十〈神異篇〉中，其中描述道：「度不甚持齋，飲酒噉肉，至於辛鱠，與俗不殊。」此外，其圓寂後不久，打開他的棺材，只剩下鞋子，這也符合屍解描寫的典型特徵。由此可見，杯度是一位近似神仙的大乘僧。那麼，為何將杯度的這段言辭納入鳩摩羅什傳記呢？或許是作者希望藉此強化讀者對鳩摩羅什的印象，認為他已超越了小乘的框架，是典型的大乘人物。

此外，在大乘的代表性僧侶中，從傳統佛教的角度來看，被認為是做出破淫戒行為的，還有其他案例存在。例如曇無讖（三八五—四三三），《魏書》卷九十九沮渠蒙遜傳記載：罽賓出身的僧人曇無讖，最初來到東方的鄯善國（樓蘭），自稱：「我能操控鬼神治療疾病，並使婦女多產子嗣。」他與鄯善國王之妹曼頭陀林私通，事跡敗露後逃往涼州。蒙遜對其禮遇有加，稱之為聖人。曇無讖教授婦人男女交接之術，蒙遜的女兒及兒子的配偶皆前去學習。❼關於這種令人感到頗為可疑的「男女交接之術」及類似事宜，說一切有部的戒律解釋書《目連問戒律中五百輕重事（經）》記載如下。「問：『妹姊無兒息，語比丘：「教我方術。」比丘即教。犯何事？』答：『犯決斷。』」（《大正藏》冊二十四，頁九八〇中）「決斷」即所謂「僧殘」，為戒律中僅次於「波羅夷」的重罪。犯僧殘者需接受一週的懲戒，其間被施加各種義務，資格暫停，且必須依規定進行懺悔。僧殘罪由十三條構成，而其中可能抵觸的條文應該是所謂的「粗惡語戒」，即禁止僧侶向女性提及女性的性器官。總而言之，根據說一切有部這一在西北印度最具影響力的佛教部派的傳統立場，即便僧人擁有某種神通力量或特殊知識，向他人口授增產子嗣或選擇生育男女等具體方法，皆屬不可容許之範疇。

以上，我們通過「淫戒」的案例觀察到了大乘僧侶的行為與傳統戒律規則之間存在的一種脫節。而大、小乘的差異，也會引發部派佛教徒的對抗，即那些致力於維護大乘興起之前的傳統佛教——也就是被大乘一方蔑稱為「小乘」的部派佛教——教義嚴格性的群體，對大乘僧侶的行為表示不滿。有一些史料記載了在鳩摩羅什活動時期前後的東晉末年至南朝宋初之頃，有將大乘視為異端的動向。例如，根據僧叡的「喻疑」（《出三藏記集》卷五），雖然具體細節不詳，但在華北地區存在不信奉《大品般若經》的慧導，以及否定《法華經》的曇樂等僧侶。此外，僧祐在〈小乘迷學竺法度造異儀記〉（《出三藏記集》卷五）進一步記載了彭城的僧淵因誹謗《涅槃經》中的常住說，導致舌頭潰爛。

吉藏在《中觀論疏》卷一末則記載，彭城有一名僧人，稱釋尊於沙羅雙樹下滅度為實說，而「常、樂、我、淨」之說僅為方便教法，因此否定《涅槃經》，專信《大品般若經》，此僧人名字被標示為彭城嵩法師（《大正藏》冊四十二，頁十七下），其事蹟亦載於《高僧傳》卷七道溫傳所附的中興寺僧嵩（大約在泰始年間）之中。僧淵與僧嵩是否為同一人物尚無法確定，但他們可能都屬於彭城的成實論學派。由此可見，五世紀某一時期，彭城確實存在一些人，認為《涅槃經》的「常、樂、我、淨」說並非大乘佛教本來教義。以下的事件也大約發生此一時期，祇園寺的檀越范泰致書（《弘明集》卷十二，《大正藏》冊五十二，頁七十八中）竺道生和慧觀時提到，在僧伽提婆到來並活躍的時期，慧義和慧觀等漢人僧侶曾一度將大乘經典斥為「魔書」，這也可以說是同樣的傳統復古主義動向之一。更有甚者，還有極端的大乘批判者。僧祐在〈小乘迷學竺法度造異儀記〉提到，生於南康郡的竺法度是印度貿易商人之子，後為曇摩耶舍的弟子，他主張大乘所說的十方諸佛等並不存在，應僅禮拜釋迦佛，不承認誦讀大乘經典。然而，本記事的撰述者僧祐對法度完全不認同，認為「他雖外表是外國人，但實際上是在中國長大，對印度正統戒律全然無知」，予以嚴厲否定。

二、殺人與戒律

接下來，我們將探討與殺人相關的事宜。眾所周知，像佛圖澄這樣從事吉凶占卜並參與政治的神異僧人並不少見。上文提及的曇無讖，也是這類人物之一。他精通術數和禁咒，並進行預言，且預言屢屢應驗，因此沮渠蒙遜與他相談國事，這一點在《魏書》〈釋老志〉中有記載。

一般而言，在這一時代，僧侶與政治家的關係，並非純粹出於政治家在宗教上的請求，而是僧侶透過其超常能力，預見何時、何地進攻將會獲得勝利，這種形式通常與具體的軍事行動相連結。不僅是曇無讖，他的弟子法進也同樣是參與政治行為的僧侶。當法進在鄯善國時，蒙遜的兒子無諱曾向他詢問能否成功攻克高昌，法進預測他將獲得勝利。結果，無諱果然侵略並攻占了高昌（《高僧傳》卷十二的法進傳）。這類行為是否正當，若依據《目連問戒律中五百輕重事（經）》，該書提到：「問：『王者問比丘吉凶事，比丘為說，然後供養。犯何事？』答：『若得食犯墮，得衣犯捨墮。若說征伐得供養，犯重。』」（《大正藏》冊二十四，頁九八一上）其中，「墮」和「捨墮」是指在面對一至三名比丘時應進行懺悔的罪，屬於中等程度的罪行；而「重」則指重大罪，即波羅夷罪。基於此文獻，如果比丘鼓勵戰爭這一與殺人直接相關的行為，則屬於教團驅逐的大罪，明確違反戒律。顯然，曇無讖及其弟子們在傳播大乘菩薩戒的過程中，從某些角度來看，他們的行為具有大乘佛教的特色，並且與小乘教義存在顯著差異。以上的小乘資訊是基於《目連問戒律中五百輕重事》所引出的兩條信息，而該文獻與上文提及的鳩摩羅什有著深厚淵源。若根據唐代的代表性律師道宣與道世等人所說，這部文獻在古代被稱為《五百問事》，進一步追溯其原型，這其實是記錄了鳩摩羅什在戒律學方面的師父卑摩羅叉（前文提及）的口訣的筆記（船山，一九九八b）。

以上，我們略為跳躍地檢視了鳩摩羅什和曇無讖的事蹟，並探討了他們的傳記中，是否可以解讀出一種典型的大乘僧人形象，這種形象無法簡單用小乘戒律來衡量，或者說，是否能夠直接理解為大乘至上主義的體現。特別是在曇無讖的情況下，他的行為似乎與他所傳譯的《大般涅槃經》和《菩薩地持經》中的教義相呼應。亦即，曇無讖所譯的《涅槃經》在多處教導中提到，為了護持正法，若情況允許，甚至可以殺死與之對立的人（《大正藏》冊十二，三八四上、四三四下、四六〇上；ドミエヴィル，一九八八，九十二—九十三頁）。這種小乘與大乘戒律的差異可以從很早之前的文獻中看到，例如西晉竺法護所譯的《決定毘尼經》，但助長這種思想傾向的，則是瑜伽行派的文獻。曇無讖正是屬於這一學派的人物。他所譯的《菩薩地持經》與求那跋摩譯的《菩薩善戒經》沒有明確的對應，但唐代的異譯本玄奘譯《瑜伽師地論》中的《菩薩地》一章，以及現行的梵本和藏譯本，均顯示出在大乘菩薩戒的立場下，有些情況下殺人與暴力是被認可的❽（藤田光寬，二〇〇〇）。然而，這些文本中的教義是否應該按字面理解，還是應該作為一種譬喻進行詮釋，這仍然是一個值得討論的問題。

曇無讖所傳的大乘戒律，可以被稱為由律儀戒、攝善法戒與攝眾生戒三大支柱構成的「三聚淨戒」。律儀戒是根據出家與在家的不同，或者性別等的不同，而適應各自的身分所受持的戒。這意味著，大乘戒並非完全脫離小乘戒，而是將小乘戒律作為基礎，並將其納入大乘體系內。也就是說，遵守小乘戒是接受大乘戒的前提條件。在這個意義上，接受大乘戒並不意味著與小乘戒相矛盾。儘管如此，實際上大乘和小乘之間的立場有時並不能共存。比如玄奘所譯《瑜伽師地論》卷四十一（《大正藏》冊三十，頁五一七中）和偽經《大方便佛報恩經》卷七（《大正藏》冊三，頁一六一中—一六二上），以及曇無讖譯《大般涅槃經》卷十六（《大正藏》冊十二，頁四五九下）中所見的「一殺多生」的邏輯，即為了拯救更多眾生，必須犧牲一人，這正是大乘與小乘戒律差異的典型例子。這類問題也與戒律的理論性發展密切相關。換句話說，在大乘戒和小乘戒間設定階層性差異，某些與小乘戒相抵觸的事情，在大乘戒中作為表層意義的戒律條款也是被禁止的，但從大乘甚深的立場來看，這些行為在某些特殊情境下是可以被允許的，這可以通過「深戒」或「遮罪」的術語來解釋（長尾，一九八七，第六章〈高度の戒學〉）。在中國佛教的背景下，若從這種意義上來看，大乘戒的理論，其理論形成的主要推動者是印度世親之後的瑜伽行派，鑑於此，這種理論不太可能在六朝初期就開始發展。因此，我們更應該關注的是六世紀後半期，如南嶽慧思（五一五—七七）的例子，他使用「大忍」一詞來強調佛法超越一切。如果借用川勝義雄的解說，慧思在《法華經安樂行》中，根據《大般涅槃經》的教說，斷言：「殺死破戒的惡人，使之下地獄，在那裡使其覺醒並發心，『這正是大慈大悲，正是大忍的體現。這是菩薩的大方便忍，是小菩薩無法做到的事』。由此可見，『如果菩薩行世俗忍，不懲治惡人，增長其惡，並使正法敗壞，那麼這樣的菩薩就是惡魔，而非菩薩』。『求世俗忍而不能護法，即使外表是似於忍，實際上也只是行魔業』。」這一大忍的理論，「確實是一個非常激進的主張，並且會導致價值觀的完全顛倒」（川勝，一九八二／九三，二四〇—二四三頁）。然而，不論理論表達的方式如何，「大忍」、「深戒」以及「一殺多生」等思想，若處理不當，可能引發極大的問題，我們必須要注意其危險的一面。換句話說，如果將其引入現代的課題來討論，例如，對於散佈生化武器反覆進行大量殺人的人們，如果是為了防止他們的行為於未然的話，殺人作為佛教的立場是否被允許。關於這一點，《瑜伽師地論》相關段落提到，作為殺害惡人的代價，菩薩是否有即使自己背負著殺人的大罪並墮入地獄，也不厭倦的覺悟，這一點是極為重要的，並說明菩薩的發心：「我若斷彼惡眾生命，墮那落迦（地獄），如其不斷，無間〔地獄〕業成，當受大苦；我寧殺彼墮那落迦，終不令其受無間苦。」（《大正藏》冊三十，頁五一七中）這些文句所暗示的問題非常深刻。

三、偽裝聖者

佛教中有許多聖者，特別是在與儒教的聖人論相連結的背景下，在六朝佛教史中，不少人從「凡夫」轉化為「聖人」，這一過程常以「革凡成聖」、「轉凡成聖」等漢語表達來代表，並且這些人物常被記錄為聖者，或者「聖人」、「出世間人」等同義詞。

通常所謂的「大聖」是指釋迦牟尼佛，這一點不言而喻。然而，何謂「聖」（ārya，意指「崇高的、高貴的」；alaukika，意指「非世俗的」；lokottara，意指「超越世俗的，出世間的」）的定義，則取決於以冥想為主的實踐理論體系。亦即，在小乘的阿毘達磨教義體系中，存在一個由「見道」和「修道」到達阿羅漢果的過程。簡而言之，其修行體系是凡夫↓見道↓初果↓二果↓三果↓阿羅漢果。另一方面，在大乘中，則有從凡夫↓初地↓二地……↓佛地的菩薩十地體系。在這種情況下，佛地通常被認為是第十地，但有時也被認為是超越十地的更高境地。無論如何，所謂聖者，在小乘體系中指的是見道以上的存在，而在大乘中則是初地以上的存在。在這之下的，當然就是凡夫。（請參考本書第

三篇第一章第七節）

在印度佛教中，見道與初地作為相等的位階進行對應，這一點在唯識的典籍中有所體現，尤其是《解深密經》與《大乘莊嚴經論》等經典當中，這一觀念成為後來印度唯識思想的標準。此時，進入見道和初地的準備階段，通常使用小乘說一切有部的術語，稱為四善根或順決擇分，在這一階段，修行者會觀察四聖諦，並經過四個階段：煖、頂、忍、世第一法。同樣的階段，在大乘中也有獨特的表達，通常稱之為明得定、明增定、入真實義一分定、無間定。總之，在經過這些階段後，當修行者達到最後的世第一法的最終階段，生起無染汙的無漏智慧，將直接進入見道初地的階段。另一方面，在中國佛教中，無著與世親系的瑜伽行派思想導入之前，南齊時期便已經開始對大、小乘的修行位次進行對應，這為日後形成不同的修道理論奠定了基礎。亦即，作為中國佛教中特有的修行體系，有「地前（或者住前）三十心」與「十地」之說。這些說法見於大約五世紀末期所成立的偽經《菩薩瓔珞本業經》，從作為準備階段的十信心開始，乃至十住心、十行心、十迴向心等初地之前的三種類的十心位，這些屬於凡夫菩薩的階段；而其後的初地等十地則被視為聖者菩薩的階段。在此背景下，中國的論師試圖將「地前三十心」和「十地」之說，與《大智度論》卷七十五的「共十地」之說以及《大般涅槃經》〈迦葉菩薩品〉等所說的進行整合，並提出了幾種不同的方式來對應大乘與小乘的修道論。與印度的發展一樣，在中國也產生了兩種理論：一種是將進入大乘初地的瞬間與小乘入見道的瞬間相對應，將大乘的體系和小乘的體系等同起來，並行理解大、小乘的理論；另一種是認為在小乘的最高到達點之後進入大乘的第一階段，將小乘視為低位，將大乘視為高位（船山，一九九六，二〇〇〇b）。

在佛教傳統中，達到「聖」境的人物並不少見。例如，有些僧侶被記錄為超越凡夫階位，成為聖者，其中包括印度僧人求那跋摩（三六七—四三一），他自稱已獲得二果並留下了遺偈；玄高（四〇二—四四）則被弟子們視為「得忍菩薩」，即在七地或八地獲得無生法忍的菩薩；此外，也有如陶弘景（四五六—五三六），這位既是佛教信徒又是道士的人，曾夢見自己作為七地菩薩而授記。除此之外，還有許多關於臨終時手指動作象徵所達修行境界的故事流傳下來。手指的動作有屈指與舒指的情況，若包括稍後的事例，可以舉出《高僧傳》卷十法匱傳中的「手屈二指」、卷十一普恒傳中的「手屈三指」，《續高僧傳》卷七寶瓊傳的「手屈三指」、卷十慧曠傳的「手屈二指」、卷二十五慧峰傳的「屈一指」、卷二十五感通篇中智曠傳的「手屈三指」、卷二十八志湛傳的「兩手各舒一指」（表示初果的獲得），此外，《南史》卷二十五的到溉傳的「手屈二指」等事例（參見本書第三篇第二章相關內容）。

然而，若將聖者區分為阿羅漢的小乘系聖者和十地的大乘系聖者，則發現大乘聖者的具體事例相對較難找尋。這一傾向在印度的大乘佛教中特別明顯。例如，集空性思想之大成者，後來被尊為中觀派祖師的龍樹（Nāgārjuna，約一五〇—二五〇頃），通常被認為是初地菩薩，這一說法是基於《楞伽經》中的一段經文而來。這段經文提到：「在南方的毘德离（Vedali），〔將出現〕一位名為那伽（Nāga）的吉祥且備受讚譽的比丘。他將破除有與無這兩種極端，向世間顯現我的無上大乘法門。在安住於歡喜地（初地）之後，他將往生極樂。」（偈頌章一六五—六六。船山，二〇〇三a，一三三頁）這裡看到的比丘名是Nāga，不是Nāgārjuna，但北魏菩提流支譯（《大正藏》冊十六，頁五六九上）和唐朝實叉難陀譯（《大正藏》冊十六，頁六二七下）都譯為「龍樹」，可見龍樹作為初地（歡喜地）菩薩的傳說最晚也在五世紀末左右。這些傳說後來被《文殊師利根本儀軌經》（*Mañjuśrīmūlakalpa*）傳承並發展，出現了龍樹六百歲說。在藏傳佛教中，《布頓佛教史》提到印度後期大乘佛教的論師達摩蜜多（Dharmamitra，大約活動於九世紀初至前半頃，為九世紀初期哈利跋陀〔Haribhadra〕的注釋家）和勒多那伽羅善逝（Ratnākaraśānti，大約十一世紀前半）的說法，認為龍樹是初地菩薩，而無著是三地菩薩（參見船山，二〇〇三a，一三〇—一二九頁）。

順便一提，連龍樹都僅達到菩薩十地中的初地，對於這樣的傳說，是否只有我感到某種奇異與意外的驚訝呢？當然，這其中有兩種視角：一種是認為連龍樹這樣的聖人也僅止於初地；另一種則是驚歎他竟然已經達到了初地。這兩種看法的差異值得深思。隋唐時期活躍的吉藏則屬於前者。在《中觀論疏》的開頭，他提出了一個問題：「問：龍樹是何位之人？」為了解決翻譯文獻中認為龍樹是初地菩薩，然而中國傳承卻將其視為十地菩薩的矛盾，他展開了一系列的論述（《大正藏》冊四十二，頁一下）。

作為唯識學派的論師，上文曾提到過無著（Asaṅga）是三地菩薩的傳說，而無著在某些傳說中也被記錄為初地菩薩，在中國佛教中，無著作為三地菩薩的傳說並沒有固定下來。而且，無著的親弟弟世親（Vasubandhu、天親）也有相應的傳說。亦即，世親被認為是地前菩薩，並未進入初地。這一傳說見於陳代真諦譯《婆藪槃豆法師傳》末尾（《大正藏》冊五十，頁一九一上），以及唐代窺基所著《唯識二十論述記》（《大正藏》冊四十三，頁一〇〇九下）。尤其在《唯識二十論述記》中，根據護月對《中邊分別論》的注解（《辯中邊論護月釋》），世親的行位被認為是煖，即四善根位的初位。儘管如此，這一說法作為印度佛教的資訊，是否可以完全信賴，仍有一定的問題。因為在這些記載中提到，世親在「順解脫分的迴向的終心」中，彌勒授予無著的偈頌，成為世親進入煖位的契機。然而，「迴向的終心」這一說法，應該是中國佛教特有的「地前三十心」說，特別是以十迴向心作為前提，這樣一來，將這些記載全然視為純粹的印度傳承資料，可能會產生問題。儘管如此，護月本身在《大唐西域記》第九卷中以那爛陀（Nālanda）寺學問家的身分出現，然而詳細資料不明，且其著作未曾翻譯，因此這些資訊可能來自玄奘門下的口頭傳承（可參見船山，二〇〇三a，一二九—一三五頁）。另外，窺基在《成唯識論掌中樞要》（《大正藏》冊四十三，頁六〇八上）中，也將世親的行位定為「明得〔定〕」，即煖。

以上所述，雖然略顯繁瑣，但介紹龍樹與世親的傳說，及他們達到的境地，無非是想指出，若這些作為佛教哲學鼻祖而聞名的人物，其修行境界是如此狀況的話，一般的修行者能到達何種修行境界，就並不難想像了，這一點從史料中便可窺見。

在原始佛教時代，聽過佛陀講法的人中出現了許多「開悟」的修行者。到了部派佛教時代，通過區分佛陀與阿羅漢，專門為了成為阿羅漢的修行體系逐漸被詳細而嚴密地確立。同時，認為無論人們如何修行，都無法成為佛陀的觀念也開始確立。為了打破這種思想上的某種閉塞狀況，大乘的菩薩思想應運而生。也就是說，我們應當追求並實踐的生活方式是菩薩，而每個人都可以成為菩薩，最終也能夠成佛。由此，人們再次認為自己有可能追求更高的境界。然而，隨著大乘的修道論詳盡地規定了修行的階位並逐漸確立，以及強調菩薩的崇高，隨之而來的結果是，菩薩的修行需要極其漫長的時間，而菩薩應該做的事，也在質量上和理論上不斷增加。因此，成佛此一最終目標的概念再一次愈來愈遙遠了。在此情形下，修行者在此世的現實目標便成為了到達初地，與此同時，龍樹被視為初地菩薩，無著也被認為是三地菩薩的傳說也隨之流傳開來。然而，這並不意味著以初地為目標就顯得層次低微。值得注意的是，大乘佛教所描繪的理想形象與具體的菩薩傳說之間，存在著一條鴻溝。

也就是說，大乘佛教的菩薩思想具有兩個面向：一方面，認為所有追求覺悟的人都可以是菩薩，這是一種下降的側面；另一方面，又將菩薩作為理想的人類形象高高擁立並崇拜，這是一種上升的側面。這二極的統一在思想上具有極高的意義。然而，正是基於同樣的理由，菩薩的存在也有可能分裂為兩個極端，即此時此地的我這個活生生的人，以及經典和畫像表現的作為神格的菩薩。在反覆輪迴的過程中，人們不斷以菩薩的身分存在，努力修行利他行，最終能夠成為佛陀，若思考這一思想的本源，會發現十地思想並非為了凡夫的實踐體系而設計，從某種角度來看，這種情況也算是理所當然。然而，隨著印度大乘思想中菩薩修行階位的確定，在時間上和質量上不斷地擴展，其結果是：儘管大乘修行者數量眾多，但在此世證悟的人幾乎不存在。這種現象給人一種耐人尋味的矛盾印象。從某種意義上說，這可以被視為大乘佛教自身內含的一個問題。

與印度佛教的情況相比，中國佛教中聖者的數量，在某種意義上甚至是顯得異常的。這與中國佛教中「地前三十心」和「十地」的階位說的出現有著密切關聯，這些說法似乎是從一種極其機械式、形式化的處理中產生的，並不完全基於實際修行的體驗。尤其值得注意的是，輕易假設菩薩的行位，最終可能導致大量偽裝聖者的現象。一些真正被認為是菩薩的佛教徒確實存在，但更多的是偽菩薩（請參考本書第三篇第一章第四節（二））。一個顯著的例子便是本章開頭提到的法慶，這位大乘賊宣稱「殺一人為一住菩薩，殺十人為十住菩薩」，這樣的說法是極為荒謬的。然而，這類大乘賊能夠出現，顯示當時普遍存在這樣一種認知：菩薩隨處可見。法慶之所以自稱「大乘」，也許正是因為當時存在一種認為大乘中殺人等行為可能是被容許的風氣，而在小乘中這類行為是不被允許的。同樣地，在梁天監年間，郢州有一位偽僧妙光（亦作僧光），他捏造了名為《薩婆若陀眷屬莊嚴經》的偽經，事情曝光後，女性信眾們依然稱他為「聖道」（《出三藏記集》卷五，現代語譯見船山，二〇一三 a，一四二—一四五頁；Fumyama 2015a: 289）。此外，還有不少人自稱「聖人」，迷惑周圍的人，導致社會混亂。這些偽裝聖人的存在，也揭示了當時社會對聖人形象的普遍接受。

從戒律的角度來看，偽裝聖者的行為屬於波羅夷戒中的第四條「大妄語戒」。大妄語戒通常被認為是與小妄語（普通意義上的謊言）和中妄語（以大妄語誹謗其他比丘）區分開來的。大妄語指的是偽裝為聖者並以此誤導周圍人。實際上，有一些事例可以證明這一點。例如，「佛馱跋陀羅傳」中提到，佛馱跋陀羅的一位弟子自稱修行禪定後獲得了「阿那含果」，即三果。然而，在佛馱跋陀羅核實真偽之前，這一消息便已廣為流傳，甚至傳到了本就對他抱有敵意的某個派別耳中。對他們而言，一向提倡嚴守戒律並強調禪修實踐的佛馱跋陀羅等人，與鳩摩羅什相比，更加令人礙眼，因而他們早已對其心存不滿，此時，又傳出了疑似違反戒律的行為，使他們更覺不快。反對佛馱跋陀羅的漢人一派便以此為由，質疑其行為是否違背律法。最終，這成為佛馱跋陀羅被逐出長安的原因之一。

本章指出，在大乘興起之前傳統佛教所遵守的戒律中，四波羅夷罪被視為最為嚴重，其中關於淫戒與殺戒，顯現了一些大乘特有的視角與情況。而在大妄語戒方面，中國佛教獨有的聖者論反而可能促成了偽裝大乘的事件。此外，本章還指出，那些被傳統佛教視為破戒或異端的大乘僧侶中，恰恰有些人在隨後的時代中對佛教發展產生了重要影響。

注釋

❶ 本章將討論與四波羅夷中的三個戒律相關的事象，並不涉及盜戒。此外，關於破戒的問題，食肉和飲酒也可能是其中的問題，但這部分將被略過。關於食肉，根據「三種淨肉」的說法，在如來藏思想出現之前，一般來說，大乘佛教並未禁止食肉。然而，在中國，五世紀前半，北涼曇無讖譯《大般涅槃經》以及南朝宋求那跋陀羅譯《楞伽阿跋多羅寶經》等，明確禁止食肉的如來藏思想流傳開來。進一步地，在五世紀後半成立的偽經《梵網經》中，不僅禁止食肉，還禁止飲酒以及食用五辛，這些大乘戒律思想成為了許多佛教徒生活規範的一部分。通過這一系列的動向，禁止食肉

作為大乘菩薩應守的戒律項目得以確立。但是，除了大乘的新思想和生活規範之外，在中國佛教史上可以發現以「蔬食——攝取不含肉、魚等的樸素飲食」為美德的價值觀。從《高僧傳》和《比丘尼傳》等記錄中可以確認，「蔬食」的風尚在五世紀以前就已經存在。《論語》中的〈述而篇〉、〈鄉黨篇〉和〈憲問篇〉中使用「疏食」這個詞，指的就是以蔬菜為主的簡單食物。這表明，「蔬食」是一種佛教傳來以前的中國傳統文化的表達方式，並且被視為避免奢侈的一種修行。總之，「蔬食」所代表的中國佛教中的素食主義傳統，與印度的如來藏思想及大乘戒律思想本來具有不同的起源。

❷ 傳記的作者描述當時的情況時，呂光對羅什說：「你的操守難道在你父親之上嗎？怎麼會堅持拒絕呢？」這樣的話語表達了羅什無法守淫戒的情況，並將其描寫為「父親的遺傳」。羅什的父親鳩摩羅炎是印度一位足以擔任宰相的有能人物，但他出家為僧。當他來到龜茲時，受到了龜茲王的器重，並與王的妹妹結婚，之後便生下了羅什。參見《高僧傳》卷二的鳩摩羅什傳的開頭（《大正藏》冊五十，頁三三〇上，吉川、船山譯）。然而，其中並未記載其父鳩摩羅炎是否在結婚後還俗。

❸ 相應的紀錄在《晉書》卷九十五的藝術傳的鳩摩羅什傳中也可以看到，但其史料價值不高。參見橫超、諏訪（一九八二／九一，一一二頁）。

❹ 足立、塩入（一九八五，九十八頁，「開成五年七月十三日」條）。此外，可參考《中外日報》一

九九〇年九月十四日社論「羅什の苗裔」。

❺ 在《高僧傳》卷三的〈譯經篇〉的討論中，慧皎提到：「而童壽（鳩摩羅什）有別室之愆，佛賢（佛馱跋陀羅）有擯黜之迹，考之實錄，未易詳究。」他避免斷定羅什是否破戒。（吉川、船山譯，二〇〇九a，三五八頁）

❻ 橫超慧日（一九五八／七一，一一六—一一七頁注二）認為龜茲的戒律嚴格，羅什的「破戒行為，完全可歸因於他的個人性格與家族背景」。

❼《高僧傳》和《出三藏記集》的曇無讖傳中，記錄了他的旅程，途經中印度、罽賓、龜茲、姑臧，但未提到鄯善（樓蘭）。然而，當時的通行路徑中，龜茲、焉耆、鄯善、敦煌、姑臧的路線是可預見的。關於曇無讖之前的路線，根據魚豢的《魏略》西戎傳（魏略輯本卷二十二）來看，從焉耆經鄯善至敦煌的路被稱為「中道」（也可參考橫超、諏訪，一九八二／九一，一七〇頁）。據此，曇無讖走的可能不是經過于闐的南道，也不是從龜茲、焉耆通過高昌（吐魯番）到敦煌的北道（相當於《魏略》西戎傳的「新道」），而是從中間的龜茲、焉耆，經過鄯善，到達玉門關、敦煌。法顯前往印度的時候也通過敦煌—鄯善—焉耆的路線。

❽ 順便一提，與曇無讖幾乎同時的五世紀前半期時期，在建康也帶來了《菩薩地》的別本《菩薩善戒經》（四三一年，求那跋陀羅譯），其序品中包含了相當於在本文中提到的《決定毘尼經》文本，並進行了部分改編。

【第三篇】

修行與信仰

第一章　聖者觀的兩個系統

一、問題所在

作為檢驗佛教聖者觀的一種嘗試，筆者先前曾調查關於龍樹、無著和世親這些印度大乘佛教學派祖師的相關資料，藉此了解他們在佛教傳承中被認為達到了怎樣的宗教境地（船山，二〇〇三a；二〇〇二b，五十—五十六頁）。調查的結果，至少對我來說，不僅感到意外且有許多發人深省之處。

通常，我們或為數不少的佛教研究者們可能會默認，印度佛教史上有名的人物，特別是被視為學派祖師、備受尊崇，或是留下偉大著作的高僧們，應當已達到或接近該學派宗教體系中的最高階位。從大乘佛教的角度來看，可以說，大乘的理想人物是菩薩，而菩薩修行的過程則是從初地到第十地般的逐步向上提昇。特別是印度初期的菩薩思想，大力強調了「人人都可以成為菩薩」的立場（靜谷，一九七四，二三八—二四六頁；梶山，一九八三，一三五頁）。既然任何人都可以成為菩薩，而菩薩的修行道路有十個階位，且龍樹和無著被認為分別創立了中觀和唯識這兩個大乘佛教學派的基本理論，那麼，根據這些前提，我們可得出一個簡單的結論：龍樹和無著若非第十地的菩薩，便應是接近第十地菩薩的存在。這樣的看法並不難理解。

然而，根據文獻調查所得知的結果卻完全相反。根據文獻記載可以確切說，上面所描繪的內容在印度傳承中幾乎找不到支持，至少主流傳承並非如此。

文獻所提供的傳承將龍樹和無著置於意外低的位階。關於龍樹，傳承上普遍認為他是初地的菩薩。至於無著，在中國，關於他是初地菩薩的說法自七世紀以後廣為流傳。而在印度，認為他是第三地菩薩的傳承，最遲可在八世紀初的文獻中得到確認，且具有相當影響力。至於世親，雖然在印度的傳承尚不明確，但在中國，關於世親是地前菩薩——即非聖人而是凡夫——的說法，自七世紀中葉起開始流傳。初次得知這樣的傳承時，坦白說，筆者對於傳授空性思想著名的龍樹竟被認為只是初地菩薩感到驚訝，這未免過於低估！若真如此，那麼第二地、第三地乃至十地菩薩的理論，即便存在，也只能是虛無飄渺、難以實現的空談。若龍樹和無著僅是初地菩薩，那麼所謂的七地、八地等高位，在這世間上該無其他人可以達到！且若真如此，針對初地、七地、八地、十地等地的差異展開種種議論侃侃而談，豈非紙上談兵？這樣的傳承，是否可能是一種扭曲的特殊傳承或某類民間信仰？筆者不禁產生了這些的疑問。

隨著進一步的調查，很快便輕易發現，自己的臆測與文獻記載有著很大的乖離。例如，將龍樹視為初地菩薩的傳承在印度並非來自虛假謬誤的民間信仰，而正是來自月稱和觀誓等印度論師所記載的學術傳承。這些記載後來被代表印度最末期學術佛教的學者寶作寂所採用後，也傳入西藏，如《布頓佛教史》中的龍樹傳及龍樹一部著作的藏文翻譯之跋文中均有明確的記載（船山，二〇〇三 a，一三三—一三二頁）。特別是在藏文文獻中，雖然這充其量僅為臆測，但印度人名加上或不加上 'phags pa（梵語 ārya，「神聖的」或「高貴的」之意）這一前綴詞，似乎決非是情感的或恣意的尊稱，而是基於明確的凡人與聖人區分的傳承。依筆者管見，如龍樹、無著或（聖）解脫軍論師般，名字被冠上 'phags pa 這樣尊貴稱呼的論師，似乎只有屈指可數的例子，其他不管如何有名之人，例如世親和法稱等，都未被冠上如此尊稱。

印度的傳承雖然也傳入中國，但有趣的是，在中國，居然有些人對龍樹是初地菩薩的說法感到矛盾和困惑。下面對此稍做介紹。明確記載龍樹是初地菩薩的，大概最早出現於北魏菩提流支翻譯的《入楞伽經》（《大正藏》冊十六，頁五六九上）。在此之前的中國佛教界中，龍樹作為鳩摩羅什譯的《大智度論》作者，被認為是第十地菩薩，之後必定成佛。當那些持有這樣模糊信仰的人們得知《楞伽經》的某一段落中，明確記載著龍樹實際上是初地菩薩這一確切證據時，他們的驚愕可想而知。隋朝吉藏是最早注意到這個矛盾的人之一。在《中觀論疏》的開頭中，吉藏引述了僧叡和廬山慧遠認為龍樹是十地菩薩的觀點，以及《楞伽經》的一節將他視為初地菩薩的說法，還有姚道安（《二教論》的作者）對此的解釋，即龍樹雖然為了救濟眾生而進入初地菩薩，但實際上他是十地菩薩。吉藏表達了自己的觀點，即「聖跡無方，高下未可測」，表明在某種程度上他放棄對這一問題的解答（《中觀論疏》卷一，《大正藏》冊四十二，頁一下）。可見，在中國佛教史上，認為龍樹是初地菩薩的話其階位未免過低，這一直覺性的疑問，確實可以找到實例。

以上，說明了印度大乘佛教中，被尊稱為「聖者」的人們實際上未必位於教理體系的頂端，從這點可以展開許多問題。例如，假如連龍樹和無著都只是初地菩薩，則一般的修行者、注釋家和學問僧侶們能夠達到什麼樣的境地，這樣的問題也自然隨之浮現。在這種情況下，理論家們關於開悟的描述是否依據自己的實際體驗？沒有開悟的實際體驗，是否能夠正確地描述開悟？與這些問題相關，頗富趣味的點是：在中國玄奘門下的傳承中，並未將最為重要的祖師之一的世親認定為「聖者」，而是認為他是「地前菩薩」（即達到初地之前的菩薩）。唐代的慧沼在《成唯識論了義燈》第一部中提到了這個問題，他說：「世親菩薩雖住地前，具前四德亦堪造論。」云云。（《大正藏》冊四十三，頁六七一中）這暗示，即使自己沒有開悟，通過精進和學習，也可以正確描述覺悟的本質和達到覺悟的過程，這個觀點很值得關注。此外，還有許多其他類似的單純的疑問：大乘和小乘的聖者是否在質和量上有所不同？歷史上是否有真正的聖者，且那些沒在歷史上留名的隱居者們之中是否也有真正的聖者？又或者印度其實沒有十地菩薩這樣的歷史人物存在？果真如此，那麼文獻中十地體系的存在有何意義？再者，在此世間上的見佛體驗和觀佛的修行其意義為何，該將它們定位於修行體系中的哪個位置？以及，在視龍樹和無著為初地菩薩的傳統體系裡，人們是否真的能夠「成佛」？其他樣態的聖者，例如印度後期密教中的「成就者」（參照奧山，一九九一）或者西藏的活佛（參照山口瑞鳳，一九七七）又是怎樣的聖者？如是等天真的疑問無有止盡。

單一論文實無法涵蓋上述所有問題。然而，就中國中世佛教史而言，一方面普遍流傳著龍樹和無著為初地的這種嚴格宗教觀，另一方面也存在著相信他們達到比初地更高階位的另一種傳承。我認為關於被稱為聖者的數量，在中國至少存在兩種傳承流向。這兩者未必有良好的整合，似乎是以不協調的方式被納入整個中國佛教史中。

這一章旨在針對六朝至唐初的佛教史進行鳥瞰式的探討，並嘗試分析聖者觀的相關問題。❶由於篇幅所限，本文僅以最簡要的方式引用一手資料，並且不得不省略部分原文及其翻譯，敬請讀者諒解。

二、所謂的佛教聖者——初步考察

為了闡明筆者的關懷和課題，首先想對「佛教中所謂的聖者為何」這一問題做概略性的確認，以作為開端。

雖然現在沒有時間深入探討「聖」字的原始意思及其變遷（參見顧頡剛，一九七九；本田，一九八七；吉川忠夫，一九九〇b、一九九七），但在儒教中，所謂的聖人通常指的是堯、舜、周公旦和孔子等人，而孔子的弟子一般不被視為聖人。因此，在這個意義上，有時候佛教的聖者會被僅限於釋迦牟尼來討論，但這樣的理解忽略了作為菩薩存在的聖者，顯然是不適當的。將佛教的聖者狹隘地限定於釋尊，就定義上來說，過於狹窄。偉大的釋尊是頂點，但其下仍有各種各樣的聖者。

反之，有時我們也會看到將所有出家僧人平等視為聖者的論述。然而，這種看法同樣是不適當的。誠然，歷史上確實有將僧侶視為聖者的情況，但並不是所有的僧侶都是聖者（儘管在印度佛教中，有時在提到教團或派別時會冠以「聖」，如ārya-Mahāsāṅghika「聖者大眾部」，這在碑文資料等中可以見到）。如果就文獻來表達的話，應當說僧侶分為凡僧和聖僧兩種。將所有僧侶一概視為聖者的說法，就定義言，過於寬鬆。

第三，當佛教被區分為大乘和聲聞乘（即所謂的小乘）時，有時會看到將大乘的聖者解釋為菩薩，認為所謂的菩薩就是聖者的情況。然而，這種理解也是錯誤的。為什麼呢？因為就像僧侶分為凡僧和聖僧一樣，菩薩也分為凡夫的菩薩和聖者的菩薩。根據文獻記載，聖者的菩薩被限定地稱為「入地菩薩」和「登地菩薩」（bhūmipraviṣṭo bodhisattvaḥ，「已經進入地的菩薩」）等等。所謂的「地」是指初地以上的階段。一般來說，根據印度瑜伽行派標準的修行論來說，修行者在所謂的四念處的階段之後，就依次進入被稱為四善根的煖、頂、忍、世第一法的四個階段，而當在世第一法的階段生起無漏的智慧時，在此瞬間修行者被認為進入初地。初地以上才是聖者的範疇。

另一方面，關於聲聞乘的聖者，人們傾向使用「阿羅漢」一詞來強調只有阿羅漢才是聲聞乘的聖者，但這種看法也是不正確的。關於聲聞乘的修行階位，根據最標準的一切有部的說法，類似於上述的瑜伽行派（雖如此說，有部才是根本），修行者在四念處後，通過修習煖、頂、忍、世第一法，進入見道後即被認為是聖者。之後的修行進展被稱為「四向四果」，即依次為：「預流向」的見道位，接著是修道位的「預流果」（＝初果＝須陀洹果），接下來是「一來向」、「一來果」（＝二果＝斯陀含果）、「不還向」、「不還果」（＝三果＝阿那含果），最終通過「阿羅漢向」達到最高位的「阿羅漢果」（櫻部，一九六九，一三五—一三八頁）。在這些階段中，由凡入聖的轉折點是「入道位」。因此，凡獲得從初果到阿羅漢果的四果中任何一果者，都屬於「聖者」之列。

以上，我們探討了四種觀點，並簡要說明了它們之所以不適切的理由。扼要言之，當談及佛教中的「神聖性為何」、「聖者為何」時，「聖」一字是「俗」乃至「凡」相對立的概念，「聖者」或「聖人」則是「凡夫」的反義詞。那麼，聖者與凡夫的界線究竟在哪裡？根據大乘佛教的說法，一般認為初地以上的修行者可以被視為聖者，即入地菩薩和登地菩薩；而聲聞乘則認為見道以上的修行者可以被視為聖者。這兩者的任一，都認為位於聖者性頂點的是佛，被稱為「大聖」。此外，從凡夫到聖者這一連串進程所建構的修行的體系中，也可以看到佛教聖者觀的特徵。佛教並不是將聖者限定在神話世界或神祇的世界，而是展示了一種理想的人格形象，表明凡是人類，都可以通過修行達到聖者的境界。❷當我們回顧從聞、思、修三慧逐步修行，最終到達無學境地的修行架構，這正是佛教所標榜的，通過修行轉進聖者境界的可能性。這個問題，應該與道教中「神仙可以學致」的是非論（《抱朴子》〈辯問篇〉、〈對俗篇〉）以及儒教中「聖人可以學致」的論述（雖然這是比佛教和道教晚了數個世紀的論述）合併起來，放在整個漢文化的發展脈絡中做統一的理解（島田，一九六七，三十三—三十五頁和吾妻，二〇〇〇也請一併參考）。

至於凡聖的分野，這在葬禮禮儀中也有明顯的體現。根據《高僧傳》卷三的智嚴傳的記載，印度時代，普通人和聖者的火葬場所是不同的（《大正藏》冊五十，頁三三九下）。另據同書卷十一的普恒傳的記載，宋朝昇明三年（四七九），七十八歲的普恒在去世時手指彎曲，而他生前原本黝黑的身體，也在去世後變得潔白。因此，他的遺體得以按照得道者專屬的荼毘之法處理（《大正藏》冊五十，頁三九九中）。三根手指彎曲一事，正如後文所提，是他達到了聲聞乘修行中第三不還果的象徵。

三、作為譯語的「聖」

（一）「聖」

接下來，我們確認一下作為譯語的「聖」的意義。被翻譯為「聖」的梵語代表字是 ārya，其含義為「神聖的」、「尊貴的」、「高貴的」。表達相同意思的其他詞彙有譯為「出世間」的 lokottara 或 alaukika「超越世俗的」、「非世俗的」；譯為「上人」的 uttaramanuṣya，意為「上位的人」、「殊勝的人」；以及音譯為「牟尼」的 muni 等等。在特定語境下，意味「正直的、真實的男子」的 satpuruṣa 也可指代聖者。但該詞並無固定的漢譯。

（二）「賢聖」

進一步我們將注意力移到譯語的「賢聖」。通常來說，「賢聖」指的是賢者和聖者，但在西晉竺法護翻譯的《正法華經》中，「賢聖」大致上是ārya的翻譯，或者是subhadraka，即「傑出而賢明的人」等的翻譯，同時將「賢」和「聖」兩字並記或嚴格加以區分而使用的例子反而看不到（辛嶋，一九九八，二九七—二九八頁）。

順便一提，單獨使用「賢」的例子有「賢者」，但這是同一經典中āyuṣmat「長老」或「具壽」的翻譯。一般來說bhadra「賢明的人」也可能被翻譯為「賢者」。

此外，在漢譯的阿毘達磨修道論中，亦有使用「賢聖」一詞，將賢者劃分為三個階段，稱為「三賢」，並與聖者的四個階位合併起來，常稱之為「七賢聖」，不過這些用法在印度語原典中並無直接對應的詞彙。最早出現這種定型的「賢聖」漢譯的，可以追溯至東晉僧伽提婆在三九一年與慧遠等人共同翻譯的《阿毘曇心論》的〈賢聖品〉（櫻部、小谷，一九九九，ii—iv頁）。就定型漢譯「賢聖」中的「賢」之概念而言，可以看出它在印度並無明確的根據或對應。

（三）「仙」

另外在考察中國的聖者觀念之際，除了儒教的「聖人」外，道教的「仙人」也應予以考慮。在佛典中，「仙」也作為譯語被使用。在這種情況下，「仙」對應的梵語可能是指從神靈那裡聽取吠陀詩歌的聖仙（ṛṣi）等或其他情況。

四、聖者的自稱與他稱

滿足怎樣的條件時，人們會成為聖者呢？又由誰來認定某人為聖者呢？關於這些問題，既有稱自己為聖者的「自稱的情況」，也有被周圍人認可為聖者的「他稱的情況」。然而，大多數的情況下，認定過程往往是不明確的。眾所周知，在中世紀後期的天主教基督教中，對聖者授予聖名的制度，即 canonization（封聖、列聖），有著嚴格規定，但在中國佛教中並無類似制度。❸此外，關於何時被認定為聖者，是在生前還是死後，天主教規定生前不會承認聖者，聖名的確定必須在死後，但在中國佛教的情況下，生前就被認定為聖者的逸事絕非少數。特別是自稱為聖者的情況——最早的例子就是釋迦牟尼——與天主教等有著顯著不同之處，進一步衍生出的問題是，自稱可能成為偽聖者，即假冒聖者的溫床，歷史上有許多偽聖者的例子，這點必須指出。

（一）《高僧傳》中的聖者

因為僧侶的品行和卓越的行為，周圍的人們視他們為聖者的故事很多。例如，《高僧傳》卷一的曇摩耶舍傳中提到：「常交接神明而俯同矇俗，雖道迹未彰，時人咸謂已階聖果。」（《大正藏》冊五十，頁三二九下）與此相同，被周圍的人們判定為「聖者」的故事不勝枚舉，如《高僧傳》卷二的弗若多羅傳（《大正藏》冊五十，頁三三三上）、佛馱跋陀羅傳（頁三三四下）、曇無讖傳（頁三三六上）、卷三的曇無竭傳（頁三三八下）、卷八的法瑗傳（頁三七六下）、卷十的慧安傳（頁三九三上）、卷十一的玄高傳（頁三九八上—中）、《續高僧傳》卷十六的佛陀禪師傳（頁五五一上）、《比丘尼傳》卷二的靜稱尼傳（頁九四〇上）、《太平廣記》卷一〇五的唐臨安陳哲等等。這些人被認定為聖者的背景，多數的場合，往往由於據說他們展現了非凡的禪定能力，或者顯現了某種超自然的現象。

另一方面，《高僧傳》中提及自覺自己為聖者的例子，如卷三的求那跋摩（Gunavarman），他作遺言偈回顧自己的一生，記載道：「摩羅婆國界，始得初聖果。阿蘭若山寺，道迹修遠離。後於師子國，村名劫波利，進修得二果，是名斯陀含。」（《大正藏》冊五十，頁三四二上—中）又、卷十的保誌（寶誌）傳中記載，保誌在臨終之際稱自己為：「菩薩將去」、「未及旬日，無疾而終。屍骸香軟，形貌熙悅」（《大正藏》冊五十，頁三九四下），這也是自稱為聖者的菩薩的例子。此外，根據唐代樓穎《善慧大士錄》卷一的記載，善慧大士傅翕（四九七—五六九）曾向弟子自述獲得了首楞嚴三昧和無漏智。由於首楞嚴三昧只有十地菩薩才能達到，弟子們因此判斷師父必定是十地菩薩（《續藏》二·二十五·一·一裏下）。

又如梁朝道士陶弘景，據傳他因夢中得佛授記的因緣，自覺自己是七地菩薩（《梁書》卷五十一的陶弘景傳，《文苑英華》卷八七三的梁蕭綸〈隱居貞白先生陶君碑〉。參見船山，一九九八a）。

如上述般，佛教中的聖者有通過周圍的判斷與風評而定的情況，也有自稱的情況，在此情況下，自與他的判斷並非總是一致的。有時本人的意識與周圍的判斷會有差異。自覺為凡夫但卻被周圍視為聖者的例子，有《續高僧傳》卷二十七中的僧崖。僧崖以捨身行為而聞名（船山，二〇〇二a，三三八頁）。他出於自認為自己是凡夫的意識，以「我是凡夫，誓入地獄，代苦眾生，願令成佛」的意圖而實踐了捨身行，卻因此被周圍的人視為「聖人」（《大正藏》冊五十，頁六七九中—下）。

（二）自稱的聖者與偽聖者

與此相反，當有人恣意地自稱為聖者時，便會有偽聖者的出現（關於六朝佛教的偽聖者主要研究，請參考塚本善隆，一九三九／七四；砂山，一九七五；本書第二篇第四章等）。作為此典型例子有《魏書》卷九的〈肅宗紀第九〉和《魏書》卷十九上的京兆王傳中所見的沙門法慶。法慶在北魏延昌四年（五一五）在冀州聚集民眾發動叛亂，自稱「大乘」以欺騙人們，並宣稱殺一人便是初地菩薩，殺十人便是十地菩薩，說出如此駭人聽聞的言論。他還調配迷幻藥給人們服用，使其無法辨認親人，成為殺人的機器。暴徒們破壞寺舍，斬殺僧尼，焚燒經典和佛像，聲稱新佛出世，需除去舊魔，極盡暴行之能事，致使世間陷入混亂。此外，根據《出三藏記集》卷五（《大正藏》冊五十五，頁四十中）和《歷代三寶紀》卷十一（《大正藏》冊四十九，頁九十五上）的記載，梁天監九年（五一〇），郢州沙門釋妙光偽造了《薩婆若陀眷屬莊嚴經》一卷，以高僧的身分欺騙諸多尼僧和女性。結果人們皆稱他為「聖道」（神聖的道人）並且崇拜他。又，《高僧傳》卷十一的僧璩傳中記載，有位名喚僧定的沙門自稱證得不還果（第三果），引發了時人的爭議（《大正藏》冊五十，頁四〇一上—中）。由此可見，自稱的聖者之中，一方面的確存在純正的自稱聖者，另一方面也可能成為偽聖者產生的背景。自稱與偽宗教家的問題，恐怕也適用於現代社會。

順便一提，與中國佛教史中聖者認定過程存在許多不明確之處有關，高僧傳中的「聖人」、「聖僧」、「聖沙彌」等詞語，有時在未經明確規定的情況下，僅作為對僧侶的敬稱來使用。例如，《高僧傳》卷五的道安傳中提到：「（道）安先前聽聞羅什在西國，想與之一同講解，每每勸（苻）堅取之。什也從遠處聽聞安的風範，認為此是東方聖人，常常遙向他禮敬。」（《大正藏》冊五十，頁三五四上：安先聞羅什在西國。思共講析，每勸堅取之。什亦遠聞安風，謂是東方聖人，恒遙而禮之）這是在未明確指出聖人性根據的情況下，將尊敬的對象視為聖人的例子。類似的事例可在《高僧傳》卷十一的普恒傳（《大正藏》冊五十，頁三九九中）、《比丘尼傳》卷一的道容傳（《大正藏》冊五十，頁九三六中）、《法苑珠林》卷四十二引《冥祥記》晉尼竺道容（《大正藏》冊五十三，頁六一六中）、《續高僧傳》卷八的法上傳（《大正藏》冊五十，頁四八五上）、《續高僧傳》卷二十一的慧光傳（頁六〇七中）等處確認。此外，在對話表達中，以「上人」、「上聖」等尊稱對方僧侶的第二人稱稱呼，也可以在《高僧傳》卷七的道溫傳（《大正藏》冊五十，頁三七二下）和《續高僧傳》卷二十九的明達傳（頁六九一下）等中發現。

五、輕易的聖者化——其敘事的性格

（一）僧傳中的聖者與小乘的修行

在佛教文獻中，有時在稱揚某人的語境下，會以非常輕率、近乎潦草的方式記述對方成為聖者的過程。這類型的故事經常出現在僧傳類的作品中，似乎與其敘事的性質有關。例如，《高僧傳》卷二的鳩摩羅什傳中提到，羅什的母親是位虔誠的佛教信徒，她向丈夫請求出家但始終未獲允許。後來她再次強烈表達出家願望，並發誓「若不許落髮則不咽食」。到第六天晚上，丈夫見她氣力耗盡，擔心她這樣下去將撐不到明早，終於允許她出家。翌日她受戒後精進修禪，結果獲得初果（《大正藏》冊五十，頁三三〇上—中）。同樣的羅什的傳記還記載名為阿竭耶末帝的王女成為尼僧後，廣學經典，精通禪定，證得二果（頁三三一上）。

此外，根據《名僧傳抄》引用的《名僧傳》卷二十五法惠傳和《比丘尼傳》卷四馮尼傳的記載，法惠法師訪問龜茲國金花寺時，作為對客人的款待被勸進葡萄酒一斗五升。法惠起初以出家人身分婉拒，但最後還是接受其意，結果酩酊大醉。「法惠酒醒，自知犯戒，追大慚愧，自搥其身，悔責所行，欲自害命。因此思惟，得第三果」（《大正藏》冊五十，頁九四六中）。雖然龜茲一帶的僧人似乎曾飲用葡萄酒一事非常有趣，但以對醉酒的反省為契機，到達緊接阿羅漢果之前的三果，這作為故事雖然很吸引人，但從修行階段來看，恐怕只能說是荒誕無稽吧？

《法苑珠林》卷二十引用的《冥祥記》提到，劉宋沙門釋慧全是涼州的禪師，教導五百名的弟子。其中一位性格略為粗暴的弟子自稱獲得「三道果」，即聲聞乘的三果。慧全從他平日行為不予採信，但後來這位弟子展示了超常的現象（《大正藏》冊五十三，頁四二九上）。

此外，《太平廣記》卷九十一和《南嶽總勝集》卷下（《大正藏》冊五十一，頁一〇八一下）也有關於聖者階位的奇聞。唐代則天武后時期，徐敬業在揚州起兵反叛，則天派兵討伐，敬業軍隊因此潰敗逃散。敬業之前收養過一個容貌與自己相似的孩子，非常寵愛。敬業敗逃時，這孩子亦被捕，則天軍隊誤以為他就是敬業而將他斬殺。敬業本人與數十名同伴藏身於大孤山，剃髮假扮僧人。話說到了天寶初年（七四二），一位九十多歲名叫住括的老僧隨同弟子來到南嶽衡山的寺院，停留約一個月。某天他突然召集眾僧，開始懺悔殺人的罪過。老僧說：「你們聽說過徐敬業此人嗎？他就是我。我的軍隊失敗之後，我進入大孤山並在那裡認真修行。現在我即將死去，因此來到這座寺院，告知世人們我已證得四果。」他還預言了自己的死期，果然如期去世，葬於衡山。❹

以上四個故事雖然都很有趣，但皆缺乏現實感，顯得頗為可疑。不過，值得注意的是，它們全使用了三果、四果（＝阿羅漢果）等聲聞乘修行體系的表達方式。一般來說，自認為是大乘佛教徒的中國佛教徒，為何要採用聲聞乘這樣的小乘修行體系呢？這甚至讓人感受到某種特別的含義，彷彿他們太過於強調聖者的衝擊力以至於忽視了現實性的考量。

（二）中國式的大乘形象

讓我們再介紹一個簡潔地傳達中世紀中國佛教徒如何看待大乘和小乘聖者在戒律方面差異的故事。這個故事不見於大藏經，但在《太平廣記》卷九十一的「法琳」條目中有如下精彩的記載：

唐武德中，終南山宣律師修持戒律，感天人韋將軍等十二人自天而降，旁加衛護。內有南天王子張璵，常侍於律師。時法琳道人飲酒食肉，不擇交遊，至有妻子。律師在城內，法琳過之，律師不禮焉。天王子謂律師曰：「自以為何如人。」律師曰：「吾頗聖也。」王子曰：「師未聖，四果人耳，法琳道人即是聖人。」律師曰：「彼破戒如此，安得為聖。」王子曰：「彼菩薩地位，非師所知。然彼更來，師其善待之。」律師乃改觀。後法琳醉，猝造律師。直坐其牀。吐於牀下。臭穢雖甚，律師不敢嫌之。因以手攫造功德錢，納之袖中徑去，便將沽酒市肉。錢盡復取，律師見即與之。後唐高祖納道士言，將滅佛法。法琳與諸道士競論。道士慙服。又犯高祖龍顏，固爭佛法。佛法得全，琳之力也。佛經護法菩薩，其琳之謂乎。（出《感通記》）

唐武德年間（六一八—六二六），終南山的（道）宣律師嚴守戒律，感得天人韋將軍等十二人從天而降。在他旁邊有一群護衛，其中有（四天王之一的）南天王之子張璵❺，經常侍奉律師。當時，有位名叫法琳的道人飲酒食肉，交友不慎，有了妻子。（道宣）律師在街市內時與法琳錯肩而過，但未向他行禮。天王之子（張璵）問律師：「您自認為是什麼樣的人？」律師回答：「我算是聖者吧！」王子說：「師父您還不是聖人，只是得到（小乘的）

四果的阿羅漢而已。法琳道人才是聖人！」律師說：「他如此破戒，怎麼可能是聖人呢？」王子說：「他的菩薩境界，非師所能測知。若他再來，請您好好地款待他！」律師因此改變了看法。後來法琳醉酒，突然造訪律師。他直接坐在床上，吐在床下。雖然臭穢不堪，律師也不敢嫌棄。〔法琳因此〕隨手抓起功德錢（信徒的香油錢），塞進袖子就直接離開了，用這些錢買酒和肉。錢用完後又來取。律師見到就給他。後來唐高祖（李淵）聽納道士的話，想要排斥佛法之際，法琳與諸位道士辯論，道士們慚愧認輸。法琳甚至拜見高祖尊顏，頑固地為佛法辯護。佛法能夠保全，是〔法〕琳的功績。〔護持〕佛經保護佛法的菩薩，這正是〔法〕琳此人。（出自《感通記》）

這雖然只是一個虛構的感應故事，我們不必刻意去探討它的現實性，但此故事中有趣之處在於，它一方面用小乘的表述方式將墨守戒律的道宣斷言為「不過是尚未成聖的四果之人」，另一方面卻又說打破所有戒律，但致力護法的法琳才是真正的聖者。這不禁讓人覺得，這故事似乎預示了後來中國禪宗的思想。

六、聖者人數的多寡

（一）認可多數聖者的情況

前節所見具有濃厚說話性質的聖者傳記，暗示了這世上存在相對多數的聖者。因為如若堅信這世上根本沒有聖者等的存在，那麼諸如證得第三果或阿羅漢果的故事，即使作為談資，也無法成立。這種「認可相對多數聖者的流向」，在中國宗教文化中，除了佛教，其他宗教也可見到類似例子。例如，廣為人知的晉代葛洪《神仙傳》卷五的陰長生傳中說：「上古得仙者多矣，不可盡論。但漢興已來，得仙者四十五人，連余（陰長生）為（四十）六矣。二十人尸解，余者白日升天焉。」這段文字表明了對多數「得仙者」（成為仙人者）的認可。此外，同樣廣為人知的是，《世說新語》〈文學篇〉中，梁代劉孝標的注中提到「劉子政《列仙傳》曰」的一段文字：「歷觀百家中，以相檢驗，得仙者百四十六人，其七十四人已在佛經。」云云。文章裡提及與佛教相關的文句，雖然之後不久便被否定，因為被認為是後人插入的句子（見《顏氏家訓》〈書證篇〉），但它仍然顯示了佛教聖者與道教仙人被視為平行存在的思想。

從儒家的發展中，形成了將皇帝視為治世聖人的「聖王」概念。同樣，在佛教的背景下，北魏時期出現了將皇帝視為如來的論點。《魏書》〈釋老志〉記載了沙門法果的軼事，他主張應該將太祖道武帝視為「當今之如來」來加以敬奉。

（二）認為僅有少數人能成為聖者的情況

上文我們看了關於「認可多數聖者的流向」的資料，但在中國宗教文化中，亦存在「認為聖者極為稀少的流向」。關於這一點，我們可以設定以下幾個觀點：

第一是儒教的聖人不在論。大家熟知的《孟子》〈盡心下篇〉有這樣一段話：「孟子說，從堯舜至湯，有五百多年。……從湯至文王，有五百多年。……由文王至孔子，有五百多年，……從孔子至現在，有百多年。與聖人之世相比，這段時間並不遠；與聖人所處之地相比，距離更是甚近。然而，如果沒有聖人出現，那麼未來也就不會再有聖人了。」（孟子曰：由堯舜至於湯，五百有餘歲。……由湯至於文王，五百有餘歲。……由文王至於孔子，五百有餘歲，……由孔子而來至於今，百有餘歲。去聖人之世若此其未遠也。近聖人之居若此其甚也。然而無有乎爾，則亦無有乎爾。）承襲這一想法，韓愈在《原道》中說：「曰，斯道也，何道也。曰，斯吾所謂道也。非向所謂老與佛之道也。堯以是傳之舜，舜以是傳之禹，禹以是傳之湯，湯以是傳之文、武、周公，文、武、周公傳之孔子，孔子傳之孟軻，軻之死，不得其傳焉。」這表明每五百多年會有聖人輩出的傳統在孔子之後就終結，孟子之後，聖者的傳統就斷絕了。

其他以五百年、千年為單位論述聖人輩出的其他文獻，在儒家方面還有《孟子》〈公孫丑上篇〉說的「每五百年必有王者興」；道教系的發想則有《廣弘明集》卷九記載的北周的甄鸞《笑道論》中說的「案《文始傳》云，五百年一賢，千年一聖」（《大正藏》冊五十二，頁一四六上；《笑道論譯注》，一九八八，五〇〇頁）。雖然《文始傳》的實際情況不明，但可以看出道教系至少有一部分的人認同以五百年、千年為單位有聖者出現的說法。

以上我們嘗試略為管窺儒教和道教的情況。類似的傾向也存在於佛教之中。部派佛教的「一世界一佛」的說法就是一例。此說法與大乘「十方諸佛」亦即「多佛」的說法相互對立，其形成和聲聞乘將阿羅漢而非佛陀作為修行目標有著密切的關係。《中阿含經》卷四十七的《多界經》就直接指出，正如這個世界只能有一位轉輪王而不可能同時有兩位，同樣，一個世界中也只能有一位如來而不可能同時存在兩位（《大正藏》冊一，頁七二三下—七二四上）。幾乎相同的說法也見於玄奘譯《阿毘達磨法蘊足論》卷十（《大正藏》冊二十六，頁五〇二中）。由此可見，一世界（即一個三千大千世界）只存在一位佛的說法，一直為部派佛教主流的說一切有部所持守。在這種說法下，人們在此世界自己修行成佛等事就不可能。

此外，文章開頭所述將龍樹或無著視為初地菩薩的大乘聖者觀，也與「認為聖者極為稀少的流向」有關連。

七、修行階位和解釋的諸相

（一）聖者理論在五世紀末轉變

六朝時代，尤其是從東晉到劉宋初期的佛教中，談到聖人論時，如謝靈運的《辯宗論》和宗炳的《明佛論》等圍繞著成佛之道的典型論述非常流行。在這些論述中，佛教的聖人實質上幾乎僅限於佛陀，並以此為基礎建立聖人論。若將五世紀前半左右以前的南朝佛教論述與後續時代的凡聖理論相互比較時，我們可以看到一個巨大的鴻溝。謝靈運等人的論述以清談和玄學的傳統為背景，追求開悟的理論的整合性和可能性；而緊接其後直至隋唐的論述則與實踐的修行理論體系相關。在後者中，「聖」不再僅指佛陀，凡聖各自都被細分為不同的階段。促成這一轉變的契機是五世紀末左右成立的偽經《菩薩瓔珞本業經》（佐藤哲英，一九二九／八一；船山，一九九六，六十七—七十頁）。

（二）偽經《菩薩瓔珞本業經》的三十心說

在這部經典中，菩薩的階位首先經過「十信位」這個準備階段，然後依次上升經過十住位、十行位、十迴向位（即所謂的「三十心」），之後進入十地的初地，接著再從初地到第十地為止的「十地」，最後是無垢地和妙覺地（即所謂的「後二地」）。這樣形成了四十二賢聖門的體系（若包括「十信位」，則總共是五十二位的體系），並得到廣泛普及。與這種中國佛教獨特的行位體系相呼應，依據鳩摩羅什譯《成實論》卷十五（《大正藏》冊三十二，頁三六二上）等，將凡夫位區分為「外凡夫」和「內凡夫」的說法也得到確立。從初發心到十信位的終了為止被稱為「外凡夫」，其後的十住、十行、十迴向（即所謂三十心位）被稱為「內凡夫」（相當於「賢」），在這些「凡」的諸階級之後，將初地以上視為「聖」的體系得以成立。此外，通過對曇無讖譯《大般涅槃經》的經文解釋，還嘗試將四善根位和四向四果等聲聞系的修行階位與之對應（船山，二〇〇〇b，一三二—一四七頁；Funayama 2013: 21-24）。在這種對應中，大乘的初地被視為相當於聲聞乘的見道，因此在大乘中，初地以上的人被視為聖者，而在聲聞乘中，見道以上的人被視為聖者。

南朝的行位說很快被其後北朝中的地論宗的教理學所採納。通過南朝的說法以及六世紀初北魏新傳入的印度瑜伽行唯識派經典的翻譯和解釋，教理學得到迅速發展。他們通過增添「別教」、「通教」、「通宗教」等新的分類視角，推進了更精緻且在某種意義上更加繁複的體系化。正如許多研究所指出的，天台智顗等人的行位說是依據這些地論宗的部分學說（關於地論宗行位說的研究，請參考青木，一九九六；石井，一九九六，二十三—七十八頁）。

（三）初地的意義

將凡與聖的界線定在初地的說法，是從南朝到隋唐的教理學中普遍認可的標準理論。然而，也並非沒有異說。天台學中將行位大致分為別教和圓教，其中圓教的說法即有所不同。就天台系一般的解釋而言，別教將十迴向終了之前都視為凡夫，而圓教則將十信位的最終階段之前視為凡夫，將處於十住、十行、十迴向的所有的修行者都視為聖人。筆者不確定這種說法的嚴密的根據究竟出自何部經典，但陳朝真諦（四九九—五六九）所帶來的學說與之相似，這點值得注意。❻真諦譯的《攝大乘論釋》卷三（《大正藏》冊三十一，頁一七四下）和卷四（《大正藏》冊三十一，頁一七七下）明確記載了從初發心到十信位為凡夫，十解（相當於十住，是真諦特有的表述）以上為聖人的說法。這也是真諦自身的觀點，此事可從唐代圓測《仁王疏》卷上本（《大正藏》冊三十三，頁三六九上）和卷中本（頁三八六下）所引用的真諦言論得到證實。因此，若要在先行文獻中尋找智顗的圓教說中凡聖規定的來源，那麼真諦說可能對此有所影響。

（四）玄奘門下的修行體系

眾所周知，以唐代玄奘翻譯的諸經論的成立為契機，佛教的教理解釋在用語法和意義賦予雙方面，都逐漸被玄奘所帶來的瑜伽行唯識派的教理體系和譯語所取代。凡聖的理論也不在其例外。然而，玄奘門下的學問僧們不但沒有完全放棄基於中國所成立的偽經傳統的教理體系，反而一面加以運用，並在其基礎上，補充性地使用唯識新理論的術語。此事清楚地顯示：十信、十住、十行、十迴向等等中國成立的術語，即使面對玄奘的新譯和直接從那爛陀寺（Nālandā-[mahā-]vihāra）引進的新知識，也已達到無法拒絕的程度，而深植於當時佛教教理學的根基之中。玄奘之後學問僧侶們的說法，可從窺基《成唯識論述記》卷九末（《大正藏》冊四十三，頁五五六中—下）、窺基《金剛般若論會釋》卷中（《大正藏》冊四十，頁七六〇上，七六二中，七六三上），八世紀初期的定賓《四分律疏飾宗義記》卷七本（《續藏》一．六十六．二．二一〇表），澄觀（七三八—八三九）《大方廣佛華嚴經疏》卷二十六（《大正藏》冊三十五，頁六九七中）等著作中，窺見其複雜繁瑣的體系。若僅把握其要點而論，可以指出以下兩點：

第一，玄奘以後的標準的行位說，在將從初發心到十信最終階段為止視為外凡夫，將十住、十行、十迴向階段視為內凡夫，並將初地以上視為聖人的這一點上，雖然踏襲了南朝以來的傳統說法，但也有所不同。區別在於第十迴向之中，把第十迴向分為由第十迴向和四善根位二者所成，並認為從第十迴向進入煖、頂、忍、世第一法的四個階段，然後在世第一法之後進入初地。玄奘門下在即將登地之前的階段中，折衷了中國傳統和印度傳統的說法。

玄奘門下的新見解還體現於導入了唯識學中通稱為五道或五位的說法，即將修行從出發點到最終階段大致分為五個階段，並將它與中國傳統的說法相對應。按照玄奘的譯語，五道是資糧位（順解脫分）、加行位（順決擇分）、通達位、修習位、究竟位。其中，資糧位相當於從初發心到十信、十住、十行、十迴向；加行位相當於第十迴向的最後階段的煖、頂、忍、世第一法這四個階段；通達位相當於見道、初地；修習位相當於修道、初地以上；究竟位相當於正等菩提。關於凡聖的區分，則將資糧、加行的二位視為凡夫位，將通達、修習、究竟的三位視為聖者位。值得注意的是，這五位的修行被認為需要近乎無限的時間來完成。具體而言，資糧和加行二階位被視為第一阿僧祇劫的修行，通達位和到修習位第七地為止的階位為第二阿僧祇劫的修行，第八地以後為第三阿僧祇劫的修行。

遺憾的是，本節所述的內容無法逐一詳細對照文獻原文進行檢證，但為了便於比較各學說，製作下表以供參考：

修行階位分類表

<table>
<tr><th colspan="2" rowspan="2">玄奘門下的標準說
（中國印度的融合）</th><th colspan="2">天台的標準</th><th rowspan="2">真諦三藏
獨特說法</th><th rowspan="2">六朝隋唐
一般說法</th><th colspan="3" rowspan="2">菩薩的階位
（從最低位往上升）</th></tr>
<tr><th>圓教</th><th>別教</th></tr>
<tr><td colspan="2" rowspan="2">聖人</td><td rowspan="5">聖人</td><td rowspan="2">聖人</td><td rowspan="5">聖人</td><td rowspan="2">聖人</td><td>後二地</td><td>（妙覺地）
↑
（無垢地）</td><td>聖種性</td></tr>
<tr><td>十地</td><td>（十地）
（九地）
↑
（五地）
↑
（二地）
（初地）</td><td>聖種性</td></tr>
<tr><td rowspan="3">內凡夫</td><td>（世第一法）
（忍）
（頂）
（煖）
加行位
↑
十迴向</td><td rowspan="3">內凡夫</td><td rowspan="3">內凡夫</td><td>十迴向</td><td>（十迴向）
（九迴向）
↑
↑
↑
（二迴向）
（一迴向）</td><td>道種性</td></tr>
<tr><td>十行</td><td>十行</td><td>（十行）
（九行）
↑
（五行）
↑
（二行）
（一行）</td><td>性種性</td></tr>
<tr><td>十住</td><td>十住</td><td>（十住）
（九住）
↑
（五住）
↑
（二住）
（一住）</td><td>習種性</td></tr>
<tr><td colspan="2" rowspan="2">外凡夫</td><td>內凡夫
十信位</td><td rowspan="2">外凡夫</td><td rowspan="2">凡夫</td><td rowspan="2">外凡夫</td><td>十信</td><td>（十信）
（九信）
↑
（五信）
↑
（二信）
（一信）</td><td></td></tr>
<tr><td>外凡夫
五品弟子位</td><td colspan="3">初發心
（菩薩行的開始）</td></tr>
</table>

八、被道教吸收的修行階位說

（一）以十為單位的修行理論

從六朝後期到隋唐時期，佛教修行階位說的一部分被道教所吸收。

第一，我們可以舉出將修行階位以十個項目為單位進行分類的表達方式。《廣弘明集》卷九中甄鸞的《笑道論》引用了〈度王品〉的一段文，提到仙人的階級有「十仙」。甄鸞斷定這段文剽竊了大乘佛教的十地思想（《大正藏》冊五十二，頁一五一上；《笑道論譯注》，一九八八，五一五—五一六頁）。此外，法琳《辯正論》卷八引用的《本相經》中說：「又改十行、十迴向、十住為十仙、十勝、十住處。」云云。（《大正藏》冊五十二，頁五四三中）這也是以十個項目為單位的佛教所特有的列舉法，特別是與《華嚴經》相關聯的教說所特有的。前節已經提到，十行、十迴向、十住是依據偽經《菩薩瓔珞本業經》而有的說法。

（二）五道的體系

佛教對道教影響的第二個影響，是將修行劃分為五個階段的說法。這種論述可以在隋代的教理書《玄門大義》中看到，唐代七世紀後半左右（麥谷，二〇〇五，一六四頁）的道士孟安排將它抄錄在《道教義樞》卷一的〈位業義第四〉裡面：

> 證仙品者，始自發心，終乎極道。大有五位。一者發心，二者伏道，三者知真，四者出離，五者無上道。
>
> 均此五心，總有四位。前之二心，是十轉位，第三一心，是九宮位。第四一心，是三清位，第五一心，是極果位。前四是因，後一是果。
>
> 初之二心有十轉者，發心一位，即為一轉。伏道之中，凡有九轉。（王宗昱，二〇〇一，二九八頁。又，請參考麥谷，二〇〇五，一二六—一三〇頁的解說）
>
> 證仙品從發心開始，至極道終止。大致有五位。第一是發心（位），第二是伏道（心位），第三是知真（心位），第四是出離（心位），第五是無上道（心位）。
>
> 這五心位總共有四個階段。最初的兩個心位是十轉位。第三心位是九宮位。第四心位是三清位。第五心位是極果位。其中，最初的四位是原因，最後的一位是結果。
>
> 最初的兩個心位是十轉位，意味著發心位是（十轉中的最初的）一轉，伏道心位總共有（餘下的）九轉（，故全部是十轉）。

也就是說，修行的五心位是：發心—伏道（心）—知真（心）—出離（心）—無上道

〔心〕，與該書卷三的〈道意義第九〉的五位說基本上是一樣的。五位說在唐代成玄英的《老子義疏》第二十七章中針對「善結無繩約而不可解」一句的注疏文裡也可看到。

> 上士達人，先物後己，發大弘願，化度眾生，誓心堅固，結契無爽，既非世之　索約束，故「不可解」也。然誓心多端，要不過五。
>
> 一者發心，二者伏心，三者知真心，四者出離心，五者無上心。
>
> 第一、發心者，謂發自然道意，入於法門也。
>
> 第二、伏心者，謂伏諸障惑也。就伏心，有武文尸三解，❼解有三品，總成九品，通前發心、為十轉行也。
>
> 第三、知真心者有九品，即生彼九宮也。
>
> 第四、出離心者有三品，即生彼三清，所謂仙、真、聖也。
>
> 第五、無上心者，謂直登道果，乃至大羅也。
>
> 「善結」者，結此第三，明降迹慈救，應物無遺。

達意的至人將萬物置於先，自己置於後，發出偉大的弘大誓願，想要教化並救濟眾生，誓以〔保持〕不動搖堅固的心將心與〔行為〕契合，不相違背。由於這不是世間的低級的約束，因此是「不可解」的。然而，誓願之心有各式各樣的〔作用〕，但必定符合五個條件：

一是發心。二是伏心。三是知真心。四是出離心。五是無上心。

第一、發心是指發起自然道的心，是說進入法門。

第二、伏心是說調伏各種障礙和迷惑。在伏心中，有武解、文解、尸解三種，每種解〔各自〕有三個等級之故，總共九個級品，與第一的發心相結合的話，就變成十轉行（十個功能）。

第三、知真心有九個等級，產生彼九宮〔位〕。

第四、出離心有三個等級，產生彼三清〔位〕，即仙〔清〕、真〔清〕、聖〔清〕。

第五、無上心是說直達道果，直至大羅（未詳）為止。

所謂的「善結」，是說結合此第三位（知真心）的話，就必定懷著慈心降臨救濟〔萬物〕，並對應於所有事物〔進行教化育成〕。

孟安排在《道教義樞》中稱呼為「發心—伏道—知真—出離—無上道」的這五位，在先行的成玄英的《老子義疏》之文獻中則被稱為「發心—伏心—知真心—出離心—無上心」。可見兩者的五位實質上完全相同。

（三）《大智度論》的五道

前述五道所形成的道教修行體系源於何處？據管見所知，道教研究至今似尚未能充分掌握其形成過程。[8]筆者認為，道教的五道說並非源自道教內部，而是深受佛教教理學的影響。《大智度論》卷五十三的以下一節即是其出處：

> 復有五種菩提。
> 一者、名**發心**菩提，於無量生死中發心，為阿耨多羅三藐三菩提故，名為菩提。此因中說果。
> 二者、名**伏心**菩提，折諸煩惱，降伏其心，行諸般若波羅蜜。
> 三者、名**明心**菩提，觀三世諸法本末總相、別相，分別籌量，得諸法實相，畢竟清淨，所謂般若波羅蜜相。
> 四者、名**出到**菩提，於般若波羅蜜中，得方便力故，亦不著般若波羅蜜，滅一切煩惱，見一切十方諸佛，得無生法忍，出三界到薩婆若。
> 五者、名**無上**菩提，坐道場，斷煩惱習，得阿耨多羅三藐三菩提。
> 如是等五菩提義。（《大正藏》冊二十五，頁四三八上）

再者，有五種菩提。

第一稱為發心菩提，於無窮的輪迴轉生中發起〔尋求菩提的〕心。由於是以無上正確且圓滿的菩提〔為目標〕，因此稱之為〔發心〕菩提。這是在〔發心這一〕原因中〔比喻性地〕說示〔菩提之〕果。

第二稱為伏心菩提，折伏諸煩惱，平息彼〔迷惑的〕心，實踐諸般若波羅蜜。

第三稱為明心菩提，觀察過去、現在、未來三世的諸存在，從其最初的樣貌到最終的樣貌，辨別其一般性質與個別性質，思考籌量，並體認諸存在其如實的樣貌是究極清淨的，也就是〔體認〕般若波羅蜜的如實樣貌。

第四稱為出到菩提，因為獲得般若波羅蜜中〔救濟眾生的〕手段之力故。此外，不執著於般若波羅蜜，斬斷一切煩惱，見十方一切諸佛，到達〔一切存在〕無任何生起這樣的認識，從〔欲界、色界、無色界〕三界脫出，到達薩婆若〔一切智者性〕。

第五稱為無上菩提，坐於覺悟之座，遠離煩惱的餘力，到達無上正確且完全的菩提。

以上是五種菩提的含義。

在這裡，「發心—伏心—明心—出到—無上」的五位被說為是「五種菩提」。順帶一提，這與「唯識五道」（參考前節）也有關聯，但根據用語來看，影響及於上述道教文獻的，應是《大智度論》。

（四）十單位的修行與五道的關係

以十為單位的修行理論與五道的體系是否分別被道教採用？或者這兩者之間存在某種關聯？筆者認為後者的可能性似乎更高，為何如此？因為從六朝末期到隋唐時代的期間，佛教中已經展開了關於五位與三十心的對應關係的教理學。為了避免文章過於冗長及繁複，考證部分就先割愛，以下列出將五位與三十心予以對應的數則文獻：

○淨影寺慧遠（五二三—九二）《維摩義記》卷二末（《大正藏》冊三十八，頁四六一中）——慧遠說。

○淨影寺慧遠《大乘義章》卷十二的「五種菩提義」（《大正藏》冊四十四，頁七〇二下）——慧遠說。

○智者大師說、灌頂記《摩訶止觀》卷一下（《大正藏》冊四十六，頁十下—十一上）——智顗說。

○圓測（六一三—九六）《解深密經》卷五引述的「長耳三藏」的說法（《續藏》一．三十四．五．四一七表下）。

上述文獻之中，列於末尾的「長耳三藏」這位不為我們所熟悉的三藏法師，他是來到中國的印度僧人，通常以那連得拉耶夏斯（那連提耶舍、那連提黎耶舍，Narendrayaśas，四九〇—五八九）的名字而為人所知，也是位隋代的譯經僧（本書第一篇第五章第五節注五十六；船山，二〇一四c）。現在將這些學問僧各自學說的要點按照《大智度論》、長耳三藏、淨影寺慧遠、智顗、道教（成玄英《老子義疏》、孟安排《道教義樞》）的順序，製成一覽表大致如下：

	鳩摩羅什譯《大智度論》	長耳三藏	淨影寺慧遠	天台智顗	道教説
一	發心	發心（習種位以前）	發心（善趣）	發心（十住心）	發心
二	伏心	伏心（地前三十心）	伏心（伏忍位）	伏心（十行心）	伏心
三	明心	明心（初地至七地）	明心（初地至六地）	明心（十迴向心）	知真心
四	出到	出到（八地至十地）	出到（七地至九地）	出到（十地）	出離心
五	無上	無上（妙覺地）	無上（十地）	無上（佛地）	無上心

通過上表對比檢視後，可以看出五位和十項目分類的對應化始於隋朝左右的佛教這一方，之後，道教中的十仙等說和發心以下的五位說在相互影響的同時，也存在若干的差異，並在這樣的情況下逐漸被理論化。

九、理論與信仰間的空隙

（一）南嶽慧思與智顗的自覺

在第四節「聖者的自稱與他稱」中，我們看到被周圍人視為聖者的高僧僧崖，卻自覺為凡夫的例子。類似的情況可以說，一般而言，似乎愈是虔誠的修行者，愈容易將自己的境界定位於較低的層次。例如著名的南嶽慧思（五一五—七七）的自覺案例，涉及到了修行階位的理論，甚為有趣。根據《續高僧傳》卷十七的慧思傳的記載，慧思曾被弟子智顗稱為「師之位階即是十地」。推測這可能是年輕弟子出於對慧思卓越修行的尊敬，內心自然流露的一種率直感想。然而，慧思的回應是「非也，吾只是十信鐵輪位」（《大正藏》冊五十，頁五六三中）。慧思自覺的「十信鐵輪王」這一階位，在天台系教理學中相當於凡夫位。總之，慧思認為自己不僅不是十地的菩薩，甚至連聖者的一隅也未涉足，仍是一位修行中的凡夫。

那麼，若問繼承了慧思教導的智顗（五三八—九七），他對自己所達到的階位又有怎樣的自覺？這一點，正如眾所周知般（佐藤哲英，一九六二／八一），智顗自覺自己是五品弟子，這從《隋天台智者大師別傳》（《大正藏》冊五十，頁一九六中）、《國清百錄》卷三的王遣使入天台建功德願文（《大正藏》冊四十六，頁八一一中）、同書卷四的天台國清寺智者禪師碑文（《大正藏》冊四十六，頁八一八中）、《續高僧傳》卷十七的智顗傳（《大正藏》冊五十，頁五六七中）等文獻中可以得知。所謂的五品是隨喜、讀誦、說法、兼行六度、正行六度，這在天台教理學中相當於圓教的外凡夫位。這表示智顗將自己視為外凡夫，並將自己定位在比有內凡夫自覺的師父更低一級的位置。這樣的自覺屬於本章討論的聖者觀兩大系統中的「認為聖者極為稀少的流向」。

（二）玄奘與兜率天

另一個例子是關於玄奘的。根據《續高僧傳》卷四中玄奘傳的記載，玄奘從本以來就不是阿彌陀佛淨土的信仰者，而是發願想要往生彌勒住所——兜率天（Tuṣita，覩史多天）。他經由西域的遊歷，得知瑜伽行派的祖師無著與世親兄弟也轉生至兜率天，從此他對彌勒的信仰變得愈發熱烈（《大正藏》冊五十，頁四五八上）。《法苑珠林》卷十六對此有詳細的敘述：

> 玄奘法師云：西方道俗並作彌勒業。為同欲界，其行易成。大、小乘師皆許此法。彌陀淨土，恐凡鄙穢修行難成，如舊經論，十地已上菩薩隨分見報佛淨土。依新論意，三地菩薩始可得見報佛淨土。豈容下品凡夫即得往生。此是別時之意，未可為

定，所以西方大乘許，小乘不許。故法師一生已來，常作彌勒業，臨命終時，發願上生見彌勒佛，請大眾同時說偈云：「南無彌勒如來應正等覺，願與含識速奉慈顏，南無彌勒如來所居內眾，願捨命已，必生其中。」（《大正藏》冊五十三，頁四〇六上。《諸經要集》卷一，《大正藏》冊五十四，頁六下—七上也有同樣的文。《續高僧傳》卷四的玄奘傳中有部分相同的文。《大正藏》冊五十，頁四五八上。另請比較參照劉長東，二〇〇〇，三三〇—三三五頁）

玄奘法師言：西方印度的出家人和在家人皆〔崇拜〕彌勒，因為〔彌勒與我們凡夫〕同樣，處於〔欲界、色界、無色界三界中的〕欲界中，所以對彼〔彌勒〕的〔信仰〕行為容易實現，因此大乘師和小乘師皆認同此教〔彌勒信仰〕。〔另一方面，〕阿彌陀〔佛的〕淨土，以卑劣凡夫的汙穢〔身心想要〕完成修行恐怕是困難的，此事如舊來的經典和論書〔所敘述〕般，只有達到十地或其以上的菩薩才能依分見到報佛的淨土。根據新譯的《〔瑜伽師地〕論》所說，〔即使不需要達到十地，〕至少也需成為三地菩薩之後始能得見報佛淨土。〔比此〕更低等級的凡夫為何能立即往生〔淨土〕？〔是不可能的。〕這裡所意指的〔不是現世，而是在死後將來的〕某個別的時刻〔，才能往生於阿彌陀淨土〕〔別時之意〕❾，〔至於是何時，〕無法確定。因此之故，西方印度的大乘承認〔阿彌陀佛淨土〕，小乘則不承認。如此，〔玄奘〕法師一生〔崇拜〕彌勒，發願於臨命終時生天見彌勒佛，並讓大眾同時吟誦偈頌：「禮敬彌勒如來應正等覺，願與〔諸眾生〕共同迅速拜見到您的慈顏。禮敬所有居住在彌勒如來所居宮殿內的諸位，願〔我〕命盡之後必定轉生在您們之中。」

所謂的「舊經論」是指玄奘以前的譯本，認為只有達到十地的菩薩才能親見阿彌陀佛的淨土，但「新論」即玄奘譯的《瑜伽師地論》卷七十九提到，即使未達到十地，到達三地也是可能的（後述）。即便如此，往生彌陀淨土絕非易事的情況並無改變。為何如此？如我們多次提及，玄奘從印度帶回的同樣傳承中，相信祖師無著僅止於初地的境界，其弟世親則甚至未到達初地。更遑論他們後來的信奉者能到達相同境界，這件事幾乎可以認為是絕望的。在此背景之下，玄奘所希求的，不是往生阿彌陀佛淨土，而是往生到欲界六天之一的兜率天——這是位於欲界、色界、無色界三界中最為低下的天界。換言之，他希求的是更具現實性和更可能實現的往生。

兜率天位處我們居住的閻浮提上方，屬於欲界六天之一。在六朝隋唐時代，作為離開現世後應當往生的地方，西方阿彌陀佛的淨土和上方彌勒菩薩居住的兜率天成為主要的信仰潮流。人們相信，如果能往生西方淨土，就能夠直接聽聞阿彌陀佛說法，成為一生補處菩薩——即約定在下一世轉生時將成為佛陀的菩薩。另一方面，彌勒所居住的欲界兜率天，雖然距離我們的現世較近，但由於仍處於與我們凡夫境界相同的「欲界」中，因此往生此地無法成為一生補處菩薩。玄奘所希求的，正是這個兜率天。

玄奘與兜率天之間，在教理學上有著極為密切的關係。如同經常被稱為法相宗般，玄奘的教理學，是印度瑜伽行派 Yogācāra 的教理學，該派的教法由彌勒菩薩所創立，並經無著（Asaṅga）和世親（Vasubandhu，又稱天親）二兄弟獲得體系上的完備。視彌勒為祖師的瑜伽行派，其根本聖典便是彌勒所說的《瑜伽師地論》。從而，玄奘所展示的，不是祈求往生西方極樂淨土的淨土信仰，而是希求往生彌勒居住的兜率天的信仰，這從玄奘教理學立場來說，既自然且理所當然。更何況，往生阿彌陀佛的西方淨土較為困難，而往生兜率天則相對更為容易。

上述提及的《瑜伽師地論》卷七十九的段落如下：

> 問：如說五種無量，謂有情界無量等。彼一切世界，當言平等平等，為有差別。
>
> 答：當言有差別。彼復有二種。一者清淨，二者不清淨。於清淨世界中，無那落迦、傍生、餓鬼可得，亦無欲界、色、無色界，亦無苦受可得，純菩薩僧於中止住，是故說名清淨世界。已入第三地菩薩，由願自在力故，於彼受生，無有異生及非異生聲聞獨覺，若異生菩薩，得生於彼。（玄奘譯《瑜伽師地論》卷七十九，攝決擇分中菩提地之八，《大正藏》冊三十，頁七三六下。Cf. *Yogācārabhūmi*,

Viniścayasaṃgrahaṇī, D No. 4038, Sems tsam, Zi, 97b6-98a3）

問：如〔經典中〕所說，有五種無量，即眾生的領域是無量等〔五種〕。那麼，所有世界是否完全相同？還是有所不同？

答：應說是有差別的。〔全部的世界〕有兩種：一是清淨的〔世界〕，二是不清淨的世界。在清淨的世界中，看不到地獄、畜生、餓鬼，也沒有欲界、色界、無色界〔三界〕，不會感受苦，唯有一群菩薩居住在於彼處，故稱為清淨的世界。已進入第三地的菩薩，由於具足自在的誓願力，能夠生於彼〔清淨世界〕。〔在彼世界中，〕無論凡夫還是非凡夫的〔聖者〕聲聞或獨覺都不存在。即便是凡夫，只要是菩薩也能夠生於那裡。

（三）玄奘後的各種解釋

玄奘過世後，《瑜伽師地論》中所說的「第三地菩薩」的意義引發了各種爭議。造成解釋分歧的原因是《瑜伽師地論》中的菩薩階位說，採用了七地說，而非通常的十地說。

在一般的十地說中，進入初地是一個劃時代的轉變階段。在進入初地之前屬於凡夫，達到初地的瞬間則成為聖者。初地以上皆為聖者的位階。順帶一提，玄奘所譯論書中一致的十地名稱為：極喜地（初地，相當於鳩摩羅什譯的「歡喜地」）、離垢地（二地）、發光地（三地）、焰慧地（四地）、極難勝地（五地）、現前地（六地）、遠行地（七地）、不動地（八地）、善慧地（九地）、法雲地（十地）十種。

相對於此，《瑜伽師地論》所揭舉的菩薩階位是七地說。所謂的七地為：（一）種性地、（二）勝解行地、（三）淨勝意樂地、（四）行正行地、（五）決定地、（六）決定行地、（七）到究竟地這七種（玄奘譯《瑜伽師地論》卷四十九，本地分中菩薩地第十五第三持究竟瑜伽處地品第三，《大正藏》冊三十，頁五六五上）。

導致《瑜伽師地論》卷七十九的「第三地」解釋困難的，是緊接在卷七十九之後的說明。根據該處的描述，初地菩薩被說為「常能安住極歡喜住」（《大正藏》冊三十，頁七三七下）。這很自然地被視為與十地說中的初地「極喜地」對應。接著，二地菩薩被說為「能遠離諸犯戒垢」（頁七三七下），這也合理地被視為與十地說中的二地「離垢地」對應。再進一步，三地菩薩被描述為「證得爾焰光明」（頁七三七下），這似乎也自然與十地說中的三地「發光地」對應。四地以下就暫且不論了。然而，考慮到這些說明是緊接在卷七十九的「第三地」之後進行的，因此，要斷開卷七十九的「第三地」與十地說的關聯，我認為是困難的。

總之，上面介紹的《瑜伽師地論》卷七十九的一節中確實提到了「第三地」，但由於沒有明確標示其名稱，因此無法確定這是七地說還是十地說，這為後代人們留下了詮釋的空間。

那麼，玄奘之後的人們如何解釋「第三地」？以下介紹幾個典型的說明。

首先來看懷感的說法。懷感曾師事善導（六一三—八一），在其著作《釋淨土群疑論》卷二中，對《瑜伽師地論》該當一節的信憑性表示質疑（《大正藏》冊四十七，頁三十八下）。懷感從「往生阿彌陀西方淨土為是」的淨土信仰立場出發，認為《瑜伽師地論》卷七十九的「第三地」是指十地說中的三地，並指出此種解釋的不恰當性。懷感認為，這種說法會導致即使是初地或二地的菩薩也無法往生淨土的結果，致使《楞伽經》中提到的龍樹菩薩獲得初地並往生西方極樂世界的記載（參見本章第一節和船山，二〇〇三a，一三三頁）也一併被否定的矛盾發生。因此，他主張《瑜伽師地論》卷七十九的第三地往生說是不值得信賴的。

懷感雖然從淨土信仰的角度否定了玄奘的兜率天信仰，那麼玄奘門下的學問僧們又是如何解釋的呢？從結論來說，繼承玄奘思想的注釋家們多數認為，《瑜伽師地論》的教義展示了一種不同於通常的十地說的體系。他們主張，《瑜伽師地論》的「第三地」是七地說中的「淨勝意樂行地」，此相當於十地說的初地「極喜地」。具體詳情可從新羅元曉（六一七—八六）的《兩卷無量壽經宗要》（《大正藏》冊三十七，頁一二六上—中）、新羅遁倫《瑜伽論記》中介紹的「泰（神奉）」的說法（《大正藏》冊四十二，頁七九〇下）、以及法藏（六四三—七一二）的《華嚴經探玄記》卷三（《大正藏》冊三十五，頁一五八中—下）等記載中窺知。

（四）彌勒內院

在前文「（二）玄奘與兜率天」中介紹過的《法苑珠林》卷十六以及《續高僧傳》卷四的玄奘傳中，有出現「彌勒如來所居內眾」一詞。彌勒被稱為如來而非菩薩，此事固然有趣，但還有更值得注意之事。此即玄奘所發願轉生的地點，並非只是彌勒所在兜率天的任何之處，而是特別發願希求轉生至可侍奉位居兜率天中央的彌勒身旁的「內眾」——亦即是彌勒宮殿內部，可以近距離聆聽彌勒說法之處。既然彌勒的住處有「內」之分，當然也隱含著有被稱為「外」的部分。

這個關於彌勒宮殿內部與外部的紀錄，是否能追溯到其他的經典和論書呢？就是筆者管見而言，似乎迄今為止，尚不見有任何針對彌勒兜率天宮殿的建築和地理等相關資料進行精密考察的研究。相對於此，玄奘之後的資料，倒是可以找到相當多相關文獻。從這些情況來看，玄奘可能是中國佛教史上的首位注意到彌勒宮殿的內院，並將彼處確定為往生之處的人。

前文介紹的「內眾」一詞也出現在《大唐西域記》卷五「阿踰陀國」（Ayodhyā）的條目中。據此記載，同門的無著、世親和師子覺（Buddhasiṃha，佛陀僧訶）三人發願死後能親見彌勒，故勤加修行，且互相約定若有人先死，會向彼此報告往生的地方。師子覺先去世，但三年過去也無任何消息。之後世親去世，六個月過去也同樣未給予任何通知。當無著正說法時，世親從天而降，告訴無著：「在此處去世之後，〔我〕去了兜率天，重生於彌勒的內眾的蓮花之中。」（從此捨壽命，往覩史多天，慈氏內眾蓮華中生。）當無著問：「師子覺如何了」，世親回答：「我巡迴〔兜率天之中〕一周，見師子覺處外眾之中，耽溺於欲望與快樂，無暇顧及他事，故無法發送消息回來。」（見師子覺在外眾中，耽著欲樂，無暇相顧，詎能來報。）（《大唐西域記》卷五；《大正藏》冊五十一，頁八九六中—下。季羨林，一九八五，四五二頁）這個故事表明彌勒居住的兜率天存在內眾和外眾之別，且外眾未能脫離欲望。

此外，與玄奘直接相關的文獻中，「彌勒內院」一詞出現在《大唐大慈恩寺三藏法師傳》卷十。記載當玄奘臨命終時，他的弟子這樣問他：

弟子光等問，「和上決定得生彌勒內院不。」法師報云「得生。」言訖，喘息漸微，少間神逝。（《大正藏》冊五十，頁二七七中）

弟子光（大乘光、普光）們問道：「和尚是否決定能生於彌勒內院？」〔玄奘〕法師回答說：「能夠生於那裡。」說完這話後，他的喘息逐漸微弱，不久便逝世了。

從上述可知，玄奘所追求的往生處所為「彌勒內院」。類似的記述亦可以於窺基的《西方要決釋疑通規》中得到印證。文中提到：「若往生於兜率天內院，便能親見彌勒及聖者們的法會，且能創造清淨的條件。反之外院的香、花、樓閣及音樂，皆會激起為煩惱染汙的想法。」（若生兜率內院，見彌勒尊聖會之境，能發淨緣。外院香華、樓臺、音樂，皆生染想。《大正藏》冊四十七，頁一〇六下）此外，後來的文獻中，有時也將「彌勒內院」稱為「彌勒內宮」（唐代般若譯《大乘本生心地觀經》卷二，《大正藏》冊三，頁三〇〇下）。由此可以窺知，玄奘返唐後，為中國的兜率往生觀，帶來了新的見解與開展。

十、「異香、滿室」——聖的現前

以上，我們探討了在慧思、智顗以及玄奘的教理學傳統中，認為一般人要在現世中達到如七地、八地或十地這樣高的境界，似乎是不太可能的。在這種虔誠的修行者與教理學者們所認為的「聖者極為稀少」的流向中，此世所達到的階位並非修行全部。與此相反，此世所達成的境地，重點在於為來世或生生世世將迎接的生命形態奠定基礎。不過，這樣的觀點必須置於極長時間所跨度的輪迴觀為框架的情形下，也就是放在經歷多劫（劫波，阿僧祇劫）的菩薩修行體系的框架下，才能展現其意義。

然而，當我們立足於幾乎等同於無限時間的修行理論時，當一個人在此生中積累了修行，卻未能體驗到悟境或開悟的自覺時，是否會感到絕望？是否無法對來世抱持確切的期望？抑或者，會在周圍人們如此深信的情況下，就此默然度過一生，直至被埋葬？

（一）臨終的「頂暖」

為了回答這個問題，首先要注意到我們經常可在僧傳中看到臨終時「頂暖」的紀錄，亦即頭頂直到最後為止都未變冷。這是一種定型的表達方式，表示即使本人在生前沒有公開談論自己的宗教境界，臨終的狀態也如實地說明了這件事。這種表達方式在《續高僧傳》多處都有出現，如卷七的慧勇傳（《大正藏》冊五十，頁四七八中）、寶瓊傳（《大正藏》冊五十，頁四七九上）、卷八的淨影寺慧遠傳（《大正藏》冊五十，頁四九二上）、卷十的智聚傳（《大正藏》冊五十，頁五〇三中）、卷十七的慧思傳（《大正藏》冊五十，頁五六三下）、卷二十的靜琳傳（《大正藏》冊五十，頁五九〇下）、卷二十二的慧滿傳（《大正藏》冊五十，六一八下）、卷三十的真觀傳（《大正藏》冊五十，頁七〇三上），以及灌頂《隋天台智者大師別傳》（《大正藏》冊五十，頁一九六中）等。關於玄奘也有類似的記載（《大慈恩寺三藏法師傳》卷十；《大正藏》冊五十，頁二七七中）。這可以在印度佛教特別是阿毘達磨教理學中找到依據。例如根據前秦的僧伽跋澄譯

《鞞婆沙論》卷十四（《大正藏》冊二十八，頁五一九上）、北涼的浮陀跋摩、道泰等譯《阿毘曇毘婆沙論》卷三十六（《大正藏》冊二十八，頁二六六上）、玄奘譯《阿毘達磨大毘婆沙論》卷六十九（《大正藏》冊二十七，頁三五九中）、玄奘譯《阿毘達磨俱舍論》卷十（《大正藏》冊二十九，頁五十六中）等文獻的紀錄，在這些書中提到：臨死時，如果識從足尖抽離，會轉生惡趣；如果識從臍部抽離，則會生為人類；如果識從頭部抽離——因此頭部直到最後都不會變冷，保持溫度——則會轉生天界；而如果識從心臟抽離，則會達到般涅槃。以上是一般的看法，但也有將頭部和心臟的意義逆轉的解釋（坂本，一九五〇／八一；岡本天晴，一九八〇）。無論如何，在中國的僧傳中，「頂暖」似乎暗示來世的往生。例如，在智儼（六〇二—六六八）的《華嚴經內章門等雜孔目章》卷四的「壽命品內明往生義」中提到「臨終時頭頂暖者，驗得往生」（《大正藏》冊四十五，頁五七七上）。

（二）臨終的手指

其次，臨終之際，僧侶有時會有「手屈〇指」等，即彎曲數隻手指的情況被記錄下來（有關「屈指」的討論，參見岡本天晴，一九八〇，四五二頁；本書第二篇第四章及第三篇第二章）。在這種情況下，彎曲的手指的數量被相信是表徵此人所達到的修行階位。不過，這些階位並非是大乘佛教的十地，而被認為是表示從初果到阿羅漢果的聲聞乘的階位。如《宋高僧傳》卷十九記載：「凡諸入滅其指舉者，蓋示其得四沙門果數。」（《大正藏》冊五十，頁八九一中—下）其具體事例有《高僧傳》卷十一的普恒傳（《大正藏》冊五十，頁三九九中）、《續高僧傳》卷七的慧布傳（《大正藏》冊五十，頁四八一上）、卷十六的道珍傳（《大正藏》冊五十，頁五五一上）、卷十九的普明傳（《大正藏》冊五十，頁五八六中）、卷二十五的慧峯傳（《大正藏》冊五十，頁六五一下）、卷二十八的志湛傳（《大正藏》冊五十，頁六八六上），以及《名僧傳抄》引用的《名僧傳》卷二十五的法惠傳等等。其中有若干事例，不是彎曲（「屈」、「握」）手指，而是以伸展（「舒」）手指的方式來象徵相同的事物。此外，這種表達形式有時與「頂暖」一起被使用，這從《續高僧傳》卷七的寶瓊傳的「奄至無常，頂暖信宿，手屈三指」這一記載可知（《大正藏》冊五十，頁四七九上）。此外，《續僧傳》卷十的慧曠傳記載，慧曠在隋的大業九年（六一三）逝世時享年八十歲，其時的狀態被記載為「頂暖淹時，手屈二指，斯又上生得道之符也」。如是，在僧傳中可以看到臨終姿態被用來預示僧人所到達的階位或來世的情況，但如前文第五節「輕易的聖者化——其敘事的性格」中所指出的，作為大乘佛教徒的漢地僧人，若同時顯示小乘體系的修行結果，這雖然具有象徵意義，但從現實角度來看，不能不說存在一些問題。

（三）臨終的「異香」

與這些象徵來世去向的表達方式並列，還有一個非常值得關注的現象。當受到周圍人尊敬的僧侶去世時，有時會記錄有「異香」，即一種珍奇的香氣瀰漫的情況。探討此現象所蘊含的特殊意義的研究，筆者寡聞未見，但在探討聖者的特質時，這無疑是必須注意的點。例如，《高僧傳》卷三中求那跋摩傳提到，作為一位自覺證得二果的僧侶，「既終之後，即扶坐繩床，顏貌不異，似若入定。道俗赴者，千有餘人，並聞香氣芬烈」（《大正藏》冊五十，頁三四一中）。同樣地，《續高僧傳》卷十三的慧因傳中也記錄了類似的情況：

> 因定慧兩明，空有兼照，弘法四代，常顯一乘，而莫競物情，喜怒無色，故遊其道者莫測其位。以貞觀元年二月十二日卒於大莊嚴寺。春秋八十有九。未終初夜，告弟子法仁曰：「各如法住，善修三業，無令一生空過。當順佛語，勿變服揚哀。隨吾喪後事不可矣。」乃整容如常，潛思入定，於後夜分，正坐而終。皆聞異香滿室。遂遷坐於南山至相寺。於時攀轅扶轂，道俗千餘人送至城南，又聞天樂鳴空。弟子等為建支提磚塔，勒銘封樹。蘭陵蕭鈞製文。（《大正藏》冊五十，頁五二二中）

〔慧〕因精通禪定與智慧雙方，洞悉存在與非存在。歷經〔梁、陳、隋、唐〕四代弘揚佛法，經常闡明一乘教法。然而，他從不與人們的情感（物情）發生衝突，也不顯露喜怒哀樂。因此，那些傾心於他的教導的人們無法確定他的境界。他於貞觀元年（六二七）二月十二日卒於大莊嚴寺，享年八十九。臨終前的夜晚，他對弟子法仁說：「各自依教生活，謹守（身、口、意）三業。不要虛度一生。要遵循佛陀的教誨。（死後）不要（為我）穿孝服，也不要面露哀傷。不可為我執行葬禮。」說完這些話後，他以一貫優雅的姿態，寂靜地進入禪定，直至天明將近時端坐而逝。眾人皆聞異常芳香充滿房間。如是他以端坐不動的姿態被移至南山至相寺。彼時，出家人與在家人拉著車輪，幫助推動車輛前行。到達街道南方時，又聽見天上的音樂響徹空中。弟子們為（慧因）建立一座瓦製的窣堵波塔，並刻上銘文，由蘭陵的蕭鈞所撰寫。

這裡講述了一位受到眾人尊敬的僧侶，在他生前，周圍的弟子們也認為「莫測其位」——即無人能知曉他開悟的境界；逝去之際，「異香滿室」——房間中充滿了奇異的芳香；以及「天樂鳴空」——不可思議的音樂在上空響起。去世後為他立塔一事，表明慧因被時人視為聖者。在這樣的敘事之中，生前到達階位不明的慧因，最終卻因「異香滿室」和「天樂鳴空」等超常現象的契機，而最終被認定為聖者。

提到臨終時的「異香」，通常被認為是該人物聖者性的象徵。《續高僧傳》卷十六的法聰傳記載他「無疾而化。端坐如生，形柔頂暖，手屈二指，異香不歇。年九十二」（《大正藏》冊五十，頁五五六腳注），這也顯示了臨終時「異香」的特殊意義。如是，記載周圍有「異香」瀰漫的其他僧傳還包括《續高僧傳》卷十六的慧意傳（《大正藏》冊五十，頁五六〇中）、卷十九的灌頂傳（《大正藏》冊五十，頁五八五上）、卷二十五的明濬傳（《大正藏》冊五十，頁六六五中—下）、卷二十五的智曠傳（《大正藏》冊五十，頁六五九上）等。

（四）祈願救贖

我們該將「異香」的發生視為具體象徵了何種事態的成立呢？以下從《續高僧傳》卷十九的法喜傳，尋找答案的線索：

六年春，創染微疾，自知非久。強加醫療，終無進服。至十月十二日，乃告門人：「無常至矣。勿事諠擾。當默然靜慮，津吾去識。勿使異人輒入房也。」時時唱告：「三界虛妄，但是一心。」大眾忽聞林北有音樂車振之聲，因以告之，喜曰：「世間果報，久已舍之。如何更生樂處。終是纏累。」乃又入定，須臾聲止，香至充滿，達五更初，端坐而卒。春秋六十有一。形色鮮潔，如常在定。（《大正藏》冊五十，頁

五八七下）

> 貞觀六年（六三二）春天，〔法喜〕感到身體略有病兆，察覺自己命不久矣。〔周圍人〕欲強行給他服藥，但最終不敢再勉強。及至十月十二日，他對門下宣告：「無常已到，勿哭泣喧嚷，當靜默思慮。讓靈魂離開吾〔身〕這個渡口，勿隨意讓旁人進入房間。」隨後他持續念誦：「三界虛妄，唯吾心所現。」突然，大眾聽聞森林北方傳來音樂和〔天人乘坐的〕車輛行進的聲音，告訴〔法喜〕此事。〔法〕喜說道：「〔我〕早已捨棄對世俗果報〔的追求〕，不再渴望生於安樂之處，這終究只是纏擾。」隨即進入禪定，音樂聲立刻停止，芳香四溢，滿室皆聞。到五更天初（約清晨四時左右），〔法喜〕端坐而逝，享年六十一。其遺體保持鮮潔，禪定姿態與平時無異。

這裡記載了法喜臨終前有支神奇的樂隊前來迎接他，以及他拒絕之後，房間裡滿溢著香氣。此處，香氣暗示了法喜將被召至一個比音樂和車聲更美妙的境地。

為了進一步闡明異香所象徵的意義，讓我們再看另一個來自《續高僧傳》卷二十道昂傳的例子：

> 常願生安養，屢接成務，故道扇漳河，咸蒙惠澤。後自知命極，預告有緣。「至八

月初，當來取別。」時未測其言也。期月既臨，一無所患。問齋時至未，景次昆吾，即升高座。身含奇相，爐發異香。援引四眾，受菩薩戒。詞理切要，聽者寒心。於時七眾圍繞，峒承遺味。昂舉目高視，及見天眾繽紛，絃管繁會，中有清音遠亮，告於眾曰：「兜率陀天樂音下迎。」昂曰：「天道乃生死根本，由來非願。常祈心淨土，如何此誠不從遂耶？」言訖，便睹天樂上騰，須臾還滅。便見西方香花伎樂充塞如團雲飛湧而來。旋環頂上，舉眾皆見。昂曰：「大眾好住。今西方靈相來迎，事須願往。」言訖，但見香爐墜手，便於高座端坐而終，卒於報應寺中，春秋六十有九，即貞觀七年八月也。道俗崩慟，觀者如山。接捧將殯殮，足下有「普光堂」等文字生焉。自非道會靈章行符鄰聖者，何能現斯嘉應哉。（《大正藏》冊五十，頁五八八中）

〔道昂〕常願往生安養國（極樂），踏實積累修行。因此，佛法在漳河一帶興盛，眾人皆蒙其恩澤。後來，他自知生命將終，提前告訴與他有緣的人：「八月之初，請來到我處與我告別。」然當時，尚無人能理解他話中之意。時間將至，但他並未出現任何病態。〔道昂〕問是否到了齋食時間，及至正午（昆吾），他登上高座，身上出現了奇特樣相，香爐散發出美妙香氣（異香）。他引導四眾（出家男女和在家男女）受菩薩戒，話語簡短而精確，令聽聞者感到畏懼。那個時候，七眾（包括四眾以及見習僧的沙彌、見習尼的沙彌尼和式叉摩那這七種佛教徒全部〕圍繞著〔他〕聆聽最後的教誨。〔道〕昂仰望天空，見天界眾生雲集並熱鬧演奏管弦樂樣子。從其中，清澈的聲音從遠處朗朗傳來，告知在場大眾：「兜率天（彌勒菩薩居所）的音樂降臨迎接法師而來。」〔道〕昂說：「天界乃輪迴根源，非我所願之所。我經常祈願往生淨土，為何誠意未能順遂呢？」話畢，見天上樂隊升空而逝，隨即西方淨土的香氣、花朵、舞蹈和音樂如雲團般充滿天際。此景於空中旋轉環繞，眾皆得見。〔道〕昂說：「再見了，各位。現在，西方淨土的奇異景象來迎接我了。在此情況下，我願意往生。」言罷，眾人見〔道昂〕手中香爐墜地，而他正襟危坐在高座上，迎接最後時刻。〔道昂〕卒於報應寺，享年六十九歲，時為貞觀七年（六三三）八月。道俗悲慟，弔唁者人山人海。當準備安葬遺體而眾人越發哀悼之際，法師足下出現「普光堂」等字樣。法師的境界確實符合經典的教導，修行的位階幾近聖者。若非如此，豈能有如此祥瑞感應呢？

在這個故事中，「昆吾」即正午，是太陽正處於正中的特殊宗教時間（吉川，一九九二，特別是一七八頁），在此時，從香爐散發出「異香」，即一種奇異的香氣，隨後發生了來自兜率天的迎接。然而，道昂並未接受來自兜率天的迎接，因為即使是轉生到兜率天的天界，亦非脫離輪迴的解脫。隨後，來自西方淨土的迎接出現，道昂受此迎接而逝，也就是描繪往生阿彌陀淨土的情景。在這個脈絡中，「異香」無疑是象徵神聖菩薩眾的應現迎接之香味。順帶一提，「普光堂」指的應是《華嚴經》和《菩薩瓔珞本業經》中提及的「普光法堂」（充滿光明教法的殿堂）。

以下不再列舉更多實例，但從上述數例已可窺見端倪：當以五感中的嗅覺表達不可思議現象的象徵時，會用「異香」（有時也稱為「天香」）；以聽覺表達時，則會用「（從空中響起的）音樂」。此外，作為視覺的表達的「神光」或「異光」，也有文獻提及。但關於味覺和觸覺，卻很少能找到對應的實例。其原因可能是，通過味覺和觸覺來表達不可思議的超常現象，這很難在敘事的發展上建構出有趣的內容。

特別是對「異香」的用例進行更全面的檢討時，可見在特殊意涵上使用「異香」的文脈大致限於三種情況：如上所述的臨終時刻、與佛舍利相關的不可思議故事，以及佛菩薩的應現等感應故事。這三種情況的共通點為何？即是它們都涉及與神聖存在相遇或接觸，或因此而使神聖空間顯現。換言之，臨終時的「異香」可視為神聖存在到來（來迎等）的象徵，或是即將離世者自身神聖性的象徵。在敘述「異香」的故事中，其前半部分往往會記載周圍之人無法測度該僧侶所達到的境界，這一點亦極具趣味。

在這種情況下，周圍之人從該僧侶的生前狀態難以判斷他為聖僧抑或凡僧，但當他即將離開今生之際，他得以低調而鮮明地向世人展示自身神聖性的，就是「異香」一物。在講說輪迴轉生歷劫（kalpa）修行的佛教裡，現世的到達的目標本身並非最終的答案。從現世到來世的轉折點上，存在飛躍進入神聖世界的契機。「異香」似乎就是帶著這般細膩的含義與效果而被描述的。

小結

六朝隋唐時期的聖者觀中，大致可以分為兩個系統，此二者並非總是整合性地相關，而是同時並行存在。其一的系統是「認可相對多數聖者的流向」，此系統包括某種敘事式的傳記類或被類型化的偉人傳記，可以稱之為「懷抱著聖者信仰者的系譜」。儘管中國佛教基本上是大乘，但經常通過初果、阿羅漢果等小乘階位來表達聖者性。再者，有時也有人冒稱聖者欺騙民眾，此類偽聖者現象的背景原由，我們也可在此流向裡面尋求。

另一個系統是「認為真正堪稱為聖者的存在極為稀少的流向」，此系統在學派祖師最終修行階位的傳承中尤為顯著。我們或可稱它為「虔誠修行者的系譜」。

後者的系統意味著，無論一個人如何認真修行，要在此生中覺悟、達到與佛陀相同境地，是極其困難的，這也是此系統的前提。然而，在此情況下，六朝隋唐的佛教徒們並未因此感到絕望。相反，他們似乎懷抱希望與期待，冀望能將自身修行成果帶入來世，進而提昇，將生命轉化為更理想的狀態。臨終時的種種暗示性表現，尤其是象徵神聖空間出現的「異香」，正是這一點的體現。從聖者觀兩系統的關聯性來看，聖者傳記中對「異香」的提及，可被解釋為是「一種連接兩個本來性質相異的聖者觀系統的橋樑機制」，從而產生救贖論的效果。

注釋

❶ 本章無法涉及禪宗佛教中的聖者觀。在凡聖問題與教理學的對比中，禪宗究竟處於何種地位，這個問題雖然很有趣，但遺憾的是已超出筆者的能力範圍。相關研究可參考風間（一九八四）。

❷ 雖然筆者並非吝於評價雷（Ray，一九九四）的內容，尤其是它與本章的主題相符。但對於他似乎毫無條件地輕易將佛陀、獨覺、阿羅漢和菩薩視為佛教一般聖者的四種類型，筆者感到有些躊躇。正如本章所論述的，僅將阿羅漢列為聲聞乘的聖者，在聖者的定義上未免過於狹隘。而無條件地將菩薩視為聖者是非常有問題的，至少考量西元後數世紀的印度情況。此論文給筆者的印象是，部分問題是源於他所處理的資料主要限於經典和論書，對歷史的現實性的關注未必充分，且他也完全忽略了中後期唯識派已經發展成熟的修行理論。

❸ 筆者對於伊斯蘭史並無任何專門知識，但根據佐藤次高（二〇〇一，二頁）的說法，在中世紀伊斯蘭歷史中似乎不存在類似於天主教封聖的制度。伊斯蘭的特點是「並未指定認定聖者的權威機構。

誰是聖者是由群體或個人獨立且自然而然地被決定」。這種傾向在某種程度上與中國中世紀佛教史中的聖者的性質有共通之處。然而，佛教的特徵在於，透過修行使自己接近佛陀的這一結構，使聖者的定義與修行理論之間存在著強烈的連結。

❹ 又《太平廣記》卷九十一末提及出處為《紀聞》（「出《紀聞》」）。《紀聞》在《新唐書》藝文志小說家類中被記載為是一部由牛肅撰寫的十卷的小說（「牛肅《紀聞》十卷」），但具體情況筆者不甚了解。

❺ 「南天王子張璵」恐怕與道宣作品《中天竺舍衛國祇洹寺圖經》下卷中出現的「南方天王第三子張璵」（見《大正藏》冊四十五，頁八九〇上。《祇洹圖經》一〇〇卷的撰述者）是同一人。南天王還被稱為毘瑠璃王、毘流離王、增長天。本文引述的故事末尾提到的《感通記》這一文獻可能是道宣撰寫的佛書，但尚未詳考。順帶一提，道宣的著作，如《律相感通錄》、《集神州三寶感通錄》、《道宣律師感通錄》中並沒有對應的記載。

❻ 關於修行階位說中真諦說法的意義，請參見水野（一九八四）的著作。真諦翻譯的《攝大乘論釋》中可以看到中國特有的術語如「十信」等（船山，二〇〇二c，二二頁）。

❼ 「就伏心，有武文尸三解」的部分，是依據砂山（一九九〇，二六五頁）的說法。順便，蒙文通（二〇〇一，四三〇頁）作「就伏心，有文尸三解」。在《道教義樞》的〈位業義〉中提到：「伏道之中有九轉者，凡三種解，解各三轉，合成九轉。三種解者，一曰武解，二曰文解，三曰尸

解。」可供參考。

❽ 筆者必須坦承，對於道教五道說的研究尚未能做到全面性的掌握。就管見所及，Bokenkamp (1990) 與麥谷（二〇〇五）雖然針對道教的五道說進行了分析，但他們均未提及與佛教《大智度論》中所記載的五道說的關係。

❾「別時之意」與「別時意」相同，是梵語 kālāntarābhiprāya（意圖別的時間）的漢譯。

第二章　異香

——聖者的氣味

一、死的象徵表現

我想通過氣味（嗅覺）這一線索，窺探中國六朝時期佛教中身心與神聖事物意象的紀錄。當我們關注於記錄僧侶事跡的僧傳類文獻時，會發現一些關於死亡，即身心分離瞬間的有趣的描述。特別是僧傳中有時會記載高僧臨終時出現的不可思議事件。其具體的觀察點，可著重於以下三點：亦即手指彎曲特徵的紀錄、修行有成者去世之際頭頂保持溫暖的紀錄，以及特殊香氣瀰漫的紀錄。有些文獻是分散地個別記載這些現象，但也有一些傳記，二到三種的要素會同時在其中出現。順便一提，僧傳中有時還會記載「蟬蛻」（如同蟬只留下空殼般的死亡方式）或正午時分過世等紀錄，這些被認為是受到道教影響的表現形式（吉川，一九九二）。

（一）彎曲的手指

死亡時手指的彎曲程度象徵該人所到達的修行境界，這樣的故事並不少見。例如，《高僧傳》卷十南齊的法匱傳中記載法匱臨終時：「爾日，晚還房臥，奄然而卒。屍甚香軟，手屈二指。眾咸悟其得二果。」文中記載了屍體散發芳香以及兩根手指彎曲，並說明這兩根手指是法匱達到二果的證明。二果指的是小乘修行階位中的第二果。小乘中將到達初果（須陀洹果）、二果（斯陀含果）、三果（阿那含果）、阿羅漢果這四果中任何一果的人視為聖者。宋代贊寧的《宋高僧傳》卷二十九道晤傳中的「系曰」裡提到：「凡諸入滅其指舉者，概示其得四沙門果之數也。」另一個類似的例子是《高僧傳》卷十一的普恒傳中提到：「手屈三指，其餘皆伸。」如果往隨後時代看，《續高僧傳》卷七的寶瓊傳、卷十的慧曠傳、卷二十五的慧峯傳、卷二十八的志湛傳，以及《南史》卷二十五的到溉傳等中都有類似的記載。值得注意的是，儘管中國佛教徒視自己為大乘佛教徒，但臨終之際卻與小乘（聲聞乘）的修行階位產生交涉，這一點很有趣。似乎，比起現實性，展現敘事上的趣味性更為重要。

（二）溫暖的頭頂

接下來是關於臨終時頭頂始終未變冷的紀錄。這通常用「頂暖」或「頂煖」這樣的詞來描述。不過，在梁代慧皎的《高僧傳》裡並未找到明確的事例，在唐代道宣的《續高僧傳》以及同時代的文獻中才開始出現。例如，隋代淨影寺慧遠的遺骸「香若栴檀，久而竭滅。……手足柔軟，身分（身體的其他部位）並冷，唯頂上暖焉」（《續高僧傳》卷八隋京師淨影寺釋慧遠傳）。另外，陳代慧思臨終時，「咸聞異香滿室內。頂煖身軟，顏色如常」（卷十七陳南嶽衡山釋慧思傳）。

頭頂直到最後都保持溫暖，象徵著當事人的心識最終從頭頂離開。如此傳記式的描述雖然似乎在印度文獻中並不存在，但其理論基礎可以在印度的阿毘達磨教理學中找到。根據前秦僧伽跋澄譯《鞞婆沙論》卷十四、北涼浮陀跋摩、道泰等譯《阿毘曇毘婆沙論》卷三十六、唐代玄奘譯《阿毘達磨大毘婆沙論》卷六十九、玄奘譯《阿毘達磨俱舍論》卷十等，臨死時識（梵語 vijñāna 的單數形）如果從腳尖離開，則會投生到地獄等惡趣；如果從肚臍離開，則會投生為人。如果識從頭部離開，則會投生到天界。如果從心臟離開，則會般涅槃，即解脫（也有將頭部和心臟的意義顛倒的解釋）。而識最後離開的身體部位，在僧傳中被描述為最後沒有變冷的部位。也就是說，死後頭頂仍然溫暖的人會轉生到天界。

除此之外，關於臨終時香氣的描述也值得注意。以下列舉若干相關的資料，並思考其中所蘊含的意義。

二、臨終的異香

有紀錄提到，實踐了卓越修行的僧人在臨終之際會散發出一種非同尋常的氣味，一種不像是這個世上之物的芳香。說到臨終的氣味，自然也會聯想到死亡的氣味。事實上，僧傳中也有提及類似這種氣味的記載。例如從《續高僧傳》卷十六的法充傳中提到的「時屬隆暑，而屍不臭爛，香如爛瓜」這一描述，讓人幾乎能感受到當時的氣味。不過一般來說，從以下的例子可知，提到臨終芳香並不僅僅是表示沒有死亡的氣味，而是在積極的意涵上，表明該處充滿了超出凡世的馥郁芳香，從而營造出一種非比尋常的莊嚴氛圍。

在前述簡單介紹的幾個片段記載中雖有零星提及香氣，但關於臨終香氣最著名的記載之一是禪宗六祖慧能（六三八—七一三）的例子。根據《曹溪大師傳》，慧能七十三歲遷化時，伴隨著數千鳥兒飛來鳴叫、五色祥雲出現等奇蹟，涼風吹入寺院，「俄而香氣氛氳，遍滿廊宇，地皆震動，山崖崩頹」。同樣之事在《宋高僧傳》卷八的慧能傳中被描述為「異香滿室」，而在《景德傳燈錄》卷五的慧能傳中則被描述為「異香襲人」。特別是「異香滿室」這四個字，從初唐的《續高僧傳》時期開始，就作為描述聖者離世之際的定型表達方式，在僧傳類文獻中被廣泛使用。此外，對「異香」的提及並不僅限於佛教文獻，在道教中也被用來作為描述德高望重的道士在臨終情景時的語詞。舉其中一例，梁代陶弘景的遺骸樣貌是這樣的：「顏色不變，屈伸如常。屋中香氣積日不散。」也就是說，面容與生前毫無變化，身體也未僵硬而保持柔軟，安置遺體的房間裡飄著香氣，持續了好幾天（《雲笈七籤》卷一〇七唐李渤〈梁茅山貞白先生傳〉）。這樣的異香，在不使用「聖」一詞的情況下，生動地展示了去世之人無庸置疑就是一位聖者。

這種在禪師或道士臨終時被提及的芳香，如果追溯到更早期的文獻，可以在唐代道宣撰寫的《續高僧傳》或宋代贊寧撰寫的《宋高僧傳》等僧傳類的文獻中找到同樣的例子。而追溯其源流的話，就像曲指的例子般，一樣可以追溯到梁代的《高僧傳》的時期。例如，印度僧人求那跋摩經廣州到達建康，在元嘉八年（四三一）九月突然去世。他去世時的樣子是結跏趺坐在繩床（坐具）上，與平常無異，宛如入定一樣。當僧俗一千多人前來弔唁時，大家都「聞香氣芬烈」（卷三宋京師祇洹寺求那跋摩傳）。正如求那跋摩在遺言的偈頌中宣告自己獲得了被稱為二果的修行成果般，他是達到聖者境界的僧人。

如此異香瀰漫的景象，一言以蔽之，就是聖性的現前。或者，可稱之為聖者身上所散發出的香氣。仔細觀察，可以發現其中包含兩個相互關聯的面向。一是象徵即將離世的當事者是神聖的存在的面向；另一個是象徵臨死之際來自淨土或天界的神聖的存在——佛或菩薩——來迎的面向。後者，散發異香的雖不是當事人，但藉由神聖的菩薩眾的到來，死者也被認可為是神聖存在的同伴，在此意義上與前者的面向相連。又在有些記載中，這兩個要素同時存在。

關於告知神聖存在來臨的例子，比如宋代的慧通。他積累修行，祈願轉生到無量壽（阿彌陀）佛的國度，臨終時親眼見到無量壽佛的聖容而遷化之後，異香持續了三日（卷十一宋長安太后寺釋慧通傳）。另外，梁代的智順在天監六年（五〇七）六十一歲時逝世，其情景是「臨終之日，房內頗聞異香。亦有看天蓋者」（卷八梁山陰雲門寺釋智順傳）。宋代慧益，他是在臨終時，根據《法華經》〈藥王菩薩本事品〉，實踐以自己的身體作為燈明供養佛陀之捨身行的僧人。在孝武帝見證下進行的焚身儀式中，火焰直到翌日才熄滅，孝武帝「聞空中笳管，異香芬瑟」（卷十二宋代京師竹林寺釋慧益傳）。如是在臨終時聞到異香同時也聽到空中樂隊的聲音，或看到天蓋等情景，在《高僧傳》的其他部分也能找到，並為《續高僧傳》所繼承。這些記述可以理解為象徵佛菩薩的來迎。

順便一提，在《高僧傳》中所描寫的不可思議香氣的場景，除了臨終之外，其實還有另一個場面也會言及異香。那就是描述僧人一心不亂地坐禪，進入深度冥想的場景。例如，宋代的僧業，他是對《十誦律》的普及做出貢獻的僧人，他也擅長禪定，「每一端坐，輒有異香充塞房內。近業坐者，咸共所聞，莫不嗟其神異」（卷十一宋吳閑居寺釋僧業傳）。有時也會通過描述某位僧人使用的水散發芳香來象徵性地描繪其聖性（例如卷十一宋偽魏的平城釋玄高傳等）。

又，東晉廬山的慧永在坐禪之際，感覺有人來到禪房，在場者「並聞殊香氣」。此外，一直祈願來世能往生西方淨土的他，在義熙十年（四一四）八十三歲去世時，「道俗（出家者和在家信徒）在山咸聞異香，七日乃歇」（卷六晉廬山釋慧永傳）。

致力於禪定修行的宋代普恒在昇明三年（四七九）七十八歲過世，臨死之際，「手屈三指，其餘皆伸。……生時體黑，死更潔白。於是依得道法闍維之」，當柴火開始燃燒時，「便有五色煙起，殊香芬馥」（卷十一宋蜀安樂寺釋普恒傳）。這裡同時提到了手指彎曲和芳香兩個要素。

以上，我們依據《高僧傳》簡要地瀏覽了「異香」的早期用例。然而，《高僧傳》並非是最早出現異香事例的文獻。稍早的南齊王琰《冥祥記》（唐代道世編撰的《法苑珠林》等書中有逸文）中也提到臨終時的「香氣」（杜願條，《法苑珠林》卷五十二）、「芬馨」（何曇遠條，同書卷十五）、「靄煙香異」（長沙寺慧遠條，同書卷九十七），此外在與臨終不同的禪定場景時也提到「殊香」（程德度條，同書卷二十八）瀰漫的記載。

三、異香是怎樣的氣味？

異香的描述源自何處？其起源是印度還是中國？究竟所謂的異香具體是什麼樣的香氣？

正史中也有提到異香的記載。不過有趣的是，當我們探尋早期的例子時，卻發現《史記》、《漢書》、《後漢書》等古老文獻中似乎沒有將異香與宗教或聖者聯繫在一起的記載，《南齊書》和《梁書》中散見的事例說不定就是最早的例子。例如，《南齊書》卷五十四的劉虯傳中提到他「精信釋氏」，長年實踐齋戒，為《法華經》作注解等，與佛教的實踐有著深厚的關聯，並描寫其臨終時刻為「其冬，〔劉〕虯病，正晝有白雲徘徊檐戶之內，又有香氣罄聲，其日卒。年五十八」。《梁書》卷三武帝紀下的天監五年（五〇六）正月這一條中記載，與武帝親自在南郊舉行祭祀並大赦天下有關，於前一天出現瑞兆：「南郊令解滌之等到郊所履行，忽聞異香三（三度）隨風至。及將行事，奏樂迎神畢，有神光圓滿壇上，朱紫黃白雜色，食頃方滅。」同書卷五十一的張孝秀傳中記載其逝世的情景為「普通三年（五二二）卒，時年四十二。室中皆聞有非常香氣」，值得注意的是，記述他生前行為時提到「博涉群書，專精釋典」。此外，《陳書》卷二十六的徐孝克傳則記載「十九年，以病卒，時年七十三。臨終，正坐念佛，室內有非常異香氣」。在這裡，我們要注意的是佛教的影響。雖然《梁書》武帝紀中佛教的影響不一定明顯，但《南齊書》劉虯傳和《陳書》徐孝克傳都是在佛教的文脈下描述臨終的芳香。《梁書》張孝秀傳中也可以看出與佛教的關聯。如此看來，雖然不敢斷言，但「異香」等嗅覺的描述是來自佛教的影響，這個可能性是存在的。

然而，「異香」這個詞語本身並不限於佛教，在早期文獻中也能找到。其中之一是《後漢書》列傳二十一賈琮傳的如下一段文：「舊交趾土珍產多。明璣、翠羽、犀象、玳瑁、異香、美木之屬莫不自出。」這裡的異香無疑指的是散發奇特香氣的香料。雖然這與聖者的香氣本來沒有直接的關係，但它為我們在理解「異香」一詞所包含的微細的含義提供了線索。

當我們進一步調查漢譯佛典中「異香」的用例時，會發現大多數指的是花香等。其中有些「異」字並沒有特別的含義。例如北魏菩提流支譯《入楞伽經》卷一的〈請佛品〉中「現於無量種種異花、種種異香、散香、塗香」中的「異香」。在梵語原文中對應的是gandha（香氣）。這個詞一般可以指氣味（smell）或芳香（fragrance），在這裡也許是在後者的意思上被譯為「異香」。

更值得注意的是唐代玄奘譯《大般若經》中的譯例。其卷五四一〈第四分供養窣堵波品〉中有這樣一段：「若見如是甚深般若波羅蜜多（完全的智慧）所在之處有妙光明，或聞其處異香氛郁，或復聞有微細樂音。」云云。（《大正藏》冊七，頁七八〇下）這段文字有對應的梵語原典《八千頌般若經》現存，也可以與鳩摩羅什譯《小品般若波羅蜜經》等其他漢譯經典的對應文進行比對。比較結果顯示，與玄奘譯「異香」對應的梵語是 amānuṣaṃ gandham。直譯意為「非人間的香氣」。與此對應的羅什的譯文是「殊異之香」（《大正藏》冊八，頁五四五上）。同一段落在北宋施護譯《佛母出生三法藏般若波羅蜜多經》卷四的〈寶塔功德品〉中被譯為「諸微妙香」（《大正藏》冊八，頁六〇一上）。將這種超越人間尋常的香氣、類似天人或聖者香氣的東西譯為「異香」的例子，有助於我們理解這個語詞的微細含義，這一點很有意思。

如此一來，通過異香來暗示聖神聖存在的表現方式很可能是在佛典中確立的。象徵神聖存在現前的「異香」，對中國人來說，意味著非比尋常的特殊氣味。它有時是從天而降的神明或天人的氣味，有時則是珍奇香料所散發出的異國的氣味。

在這種試圖通過氣味來呈現神聖事物的背景中，與傾向於依賴視覺的現代人之間有著截然不同的覺受。或許可以說，它毋庸置疑地描繪了嗅覺所帶來的豐富之現實感。

第三章　捨身的思想

——極端的佛教行為

所謂的捨身，就是捨棄自己。若問什麼是自己，根據上下文脈，有可能是指我們的肉體或生命，也有可能是指象徵它們的某些物品。

在東亞佛教史各種局面中出現的捨身，與其說它是自我完結的行為，不如說它具有與其他諸多主題複雜相涉的擴散性特徵。究實言之，捨身相關的先行研究為數眾多，涉及的領域也是多面向的。管見所及，有取材中國佛教史的捨身的研究（名畑，一九三一；Gernet 1960；水尾，一九六六；Kieschnick 1997: 35-50；Benn 1998；張勇，二〇〇〇，三四一頁—三五〇頁），有聚焦捨身與儒教、道教關係的研究（明神，一九八四、一九九六），有以印度《本生經》等佛教經典的文獻學為研究主體而涉獵捨身的（杉本，一九八二；岡田真美子，一九九四、一九九五；三友，一九九六；Durt 1998, 1999），有作為佛教美術研究素材而涉及捨身的（水野、長廣，一九四一，二十一—二十四頁；上原，一九六八，三十一—三十五頁），有從日本佛教史面向進行捨身研究的（成田，一九七四；吉田，一九七六），進而也有從生命倫理角度，特別是與腦死或與器官移植的是非問題之關係進行討論的（野口，一九九七；岡田真美子，二〇〇〇、二〇〇一）等。此外，若就部分內容與捨身相關的研究來說，那更是不勝枚舉。

筆者在這些研究上疊床架屋，是因為想將捨身這一特異行為，包含批評它的邏輯思想，從佛教史的立場予以定位；再者是為了解環繞在捨身現象周邊與其背後潛藏著何種思想和見地。個人對於捨身的興趣，最初並非出自對布施眼睛和燒指等一般捨身行為的興趣，而係源自一個單純的疑問：為何梁武帝捨身為「佛奴」一事也可稱為捨身？這與原本一般所謂的捨身有何關係？這個興趣迄今沒有改變。然而，調查的過程中，筆者感到有必要掌握梁武帝捨身的歷史發展過程以及闡明「捨身」一詞的含義。基於如是原委，本章作為六朝佛教史研究的一環，以捨身在中國驟然流行的五、六世紀為中心，嘗試引入嶄新見解以補充現有的研究，同時企圖從多元角度考察捨身的各種現象。筆者的能力與關心難免有所偏差或局限，但本章是針對捨身主題的思想史研究，目的不在美化或譴責捨身。同時，要事先聲明的是，解答器官捐贈等等現代議題也不是本章的目的。

一、「捨身」一詞

（一）事例的確認

提及捨身一詞，有的人腦中會浮現佛陀前世為兔子時，將己身布施給一位飢餓的婆羅門，縱身躍入火中的本生故事（辻、渡邊共譯，一九八七，一八五—一九五頁「兔子的布施」）。的確，這是捨身的一個例子。不過，捨身一詞所表達的現象並非僅此為止。另一種有時會引發嚴重社會問題的捨身類型，是為了供養（pūjā）佛、法、僧三寶而進行的捨身。此種意義上的捨身，大多是以鳩摩羅什譯的《法華經》〈藥王菩薩本事品〉的故事為典據。以下提供羅什譯本中直接相關部分的現代翻譯：

〔一切眾生喜見菩薩〕從三昧起而自念言，我雖以神力，供養於佛，不如以身供養。即服諸香、栴檀、薰陸、兜樓婆、畢力迦、沈水、膠香，又飲瞻蔔、諸華香油，滿千二百歲已，香油塗身，於日月淨明德佛前，以天寶衣，而自纏身，灌諸香油，以通神力願，而自然身，光明遍照，八十億恒河沙世界，其中諸佛，同時讚言，善哉善哉，善男子，是真精進，是名真法供養如來，……假使國城妻子布施，亦所不及。善男子，是名第一之施，於諸施中，最尊最上，以法供養如來故。作是語已，而各默然。其身火燃，千二百歲，過是已後，其身乃盡。一切眾生喜見菩薩，作如是法供養已，命終之後，復生日月淨明德佛國中……。（《大正藏》冊九，頁五十三中）

（一切眾生喜見菩薩）從三昧中起來後，心想：「縱然我用神通力供養佛陀，也比不上用自己的身體來供養。」於是他服用了旃檀、薰陸、兜樓婆、畢力迦、沉水、膠香等各種香料，又飲用了瞻蔔和諸華的香油，這樣持續了一千二百年後，他用香油塗身，在日月淨明德佛面前，用天界的寶衣纏裹自己的身體，並澆上各種香油。然後透過（依止神通力所得）誓願，燃燒自己的身體。其光芒照亮周圍，遍及八十億恆河沙數世界。其中的諸佛同時讚歎道：「太好了！太好了！善男子啊，這才是真正的精進。這才是真正以法供養如來。……即使布施王國或妻子也比不上。這名為第一布施。因為是以法來供養諸如來，所以在各種布施中最為殊勝。」說完這些話，諸佛默然不語。（一切眾生喜見菩薩的）身體之火持續燃燒了一千二百年，才完全燒盡。一切眾生喜見菩薩以如此的法供養結束生命後，轉生到日月淨明德佛的國土……。

《法華經》還這樣說：

若有發心欲得阿耨多羅三藐三菩提者，能燃手指乃至足一指供養佛塔，勝以國城、

妻子及三千大千國土、山林、河池、諸珍寶物而供養者。（《大正藏》冊九，頁五十四上）

如果有人發心想要獲得無上正等正覺，能夠燃燒手指乃至腳指來供養佛塔，這比用國城、妻子、三千大千世界的國土、山林、河、池、各種珍奇寶物來供養更為殊勝。

〈藥王菩薩本事品〉說，用物品供佛不如燃燒自己手指來供養，燃燒手指又不如燒臂為善，而最殊勝的是將自己身體作為燈火燃燒，以其光明供佛。這裡說的燒身，是指作為讚歎佛和佛法的手段，使自己成為燈火之意。

有趣的是，羅什譯本中多次出現的「千二百年」在梵語原典中作十二年，而西晉竺法護譯《正法華》的對應段落也作「十二年」，據此，「千二百年」或可說是羅什風格的潤筆。畢竟，一千二百年中連續服用香氣濃郁的植物和油，這對讀者來說已經不具現實感了。然則，難道十二年就具現實感了嗎？毋庸多言，這是另一個問題。橫超慧日如此解釋〈藥王菩薩本事品〉中的燒身供養：「捨身供養意在藉此表示法的尊貴，雖捨身行為自身在佛教戒律上不被允許，但這裡作為象徵性的手法，用以表達法的尊貴。」因此，他接著說：「將這段文字理解為事實，認為《法華經》的作者們是一群相信應當為法不惜生命，在現實上進行燒身供養行為的狂熱信徒，這種說法毫不足取。」（橫超，一九八六，四一九頁）這應該的確是最為穩當的解釋？實際上，在印度語文獻或其源頭為印度的漢譯文獻中所被確認的捨身事例，無一例外皆為佛陀前生的事蹟，是讚美他因為做了如此難行的苦行故能成就佛陀果位。在本生故事之外，我們幾乎找不到鼓勵信徒們捨身。經典中描述的捨身並非我們實踐的項目。但問題是，撇開印度不論，在讀過鳩摩羅什譯本的五世紀後的漢人佛教徒中，陸續出現許多不認為燒身供養為一種純然象徵，而是依循字面意思如斯信受，且親自實行燒身供養的人物。作為最極端的例子，以下介紹梁末傅翕的事例。

傅翕（四九七—五六九），字玄風，東陽郡（浙江省金華市）人，被稱為傅大士、東陽大士，又或者有點詭異地被稱為「雙林樹下當來解脫善慧大士」。他以大士即菩薩的立場組織了一個囊括出家在家、男女信徒的獨特的大乘教團。❶以非出家人故，《續高僧傳》中沒有他的傳記，但有類似附傳的記載。❷作為佛教徒，其激進程度非一般出家人等所可與之較量。從其行為模式中，我們彷彿見到現代某些令人難以置信的激進邪教團體的集體自殺行為。考量以往的捨身研究很少觸及這一點，同時也兼為介紹此種未免異於常態的實例，以下簡單介紹傅翕教團所踐行的關於捨身的典型行事。若能藉此傳達捨身行為本身具有的某種逸脫常軌的一面，於願足矣。

關於傅翕行為的最早史料是陳朝徐陵撰寫的〈東陽雙林寺傅大士碑〉（《全陳文》卷十一）。而年代較晚，但更為詳細記載的，有樓穎編輯的四卷本的《善慧大士錄》（《續藏》二・二十五・一；續金華叢書），這是唐朝樓穎撰《善慧大士錄》八卷（已佚）的再編輯。以下先根據《善慧大士錄》，概述其要。

據《善慧大士錄》卷一記載，❸於梁朝即將滅亡的太清二年（五四八）的三月十五日，傅大士對教團成員說：「昔日聽聞月光大士捨頭弘布施行，太子為救濟窮困不惜生命財產。經典明示，他們不久即成佛了。是故，我亦不顧己才平庸，仰慕大聖之教，在此發誓：捨棄身體、性命及財產，普為一切眾生供養諸佛，慎重進行斷食修行（不食上齋），以求滅度。我將堅持意志，燒身為大燈明，為一切眾生供養三寶。下月初八將行此事。」對弟子們來說，傅翕乃是此後即將成佛的菩薩，遑論他是具有救度弟子力量的獨一無二之存在。及至四月八日，弟子留堅意、范難陀等十九人各自請願代替師主。他們舉行斷食修行，並進而燒身供養三寶。弟子朱堅固燒一指以為燈火。陳超販自身〔為奴〕。姚普薰、智朗等人〔為奴〕行傭役賺取錢財以供養師主，又普發誓願，願一切眾生於每次輪迴轉生之際都能值遇諸佛聽聞佛法，並皆開悟得無生法忍。同月九日，弟子留和睦和周堅固二人各燒一指。弟子樓寶印刺穿心臟。葛玄杲割左右耳。比丘菩提和優婆夷駱妙德二人同割左耳。比丘智朗、智品等二十二人則割右耳。比丘尼法脫、法堅等十五人皆各進行斷食修行，祈願師主長久住世宣揚正教。

同一年八月，壽春發生所謂的「侯景之亂」（吉川，一九七四）。翌年三月，建康皇城陷落，武帝於五月憤恨而死。而在八年之後（五五七），統治江南達五十載的梁朝終於滅亡，改由陳朝掌握霸權。這一年（五五七）二月十八日，傅翕對弟子們說：「如今世間災禍頻仍，無有止息，人們極度困窮。有誰能行苦行，燒指作燈，普為一切眾生供養三寶，請佛住世濟度群生？」這時比丘慧海、菩提、法解和居士普成等八人領命，比丘法如和居士寶月二人懸空作燈（鉤身懸燈）。大士又說：「有誰能割耳流血，與香混合掃地使淨，普為一切眾生供養三寶？」這時比丘智雲等十二人、沙彌慧普等十人、普知和慧炬等二十三人、孩童善覺等十七人，共計六十二人恭敬領命，割耳出血和香掃地使淨云云。

傳記還有後續，但關於傅翕教團的介紹至此足矣。這是極其悽慘的景象。弟子們所行所為，如燒指或燒全身以為燈火、割耳出血以清洗地面、賣身為奴並以勞動所得工錢供養三寶等，其每項行為皆正是本章所欲探討的「捨身」（更多詳情參見後文「二（一）種類和典據」）。

以上介紹係根據《善慧大士錄》卷一的記載，以其年代較晚，難以全然排除其中可能被添油加醋的疑慮。不過，傅翕教團確實踐行了捨身的這一史實，我們可根據成書年代早於《善慧大士錄》的陳朝徐陵所撰寫的〈東陽雙林寺傅大士碑〉一文進行確認。據此碑文記載，梁末混亂時期，傅翕教團中踐行捨身者，居士徐普拔、潘普成等九人割耳去鼻，居士范難陀、比丘法曠、優婆夷嚴比丘等燒身而亡，比丘寶月等二人懸空作燈，比丘慧海、菩提等八人燒指，比丘尼曇展、慧光、法纖等四十九人斷食，比丘僧拔、慧品等六十二人切耳出血作香（《全陳文》卷十一；張勇，二〇〇〇，四九〇—四九一頁）。這些之外，碑文還記載了其他令人不忍卒睹的「捨身」行為，因此我們不能斷言《善慧大士錄》的紀錄純然只是誇張或虛飾。

次年（五五八），南嶽慧思於《立誓願文》中提到：「至年四十四，今末法百二十五年」，此文表明他自覺世間已經進入末法時代很久。而傅翕的生存時代，正是慧思說的如此不安且荒涼的時期，以佛教術語來說就是末法。正因身處這般時代，為了感得佛陀降臨世間普度眾生而實踐的行為——這就是傅大士教團中的捨身的意義。他的教團成員反覆進行這種流血和被火燒傷的捨身行為，案例為數甚多，實際喪失性命的也不在少數。例如，在梁朝滅亡前的紹泰元年（五五五）的六月二十五日，傅翕的弟子范難陀在雙林山頂「燒身滅度」，九月十五日比丘法曠在天台山下「燒身滅度」，次年太平元年（五五六）三月一日，優婆夷（女性在家信徒）子嚴在雙林山頂「赴火滅度」。興起於六朝時代，並在之後被連綿踐行的捨身行，我們不該忘記它也有如此令人鼻酸的一面。

以下，將列出西元五八一年隋朝建立之前的捨身紀錄一覽表。之所以限定在隋朝之前，主要是因為我的研究關注於六朝佛教史，同時也擔心若將案例的收集範圍擴展及於隋唐時期，恐將變得過於繁雜之故。下表中列舉了踐行捨身的當事者人名，並於在家信徒名字旁邊加了底線，用以和出家人區別。至於捨身的種類，則盡可能原封不動地使用史料所見的用語來記錄。對於不是損傷全身或局部身體，而是象徵性意義上的物品布施等捨身行為，則在踐行者姓名附上＋之符號。地域欄的建康一詞，為方便起見，包括了建康城內及郊外周邊地區。

表一　隋朝以前主要的捨身

下方有底線者表在家人；＋是象徵性的捨身（後述）；傅翕教團除外❹

	人名	年代	地域	捨身種類	主要出處
1	釋僧群	東晉時代	霍山	為護鴨身絕食	《高僧傳》卷十二
2	釋曇稱	宋初	彭城	施身於虎	同上
3	慧玉尼	四三七	江陵	燒身	《比丘尼傳》卷二
4	釋法進	四四四	高昌	饑饉時施身人民	《高僧傳》卷十二
5	釋僧富	——	魏郡	取代童子之身	同上
6	釋法羽	——	蒲坂	燒身	同上
7	慧瓊尼	四四七（四四三）	句容縣	遺體施予鳥獸	《比丘尼傳》卷二

8	釋慧紹	四五一	臨川	燒身	《高僧傳》卷十二
9	釋僧瑜	四五五	廬山	燒身	同上
10	釋曇弘	四五五？	交趾	燒身（二回）	同上
11	善妙尼	—	蜀	燒身	《比丘尼傳》卷二
12	釋僧慶	四五九	蜀	燒身	《高僧傳》卷十二
13	釋慧益	四六三	鍾山	燒身	同上
14	道綜尼	四六三	江陵	燒身	《比丘尼傳》卷二
15	釋道海	—	江陵	燃二指	《名僧傳》卷二十四
16	慧耀尼	約四七一	蜀	燒身（未遂）	《比丘尼傳》卷二
17	同	四七七	蜀	燒身	同上
＋18	南齊南郡王	約四八〇	建康	捨身	《廣弘明集》卷二十八
＋19	張景真	建元中	建康	捨身齋	《南齊書》卷三十一
＋20	文惠太子蕭懋	四八二	建康	捨身	《廣弘明集》卷十九
＋21	文宣王蕭子良	約四八二	建康	捨身（數回？）	《廣弘明集》卷十九、《出三藏記集》卷十二
＋22	蕭子良妃	—	建康	捨身	《出三藏記集》卷十二
23	釋法凝	南齊武帝期	蜀	燒身	《續高僧傳》卷二十七

24	釋法光	四八七	隴西	燒身	《高僧傳》卷十二
25	釋法存	永明末	始豐縣	燒身	同上
26	曇簡尼	四九四	白山	燒身	《比丘尼傳》卷三
27	淨珪尼	四九四	白山	燒身	同上
+28	巴陵王蕭昭胄	—	建康	捨身	《出三藏記集》卷十二
+29	釋僧祐	永明以後	建康	捨身齋	《高僧傳》卷十一
+30	裴植母夏侯氏	—	瀛州	於寺為婢灑掃	《魏書》卷七十一
31	曇勇尼	五〇一	白山	燒身	《比丘尼傳》卷三
32	馮尼	—	高昌	燒六指	《比丘尼傳》卷四
+33	沈約	五〇九？	建康	捨身	《廣弘明集》卷二十八
+34	釋智藏	五一九	建康	捨身大懺	《續高僧傳》卷五
35	釋僧滿	梁初	長沙郡	燒身	《法華傳記》卷二、《法華文句記》卷八
36	釋僧明	天監中	濠州招義縣	燒身	《弘贊法華傳》卷五
37	優婆塞某	—	交州平陸縣	燒身	同上
38	釋道度	五二六	若耶山	燒身	《弘贊法華傳》卷五、《法苑珠林》卷九十六

＋39	梁武帝	五二七	建康	捨身（第一回）	《梁書》武帝本紀
＋40	同	五二九	建康	捨身（第二回）	同上
＋41	同	五三三	建康	布施（無遮大會）	《廣弘明集》卷十九
42	三比丘（二道人）	五三四	洛陽	投身於失火的佛塔	《續高僧傳》卷一、《洛陽伽藍記》卷一
＋43	梁武帝	五四六	建康	捨身（第三回、施身）	《南史》梁武帝紀
44	某	五四六	建康	刺血書經、穿心然燈等	同上
＋45	梁武帝	五四七	建康	捨身（第四回）	《梁書》武帝紀
46	男子某	五四七	建康	割身布施於鳥	《南史》梁武帝紀
47	釋智泉	五四七	建康	懸鐵鈎燃燈	同上
＋48	梁武帝	五四七	建康	捨身	《梁書》武帝紀
＋49	陳武帝	五五八	建康	捨身	《陳書》高祖紀
＋50	同	五五八	建康	捨乘輿法物	同上
51	釋僧崖	五五九	成都	燒指	《續高僧傳》卷二十七
52	同	五五九？	成都	燒身	同上
＋53	陳文帝	五六三	建康	捨身（大捨寶位）	《廣弘明集》卷二十八、《佛祖統紀》卷三十七

54	釋洪偃	五六四	建康	屍陀林葬	《續高僧傳》卷七
55	釋普圓	北周時代	雍州	斷腕等	《續高僧傳》卷二十七
56	釋靜靄	五七八	終南山	捨身	《續高僧傳》卷二十三
57	釋彭淵（靜淵？）	北周時代	終南山？	剔眼	《續高僧傳》卷十一
58	釋普安	—	終南山	施血蚊虻等	《續高僧傳》卷二十七
59	陳叔陵	五七九	梅嶺	假裝刺血寫經	《陳書》叔陵傳

雖難免有若干遺漏和少許修正，但我認為上表的內容基本上已涵蓋了重要的事例。事例數量接近六十個，如果再加入表中未包括的傅大士教團相關人員的捨身行為，那麼即便僅限於隋以前的階段，捨身事例的數目也輕易破百了。這是相當可觀的數量。從史料中可以看出，捨身行為幾乎都發生在五世紀初之後。這與後文提到的捨身的原典依據實質上是鳩摩羅什譯本或曇無讖譯本一事密切相關。

（二）「捨身」的四種含義

當我們綜覽表一，可立刻察覺捨身存在著幾種模式。除了可以大略分類為出家者和在家者的情況外，出家者中，又可分為致死的捨身和不危及生命的捨身。[5]另外，後面將提到，同樣使用「捨身」一詞，但沒有出現在上表中的事例也是有的。本節中，為了更好地理解後續的討論，首先須確認「捨身」兩個漢字指的是怎樣的行為。

若先說結論的話，「捨身」大致有四種含義。簡單整理如下表：

表二　捨身的四種含義

1.「原義的捨身」：布施身命（主要為出家眾）
2.「象徵性的捨身」：布施財物（主要為在家眾）
（1、2）相當於所謂的捨身
3.「作為死亡同義字的捨身」
4.「作為冥想法的捨身」

1.「原義的捨身」和2.「象徵性的捨身」

「捨身」一詞，對於出家者來說，通常指的是燃火於自身或將肉身布施給鳥獸、他人等等捨肉體於不顧的行為；而對在家者來說，則多指布施寶物或衣服等物品。後者的典型的例子就是眾所周知的梁武帝三次或四次「捨身為奴」。

「捨身」一詞，首先，將「捨棄生命或身體」視為根本的意義。此種捨身的結果可能導致喪命，但有時可能僅止於損傷部分肉體並未危及性命。本章以下將這種意義上的捨身稱為1.「原義的捨身」。用以表達與此幾乎同類行為的其他說法還有亡身、燒身、焚身、自焚、自燒、自燎、棄捨身命等。

此外，捨身也可二次性地引申比喻為「捨棄或布施等同於生命或身體的東西」之意。本章中稱此為2.「象徵性的捨身」。之所以視1.為原義，是因為中國佛教從印度語翻譯過來的佛典中所出現的「捨身」一詞，專門是1.的意思，至於「象徵性的捨身」，我認為是中國特有的語詞之轉義用法。

作為翻譯詞的「捨身」，亦即1.「原義的捨身」，對應哪些梵語呢？以下列出最具代表性的對應詞語：

svadeha-parityāga「完全拋捨自己的身體」（《菩薩地持經》〈施品〉、《大乘莊嚴經論》〈功德品〉）

ātma(bhāva)-parityāga「完全拋捨自己」（《金光明經》〈捨身品〉、《悲華經》〈檀波羅蜜品〉）

在上述第二則行的文裡面，「捨」的受詞有時是ātma即「自己」，有時是ātmabhāva即

「自己存在」亦即「身體」之意，❻特別是後者的情況，在《法華經》〈藥王菩薩本事品〉中也有 ātmabhāva-parityāgena pūjā+√kṛ「通過完全拋捨自己存在來〔對佛陀〕進行供養」的說法。這在鳩摩羅什的翻譯中對應於「以身供養」。但無論哪種情況，相當於「捨」的動詞詞根都是 pari√tyaj 即「完全拋捨」、「全部捨擲」之意。這個字根據上下文脈有時也作為布施（dāna）的同義字被使用，可見就詞語的層面來看，捨身是一種布施行。❼

此外，《法華經》中還有一些雖在漢譯中未被譯為「捨身」，但其梵語表示的是相同行為的語句：

śarīraṃ nikṣiptam「身體被捨置」（〈提婆達多品〉）——羅什譯「捨身命」

utsṛṣṭa-kāyāḥ... tarha(ā) jīvite ca「拋棄身體和生命的人們」（〈譬喻品〉）——羅什譯「不惜身命」

anarthikāḥ kāyena jīvitena ca「不求身體和生命的人們」（〈勸持品〉）——羅什譯「不愛身命」

svaṃ kāyaṃ prajvālayāmāsa「使自己的身體〔燃燒〕發光」（〈藥王品〉）——羅什譯「自然（燃）身」

這些可以視為是與「捨身」具有同等價值的表達。

3.「單純意味死亡的捨身」

本章所考察之捨身的原義與轉義如上所述。除此之外，同樣的「捨身」有時只單純地表示「此世中的死亡」。故「捨身」與「死亡」是可以相互置換使用的詞語。而此情況，經常採用「捨身受身」一詞來表達，它不僅出現在佛教一般的文獻（參照下文）與碑銘裡，❽甚至在道教的碑銘中也能看到。❾作為連接道教和佛教的用例，梁朝陶弘景為升仙而作的墓磚（麥谷，一九九三）中有「勝力菩薩捨身」的字樣。這可以解釋為是「我勝力菩薩（陶弘景），結束今生（轉生到仙界）」這樣語意細微差別的表現。❿

較早期翻譯文獻中的用例，包括《法句經》卷下〈生死品〉的「捨身復受身，如輪轉著地」（《大正藏》冊四，頁五七四中。原文不明），以及曇無讖譯《菩薩地持經》卷五〈戒品〉中的「捨身受身」的表現。後者與其他版本的對照文如下：

(1)《菩薩地持經》：無有捨身受身失菩薩戒，乃至十方在所受生，亦復不失。（《大正藏》冊三十，頁九一三中）

《瑜伽師地論》：若諸菩薩，雖復轉身，遍十方界在在生處，不捨菩薩淨律儀戒。（頁五一五下）

Dutt（1978: 109, 15-17）: na ca parivṛttajanmā ‘pi bodhisattvaḥ bodhisattvaśīlasaṃvara-samādānaṃ vijahāti. adha ūrdhvaṃ tiryak sarvatropapadyamāno yena bodhisattvena praṇidhānaṃ na tyaktaṃ bhavati.

(2)《菩薩地持經》：捨身受身，雖不憶念從善知識數數更受，猶是本戒，不名新得。（頁九一三中）

《瑜伽師地論》：若諸菩薩，轉受餘生，忘失本念，值遇善友，為欲覺悟菩薩戒念，雖數重受，而非新受，亦不新得。（頁五一五下）

Dutt（1978: 109, 19f.）: muṣitasmṛtis tu parivṛttajanmā ⓫ bodhisattvaḥ kalyāṇamitrasamparkam āgamya smṛtyudbodhanārthaṃ punaḥ punar ādānaṃ karoti. na tv abhinavsamādānam.

由上可知，曇無讖譯的「捨身受身」對應於玄奘譯的「轉身」、「轉受餘生」，它們是梵語的 parivṛttajanman「生（誕生）已轉換者」（bahuvrīhi 複合詞、有財釋）的漢譯。簡言之，「捨身受身」四字與「輪迴轉生」同義，意味著「在這個世界死亡，在來世重生」，其中不包含供養身體或布施的意思，也不一定意味著轉生到好的狀態。⓬因此，它與作為本章考察對象的捨身，在意思上自然不同。又，這種意味「輪迴轉生」的捨身不僅在漢譯佛典中，在一般的漢語佛教文獻中也廣泛被使用，不限於特定的時代。⑬

4.「作為冥想法的捨身」

「捨身」還有一種別具一格的用法。這是在《楞伽師資記》「道信」條目中出現的「捨身」。這是一種冥想法的形態，意味從肉體的束縛中解放自己。讓我們通過柳田聖山氏的翻譯來確認：

凡捨身之法，先定空空心，使心境寂靜，鑄想玄寂，令心不移。心性寂定，即斷攀緣，窈窈冥冥，凝淨心虛，則夷泊恬乎，泯然氣盡，住清淨法身，不受後有。……捨身法者，即假想身根，看心境明地，即用神明推策。（《大正藏》冊八十五，頁一二八九上）

要捨棄肉身，首先必須使心平靜，進一步否定空虛的心，徹底平息心境，將想念推入幽暗寧靜的深處，使其不再動搖。當心本身安靜下來時，漸漸切斷有著對象性的心的活動，使心難以形容地變得朦朧、清淨且凝聚起來，一旦心變得空無一物，一切都將同樣歸於平靜，呼吸彷彿死亡般地斷絕，獲得清淨真實之身，不再感受輪迴的宿命。……所謂的捨棄身體之法，其實就是設想身體的存在，凝視心靈深處的光明，換言之這只不過是窺見精神光輝的方便之法。（柳田譯，一九七一，二六〇—二六三頁）

上文白話翻譯中的「捨棄肉身」、「捨棄身體」的漢文是「捨身」。這樣的用法恐怕無法上溯到印度佛教，其歷史的形成過程也不清楚，在中國佛教中也是極特殊的案例。雖然如此，我們應可以將它視為是從1.「原義的捨身」所衍生出來的用法。正如下一節將論述的，「原義的捨身」有時被認為能使人從現在的肉體中解放出來，獲得自由，引導人們獲得清淨的法身。我認為，為了達成這種境界被設想出來的實踐方法，就是此4.「作為冥想法的捨身」。

二、原義的捨身

（一）種類和典據

讓我們從目的或動機的面向來對六朝時代實際進行的捨身進行分類。如多次指出的，捨身是以布施這一最基本的教說為前提。捨身是布施的一種特殊形態。在進行布施時，強調「不惜身命」——如果有人求索，就該毫不吝惜給予任何需要之物，即便是自己妻兒、身體一部分或生命本身，都應按照請求那樣地給予。在這個意義上，捨身也被稱為「難捨能捨」——捨棄難以捨棄之物的行為。

關於捨身的種類，早已有學者對中國的捨身進行了分類，如分為捨身供養、捨身施予、捨身往生、捨身護法等（名畑，一九三一）。又，雖然不是對中國實例的分類，但在印度佛教捨身故事的動機分類中，也有將其區分為救難捨身、求法捨身、供養捨身三種系統。

倘若以它們為基礎，略加補充，就六朝佛教中「原義的捨身」的目的和動機加以整理的話，大致可以得到以下幾個分類：

表三　「原義的捨身」的目的和動機

1. 為了救濟他人的捨身——拯救他人免於飢餓或疾病等 作為捨身的屍陀林葬——將死後的身體施捨給鳥獸（救濟型捨身）
2. 為了供養三寶的捨身——燒身、燒臂、燒指，刺血寫經，自賣身等（供養型捨身）
3. 為了求法的捨身，或者表明求法決心的捨身（求法型捨身）
4. 從肉體束縛中解放的捨身——厭身厭世（消極的動機）與捨身往生（積極的目的）

1. 為了救濟他人的捨身——從饑餓或疾病等中加以救濟

為了救濟他人而捨身的行為，是《本生經》中頻繁出現的一種不惜身命的布施行的捨身。這可以被分類為「饑餓救濟型」、「疾病救濟型」以及其他可再細分的類型（岡田真美子，二〇〇〇）。例如，《金光明經》中講述的捨身飼虎的故事，或是法進（？—四四四）在高昌發生饑荒時，割股肉分給人們進食的故事（船山，一九九五，十六—二十一頁；吉川、船山，二〇一〇b，一七七—一八〇頁），都是屬於「饑餓救濟型」。而自願將自己的肉或血作為治療疾病的藥物布施給他人的故事，則屬於後者的類型。此外，傳統的捨身研究中沒有討論到的中國特有的捨身行為——屍陀林葬，因為篇幅的限制，將在後述「二（四）屍陀林葬」中詳細介紹。

2. 為了供養三寶的捨身——燒身、燒臂、燒指、刺血寫經、自賣身等

供養（pūjā）三寶即2.這一類型的捨身，前面曾部分引用且加以介紹的《法華經》〈藥王菩薩本事品〉是其典型。以此為根據而實際踐行的案例在中國並不少見。這類型與前述1.救濟型捨身的不同之處，在於前者1.是為了救濟他人而自我犧牲，然2.的類型是即使捨棄自身，也不會幫助到其他任何人。2.是專門為了供養佛、法、僧三寶——即尊敬和禮拜三寶——的行為。然而1.、2.兩者並非完全無關，而是密切連結的。這一點從說明2.燒身供養型的《法華經》〈藥王菩薩本事品〉中出現「王國、妻子、三千大千世界的國土、山林、河池及各種珍寶」的列舉——這些列舉典型地屬於1.救濟型捨身——可以明顯看出。此外，偽經《梵網經》卷下的第十六輕戒中提到：「若不燒身、臂、指供養諸佛，非出家菩薩」（《大正藏》冊二十四，頁一〇〇六上），這一條文似乎也可以解讀為出

家者必須實踐燒身燒指等行為，這點存在一定問題（船山，二〇一七，四七一—四七三頁）。在此條文中，1.型和2.型被併記在一起。又在中國後代，除了燒指，還有在頭頂焚香（「焚頂」、「燒頂」、「煉頂」）的行為，現代有些地區還將此納入受戒儀式中（豬飼，二〇〇九；Benn, 1998），然而，這類行為在六朝文獻中找不到記載。

與《法華經》的燒身、燒臂、燒指類似的行為還有「剔身燃千燈」。根據《菩薩本行經》所述，這是一種將自己身上的肉剔出千個深至大錢般深度的洞，注入油後點上燈火的淒慘行為（失譯《菩薩本行經》卷上：「於是大王即便持刀，授與左右，勅令剜身作千燈處，出其身肉，深如大錢，以酥油灌中而作千燈。」《大正藏》冊三，頁一一三中）此類行為在《賢愚經》卷一（《大正藏》冊四，頁三四九下）、《大方便佛報恩經》卷二的〈對治品〉（《大正藏》冊三，頁一三三下—一三五上）等經文中也有提到。從事這種行為的人物有《南史》卷七的梁武帝本紀中所記載的梁末沙門智泉：「鐵鉤掛體，以燃千燈。一日一夜，端坐不動。」《大智度論》卷四十九（《大正藏》冊二十五，頁四一二上）中則記載金堅王「割身五百處為燈炷」，也是類似的行為。

與這些捨身供養並列的另一個典型的捨身供養有「刺血寫經」。這是指剝下自己的皮膚，用血書寫經典，藉此宣揚佛法的行為。作為這類行為的依據而經常被指出的是《梵網經》卷下第四十四輕戒（船山，二〇一七a，二三二頁，《大正藏》冊二十四，頁一〇〇九上）。類似的故事在《大般涅槃經》北本卷十四、南本卷十三的〈聖行品〉（《大正藏》冊十二，頁四四九上，《大正藏》冊十二，頁六九一上）、《大智度論》卷十六（《大正藏》冊二十五，頁一七八下）、卷四十九（《大正藏》冊二十五，頁四一二上）、《菩薩本行經》卷下（《大正藏》冊三，頁一一九中）、《賢愚經》卷一（《大正藏》冊四，頁三五一中）中也有記載。陳朝的始興王陳叔陵在其母彭氏去世時，偽裝哀悼，自稱以刺血寫經的方式抄寫了《涅槃經》（《陳書》卷三十六）。這可以視為當時刺血寫經已被廣泛認知為一種虔誠行為的證據。此外，類似於用血書寫經典的行為還有「刺血灑地」。這源於般若經系統的經典中，薩陀波崙菩薩為了讓曇無竭菩薩的座位不沾上灰塵而用自己的血清洗的故事（《放光般若經》卷二十，《大正藏》冊八，頁一四六上；羅什譯《般若經》卷二十七的〈法尚品〉，《大正藏》冊八，頁四二二下；《小品般若經》卷十〈曇無竭品〉，《大正藏》冊八，頁五八五中—下；《大智度論》卷九十九，《大正藏》冊二十五，頁七四九中—下）。這類行為的實際踐行的紀錄見於《南史》卷七的梁武帝的本紀：「或刺血灑地，或刺血書經，穿心然燈，坐禪不食。」如前所述，傅翕教團也有踐行過這類的行為。

此外，作為捨身供養的另一種形態，還有通過賣身所獲得的財貨來供養佛、法、僧三寶或其中之一的情況。自賣身即成為奴隸（男子稱為「奴」，女子稱為「婢」）並從事勞役。此類行為的經典記載有《般若經》卷二十七的〈常啼品〉及與其對應的《大智度論》卷九十八、《大般涅槃經》卷二十二等。在這些經典中，自賣身的目的是為了供養三寶，但也有為了救濟他人而自賣身的例子，如羅什譯《大莊嚴論經》卷十五（《大正藏》冊四，頁三四一下—三四二下）以及北涼的法盛譯《菩薩投身飼餓虎起塔因緣經》（《大正藏》冊三，頁四二五上—中）中有提到。將兩方的意思放在一個典籍裡說的例子如《梵網經》卷下的第一輕戒和第二十六輕戒。六朝時代實際踐行的事例，在《魏書》卷七十一裴叔業的傳中記載，裴植的母親夏侯氏在七十歲過後「以身為婢，自施三寶」，從事寺院的清掃工作（吉川，一九九八，二三九—二四〇頁）。此外，在記載北魏年號的敦煌寫本的跋文，即斯坦因四五二八號也記錄了在「大代建明二年（五三一）四月十五日」有一名優婆塞名為元榮，其將「身及妻子、奴婢六畜」布施給三寶，並用金錢買回（贖）的行為（Giles, 1933-35: 802; Gernet, 1995: 244）。梁武帝著名的捨身行為，在成為奴隸這一意義上，也可以理解為是自賣為奴的一種例子。作為救濟他人的自賣行為則有：東晉末期，沙門曇稱在看到一對八十歲的老人和其婦人憔悴不堪時，便「捨戒為奴，累年執役」的例子（《高僧傳》卷十二曇稱傳）。「捨戒」是指在無法遵守戒律時，儀式性地經由正當的手續後捨棄具足戒。於今日意味著「還俗」。

3. 為了求法的捨身或表明求法決心的捨身

為了求法的捨身，以《大般涅槃經》北本卷十四（即南本卷十三）的〈聖行品〉中所述說的、雪山童子為了聽聞「諸行無常，是生滅法」其後剩下的半偈而將己身施捨給羅剎的故事為典型。禪宗二祖慧可的「斷臂」也是為了求法的捨身行為（吉川，一九九六，八十四—八十七頁）。然而，慧可的斷臂行為，其表明決心的一面是顯而易見的。類似的先例還可舉出傅晊（傅翕的弟子）的例子。他為了將師父的信送達給梁武帝，對著大樂令何昌，「誓在御路，燒其左手」，以表明心願（徐陵〈東陽雙林寺傅大士碑〉，《全陳文》卷十一；張勇，二〇〇〇，三十二頁）。為了求法而踐行苦行以彰顯意志堅定的事例，進一步值得注意的還有毘楞竭梨王的本生譚，他為求佛法而在身體上釘入千個鐵釘。這個故事見於《賢愚經》卷一（《大正藏》冊四，頁三五〇上—下），此外在該書的卷四（《大正藏》冊四，頁三七七中）和《菩薩本行經》卷下（《大正藏》冊三，頁一一九中）中也有簡要提及。又，儘管未記載具體名稱，但在《大智度論》卷二十六（《大正藏》冊二十五，頁二五〇中）、《大智度論》卷四十九（《大正藏》冊二十五，頁四一二上）以及《大般涅槃經》北本卷三十二（＝南本卷三十，《大正藏》冊十二，頁五五七下，《大正藏》冊十二，頁八〇三下）中都提到「釘身」（將釘子打入身體）的表現，這應該指的是同一現象。然而，這種行為在某種程度上稍微偏離了捨身的本義。雖然在與佛法間接相關這一點上，它確實類似於2.的供養三寶類型，但將它們列為同一類卻不太適切。與其說它是基於佛法而發起的捨身，更多的是為了獲得佛法的捨身。這可以稱為一種佛法至上主義，即為了法的緣故什麼都不足惜，為表達此決心，甚至從事與佛法本不相干的苦行。此外，在北周廢佛時期，有些人因無法護法而悲觀地捨棄自身。這些例子可以視為是此處的3.求法型捨身。附帶一提，現代也有人針對違背佛法的國家政策進行燒身自焚的抗議行為，也屬於這種捨身行為。

4.以從肉體的束縛中解放出來為目標的捨身——厭身厭世與捨身往生

以上將「原義的捨身」分為三個類型，這三個類型有一個共同點，即全部與佛或佛法相關。不與佛或佛法相關的行為，無法稱之為「捨身」。第一類1.是作為佛法實踐本身的布施行為，第二類2.是作為恭敬禮拜、稱揚讚歎佛法的供養行為，第三類3.則是表明為求得佛法不惜身命危險的決心的行為。這三種之外，還有另一種捨身的型態，是特別以擺脫身體束縛、獲得自由為目標所做的捨身的行為。為避免誤解，需補充說明的是，這類型的捨身與前述三類型並非全然迥異，因為一般而言，擺脫肉體的束縛可說正是捨身所帶來的結果。如《大智度論》指出，進行捨身，最終將可獲得無生法忍及獲得法身（菩薩末後肉身得無生法忍，捨肉身得法身，於十方六道中變身應適，以化眾生。種種珍寶衣服飲食，給施一切，又以頭目髓腦、國財妻子、內外所有，盡以布施……《大正藏》冊二十五，頁一四六中）。北涼的道泰譯《大丈夫論》卷上的〈捨一切品〉中也說明了「捨身者得法身，得法身者得一切種智」（《大正藏》冊三十，頁二六一中）。捨身既然是不惜身命的布施行為，那麼實行這種行為是善業，具有大功德，因此最終獲得解脫和自由也是理所當然的。

4.類型的捨身又分積極和消極兩種形式。積極的形式是為了見佛或往生極樂，而消極的形式則是因厭惡肉體或現世的不圓滿而欲捨身。積極意義的捨身可於《高僧傳》卷十二中的僧慶和曇弘的案例中看到，但最為典型的是所謂的「捨身往生」。舉一個有名的例子，這是年代稍後的唐代善導（六一三—八一一）的故事。有人問身處長安光明寺的善導，「今念〔阿彌陀〕佛名，定生淨土不」，善導答說「定生」。此人聽罷，便一面念阿彌陀佛的名號，一面出寺門，登上柳樹，投身而下（《續高僧傳》卷二十七會通傳，《大正藏》冊五十，頁六八四上）。這種自絕性命的行為既不能救度眾生也不是供養三寶。這種「捨身往生」思想的淵源，可追溯到若干曾在捨身文脈中提及往生阿彌陀佛國思想的文獻，如《法華經》〈藥王菩薩本事品〉（明神，一九八四，四十二頁）或《要行捨身經》末尾附的〈屍陀林發願文〉（牧田，一九七六，三三三頁；本章後述「二（四）屍陀林葬」）等文獻中，將捨身與阿彌陀佛國連結起來，這些可以作為溯源時的參考。

同樣是追求自由的捨身行為中，有人是厭惡自身肉體的束縛而企圖捨身的，僧瑜就是其一例。據《高僧傳》卷十二的僧瑜傳的記載，「瑜常以為，結累三途情形故也，情將盡矣，形亦宜捐」，因此，他以藥王菩薩為範，實行了燒身。類似的例子，還有《續高僧傳》卷二十七的會通傳提到，唐朝貞觀初年，荊州有兩位比丘尼姐妹，「深厭形器，俱欲捨身」，她們於日常誦讀《法華經》，行絕食並飲香油，最終遂行了燒身。

1.—4.的綜合型

以上論述中，為了行文方便，將捨身類型分成1.、2.、3.、4.四種，逐一列出。然而，中國史上實際的捨身行為，往往具有複合類型的情況，不能局限於單一目的和動機。例如，《續高僧傳》卷二十三的靜藹的傳中記載了北周法難時期，靜藹於北周宣政元年（五七八），於終南山自剖內臟後，最後壯烈地「以刀割心，捧之而卒」。他說：「吾以三因緣，捨此身命。一見身多過，二不能護法，三欲速見佛，輒同古聖。」（《大正藏》冊五十，頁六二七中）關於第二和第三點，他進一步說：「願捨此身已，早令身自在，法身自在已，在在諸趣中，隨有利益處，護法救眾生。」（《大正藏》冊五十，頁六二八上）靜藹捨身的直接動機是無法直接阻止周武帝的廢佛行為，將無法成功護法的原因歸咎於自己擁有肉身，認為若能捨棄肉身並成就法身獲得自由的話，[14]便可隨處變現化身救度眾生，所以最終實行了捨身。

（二）周圍的反應

燒指燒臂雖然會使手指灼傷，但不會危及生命。相較之下，進行燒身供養必然會招致死亡。意圖進行這樣的行為對周圍的人來說無疑是件大事。除了突發的案例外，企圖進行燒身的出家人，通常會遵循一定的儀式步驟。以下是其程序：

「準備」

○僧傳中經常記載，燒身供養者早已有燒身的意圖。

○當日程（通常選擇齋日）確定後，便通知周圍的人。[15]

○戒絕穀物的攝取，準備迎接死亡。

「燒身當日」

○觀眾（包括出家人和在家人）聚集而來。在此之際，在家人似乎也會有將衣服和貴重物品布施予教團的行為，這是一種伴隨「原義的捨身」之「象徵性的捨身」。[16]

○燒身的過程包括：堆積柴薪、用布包裹身體、澆油以及飲油（〈藥王菩薩本事品〉）等。最終在誦經聲中點燃火焰。誦讀的經文多為《法華經》的〈藥王菩薩本事品〉或《金光明經》的〈捨身品〉。

○後記：燒身結束後，通常會記載有瑞祥發生或有塔的建立等事，從而完成捨身儀式的紀錄。

當燒身的消息傳開後，其周圍的人中有表示反對的，也有明顯露出厭惡表情的人。如慧益的傳中記載，當他燒身的消息傳開時，「眾人聞者，或毀或讚」。

其中，對燒身投以非難眼光的人們之中也包含當地的統治者。《高僧傳》卷十二的法羽傳中記載，法羽一直意欲仿效《法華經》中藥王菩薩的精神，完成對三寶的供養。他向平定并州蒲坂的後秦姚緒，⑰表明了燒身的意圖，姚緒說：「修行方法很多，何必定要燒身呢！我不敢反對，但請三思而行。」（入道多方，何必燒身，不敢固違，幸願三思。《大正藏》冊五十，頁四〇四下）。然而，法羽的意志堅定，他立即飲下香油，用布包裹身體，誦讀《法華經》的〈藥王菩薩本事品〉。待經文誦讀完畢，他親自點火，完成了燒身供養的宿願。如姚緒般，其他權力者試圖勸阻僧侶燒身的案例，在之前數度引用的慧益傳裡也有記載。宋孝武帝在大明七年（四六三）四月八日齋日，對在鍾山南面欲行燒身的慧益說：「修行的方法很多，何必以死求道？請三思而行，另尋他途。」（道行多方，何必須命，幸願三思，更就異途。《大正藏》冊五十，頁四〇五中）企圖說服慧益改變心念。

此外，握有批准燒身權力的統治者企圖說服僧侶放棄燒身念頭的情況，也見於《弘贊法華傳》卷五釋道度的傳中：

> 天監十七年，禪師自造《法花經》一百部，曉夜誦持〈藥王〉一品。後於花林寺覺殿，啟梁武曰，身為毒樹，實宜焚滅，厭此形骸，為日已久，願同喜見供養諸佛。勅旨答云，必欲利益蒼生，自可隨緣修道，若身命無常，棄屍陀林，施以鳥獸，於檀度成滿，亦為善業。八萬戶蟲不容燒燼，非所勸也。（《大正藏》冊五十一，頁二十四下）

天監十七年（五一八），道度禪師親自作了《法華經》百部，日夜誦讀〈藥王品〉。之後，他向武帝啟奏說：「身如毒樹，應當焚燒。我對這具形骸早已厭離，願如〔〈藥王菩薩品〉的〕一切眾生喜見菩薩般，供養諸佛。〔懇請陛下應允〕。」武帝下敕旨回答說：「如你真心想為萬民行善，根據不同情況還有許多修行之道可選。應將此身體於死滅後捨置於屍陀林，布施鳥獸，如此也能成就布施波羅蜜，這亦是善業。〔然〕燒毀體內的八萬蟲（見後述「二（三）捨身與自殺」）是不合適的，所以不建議〔燒身〕。」

經過這些交涉之後，最終仍進行了燒身。武帝在此後不到十年之內也親自「捨身為奴」

（見後述「三（二）1.梁代武帝」），這顯示他與燒身供養因緣匪淺。然而，武帝試圖避免燒身的心理與南朝宋的孝武帝和姚緒們是相近的。

周圍的人想要阻止燒身的心理，其實相當單純。對他們來說，燒身是一種不折不扣的自殺行為，他們不願意為別人的自殺承擔責任。典型的例子可以在北周武成元年僧崖燒身的事例中看到。僧崖在堆積的柴薪中，一邊澆油、誦讀經典，一邊待火點燃。作為施主提供金錢支持儀禮，並負責最後點火的王撰，在最終關頭膽怯地說：「我如果點火，就會燒死聖人，將因此承擔〔殺人〕重罪。」（有施主王撰，懼曰：「我若放火，便燒聖人，將獲重罪。」《大正藏》冊五十，頁六七九中）

接著介紹一些更為複雜的案例。根據《比丘尼傳》卷二慧耀尼傳的記載，蜀地永康寺的比丘尼慧耀，自幼出家以來，經常立誓總有一天要燒身供養三寶。在泰始年間（四六五—七一）末，她向益州刺史劉亮⑱申請燒身，並獲得許可。慧耀打算登上趙處思（趙虔恩）⑲妾室王氏於市區建造的塔，在那裡進行燒身，王氏也同意了。事件自此展開，後續的經過，傳中記載如下：

正月十五日夜，將諸弟子，齎持油布，往至塔所。裝束未訖，劉亮遣信，語諸尼云：「若耀尼果燒身者，永康一寺，並與重罪。」耀不得已，於此便停。王氏大瞋云：「尼要名利，詐現奇特，密貨內人，作如此事。不爾，夜半城內，那知。」耀曰：「新婦勿橫生煩惱。捨身關我，傍人豈知。」於是還寺，斷穀服香油，至昇明元年，於寺燒身。（《比丘尼傳》卷二慧耀尼傳，《大正藏》冊五十，頁九四一中）

正月十五日的夜晚，慧耀領著弟子們，攜帶油和布來到塔樓之處。尚未準備妥當時，劉亮派使者告知尼僧們說：「如果慧耀尼執行燒身的話，永康寺的所有尼僧將全員承擔重罪。」⑳慧耀因此不得不停止燒身。於是王氏憤怒地說：「你為了出名，假裝做出奇特之舉，暗中賄賂內部人員，以達成此事的吧！若非如此，半夜街上的人怎麼會知道（燒身之事）呢？」慧耀回答：「夫人，請不要說那些只會徒增煩惱的無稽之談。捨身是我的事情，周圍的人怎會知道呢？」她就這樣回到寺院斷絕穀物，飲香油（以做準備），到了昇明元年（四七七）於永康寺燒身。

上文描述了一位對尼僧燒身的認可猶豫不決的刺史的心理，以及對燒身中止表示不滿的人物。六朝時期，固然捨身的人數很多，但假裝捨身以引起時人注意的人也很多。《高僧傳》卷十二的〈亡身篇〉的「論」中，撰者慧皎提到：「有為了一時的名譽而（捨身）的人，有為了名留後世而捨身的人，但當火焰燒至柴薪的階段時，後悔與恐怖交迫而來。然因為已對眾人宣佈（燒身），至此不能再改變初衷。於是他們勉強忍耐，苦不堪言。此輩人簡直荒唐無稽。」（《大正藏》冊五十，頁四〇六中）上述的慧耀也被認為是這一類人而因此遭受到非難。

燒身供養是否值得推崇，很大程度取決於個人的素質。歷代以來，對燒身行為贊成與反對者都有。連在《高僧傳》中設立〈亡身篇〉以讚揚捨身行為的慧皎也認為捨身有功有過，未必無條件完全贊同（見後述「二（五）捨身與孝」）。

在隨後的時代中，作為強烈批判燒身供養的人物而廣為人知的是義淨（六三五—七一三）。雖不清楚他的念頭中具體所指為何，不過在《南海寄歸內法傳》卷四裡他提及：「聽聞近來有些血氣方剛的年輕人，發起蠻勇，以為燒身便能覺悟，於是紛紛效仿，輕捨身體」（比聞少年之輩，勇猛發心，意謂燒身便登正覺，遂相踵習，輕棄其軀。《大正藏》冊五十四，頁二三一中。王邦維，二〇〇九a，二二二頁），並花費〈燒身不合〉、〈傍人獲罪〉這兩章的篇幅來述說燒身的過失。在這之後經過百餘年，當法門寺的佛骨每三十年公開一次時，有許多人以供養為名燒指或在頭頂點香。㉑另一方面，同時也有如韓愈（七六八—八二四）這般人物，厭惡此種如同節日般熱鬧的燒指供養，上奏〈論佛骨表〉一文，以表示反對。但不管被如何反對，認為燒指等供養是善行的人始終不絕於後。在所謂三武一宗法難的最後，即後周的顯德二年（九五五）所發布肅正佛教的詔令中，也有明確禁止燒臂、燒指和在手足刺釘等捨身行為（參見《資治通鑑》卷二九二），這表明當時確實有這樣的人們存在。甚至到了明朝萬曆年間，這種情況基本上也似乎相同，沒有任何的改變（牧田，一九七五／二〇一五）。換言之，從五世紀初以後，燒身燒指的人們絡繹不絕，但厭惡這些行為的人也連綿不斷。縱使在面對後者發起了各種批判的論戰，但燒身的行為並未因此而中斷。這或許是因為燒身供養的行動，其發起者的邏輯與批判者的邏輯兩者是處於不同的層次之故。

（三）捨身與自殺

燒身供養是自殺嗎？這個問題與前一小節檢討過的內容有關，讚美燒身供養的人說它不同於自殺，但對燒身供養蹙眉的人正因為認為這是自殺而對它產生嫌棄之心。本小節首先概略地介紹佛教的自殺觀，然後試著探討捨身與自殺的關係。

關於佛教中的自殺，實際已有很多論文進行過檢討，㉒概言之，第一、在原始佛教的極早時代，自殺在某些情況下是被認可的；第二、雖然在律的文獻中，自殺罪的輕重因部派不同而有異，但最後出於集團生活的考量，自殺最終被禁止了，這兩點受到了許多研究者的關注。

關於第一點，大多數的先行研究引用了初期佛教的自殺者，如跋迦梨、車匿和瞿提等，並試圖解釋這些僅是解脫者的自殺，是一種例外的情況，自殺在原則上是被否定的。

在初期佛教中，恐怕事實上更重視的是解脫，而不是自殺正當性的問題。㉓未達解脫者的自殺行為只是徒增輪迴的次數。

關於第二點，在律文獻中的自殺問題，自殺者的罪行因各部派文獻有異。例如《摩訶僧祇律》和《巴利律》，將自殺視為突吉羅（即惡作，只需在心中懺悔即可，是最輕的罪。平川，一九六四／二〇〇〇Ⅰ，頁三〇九—三一四），而如《五分律》，則將它視為偷蘭遮（未遂罪。平川，一九六四／二〇〇〇Ⅰ，頁三二〇—三二四），因部派之別而有見解上的不同。從甚至有視自殺為突吉羅罪的文獻存在這一點而論，我們可以看出佛教雖說禁止自殺，但禁止的程度並不是很強，在律文獻中，自殺只不過是作為專只擾亂教團生活並對他人造成困擾的行為而被否定而已。

然而，佛教的自殺觀並非就此打住。特別是在漢譯佛典與中國佛教中，還涉及了更為複雜的問題。《大智度論》卷十二指出：「在律中，即使殺了自己的身體也不成為殺人罪，〔只不過〕有愚痴、貪欲、瞋恚的過失。」（《大正藏》冊二十五，頁一四九上）表明自殺並不成為殺人罪的見解。對此似乎沒有統一的解釋，但同樣是鳩摩羅什翻譯的《十誦律》卷五十二也表達了類似的見解（《大正藏》冊二十三，頁三八二上；杉本，一九九九，二十八頁），合併這些一起考量的話，我們可以合理推測在律中，自殺並不適宜理解為是波羅夷的殺人罪（他殺之罪）之意。㉔

另一個有趣的點是六朝時代一般人對佛教徒自殺行的普遍觀念。根據《宋書》卷五十二的褚叔度傳中的記載，南朝宋武帝即位一年後，司馬德文即東晉的恭帝（在位四一八—二〇）在嬪妃離開房間時的空檔，被闖入的恐怖分子勸誘服毒自殺。德文說：「佛教教義中，自殺者不得再生為人」（佛教自殺者不得復人身），因此拒絕服毒。最終被人用被子勒死（Zürcher 1959: 158；吉川，一九六六／八九，一八七頁）。又幾乎相同地，根據《宋書》卷六十八彭城王劉義康傳的記載，劉義康（四〇九—五一）也說過「佛教自殺不復人身」而拒絕服毒自殺。這樣的觀點想必某種程度上是當時普遍流行的佛教的自殺觀。不過遺憾的是，我們無法具體確定這種六朝佛教徒的自殺觀，其典據為何，也或許不能排除他們只是假借理由拒絕自殺的可能性。雖說如此，但這種想法似乎可以追溯到印度的文化。凱恩（P. V. Kane）撰寫的《法典的歷史》，被譽為印度法典文獻規模最大、品質最好的研究著作，根據該書所述，有婆羅門教文獻提到若出於極度的自負心、憤怒、愛欲或恐懼心而上吊者，將墮入地獄度過六萬年（Kane 1968-77: Vol. II, Part II, 924）。因此，無論中國或印度、佛教或婆羅門教，在相信輪迴且有地獄存在的人們之間，普遍認為一旦自殺將導致墮入地獄，從而無法再生為人㉕這樣共通的想法並不足為奇。

關於自殺一般事項的討論到此為止，接下來我們將探討捨身與自殺的關係。支持捨身的人通常有一種傾向，認為捨身與單純的自殺不同，前者是一種具有至極佛教意義的崇高行為，但這種看法並不一定正確。首先第一，在梵語的表達中要明確區分「自殺」和「捨身」是困難的。如前已述，相當於捨身的梵語是 ātma-parityāga（完全地投捨自己），但幾乎相同字的 ātma-tyāga（差別僅在是否有接頭詞 pari「完全地」）有時也用來表示自殺。㉖第二，若再次根據凱恩的研究所述，與佛教雖沒有直接的關係，但印度傳統的法典文獻基本上採取不認可自殺的立場，不過同時也表示在以下情況下自殺是可以被接受的（Kane 1968-77: Vol. II, Part II, 924-929; Vol. III, 939, 958f.; Vol. IV, 603-617）：

1. 為了淨化諸如殺死婆羅門等大罪的贖罪性的自殺。
2. 祈願死後的繁榮，老後林住期的婆羅門的自殺。
3. 因病等原因無法進行法典所規定的身體淨化儀禮的老人的自殺。
4. 為了從輪迴中解脫，在特定聖地裡進行入水、斷食、投身、燒身等行為。

以及其他。㉗對於上述每一項情況，都有相當明確的規定，說明滿足怎樣的條件則自殺是被允許的。由此可知，儘管有條件的限制，但傳統印度文化中確實存在著接受自殺的情況，其中包含如2.和4.稱得上是宗教性的自殺行為，這一點也不容忽視。

特別值得一提的是4.所規定的自殺聖地中，最著名的地方之一是位於恒河與亞穆納河交匯處的普拉耶格（Prayāga，鉢邏耶伽，現在的阿拉哈巴德）。《大唐西域記》卷五這一後來唐朝時期的史料裡，介紹了在普拉耶格有一座靈驗顯赫的天祠和一個大型施捨場。首先關於天祠，是這樣描述的：

能於此祠捐捨一錢，功踰他所惠施千金。復能輕生，祠中斷命，受天福樂，悠永無窮。（《大正藏》冊五十一，頁八九七中。季羨林，一九八五，四六二頁）

如果在這座祠中喜捨一錢，其功德勝過在其他地方施捨千金。進而若能輕視自己的生命，在此祠中斷命之人，便可受天的福樂（生於天界），永劫永生。㉘（水谷譯，一九九九b，二二三頁）

與法典文獻相同，從這裡也能看出，這個地方被傳統宗教視為宗教性自殺的著名場所。在此處自殺和布施金錢——與「象徵性的捨身」相關——在同一文句中出現，這點頗為有趣。但更值得注意的是，文獻裡還另提到，同一條街道中有一座諸王和豪族們間知名的「大施場」，戒日王也在那裡每五年舉行一次無遮大會。從六朝佛教史的角度來看，無遮大會之儀禮是梁武帝在進行「象徵性的捨身」前所舉辦的儀禮。換言之，普拉耶格這個聖地可以被視為是一個將印度傳統宗教和佛教中與捨身相關的多種元素匯聚於一處的地方。

這樣看來，所謂的佛教中的「原義的捨身」，簡要言之，可以說是宗教性的自殺的一種形式，這並非僅在中國局部發生的現象，在印度中可能也實際施行過。而與其說這是佛教特有的現象，還更可能是泛印度宗教現象的一種形態。

《大唐西域記》卷五的「鉢邏耶伽國」條在介紹戒日王的布施行是佛教的行為之際，同時也提到：

> 大施場東合流口，日數百人自溺而死。彼俗以為欲求生天，當於此處絕粒自沉，沐浴中流，罪垢消滅。是以異國遠方，相趨萃止，七日斷食，然後絕命。（《大正藏》冊五十一，頁八九七下。季羨林，一九八五，四六四頁）
>
> 大施場東邊的河流交匯口，每天有數百人自溺而死。根據該國土俗的說法，如果想要求生天，應在此處絕食並沉身河中（溺死）便可，或在中流沐浴以消除罪障。因此，來自外國或遠方的人們來集於此，七日間行斷食，㉙之後，便絕命。㉚（水谷譯，一九九九b，二二七頁）

這段文字與凱恩根據法典文獻所描述的情況幾乎相同。由此可知，普拉耶格所呈現的宗教情況是佛教的或是印度教的，並無區別，就於該處死去都能帶來福德這點而言，呈現的是一種融合的樣貌。可以說，為了宗教上的目的而自斷己命的思想根柢性地存在於印度的文化裡。前面我們在本章第一節中介紹過有學者認為《法華經》〈藥王菩薩本事品〉的編撰者不可能是那些實際上進行燒身行為的「狂信徒輩」。但現實情況可能並非如此，無論編撰〈藥王品〉的人是否真的實踐了燒身，在中國或在印度，「狂信徒輩」都必須被視為是實際存在的。唐代義淨著作的《南海寄歸內法傳》一書，以批判中國燒身供養的實態而聞名。在本書中義淨提到：「然而在恆河之內，一日有數人自殺；在伽耶山邊，自落己命的人〔每日〕也不在少數。既有斷食而餓死的人，也有爬樹而投身之人。這些人都誤入〔解脫的〕歧途。因此世尊將他們視為外道。」（然恒河之內，日殺幾人，伽耶山邊，自殞非一。或餓而不食，或上樹投身。斯等迷途，釋尊判為外道。《大正藏》冊五十四，頁二三一下）這段話試圖說明捨身並不是本來的佛教的行為，但若從諷刺的角度來看的話，它也間接證明七世紀後半時期的印度之中實際進行捨身的佛教徒相當多。

在結束本節之前，我們來看看贊同與不贊同捨身在經典上的依據。首先，不贊同捨身的理由之一，如在前述「二（二）周圍的反應」一節中提到的道度傳中關於燒身會殺死體內的八萬蟲，因此燒身供養不被認可這樣的議論。這種論點是認為捨身伴隨著他殺，因此不被接受。慧皎在《高僧傳》卷十二的〈亡身篇〉中也提到：「又佛說，身體內有八萬條蟲，與人同生共死。當人命終時，這些蟲也會一起死亡。因此佛認可阿羅漢在死後焚燒其身體。」（又佛說，身有八萬戶蟲，與人同氣。人命既盡，蟲亦俱逝。是故羅漢死後，佛許燒身。《大正藏》冊五十，頁四〇六上）採用的是相同邏輯的論述。這段典據可以在《十誦律》卷三十九中找到（佛在舍衛國，有阿羅漢般涅槃。諸比丘心念。如佛所說，身中有八萬戶蟲。若燒身者，當殺是蟲。諸比丘不知云何。是事白佛，佛言，人死時諸蟲亦死。諸比丘心念。佛聽我燒阿羅漢身者善。是事白佛。佛言，聽燒阿羅漢身……。《大正藏》冊二十三，頁二八四中）。相對於前述觀點，唐代道世在《法苑珠林》卷九十六的〈捨身篇〉中提出了完全相反的主張，認為捨身不構成任何罪行。

問曰：菩薩捨身，得自殺罪不。

答曰：依律，未捨命前，得方便小罪偷蘭遮。若捨命已，無罪可屬，所以不得殺人大罪。若依大乘，菩薩厭離生死，為供養佛，及為一切眾生，與大悲心，無害他意，反招其福，何容得罪。故《文殊師利問經》云：「佛言，若殺自身，無有罪報。何以故。如菩薩殺身，唯得功德。我身由我故。若身由我得罪果者，剪爪傷指，便當得罪。何以故。自傷身故。菩薩捨身，非是無記。唯得福德，是煩惱滅故身滅，故得清淨身。譬如垢衣以灰汁澣濯，垢滅衣在。」（《大正藏》冊五十三，頁九九一中—下）

問：菩薩捨身是否會得到自殺的罪過？

答：根據《律》，在生命尚未結束前，權宜上會得到偷蘭遮這種小罪，但一旦生命結束後就不會受到任何罪責。因此不會得到殺人這樣的大罪。（另一方面，）根據大乘，菩薩（通過行捨身以）厭離生死並供養佛陀，同時為了一切眾生而發起大悲心（替代眾生受苦），並無害他之意圖，反而能招來福德，因此不會得罪過。故《文殊師利問經》（梁代僧伽婆羅譯《文殊師利問經》卷下的〈雜問品〉，《大正藏》冊十四，頁五〇三上）中佛陀說：「即使殺害自己也不會有罪的報應。何以故？就如同菩薩即便殺害吾身，也專只會獲得功德一樣。因為我身是基於我（未詳）。如果說我身基於我會得到罪果的話，那麼剪指甲或傷手指就會得罪，為什麼呢？因為是傷害自身。然而，菩薩的捨身並非是這種無記（非善非惡）的行為，而專門只獲得福德，因煩惱滅故而身滅，因此能得到清淨的身體，正如同用草木灰水來洗滌髒衣服，汙垢雖消失但衣服仍然存在一樣。」

（四）屍陀林葬

前面「二（二）周圍的反應」中言及的道度傳中有「這身體死滅後應捨置於屍陀林，布施鳥獸」的陳述。在中國佛教，死者埋葬方式一般是火葬或土葬，但遠在西藏天葬出現之前，中國就已經有死後將自身布施給鳥獸的屍陀林葬法。這種中國本有的屍陀林葬的重要性，主要展現在與「償債」，亦即認為必須在此世償還過去宿世罪業之「罪的意識」，以及與薄葬思想有關（吉川，一九九八，頁一七六—一七七、二三六—二三七）。若根據吉川氏的觀點來檢討捨身與屍陀林葬的關係時，那麼可以說屍陀林葬正是捨身的一種形態。

敘述屍陀林葬與捨身關係的中國成立的經典之中，有《要行捨身經》一書。以捨身作為書名的這部經，其主旨在於倡導屍陀林葬。牧田諦亮對此進行了研究，並製作了多個敦煌寫本的校定本。本經在《大周刊定眾經目錄》中未見任何記載，但在《開元釋教錄》中首次受到嚴厲批評，由此它被推定流行在到七三〇年左右為止的三十餘年之間。不過，其原形更早就存在，《法經錄》（五九四年成立）中提到的「《屍陀林經》一卷」即為此經的原形。作為其原形的「《屍陀林經》一卷」大體上相當於《要行捨身經》末尾中被附上的〈屍陀林發願文〉或〈捨身發願文〉（牧田，一九七六，第十章〈關於敦煌本的要行捨身經〉）。因此，〈屍陀林發願文〉可作為窺探隋朝屍陀林葬情況的資料來使用。

〈屍陀林發願文〉發願在生命結束後，將身體置於山林樹下供眾鳥禽獸食用，藉此功德，捨棄現今無常不淨的身體，獲得常住清淨的法身而成為佛如來，並願一切眾生往生無量壽國。發願文開頭如下的一段值得注意：

十方三世諸佛當證知，弟子某甲等，願從今身盡未來際，恒以內財外財生施死施，今生既盡，復以此分段之身，皮肉筋骨頭目髓腦及以手足，施與一切飢餓眾生，以償宿債。（牧田，一九七六，三三二頁）

三世十方的一切諸佛啊！請見證並承認：弟子某甲等人祈願，從現世到未來無盡的生命中，不論生死，不斷將內財和外財布施他人。在現世結束，轉生為另一具肉體時，將骨骼、皮膚、肌肉、頭顱、眼睛、腦髓和手足布施給所有飢餓受苦的眾生，以償還宿世的債務。

特別是「以償宿債」這幾個字，是明瞭告知以下一事的補充資料之一，即：死後不進行埋葬而將自己的肉體施捨給鳥獸的這個屍陀林葬法，被認為是一種償還債務的行為，它可以了結人們宿世以來一直背負的罪業，確保罪業不會牽引到來世（吉川，一九九八，一七六頁）。

作為實際進行屍陀林葬的相對較早期的案例，有慧瓊尼。元嘉二十四年（四四七年，有版本記載為元嘉二十年），慧瓊尼隨同太守孟顗前往會稽的途中來到破岡時，在那裡去世。臨命終的她囑咐弟子說：「我死後，不需要埋葬，請托付別人將我的屍體切割，施捨給眾生（鳥獸）吃掉。」㉛但弟子無法忍受這樣的行為，便將屍體帶到緊鄰的句容縣將它捨棄於山中，最終，任由鳥獸啃食（《比丘尼傳》卷二慧瓊尼傳）。

將命終後的肉體加以施捨一事認為是善的這種想法，某種意義上也許是極為中國式的思維。因為在印度文化中，身體被視為如同寄居蟹的外殼般，死後的身體與自己已經沒有任何的關係。也因此，將死後的肉體加以布施雖然的確也是一種布施，但於此似乎不再具有特別重大的意義。而與印度人不同，對於承認死後的肉體中仍存有「魄」的意義存在的漢人來說，屍陀林葬是一種「難捨能捨」的捨身行為，也或者正因如此，故得以具有重大的意義。

（五）捨身與孝

接下來，讓我們探討一下損害身體或性命的這種「原義的捨身」是否與孝道矛盾的問題。從《孝經》〈開宗明義章〉中提及「身體髮膚，受之父母，不敢毀傷，孝之始也。立身行道，揚名後世，以顯父母，孝之終也」一文，可見所謂的孝道，明顯是中國文化固有的概念。我們知道，在佛教尤其是六朝時代文獻中的孝道問題，主要環繞在「剃髮出家是否違背孝道」等這些佛教與孝道間的議論而長期展開來的（冉雲華，一九九五；吉川，一九九六，一三二—一三六頁）。本章中，我們將進一步聚焦問題，探討孝道與捨身的關係。提前給出結論的話，孝與捨身之間既有違反的情況，也有捨身即是孝的情況。首先，我們來看看明確指出捨身違反孝的文獻。《大智度論》卷十六中提及，菩薩應行的六波羅蜜之一的「精進波羅蜜」（完全的精勤）為何，指出精進波羅蜜就是在任何情況下，同時實踐布施、持戒、忍辱、禪定、智慧的五波羅蜜，在這之後進一步提出說明：

> 復次菩薩精進，遍行五波羅蜜，是為精進波羅蜜。問曰，若行戒波羅蜜時，若有人來乞三衣鉢盂，若與之則毀戒。何以故。佛不聽故。若不與，則破檀波羅蜜。精進云何遍行五事。答曰，若新行菩薩，則不能一世一時遍行五波羅蜜。如菩薩行檀波羅蜜時，見餓虎飢急欲食其子，菩薩是時興大悲心，即以身施，菩薩父母以失子故，憂愁懊惱，兩目失明，虎殺菩薩亦應得罪，而不籌量父母憂苦，虎得殺罪，但欲滿檀波羅蜜自得福德。（《大正藏》冊二十五，頁一七九中—下）

提問：當行持戒波羅蜜時，假設有人來到面前，要求你給他三衣和鉢。[32] 如果你給了，就會犯戒。這是因為佛陀不允許〔僧侶將自己的衣鉢讓給他人〕之故。如果〔反過來〕不施與〔衣鉢〕的話，則會破壞檀〔布施〕波羅蜜。那麼，精進〔波羅蜜〕一事到底要如何遍布於所有的五波羅蜜中同時來實踐呢？

回答：新入門的菩薩無法同時實踐所有五波羅蜜。例如〔《金光明經》中提到的「捨身飼虎」這一有名的教說般〕，當菩薩實踐檀波羅蜜時，如果看到一隻空腹的母虎即將餓死，準備吃掉自己的幼虎，此時菩薩應該發大同情心，挺身而出以餵母虎。那位菩薩的父母因失去兒子而大悲嘆，〔以至於〕雙目失明。殺死那位菩薩的母虎也必將背負罪孽。然而，〔菩薩〕不顧父母的悲痛與母虎的殺生罪，專心完成布施波羅蜜，期望由此自得福德。

承接上面提到的，認為為了救濟他人而投棄自己的身體，這事同時也會使雙親悲傷的這一節文，慧皎在《高僧傳》〈亡身篇〉中做了如下的評價：

> 若是出家凡僧，本以威儀攝物，而今殘毀形骸，壞福田相。考而為談，有得有失。得在忘身，失在違戒。故龍樹云：「新行菩薩，不能一時備行諸度。或滿檀而乖孝，如王子投身。」或滿慧而乖慈，如檢他斷食等。皆由行未全美，不無盈欠。（《大正藏》冊五十，頁四〇六上）

如是，一般的出家者，本應通過符合戒律的舉止來引導人們，然而，如今這些〔進行捨身的僧侶〕卻損傷自己的肉體而破壞了〔作為〕福德田地〔的僧侶〕的應有樣子。考慮到這一點，可以說〔捨身〕有好的方面也有壞的方面。好的方面是不執著於自身這一點，壞的方面是違反了戒律這一點。因此，龍樹說：「新入門的菩薩無法同時具備所有的波羅蜜。有時滿足了檀波羅蜜（布施），卻違背了孝。例如，王子將己身投捨於虎的故事般。」另外，有時滿足了智慧，但卻偏離了慈悲心。例如〔太子〕調查他人的斷食〔之行只不過是表面功夫而冷酷地揭露其事〕般。33這些行為都還不能說完全是卓越的，各有長短。

在這一節中，慧皎使用了《大智度論》中沒有出現的「孝」這個字眼，表達「或滿檀而乖孝」——即使滿足了布施卻違背了孝道，這一點值得注意。

從孝的立場來看，把自己捨棄給親人以外的其他人的行為只能是一種不孝。然而，佛教對孝的理解並不僅止於此。也就是說，如果將人的存在僅限定在現世，捨身的行為就違背了孝；另一方面，若將世界觀擴展至整個輪迴體系，那麼何者為孝，其樣貌將完全改變。以下，針對捨身與孝的關係，我們先就一般事例稍做確認，之後再探討作為特殊案例的捨身行為之中所展現的孝道問題。

表達「輪迴」的詞語經常伴隨著「無始」（anādi-）這一形容詞。這意味著輪迴轉生在過去世中無限次地被重複。站在如此無限的立場來看，現世的親子關係只是無限次關係中的一次而已，它本身並不是固定的東西。在無限的過去世中，必定每次都有某人是父母。這種思辨所帶來的結論是，一個人有無數的父母，《梵網經》等文獻中廣為人知的「一切眾生是我父母，我是一切眾生父母」的這個主題，不外是在表明這個觀點。這常被拿來與《論語》〈顏淵篇〉中的「四海之內，皆兄弟也」互相比較，然而，因為它可在《雜阿含經》卷三十四（《大正藏》冊二，頁二四二上）、《郁伽長者經》（《法鏡經》，《大正藏》冊十二，頁十八下。《大寶積經》卷八十二郁伽長者會，《大正藏》冊十一，頁四七五下。石井，一九九六，三五三頁）等印度成立的經典中見到，因此這是起源於印度的觀點。❸❹我們應該注意，不是所有與孝有關的全部要素都起源於中國。

「一切眾生是我父母，我是一切眾生父母」這一觀點在中國佛教中主要朝兩個不同方向發展。可以稱為主流的第一個方向，就是對一切眾生應生起慈悲心，不應生起憎惡或反感。其典型是作為禪修方法的慈悲觀（所謂的「五停心觀」之一）。❸❺此外，若按相同邏輯進一步推進，再加上「一切眾生悉有佛性」的如來藏說，最終則會成立「禁止食肉」的理論。由於在無始以來的輪迴轉生中，其他眾生必定曾是我們的父母或兄弟，因此任何肉都不應該食用。❸❻它的邏輯是，食用任何生物的肉相當於吃父母的肉，亦相當於吃下任何可能成佛者的肉。❸❼《涅槃經》中也說：「食肉者斷大慈種。」同樣的邏輯也可連結到「放生」——從網或籠中釋放所有的魚和鳥等生物的思想。《梵網經》第二十輕戒中這樣說：

> 以慈心故，行放生業。一切男子是我父，一切女人是我母，我生生無不從之受生，故六道眾生皆是我父母，而殺而食者，即殺我父母，亦殺我故身。一切地、水是我先身，一切火、風是我本體，故常行放生，生生受生。（船山，二〇一七a，一五二

頁、三〇二頁、三八一—三八二頁。〔參考〕《大正藏》冊二十四，頁一〇〇六中）

當以慈心行放生業（釋放被捕捉的生物）。所有男性都是我父，所有女性都是我母，我在每次轉生時從他們獲得了生命。因而，六道眾生全是我父我母，殺之而食，無異於殺我父母，亦即殺我原身。〔地、水、火、風四大中〕地與水是過去我的身體，火與風是我本體。因此，該常行放生，使多次轉生。

不過，這種方向的發展用意在勸勉人們視一切眾生為平等，對他們注以慈悲心與憐憫心，與將自己生命置於危險之中的捨身行無關。事實上，捨身與孝的問題還涉及另一個與此不同的輪迴觀，那就是：因為一切眾生皆為我父母，為了一切父母故而難捨能捨的這一邏輯。在偽經《大方便佛報恩經》卷一〈孝養品〉中有如下一節：

如來本於生死中時，於如是等微塵數不思議形類一切眾生中，具足受身。以受身故，一切眾生亦曾為如來父母，如來亦曾為一切眾生而作父母。為一切父母故，常修難行苦行，難捨能捨，頭目髓腦、國城妻子、象馬七寶、輦輿車乘、衣服飲食、臥具醫藥，一切給與。勤修精進、戒施多聞、禪定智慧，乃至具足一切萬行，不休不息，心無疲倦。為孝養父母知恩報恩故，今得速成阿耨多羅三藐三菩提。（《大正藏》冊

三，頁一二七下）

如來往昔在生死中的時候，曾以與此同樣多數的不可思議形態作為一切眾生而受肉身。由於承受了肉身，一切眾生曾是如來的父母，如來也曾作為一切眾生的父母。為了一切父母，如來經常修習難行苦行，捨難捨之物。頭目髓腦、國城妻子、象馬七寶、輦輿車乘、衣服飲食、臥具醫藥等一切皆予以布施。勤修精進，修行持戒布施、多聞禪定與智慧，無倦無怠地踐行所有的〔各個善〕行，盡力孝養父母，知恩報恩，正因如此，如今才能迅速成就無上圓滿的覺悟。

如果僅限於現世來看待世界，捨身有時會與孝道矛盾。然而，如果將無始以來的無限輪迴轉生全部納入討論範圍，那麼一切其他眾生的存在在某種形式上都曾經是我們的父母，因此捨身不外是為了報答父母恩情，將自己的身體和性命布施給父母的行為。是以，捨身不僅不違背孝道，反而是孝道的實踐。這種邏輯是成立於中國或源於印度，眼下筆者無法下定論，因為這涉及《大方便佛報恩經》的成書問題。[38]不過，不論此經的成書地點為何，上述邏輯都無法避免詭辯的非難。因為，即便捨身被視為是對過去世父母的孝行，縱使如此，此事也不能成為認同讓現世父母悲傷的不孝行為（見前述《大智度論》）的理由。在沒有對此提出有力的答辯之前，將捨身視為是對父母的孝行，並不怎麼具有說服力。

三、象徵性的捨身

（一）理論的側面

1. 捨財為何能成為捨身

如前所述，在中國佛教中，將寶物或衣物等物品予以布施有時被稱為「捨身」。這是象徵性的、轉義的捨身，無法在印度文獻中找到完全對應的例子。那麼，是否能根據印度佛教，從理論上解釋為什麼布施財產而非生命或身體的行為也能被稱為「捨身」呢？這一問題等同探討：將「原義的捨身」和「象徵性的捨身」之間，連結起來的是怎樣的理論基礎？

布施的分類一般分為「財施」與「法施」二種，或分為「財施」、「法施」與「無畏施」三種（如鳩摩羅什譯《大智度論》卷十二的檀波羅蜜，及鳩摩羅什譯《發菩提心經論》卷上的〈檀波羅蜜品〉等）。然而，布施的分類並不僅限於此。值得注意的是「內施」與「外施」或「內布施」與「外布施」的分類。這一區別見於《大智度論》卷十一（《大正藏》冊二十五，頁一四三中—下），其中「內布施」是如《本生經》中所詳細敘述的那樣，將自身的生命毫不吝惜地施捨給眾生，而「外布施」是將自身以外的所有物布施出去。[39]在此，我們了解到以皮膚作為邊界線，將布施的對象分為「內」（身體，

ādhyātmika）和「外」（所有物，bāhya）的發想。更有趣的是，同樣在《大智度論》和《成實論》中，將「命」分為「內命」和「外命」兩種。尤其是《成實論》的兩段經文，暗示了「外命」的概念好像源自於阿含經典（尚未確認經文）。

一、又說命因為命。如偈中說：「資生之具，皆是外命，如奪人物，名為奪命。」（《大正藏》冊三十二，頁二四九上）

《成實論》卷二的〈論門品〉：「此外，命的原因〔被比喻性地〕稱為命。如〔經典〕詩偈所說般，『生存資糧的物品皆為外命。奪取他人物品，即是奪命』。」

二、亦說：「衣食等物，皆是外命。若奪人財，即是奪命。」（《大正藏》冊三十二，頁三六一中）

《成實論》卷十五的〈智相品〉：「又如〔經典〕所言般，『衣食等事物皆為外命。奪取他人財物，即是奪命』。」

三、人命有二種。一者內，二者外。若奪財物，是為奪外命。何以故。命依飲食衣被等故活，若劫若奪，是名奪外命。（《大正藏》冊二十五，頁一五六上）

《大智度論》卷十三：「人命有兩種：一是內（命），二是外（命）。奪取他人財物，即是奪取其外命。何以故？因為生命依靠飲食物與衣服等物資得以持續，若脅迫或奪取這些物資，即是奪取外命。」

這種將生存所需資糧稱為外命的情況，不僅在經典中有所記載，而且在中國實際上也是普及的說法。這一點從南朝宋後期活躍的道亮（亦稱僧亮）對《涅槃經》〈迦葉菩薩品〉中「求身求財」經文的解說「身體是內命，財產是外命」（《大般涅槃經集解》卷六十九，《大正藏》冊三十七，頁六〇三上）一文中可以看出。然而，更重要的是，《梁書》卷二十五的徐勉傳中所記載的徐勉〈誡子書〉裡面的如下一節：

且釋氏之教，以財物謂之外命，儒典亦稱：「何以聚人，曰財。」況汝曹常情，安得忘此。

並且，釋氏之教中將財物稱為「外命」，儒家古典中也有「何以聚人，曰財」的說法。更何況你們凡俗之人情，又怎能放下對這財物的執念。（吉川譯，一九九五，四〇二頁）

作為儒家古典被引用的是《易》繫辭下傳。它和佛教的外命說並列出現，足以得知外命說已廣為人知。財產是「外命」，因此捨棄財產在廣義上即是捨「命」。這便成為聯繫「象徵性的捨身」和「原義的捨身」的理論基礎。

與「內命」和「外命」類似的另一個分類基準是「內財」（身體）和「外財」（通常意義上的財物）。比起「內命」和「外命」的區別，這似乎是略晚成立的概念。例如，據傳是菩提流支在東魏天平二年（五三五）於洛陽譯出的《金剛般若經論》注釋書的《金剛仙論》卷五裡面，不只一次使用了「內財」和「外財」這些語詞。❹⓪另外，在《要行捨身經》的〈屍陀林發願文〉中也出現了「內財外財」的說法（見上述二（四）屍陀林葬）。更晚的時代，傳為鳩摩羅什所撰的《大乘菩薩入道三種觀》（唐代成立）中將「捨行」❹①列為六波羅蜜的第一項，並將它分類為「捨財」、「捨法」和「捨畏」三種，❹②並針對其中的「捨財」部分明快地說明如下：「財有二種，一是外財，所謂田宅、金銀象馬、國城妻子、所有資財，是名外財。內財者，頭目髓腦、眼耳鼻舌、手腳支節、脾腎肝臟、所有成身，是名內財。」（牧田、落合，二〇〇〇，三四五頁）也就是說，所有財產從「命」的角度來說是「外命」，從「財」的角度來說是「外財」，而將它的布施則稱為「外施」。如是，雖然「命」與「財」之間有內外的差異，但除此之外，它們是相同的，因此稱物品的布施為「捨身」，這是可能的。

2.身、命與身、命、財

承認布施身體或生命與布施財產具有連續性的觀點引發了另一個見解。一般來說，捨身可以稱為是「不惜身命」的教法，但在諸經論中與「身、命」同樣頻繁出現的，還有「身、命、財」的組合，這一點也值得注意。[43]在這一點上，捨身和捨命二者（相當於「內施」）與捨財（相當於「外施」）有著不可分割的關係。吉藏在《勝鬘寶窟》卷中本裡做了如下的解釋：

> 問，捨身命財，何異。答，若捨身為奴，則不關捨命。又捨頭目支節施人，為捨身。為人取死，為捨命。又釋。捨身即是捨命，但本意不同，故成兩別。如投身救虎，命雖不存，以肉施彼，意在施身也。……菩薩為茲殞命，身雖不存，是只捨命。自身命外，國城妻子，悉以施人，為捨財。梁武別釋此，為一小科義。（《大正藏》冊三十七，頁三六中—下）

問：捨身、捨命與捨財有何不同？答：如果捨身成為奴隸，這與捨命無關。又，將頭目肢節（等身體的部分）給予他人是捨身，而為了他人選擇死亡是捨命。另外還有一種解釋是，捨身即是捨命。然而，由於本意不同，兩者有所區別。如投身救虎的情況，命無法保全（因此也可稱為捨命），不過從將自己的肉施捨於虎這一點來看，其本意在於布施身體（捨身）。……菩薩為他人殞命一事，雖然身體不再存續，但這〔並非是捨身而〕主要稱為捨命。將身命之外的王國或妻子〔等〕完全給予他人是捨財。梁代武帝就此撰寫了一小篇專論，[44]進行了解釋。

（二）歷史的側面

1. 梁代武帝

之前在吉藏的說明中提到了梁代的武帝。「象徵性的捨身」的典型是梁武帝，這件事在許多先行研究已經指出（湯用彤，一九三八，四四六—四四八頁；橫超，一九四〇／五八，三四七—三五〇頁；森，一九五六，一四二—一四八頁；顏尚文，一九九〇，六十六—六十九頁）。武帝一生中進行過三次到四次的捨身。[45]這些並非都採取完全相同的形式，[46]下面以中大通元年（五二九）的所謂第二次捨身為例，武帝的捨身大致遵循以下的步驟：

1.先由皇城赴寺（同泰寺），舉辦無遮大會。

2.行「清淨大捨」，捨帝位成為「私人」。

從御服換上法衣，甘於簡陋的生活並且服役（以上於一日間終了）。

3. 親自講授經典（《涅槃經》）。從開始（發講）到終了（解講）需要數日。
4. 群臣向寺廟請願贖回皇帝，僧眾「默許」之。
5. 返歸臺城，行大赦並改元。

所謂的「捨身」就是這些總體的稱謂，如果勉強加上限定的話，那就是捨棄皇帝之位，委身為佛奴的「皇帝消失」的場面，以及臣下用金錢來贖回皇帝身體的「皇帝的復活再生」場面，這兩個場面是高潮。

武帝的捨身儀式全部在同泰寺舉行，這對於展現捨身的「象徵性的意義」而言，帶來了最高的效果。同泰寺的建造始於普通二年（五二一）九月（《歷代三寶紀》卷三，《大正藏》冊四十九，頁四十五上。諏訪，一九八二／九七，五十四頁），然後在六年後的普通八年（五二七）三月竣工。為了紀念寺院落成，以實現落成供養的意義，因此而有普通八年三月八日至十一日舉行為期四天的第一次捨身。

在所謂的「南朝四百八十寺」之中，極其華麗的同泰寺，緊鄰皇城的北面而興造，為了方便帝王行幸，在臺城的北面新建了大通門，從此門可以直接通往同泰寺的南面。連接皇城和寺院的門被命名為大通門，與寺名的同泰成為對應的音（吉川，一九七四，二十五頁。《南史》卷七的梁武帝本紀：「初，帝創同泰寺，至是開大通門以對寺之南門，取反語以協同泰。自是晨夕講義，多由此門」），這件事有巨大的意義。也就是說，從作為世俗空間的皇城往赴到作為神聖空間的寺院進行捨身，經由此事，作為世俗統治者的皇帝暫時消失而進入神聖空間（從大通到同泰：皇帝消失），伴隨著經典講義的終了，完成捨身時，接受臣下的三次上奏，皇帝從神聖空間回歸世俗，完成再生（從同泰到大通：皇帝復活）。在此之際，同泰寺表徵了與皇城截然對比的另一個世界（山田，一九七五，一二三—一二五、一二九—一三〇頁），皇帝本應作為「君子南面」從北方向下俯瞰南方，但同泰寺被安置在皇城的更北之處，這是否展現佛教被視為凌駕於華夏世界的世俗權力之上？武帝經常被稱為是溺佛的皇帝，使這個傾向急遽加速的，正是他在同泰寺的捨身。

將武帝的捨身視為虔誠的菩薩行，還是當做盛大的個人秀，或者斷定為單純的鬧劇，這取決於我們的解讀，但在給出答案之前，有一點要先闡明的是，武帝的捨身到底具有多大的獨特性？換句話說也就是武帝的捨身是否有類似的先例？接下來將探討這個問題。

2. 南齊時代

「象徵性的捨身」的事例至少要追溯到南齊初。有多份史料為佐證。第一份史料是《廣弘明集》卷二十八中所收錄的沈約〈南齊南郡王捨身疏〉（又作〈為南郡王捨身疏〉）。亦即，南齊的蕭長懋（後來的文惠太子）為南郡王時，[47]沈約（四四一—五一三）為他所代作的相當於捨身的回狀。據推測，沈約作此回狀大約是建元二年（四八〇）

的事（鈴木虎雄，一九二八，五七六頁）。在此疏文裡記載了南郡王「敬捨肌膚之外凡百一十八種」。這種情況，捨棄的是「肌膚之外」的東西，反過來說，南郡王的捨身是布施自己所有的物資，而自己的身體並非捨身的對象。

第二份史料是《南齊書》卷三十一荀伯玉傳中所描述的張景真的情況。據此，南齊武帝還是皇太子的時候，亦即建元四年（四八二）三月以前的時候，作為皇太子側作官的張景真，被委託隨意處理東宮所屬的物品，他在南澗寺（何尚之的捨宅）進行「捨身齋」時，手上的物品中混入了「元徽紫皮袴褶」。（《南齊書》卷三十一荀伯玉傳）。據此記事可知，南齊初期曾舉辦過名為「捨身齋」的物品布施之齋會。其確切的年分不明，但可以推測與前述的捨身大概同樣是在四八〇年前後。此外，在比這僅稍晚的同時代的捨身資料中，有沈約的〈南齊皇太子解講疏〉和〈竟陵王解講疏〉，但由於這些資料涉及別的視角，將在後文「三（二）4.」中詳細討論。

據我的推測，南齊時代踐行捨身的人物大有人在。根據《出三藏記集》卷十二〈齊太宰竟陵文宣王法集錄序〉中曾提及「捨身記一卷」、「妃捨身記一卷」、「大司馬捨身並施天保二眾一卷」的這些記載來看，雖然詳細內容依然不明，但似乎蕭子良周圍的人，不止一次進行過捨身。更進一步，根據同樣的《出三藏記集》卷十二的〈齊竟陵王世子撫軍巴陵王法集序〉所述，巴陵王蕭昭胄（即蕭子良的兒子）也留有〈捨身序並願〉一文，就此看來即使是蕭子良的下一代，情況也可以說幾乎是同樣的。準此而論，南齊時代皇族進行的「象徵性的捨身」，該是在家佛教徒用來實踐佛教信仰的一種相當普遍的形式。《出三藏記集》卷五的〈新集抄經錄〉中有「抄法華藥王品一卷」（《大正藏》冊五十五，頁三十七下）和「抄為法捨身經六卷」（《大正藏》冊五十五，頁三十八中）等字樣的存在，若根據抄經錄末尾所附「抄字在上，似是文宣王所抄」這一夾注文所示，這些經典很可能是蕭子良編輯的。蕭子良及其周圍人中，留有似乎想將捨身與放生、貧民救清、施藥等一同作為一連串菩薩行的實踐的痕跡。㊽

那麼，至此我們是否可以得出「將物品布施稱為捨身是始自南齊時代」這樣的結論嗎？要回答這個問題有其困難。首先，西元四八〇年前後，文惠太子二十三歲，其弟子良二十一歲，都很年輕。因此，要說他們在這期間居然能掀起一股捨身風潮，此事有些難以想像。與其如此，不如理解為：雖然文獻上沒有留下清楚的紀錄，但南朝劉宋後半期階段就已經有將物品布施稱為捨身的情況發生，做這樣的理解較為合理。與此有關的一個旁證是「二（二）周圍的反應」中提到的《高僧傳》卷十二慧益傳中的一段文字。大明七年（四六三）的四月八日，慧益在鍾山南側進行燒身供養的時候，孝武帝以下，許多皇室的人與道俗士庶聚集在一起進行物品的布施，此情況被稱為「投衣棄寶，不可勝計」（《大正藏》冊五十，頁四〇五中）。至此，我們或者可以看到「象徵性的捨身」係源自於「原義的捨身」之可能性了吧？

3. 梁武帝以前的無遮大會

在武帝捨棄皇位之前所舉辦的無遮大會這一儀禮，原本是國王竭盡國庫，對於四部眾（僧尼以及在家的男女）「無遮」——無限制地[49]，布施飲食和物品等物的大集會。[50]無遮大會在梁武之前也曾在中國舉行過。《高僧傳》卷十一的僧祐傳有「凡獲信施，悉以治定林〔寺〕、建初〔寺〕，及修繕諸寺，并建無遮大集，捨身齋等，及造立經藏，搜校卷軸」（《大正藏》冊五十，頁四〇二下）一節。這段文字的連貫性稍微難懂，但其內容告訴我們，僧祐與「無遮大集」（即無遮大會），以及「捨身齋」[51]（即以物品布施為中心的某種儀式集會）有關，在此過程中，相當龐大的金錢流入寺院，使寺院的營運寬裕[52]。[53]而且，這也和僧祐有關，《出三藏記集》卷十二的〈法苑雜緣原始集目錄序〉（僧祐撰）中可以看到「京師諸寺無遮齋講並勝集記」的題名（《大正藏》冊五十五，頁九十二下）。加上考量僧祐是在天監十七年（五一八）去世，這兩件事應該可以作為在武帝的同泰寺捨身之前就已經舉行過無遮大會（大概與捨身有關）的證明。

進一步說，雖然比無遮大會規模小，但作為捨身前舉行齋會的先例，另有沈約的例子。他在天監八年（五〇九），邀請一百位僧侶到家裡進行食事供養，然後進行捨身（見《廣弘明集》卷二十八沈約〈捨身願疏〉）。他當時這樣描述自己的意圖。

> 飢寒困苦，為患乃切，布滿州縣，難悉經緣，其當稱力因事一旦隨年。頭目髓腦，誠難輕慕，虧己贍物，未易頓行。誓欲廣念深恩，積微成著。施路檀門，冀或能踐。
> （《大正藏》冊五十二，頁三二三下）

飢餓、寒冷等各種苦難造成的災禍確實非常嚴重，瀰漫了各州各縣。然而，要與所有的這些苦難都結緣實在是力有未逮。應該要量力而為，根據當時當地的情況，一日一年地持續做下去。要完全捨棄頭目髓腦的血肉之軀，絕非輕易可以效法之事。削減己有之物以彌補他人不足，也不是立刻便能簡單地實行。於此，我誓願思念佛陀種種深恩，冀望能將微小事累積成顯著成果，以某種方式實踐布施之道。（吉川譯，一九八八，二六八頁）

從此可以清楚地看出，由於捨棄肉身是很困難的，因此採取了其他的替代方式，而有物品布施的實行。在這種意識下，沈約以布施的形式，供養了百位僧侶食物，同時也布施了自己身邊的一百一十七種服飾用品。

4. 捨身、經典講義與贖身

與無遮大會有著密切關係的五年大會舉辦之際，除了有食事的供養，同時還會有經典解說的活動，這些內容可以在《法顯傳》「竭叉國」（塔什庫爾干）的條目和《大唐西域記》卷一的「屈支國」（庫車、龜茲）以及卷五的「羯若鞠闍國」（梵名 Kanyakubja、曲女城國）的條目中看到。梁武帝也可能以某種方式知道印度和西域的這種風俗，從而模仿之。

就與經典講義的關聯來說，武帝之前的時期有一個特別有趣的現象，亦即記載了齊代捨身情況的若干資料中顯示出與「解講」（經典講解）有所關連。

在武帝之前，作為象徵性的捨身的布施身體的事例，至少有兩則個案可以從文字紀錄得到確認。一是剛才提到的沈約的〈（為）南齊皇太子解講疏〉（《廣弘明集》卷十九）。據此，南齊文惠太子蕭長懋[54]於建元四年（四八二）四月十五日，在玄圃園召集僧侶舉行安居。安居照例持續了三個月，到了七月的既望（十六日），太子「敬捨寶軀」，同時喜捨了九十九種的所有物品。疏文以「願以此力普被幽明」云云般，願將此捨身功德迴向給他人之迴向文而終結（《大正藏》冊五十二，頁二三二上—中）。從此疏文可知，在安居中進行經典的講義，而隨著安居的結束，講義也結束，之後，作為最大的活動，進行了皇太子作為施主檀越親自「捨」其身體的儀禮。雖然疏的字面上沒有記載，但是這裡也和武帝的情況一樣，由親信贖回皇帝寶軀的可能性很高。因為我們很難想像皇族的身體被布施到教團後就這樣被擱置不管。

皇族捨己身的另一個紀錄見於〈（為）竟陵王解講疏〉（《廣弘明集》卷十九）。[55]作者同樣是沈約，且同樣是解講的疏文，施主為文惠太子之弟，是南齊首屈一指的虔誠的在家居士竟陵王蕭子良。在這個案例中，蕭子良也被記載為「敬捨軀服」（《大正藏》冊五十二，頁二三二下）。與上述相同，我們可以推測最後也進行了贖身的行為。

5. 關於「佛奴」

前面所看到的伴隨南齊文惠太子或竟陵王蕭子良的「解講」（經典講義的結束）活動之後隨之進行的「敬捨寶軀」、「敬捨軀服」這一捨身行為，似乎在將他們的身體和身分從教團贖回來之後，儀式上就正式結束了。倘若此推斷無誤的話，那麼，後來的梁武帝所進行的種種捨身的要素，幾乎在南齊時代就都已經先行被實施過了。要說武帝與南齊時代的不同之處，在於武帝的情況是連王位也都捨棄並成為所謂的「佛奴」（參見上述二（一）2.）這一點。然而，即便有此差異，似乎我們也不宜將「佛奴」的發想歸於武帝本人。

關於武帝的捨身行為，正如先行研究所指出的，它是以安法欽譯的《阿育王傳》和僧伽婆羅譯的《阿育王經》中所記載的阿育王（Aśoka）的布施作為模範加以仿效的。只是，如果能再從另一個視角加以補充，這樣的觀點將更加完善。這可以追溯到梁武帝之前的時代，當時斯里蘭卡的各位國王也曾舉行過幾乎相同的事情。在斯里蘭卡，早在西元前三世紀的階段，德瓦南皮亞・蒂薩國王（Devānampiya-tissa）就把王位（王權）獻給了大菩提樹寺。西元前二至一世紀的杜塔加瑪尼王（Duṭṭhagāmaṇī）則稱自己為「薩加德薩」（sanghadāsa，教團的奴隸），並且在五次不同的場合將王位布施予教團。到了西元後五世紀初，還出現了一位名為「布達達薩」（Buddhadāsa，佛的奴隸）的國王。這裡的達薩（dāsa），是奴隸，對應於梁武捨身為「奴」這一字眼。除此之外，一世紀的馬哈達提卡・馬哈納加國王（Mahādāṭhika-mahānāga）將國王自己與王后、兩位王子、王的象和馬一起，全都奉獻給了教團，成為「臨時的奴隸」，並在隨後以巨額的金錢將一切贖回。在他們之後，布施王位（王權）給教團的國王以及成為「臨時的奴隸」的國王在斯里蘭卡佛教史上也頻仍地登場（中村、早島，一九六四，一一四頁注十二；片山，一九八二）。這些動向與先行的印度阿育王所進行布施行有著密切的關係（田崎，一九九〇，一四七頁）。

如果說上面這些動向和六世紀前半的中國的動向全然無關，如此解釋反顯得不自然。自南朝劉宋元嘉年間開始，已有很多人從斯里蘭卡經由海路到達南朝首都建康，因此通過貿易商人之口傳入中國的資訊應該是有的。而就經典層面來說，《善見律毘婆沙》也是從斯里蘭卡被帶到廣州後漢譯出來的文獻。最重要的是，武帝無疑從僧伽婆羅那裡詳細聽聞了南方路線的佛教情報，僧伽婆羅是帶來《阿育王經》，且作為梁室的家僧，與武帝有著親近關係的僧侶。從這些證據來看，武帝除了繼承南齊佛教的這一個面向，我們還可以設想：作為奉行佛教的世俗統治者的典範，阿育王↓斯里蘭卡諸王↓梁武帝這般連鎖性的影響關係是可能存在的。

不過即便如此，我們還要思考一個小問題，亦即，如果梁武捨身的各種要素在先行的時代就已經全部存在的話，為什麼是到了梁天監後的時期，武帝才進行捨身？為何不在此時期之前呢？

答案是，當時武帝的內心開始急速傾注於佛教信仰。其中一個重要的契機是，天監十八年（五一九）四月八日他從慧約受菩薩戒一事。此時製作的文本正是《出家人受菩薩戒法卷第一》（伯希和帶來的敦煌寫本二一九六號；土橋，一九六八／八〇；諏訪，一九七一／九七）。其中以「羯磨四」為題的一章，逐一記載了出家人（比丘或比丘尼）從被稱為智者（vijña）的戒師處接受菩薩戒時應進行的問答內容。菩薩戒又被稱為三聚淨戒，由律儀戒、攝眾生戒、攝善法戒三部分所成，其中「羯磨四」採取了問答的體裁，這是關於在「攝眾生時」應行的菩薩行以及在「攝善法時」應行的菩薩行，戒師對受戒者所進行的逐項的問答。

其中首先，關於「攝眾生時」應該進行的項目——亦即作為攝眾生戒的具體項目，列舉了十個項目。例如，在第一個項目中，戒師詢問：

善男子，攝眾生時，不惜身命，如歡喜菩薩，滿月王菩薩，如是等無量諸大菩薩布施眼時，修施眼心，善根廻向，令一切衆生得一切智眼。汝能行不。

對此，受戒者該回答「某甲能」。以上是關於應該布施眼睛的項目，以下與此相同的形式，關於耳、鼻、舌、心、身命、頭，連膚頂髮、支節骨、牙齒也被提及，全部有十個項目的問答。在這些段落中，提到布施眼睛時，「歡喜菩薩、滿月王菩薩」的名稱被列舉，提到布施耳朵時，「勝王菩薩、勝無怨菩薩」的名稱被列舉等等表達的特徵。這些典據是《華嚴經》的〈十迴向品〉。例如，與上述列舉所對應的經文是《華嚴經》〈十迴向品〉的段落：

> 菩薩摩訶薩布施眼時，如歡喜菩薩、滿月王菩薩等無量諸大菩薩布施眼時，修施眼心，修慧眼心，……令一切衆生得淨慧眼，分別了知一切世間……。（《大正藏》冊九，頁五〇八上—中）

像這樣，東晉佛陀跋陀羅譯的《華嚴經》似乎對梁武帝敕寫的《出家人受菩薩戒法》有著一定的影響關係。從而更有趣的是，這兩者之間的關係可能是通過竟陵王蕭子良所著的《淨住子》作為中介而建立的。56倘若此推測恰當的話，那麼我們也可以認為，這裡同樣顯示出從南齊到梁武帝的影響方向。

在《出家人受菩薩戒法》的「羯磨四」中，接下來記載了在「攝善法時」應當實行的十個項目。這些是攝善法戒的具體項目，其中有些項目（五個項目，此處為避免繁瑣故割愛）57被認為源自《華嚴經》的〈十迴向品〉。此外，還有以下五個項目：

○是否有為了聽聞《涅槃經》的法而「割肉賣身」的覺悟？
○是否有為了弘揚佛法而「以皮為紙，以血為墨，以骨為筆，書寫正法」的覺悟？
○是否有「捨命以求半偈，破骨以寫一偈」的覺悟？
○是否有「自燒其身以供養佛法」的覺悟？
○是否有「五百釘釘身，割身五百處燃燈」等苦行的覺悟？

正如「二（一）種類與典據」中所指出的，這些是在《大智度論》卷四十九等經典中所說的捨身行。特別要在此提醒的是，原本這在《本生經》（*Jātaka*）中的內容，但在這部《出家人受菩薩戒法》中被納入到受菩薩戒儀式之中。也就是說，從本來作為讚揚佛陀前世德行的一種表達方式，轉變為任何菩薩都應該親自行踐行的項目，這種「原義的捨身」在意義上的質變可以在這部中國文獻中窺見。在佛教文獻史上，捨身的意義如此從比喻性的意義轉換為具體實踐內容的規定，其中所蘊含的意義很是重大。

讓我們回到先前的話題。武帝在受菩薩戒之後，如前所述，於普通二年（五二一）九月著手於同泰寺的建立。很可能在當時，武帝腦海中已經描繪了自己進行捨身以作為寺院落成供養一部分的景象了吧！

再者值得注意的是，在菩薩戒的受戒和開始建立同泰寺期間的普通二年（五二一）正月，武帝設立了「孤獨園」這一設施，用以援助孤兒和無依無靠的孤寡老人等社會弱者。58王者施行德政以照拂孤獨者的傳統可以追溯到古代，但是以「孤獨園」這一名稱建立設施，這來自佛教的影響，尤其是源自「給孤獨長者」這一概念59。在中國關於這種先例的紀錄是我們之前提到的〈（南）齊文皇帝給孤獨園記〉60（諏訪義純，一九八二／九七，五十三—五十四頁）。再重複一遍，在武帝設立孤獨園的同年，他也開始著手於同泰寺的建立。

這兩個現象（武帝設立孤獨園與建立同泰寺）是密切相關的。如果武帝的捨身行為是以所謂的「阿育王施半阿摩勒果因緣」為典據，61且武帝效仿了阿育王的做法而自捨其身的話，那麼，阿育王所效法的典範正是「給孤獨長者」的布施善行。因此，我們可以如下地理解：亦即武帝首先以「給孤獨長者」的布施之慈善事業行以及南齊時代的所行為範本，設置了孤獨園，接著在同一年開始建立同泰寺，以作為他進行捨身的場所。

總結地來說，在武帝的同泰寺捨身行的背後，是以南齊時代的蕭子良和他周邊的在家佛教之樣貌為前提的。武帝自身的活動則以受菩薩戒、設置孤獨園和在同泰寺捨身等一系列的菩薩行，而受到注目。在這些行為活動裡面，南齊時代並不顯著的「皇帝捨身為奴」這一發想的素材，我認為有可能來自於武帝所知曉的斯里蘭卡諸王的布施行。

表四　梁武帝捨身的原型

南齊時代的在家佛教
給孤獨長者—阿育王—斯里蘭卡諸王
→ 梁代武帝

小結

本章首先以一覽表的方式列出了六朝時代的捨身事例（表一），並指出，「捨身」這個詞語，既有「原義的捨身」——即拋棄自己的身體或生命的本來之捨身——，也有「象徵性的捨身」——即布施與身體或生命相關聯的自己之所有物的捨身——這兩種意思。進一步，它有時也可能只不過是死亡的委婉說法，或表示追求超越肉體的特殊的冥想法（表二）。同時，我們也試圖對「原義的捨身」進行細分（表三），並合併探討了其經典依據。通過這些課題，我們發現，「象徵性的捨身」在五世紀初期之後突然出現在中國佛教史上，至於其原因我們可以設想是因為當時有鳩摩羅什所譯的《法華經》、《大智度論》，以及曇無讖所譯的《金光明經》、《大般涅槃經》等經典的漢譯，這些經論中所說的捨身行廣為人知。不過，作為不惜身命的菩薩行之捨身，在羅什和曇無讖的譯經之前，並非完全不為人知。實際上，《高僧傳》〈亡身篇〉開頭記載的釋僧群等人就是東晉時期的僧侶。而之所以捨身這一行為的特異性和意義吸引了當時很多人的關注，並且產生大量的捨身行，其背後的原因，我們不得不承認羅什譯本和曇無讖譯本影響力之大。如若沒有《法華經》〈藥王菩薩本事品〉和《金光明經》〈捨身品〉的存在，慧皎在《高僧傳》中該也不會設置〈亡身篇〉了。

雖然在五世紀之前很可能已經有為他人而犧牲己身的僧侶，但是這些並未被作為紀錄留存下來的理由，我認為傳遞這些事件之紀錄者的心態也是重要的因素。

另一方面，「象徵性的捨身」，在社會穩定的背景下，從南齊初期開始，以在家人為中心而被實行，這些也成為梁武帝捨身的原型。梁武帝的捨身，是皇帝連帝位也棄捨的捨身行的開端，其中除了受到南齊佛教的影響之外，我們也應該考慮一直以來不怎麼被關注的活躍於武帝之前時代的斯里蘭卡諸王所進行的布施行——即自己成為奴隸，布施王權給教團等——，此布施行以某種形式可能給了武帝影響（表四）。

如上所述，在南朝劉宋，「原義的捨身」俄然勃興（比屍陀林葬的捨身稍遲），到了齊代，開始有了在家人的捨身。不過，若以為「象徵性的捨身」早在宋代就已經被實踐，這也不是完全不可能，只不過我們得不到文獻上的佐證。物品的布施之所以也能被稱為捨身，其理論上的根據，如我們從「內命」、「外命」以及「內財」、「外財」等詞語表達所展示般，財產和身體之間並不存在本質上的差異。

本章通過考察捨身與自殺的關係，指出在中國佛教中乍看似是特有的捨身之行為，早在印度就實踐過了，其實不足為奇。其次，也指出為了宗教犧牲性命的想法在印度並不僅限於佛教，而可能是根植於印度的宗教文化的土壤之中。不過，就中國而言，恐怕不論任何時代基本上是相同的，在有人讚賞捨身的同時，也有人視捨身為自殺而嫌惡之。此兩者並存，應不是邏輯上何者為正確的問題，而只是反映一個事實，任何時代都有此兩種類型的人們存在。

注釋

❶ 有趣的是，傳翕教團中也有道教徒。在《善慧大士錄》卷一的陳永定元年（五五七）的條目中記載：「道士陳令成、徐尹等總四十九人，奉持不食上齋。」

❷ 關於傅翕，在《續高僧傳》卷二十五的慧雲傳末尾有以題名為「東陽郡烏傷縣雙林大士傅弘」這樣長篇文章的記載（《大正藏》冊五十，頁六五〇中）。

❸《善慧大士錄》卷一的傅翕傳因為成書年代較晚，所以難以將其一字一句都當作歷史事實來信賴，因此本章僅止於介紹其大意。關於傅翕傳記與著作的最近研究，有張勇（二〇〇〇）的研究。

❹ 如上述所言，傅翕的弟子們進行了多次捨身行為，但作為唯一的例外，表一中將他們除外。參見前注❸。

❺ 換個說法的話，表一中在「象徵的捨身」加上＋的符號，於在家者旁邊加上底線，此表中，雙方都有的，也就是＋的符號與底線一起被附上的和雙方符號都沒有的，這是大多數的情況，但也有例外。也就是說，如表一所示，第二十九位的僧祐和第三十四位的智藏，雖是出家人但也布施物品，反之，像傅大士的弟子般，雖是在家人但實際上實踐了捨棄身命行為的也是存在的。

❻ ātmabhāva-parityāga、ātma-parityāga、svadeha-parityāga 這些詞語在用法上有時並無嚴格區分，可以互換使用。在同一文本中，也可能有同時使用 ātmabhāva- 和 ātma-、svaśarīra- 的情形，《悲華經》中就有這樣的例子（例如，Yamada 1968: vol. 2, Dānaparivarta, 362, 16f.; 366, 2; 368, 1）。ātmabhāva 這個詞的原始意義或語感可能有所不同，但從使用例來看，它指的是身體。Edgerton（1953: vol. 2, 92 s. v. ātmabhāva）。

❼ 例如，曇無讖譯的《菩薩地持經》卷四的〈施品〉中，布施的對象的事物（deyavastu）被分為

內部之物（ādhyātmika，身體的一部分）和外部之物（bāhya，身體以外的東西）兩類，並將布施分為內施（kevalādhyātmikavastu-parityāga）、內外施（ādhyātmikabāhyavastu-dāna）和外施（bāhyadeyavastu-parityāga）。我們可以看到在這裡 parityāga 和 dāna 在意思上有重疊之處。沒有加上 pari- 的 tyāga 作為 dāna 的同義字被使用，在《俱舍論》第四章的〈業品〉或《瑜伽師地論》的〈聲聞地〉等中可看到不少的例子。

❽ 作為佛教造像銘中所見的「捨身」之較為古老的用例，例如永平四年（五一一）紀年的《華州刺史安定王爕造石窟石像記》（龍門古陽洞）中記有：「□使捨此塵軀，即彼真境，□趣六通，明矚無碍，值遇□□，早登十地。」（塚本善隆，一九四一／七四，三一八頁）進一步，在北涼緣禾三年（延和三年，四三四）紀年的銘文中出現的「……願以此福報，使國王主元弟，善心純□，□□三寶，現在師僧，證菩提果，七世父母，兄弟宗親，捨身受身，值遇彌勒……。」也值得參考（佐藤智水，一九九八，一六一頁），文中的□，表示不明的單字。

❾ 作為道教造像銘中「捨身」的古老用例之一的，有北魏太和二十年（四九六）所立的〈姚伯多造皇老君像碑〉中「壽身捨身」這一表達。根據神塚（一九九九，四九九頁和五〇二頁）的說法，「壽」與「受」相通，表示反覆接受身體而重生的意思。

❿ 船山（一九九八 a，三五五頁）曾提及「又，墓磚中出現的『捨身』一詞，雖然引人注目，但其具體內容尚不明確」，此處加以修正。雖然目前的理解仍不夠充分，但應將「捨身」單純理解為與死

亡同義。

⑪ parivṛttajātyā 可解讀成另一種不同的讀法「藉由生（誕生）的轉換」。

⑫ 捨身受身的結果可以是善趣也可以是惡趣。以生於惡趣為例，如北魏的菩提留支譯《大薩遮尼乾子所說經》卷五的〈問罪過品〉中提及「現在未來世，受苦及打縛，捨身生地獄，受苦常無樂」（《大正藏》冊九，頁三四〇上），以及「惜財不布施，藏積恐人知，捨身空手去，餓鬼中受苦」（《大正藏》冊九，頁三四〇中）等。

⑬ 例如《高僧傳》卷十的杯度傳中提到：「〔朱〕文殊謂〔杯〕度云，弟子脫捨身沒苦，願見救濟，脫在好處，願為法侶。」（《大正藏》冊五十，頁三九一上）梁武帝撰寫的《出家人受菩薩戒法》（伯希和二一九六號）三五九行提到「捨身受身，不退不失」。另外，《付法藏因緣傳》卷六中提到「迦那提婆未捨身時」云云（《大正藏》冊五十，頁三一九下），及「捨身命終」（《大正藏》冊五十，頁三二一下）。《占察善惡業報經》卷下提到「捨身已入地獄」等（《大正藏》冊十七，頁九〇六中）。義淨的《南海寄歸內法傳》卷一提到「捨身遂生藥叉之內」（《大正藏》冊五十四，頁二〇九中）。

⑭ 靜藹傳中記載：「捨此穢形，願生淨土，一念花開，彌陀佛所，速見十方，諸佛賢聖……法身自在，不斷三有。」（《大正藏》冊五十，頁六二七下）根據上文，似乎他在意識上設想了捨身後生於阿彌陀佛國土，開悟並獲得法身這樣的順序。

⓯ 燒身有時需要事先得到當地政治家或皇帝的許可。作為代表性的案例，僧人僧明曾多次向梁武帝奏請自己欲燒身供養的心願，最終得到了許可（《弘贊法華傳》卷五，《大正藏》冊五十一，頁二十四下）。

⓰ 換個說法，似乎也意味「原義的捨身」有時似乎伴隨著「象徵性的捨身」。比如在慧益的傳中記載：「道俗士庶，填滿山谷，投衣棄寶，不可勝計。」

⓱ 這篇紀錄的時期存在著問題。楚爾赫（Zürcher 1959: 282）根據《晉書》卷一〇七〈載記〉的姚興傳推測，姚緒鎮守蒲坂的時期為西元三九六年或其後不久，並認為法羽的燒身發生於五世紀以前。然而，這一推測既不符合《高僧傳》卷十二的排列順序，也與法羽末期誦讀〈捨身品〉的紀錄矛盾。除了曇無讖譯的《金光明經》的〈捨身品〉外，別無其他〈捨身品〉可供假設，因此法羽的燒身供養不可能發生於東晉時期。

⓲ 劉亮的傳記見於《宋書》卷四十五。他是一名道教信徒，於泰予元年（四七二）在益州服用仙藥，因其毒性而喪命（Tsai 1994: 136 n. 131）。

⓳ 宋元明三本作趙虔恩，麗本作趙處思，尚不清楚應以哪一個為正確。這個名字在《宋書》中也未見提及。

⓴ 這裡所指的重罪是四波羅夷之一的殺人罪。自己親手殺人就不必說，讚美死亡或鼓勵他人死亡也構成此罪。

㉑《佛祖統紀》卷四十一中記載，元和十四年（八一九）正月：「王公士庶，瞻禮舍施，百姓煉頂灼膚，以為供養。」（《大正藏》冊四十九，頁三八一下）針對法門寺裡面的佛骨，幾度進行了燒身、燒指等行為（Kieschnick 1997: 35-37, 41）。

㉒代表性的研究，請參考 Filliozat（1963）、（1967），Lamotte（1981: 740-742 n. 1），藤田宏達（一九八八，〈關於自殺〉），關（一九八九）及其中引用的先行研究。

㉓如此的解脫至上主義，與阿羅漢的「捨多壽行」或「思法」這些後來的思想產生了連結（藤田宏達，一九八八，七十九頁）。

㉔《大智度論》卷十三中介紹了另一個值得注意的見解，文中提到一位肉舖的兒子不肯繼承家業，遵守不殺生戒不願意殺羊，而選擇了自殺的例子（《大正藏》冊二十五，頁一五六上）。這是發生在在家人的情況，並不是出家人。倘若自殺是違反戒律的話，則為了遵守戒律卻變成做了違反戒律的行為，這會產生矛盾。因此，我認為這個故事是以自殺不犯罪為前提的。關於戒律與自殺關係的其他故事，還可以參照《賢愚經》卷五中的〈沙爾守戒自殺品〉。

㉕順帶一提，雖然與自殺沒有直接關係，但《放光般若經》卷十九中有一處提到，一旦生起憎恨與憤怒之心，將甚至無法轉生為人，更不用說能在佛陀所處的世界中得到再生（《大正藏》冊八，頁一三四下：「起怨恚者尚不得復人身，況值佛世！」）。另外，《灌頂經》卷十《灌頂梵天神策經》（疑似失譯，〔參考〕《大正藏》冊五十五，頁三十一中）中有地方說到，若犯下殺生，將會短命

且無法再生為人（《大正藏》冊二十一，頁五二六下：「精進莫殺生，殺者心不仁，後罪短命死，不得復人身。」）。此外，後代的文獻中也提到，若殺生，死後將會轉生於地獄、餓鬼、畜生的世界中受苦惱，如義淨譯《根本說一切有部毘奈耶》卷三十（《大正藏》冊二十三，七九〇中）中所述。

㉖ 例如，印度最傳統且著名的法律書《摩奴法典》（約成立於西元前後）的第五章第八十九詩節中提到：「對於捨棄自我（自殺）者，不應舉行供水的儀式」（渡瀨，一九九一，一七三頁）。「捨棄自我者（們）」的原文是 ātmanas tyāginām（ātman + $\sqrt{\text{tyaj}}$）。順帶一提，另一個表示自殺意思的常用字是 ātman + $\sqrt{\text{han}}$，意思是「殺死自己」。

㉗ 凱恩在上述情況之外還另舉了兩三個場合，但此處省略。此外，作為涉及宗教自殺行為中最廣為人知且最具爭議的，應該是寡婦將自己投入到丈夫火葬柴堆中的「薩蒂」（satī，意為「貞節的女子」）。不過，這與其說是純粹的宗教行為，倒不如說更具有社會性的意義。

㉘ 此外，天祠旁邊有一棵著名的菩提樹（vaṭa），有許多人為了追求解脫，從那裡跳下來。

㉙ 在宗教性的自殺中，禁食是一個預備的階段，這與六朝佛教徒的燒身儀式有共通之處。

㉚ 順帶一提，溺水作為宗教性的自殺的形式，經常出現在印度教徒的行為中，與此相對，儘管不敢斷言，這種形式似乎並未出現在提倡捨身的佛教正統文獻之中。

㉛ 出家人在旅行途中進入病危狀態，臨終前囑咐將他的身體捨施給鳥獸的例子，在《高僧傳》卷十慧

安的傳中也可以看到（《大正藏》冊五十，頁三九三中）。

32 當三衣和鉢的布施成為問題時，此處所意指的菩薩是出家人。

33 這段文字所言及的內容是緊接在上文介紹的《大智度論》一節之後的事情（《大正藏》冊二十五，頁一七九下）。

34 更進一步說，這種想法是以「眾生平等觀」（一切眾生本來無別平等無異，sattvasamatā）為基礎的。此詞語，例如在八世紀末的蓮華戒的《修習次第》（意為「反覆修習的順序」）裡可以看到，那裡提及應不分敵友對一切眾生起慈悲心（kṛpā）（Tucci 1958: 189f §2）。同樣的想法，顯然相當早以前就已存在。

35 如果慈愛的對象不是父母而是子女，同樣的觀念可以表述為：「佛陀對一切眾生皆平等地施以慈悲，就如同他慈愛自己唯一的兒子（羅睺羅）一般。」

36 求那跋陀羅譯的《央掘魔羅經》卷四：「一切眾生有如來藏，一切男子皆為兄弟，一切女人皆為姊妹。……一切眾生，無始生死，生生輪轉，無非父母兄弟姊妹，猶如伎兒變易無常。自肉他肉則是一肉。是故諸佛悉不食肉。」（《大正藏》冊二，頁五四〇上—下）求那跋陀羅譯的《楞伽阿跋多羅寶經》卷四：「佛告大慧。有無量因緣，不應食肉。然我今當為汝略說，謂一切眾生從本以來展轉因緣，常為六親，以親想故不應食肉。」（《大正藏》冊十六，頁五一三下）

37 然而，作為過去世父母的存在者（嚴格來說，是心識的連續）其肉體在現世被食用，這一論述的邏輯是以肉體與心識並非無關係（即承認肉體與精神的同一性）為前提的，在此前提下才能得出此理論，然而，這樣的理論嚴密而言可能有問題。

❸❽ 與《大方便佛報恩經》七卷的漢譯本完全對應的原典在印度並不存在。關於本經的最新研究可參考船山（二〇一六）。本經的成立上限是四三一年，下限是南齊時代。

❸❾ 此外，《菩薩地持經》中有「內施」、「外施」、「內外施」的分類。請參照前注❼。

❹⓪ 例如「明捨外財則易、捨內財則難」（《大正藏》冊二十五，頁八三五中）等。另外，同卷之中還有「菩薩大士，捨有二種，一者內捨，所謂身命，二者外捨，謂財寶等」（《大正藏》冊二十五，頁八三三上）一段文。如前述已經確認過的，被推測為「捨」的原語 (pari-)tyāga 可以用來表示「施」（檀，dāna）的意思，因此「內捨」與「外捨」大致上與「內施」和「外施」（《大智度論》卷十一）幾乎是同樣的意思。

❹❶ 捨行，用更一般的術語來說就相當於檀波羅蜜。也就是說，捨行即是布施行。

❹❷ 捨財、捨法與捨畏，用更一般的術語來說，相當於財施、法施與無畏施。

❹❸ 南朝宋的求那跋陀羅譯《勝鬘經》〈攝受章〉：「善男子善女人，為攝受正法，捨三種分。何等為三？謂身、命、財。善男子善女人，捨身者，生死後際等，離老病死，得不壞常住無有變易不可思議功德如來法身。捨命者，生死後際等，畢竟離死，得無邊常住不可思議功德，通達一切甚深佛法。捨財者，生死後際等，得不共一切眾生無盡無滅畢竟常住不可思議具足功德，得一切眾生殊勝

供養。」（《大正藏》冊十二，頁二一八下—二一九上）《注維摩詰經》卷四：「『於身命財而修堅法』（＝《維摩經》文）。……〔僧〕肇曰：『堅法，三堅法，身、命、財寶也。若忘身命，棄財寶，去封累而修道者，必獲無極之身、無窮之命、無盡之財也。此三，天地焚而不燒，劫數終而不盡，故名堅法也。』」（《大正藏》冊三十八，頁三六五下）

㊹ 參照《陳書》卷三十四杜之偉的傳：「中大通元年（五二九），梁武帝幸同泰寺捨身，勅〔徐〕勉撰定儀註，勉以台閣無此禮，召〔杜〕之偉草具其儀。」

㊺ 即大通元年（普通八年，五二七）三月、中大通元年（大通三年，五二九）九月、中大同元年（大同十二年，五四六）三月至四月、太清元年（中大同二年，五四七）三月（或者三月至四月）。其中中大同元年（五四六）的事例，《南史》將其記載為捨身，但《梁書》並未明確記載為捨身。根據是否將這次計入捨身，梁武帝的捨身次數被說為是三次或四次。捨身的地點皆在同泰寺。詳細內容可參考森（一九五六）和諏訪（一九八二／九七）。

㊻ 大通元年的第一次捨身並不以無遮大會為先行要素，也沒有進行經典講義，期間也僅僅只有四天。同時，也沒有記載武帝被臣下用金錢來贖身的情況。也就是說，第一次捨身整體來說相當簡樸，似乎比起形式，更重視的是完成捨身這個事實本身的意義。至於捨身在形式上變得完善的，可能要歸功於在第二次捨身（即中大通元年）之際，接受梁武帝敕令的徐勉，請杜之偉草擬關於同泰寺捨身儀式的〈儀註〉一文（見《陳書》卷三十四的杜之偉傳）。

❹❼ 《南齊書》卷二十一的文惠太子傳「建元元年（四七九）封南郡王」。

❹❽ 《出三藏記集》卷十二的〈南太宰竟陵文宣王法集錄序〉，在本文提到的「捨身記一卷」和「妃捨身記」之前，還列出了「施藥記一卷」（《大正藏》冊五十五，頁八十五下）。另外，該書卷十二的〈法苑雜緣原始集目錄序〉中，記載了「齊文皇帝文宣王焚毀罟網記第四，齊文皇帝給孤獨園記第五，竟陵文宣王福德舍記第六，……竟陵文宣王第內施藥記第十」等內容（《大正藏》冊五十五，頁九十三上）。關於蕭子良的佛教實踐，可參考船山（一九九五）第三章第四節「蕭子良的齋與菩薩戒」。

❹❾ 「無遮」的原語有可能是梵語 nirargala、*BHS*（混合梵語）nirargada、巴利 niraggala。參見中村（一九八一）的「無遮會」這一項目。

❺⓿ 順便提一下，傳統上一般認為「無遮大會」和「五年大會」指的是同一事物，但如果特別針對武帝舉辦的無遮大會來說，筆者不認為他會意識到無遮大會是每五年舉行一次的大集會。這是因為，根據《南史》卷七的梁武帝本紀，武帝經常舉辦無遮大會。例如，大同元年（五三五）三月舉行了「無遮大會」，四月舉行了「無碍會」，而在翌年（五三六）三月則有「平等法會」，九月有「四部無遮法會」，十月又舉行了「無碍大會」。翌年（五三七）五月還設置了「無碍法會」，八月有「無碍法喜食」。表達這些活動的名稱雖然微妙地有不同，但無論如何並不是每五年一次，因此從定義上來說，無法稱它為五年大會。由此可見，至少在武帝的情況，可以說無遮大會一詞是廣義的

概念，五年大會是無遮大會的一種。

51 前面提過「捨身齋」一詞在《南齊書》卷三十一的荀伯玉的傳中已經出現。雖然捨身齋的實態並不十分明確，但可以推測它大約是以八關齋戒為基礎，並在其上採用以捨身為主要活動的形式，讓出家者與在家者能夠有接觸的齋會。沈約在他的〈捨身願疏〉中也提到以複合的方式舉行了捨身以及對百位僧侶的食事供養以及八關齋戒。

52 當我們考量到贖回梁武帝身體這一視角時，不可否認捨身帶來了很大的經濟效益。進一步來說，捨身名義下，在家人布施的物品中，有不少是奢侈品。我們還可以參照時代稍晚的蕭子顯的〈御講金字摩訶般若波羅蜜經序〉（《廣弘明集》卷十九）以及陳文帝的〈無礙會捨身懺文〉（《廣弘明集》卷二十八）中所列舉的被喜捨的奢侈品。順便提一下，寺院內金錢流動的現象並不僅限於捨身，另一個重要原因還有「無盡藏」。可參見山崎（一九四二，二一四頁）的相關討論。

53 作為僧侶與「象徵性的捨身」相關聯的例子，除了僧祐之外，還有開善寺的智藏。根據《續高僧傳》卷五的智藏傳，在天監末年（五一九？）春季，智藏召集了出家人和在家人舉行了「捨身大懺」。當時，他同時親自講解《金剛經》，並將此懺作為「極悔」（表示無上懺悔的儀式）。他手邊只保留了衣服和鉢，將其他所有物品全都捨棄。在這時，陳郡的謝幾卿指著用來掛衣服的竹子，開玩笑地問他：「你還保留這個，是不是心中有所思念？」智藏回答說：「身體尚未滅亡，怎能完全斷除念頭？」這段插曲被記錄下來（《大正藏》冊五十，頁四六六—四六七上）。

54 不過由於他是在建元四年六月才成為皇太子的，嚴格說來，在這個時點他還不是太子。

55 這篇疏文在鈴木虎雄的〈沈休文年譜〉中也被推測為是建元四年的作品。

56 蕭子良撰寫了《淨住子》二十卷（已佚失）這部著作，而唐代道宣所撰的《統略淨住子淨行法門》（收錄於《廣弘明集》卷二十七）是其節略本，這是眾所周知的事實。而且，正如鹽入（一九六一）所指出的，在敦煌寫本斯坦因七二一號背面所記載的內容，被認為是蕭子良《淨住子》原型的一部分。鹽入氏將這個寫本的尾題定為「《淨住子》卷八」，並製作了錄文，但由於找不到它與道宣的「統略本」的關聯，且與其他漢譯的關係也不明確，因此他記述道：「僅能從找不到這樣的經論，以及文中出現『丘聚國土豐樂之民』、『天下太平』、『不仁』等用語，來類推敦煌寫本的作者好像是中國人。」然而，在鹽入氏所忽略的純粹的漢譯佛典中，存在著一部與本寫本幾乎逐字相符的文獻。這就是東晉佛馱跋陀羅所譯的《華嚴經》的〈十迴向品〉。按照鹽入在該論文末所附錄的錄文略號(A)—(E)來看，可以發現：(A)與《六十華嚴》〈十迴向品〉的《大正藏》冊九，頁五〇九上—中，(B)與頁五〇九下—五一〇上，(C)與頁五一一上—下，(D)與頁五一二中—下，(E)與頁五一二下—五一四下的文對應，都能找到幾乎完全相同的字句。不過，為什麼這樣一個與漢譯《華嚴經》幾乎完全相同的文章，也就是近似抄經的內容，會被冠以《淨住子》的尾題，這個問題依然未能解明。關於這一點將另外撰文討論。現在筆者只想指出在與捨身相關的表述方面，我們應該承認從東晉佛馱跋陀羅譯的《華嚴經》〈十迴向品〉→南齊蕭子良的《淨住子》卷八→梁武帝敕寫的《出家人受菩薩戒法卷第一》「羯磨四」這樣的影響關係。至於將《淨住子》節略為一卷的道宣的《統略淨住子淨行法門》的校訂本及譯注，請參考船山（二〇〇六）。

57 然而，在被認為是以《華嚴經》〈十迴向品〉為典據的「攝眾生時」十處和「攝善法時」五處，共計十五處之中，有兩處無法確定菩薩名。

58 《梁書》武帝本紀：「〔普通二年正月十二日詔曰，〕又於京師置孤獨園，孤幼有歸，華髮不匱。」

59 僧祐撰的《釋迦譜》中引用的〈釋迦祇洹精舍緣記〉（《賢愚經》，《大正藏》冊四，頁四一八中）提到，「給孤獨」（anāthapiṇḍada, etc.，給無依無靠者食物的人）這個名字的由來，是因為「居家巨富，財寶無限，好喜布施賑濟貧乏及諸孤老。時人因行為其立號」（《大正藏》冊五十，頁六十三中）。

60 《出三藏記集》卷十二的〈法苑雜緣原始集目錄序〉（僧祐）「齊文皇帝給孤獨園記第五」（《大正藏》冊五十五，頁九十三上）。

61 南朝宋的求那跋陀羅譯《雜阿含經》卷二十五〈阿育王施半阿摩勒果因緣經〉，梁的僧伽婆羅譯《阿育王經》卷五〈半奄摩勒施僧因緣品〉。

結語

本書由三篇十二章構成，對六朝至隋唐佛教進行了多角度的探討。在總結本書之際，可以得出什麼整體的結論呢？

各章概述

第一篇的五章中，前三章論述南朝佛教史，將其定位為中國隋唐佛教發展的基礎形成期。

在中國特有的諸要素中，關於漢譯佛典的注釋，有以下幾點：1.在注釋開頭解說經題；2.將內容大體分為序分、正宗分、流通分三部分的觀點；3.更細緻地將內容劃分的「科段」，這些都在六世紀前半葉的梁代確立。使用「科段」這一術語的早期注釋，有梁代法雲的《法華義記》。此外，傳承宋、齊、梁時期經典解釋的《大般涅槃經集解》中，亦運用了「段」、「別」、「科」等用語進行整部經或個別部分的分析。

作為佛典叢書的大藏經，在北朝自北魏以來被稱為「一切經」。相對而言，南朝則普遍使用「眾經」一詞。此外，後代也編纂了多部稱為「眾經音義」或「一切經音義」的音義書，作為理解大藏經內容與讀誦法（音讀）的基礎。其先驅可見於梁代的《出要律儀》一書的「音義」部分，後世的學僧時常參考《出要律儀》的音義。此外，南朝時期還設立了集中保管大藏經的佛教圖書館，即「經藏」。「經藏」的整備，特別是在六世紀前半的梁代形成了原型。從這一意義上看，梁代佛教可說是中國佛教發展史的重要一環。（以上為第一章「梁代的學術佛教」）

接著，將焦點從歷史轉向思想，可以觀察到，自六世紀以降，在分析思想內容時廣泛使用的「體」、「用」對舉的表達，展現出中國的獨特性。關於事物的根本（體）及其作用與功能（用）這兩個面向的思維方式是如何形成的呢？結論表明，體用對舉的邏輯與表現形式並非源自儒家或道家、道教思想，而是源自於佛教，尤其是被稱為「如來藏思想」的大乘思想。其形成時期與地點可以追溯至西元五〇〇年前後的南朝，此外，應當認為這種表現形式並非基於漢譯語彙。（以上為第二章「體用思想的起源」）

此外，關於思想分析方法的特徵，漢譯經典開頭常見的「如是我聞」這一語句的中國式解釋及其與印度佛教的關聯，同樣值得重新檢討。長期以來，學界普遍認為，「在中國佛教中，無一例外地將『如是我聞』四字分為一句，而『一時』則是下一句的起首；至於將『如是我聞一時』六字視為一句的解釋，僅限於印度梵語佛典的解釋，在中國並不存在」。這一舊說確實曾經是現代學界的通識，但實際上只是一種誤解。（以上為第三章「『如是我聞』和『如是我聞一時』——經典解釋的基礎性反思」）

後續的二章，並未將討論的時代局限於南朝，而是根據具體事例來探討佛教的學術形成史。

佛典的注釋書通常採用「隨文釋義」的方式，即按照經文的順序逐字逐句地對內容進行解釋。但除此之外，一種以主題為單位，對《成實論》內容進行綜合解釋的方式，於六世紀初期的南朝已經確立。雖然《成實論大義記》已經散佚，但通過盡可能全面地蒐集其佚文，試圖將該書從第一卷至第十三卷的內容重新構建。（以上為第四章「梁代智藏的《成實論大義記》」）

初唐時期，玄奘三藏前往印度，以那爛陀寺（位於現今的比哈爾邦）為中心，遊歷印度各地，學習當時最新的大乘佛教，並將大量佛典寫本帶回中國，實現了被稱為「新譯」的全新漢譯事業。玄奘的思想核心是被稱為瑜伽行派或者瑜伽行唯識派的大乘學說。在玄奘這一嶄新發展出現之前，北朝的地論宗在北魏至東魏期間發展的教理學，曾承載了瑜伽行派的思想。在南朝，則由梁末至陳初期活躍於南朝各地的真諦三藏，從事佛典的漢譯事業傳承了這一思想。

真諦的漢譯事業及其經典解釋方法具有多元的意義，了解真諦的活動對理解南朝宋、齊、梁與隋唐思想史的連續性有不可或缺的重要性。真諦有著與其他譯經者截然不同的顯著特色。儘管真諦是印度人，但他為漢人弟子與聽眾進行講解，實現了通常印度人無法傳達的解說方式。例如，他不是依據梵文講解印度佛教思想，而是使用漢譯版本，根據漢字表示的意思進行解釋。有時，他甚至將印度人通常不會接受的偽經（即中國編纂，並無印度語原典的經典）納入解釋範圍。大約一百年後，玄奘展開輝煌的譯經活動，只有將其與此前真諦對瑜伽行派思想的影響對比，才能真正理解玄奘的價值。（以上為第五章「真諦三藏的活動與著作」）

第二篇「敘述修行的文獻、體系的修行論以及修行成果」，則從思想與學術轉向實踐活動。相較於主要與理論層面及精神層面相關的思想與學術，實踐活動則是所謂「身體力行的佛教」。實踐活動的核心是戒律的實踐，即規範佛教徒每日應該遵守及應當避免的行為。

戒律的課題，可從大乘佛教興起之前，印度部派佛教（聲聞乘）的律藏（Vinaya）集成的規則起源與歷史演變；中國內部的地域性與戒律文獻的成立及傳播的聯動性等角度來進行概觀，其中有以下三個特徵。第一、大約以西元四〇〇年為界，戒律文獻在中國的傳播出現飛躍性的變化。此一時期，鳩摩羅什抵達長安並展開佛典翻譯事業，使得佛典翻譯在質與量上都獲得劃時代的突破。首先在北朝的長安，接著在四三〇年代初期的南朝建康，共完成了四部律藏的漢譯。第二、自四二〇年代至四三〇年代，漢譯的律典文獻不僅限於部派佛教，大乘菩薩應遵守的行為規範——菩薩戒的相關文獻也在南北朝間被翻譯，實踐基礎從小乘向大乘進行了重大轉變。第三、律學重心的轉變。四至五世紀期間，佛教實踐以說一切有部（薩婆多部）的《十誦律》與大乘菩薩戒為基礎，然而到了六世紀，北朝的地論宗開始重視法藏部的《四分律》，取代《十誦律》成為主流，這一動向引領了唐代《四分律》中心主義的形成（以上為第一章「隋唐以前的戒律接受史（概觀）」）。

受菩薩戒並發願每日以菩薩身分生活的行為，不僅成為隋唐時期的實踐基礎，其影響至今仍存在於中國大陸及臺灣。菩薩戒的教說主要基於幾部新漢譯經典，特別是五世紀前半葉北涼曇無讖所譯的《菩薩地持經》、南朝宋求那跋摩所譯的《菩薩善戒經》，以及承襲這兩部經典並在五世紀後半葉於中國編纂的偽經《梵網經》。後者提出的「十重四十八輕戒」對後世影響深遠。本章以這三部經典為中心，從印度本土及中國的新發展兩個層面分析其教說（以上為第二章「大乘的菩薩戒（概觀）」）。

梁代僧祐所撰《薩婆多師資傳》，記錄了四至五世紀中國律典主流的薩婆多部《十誦律》的僧尼傳承系譜及逸事。該書已散佚，基於其現存佚文，本文嘗試對其進行輯錄與內容介紹（以上為第三章「梁代僧祐的《薩婆多師資傳》」）。

第四章「隋唐以前的破戒與異端」探討律文獻中所記載的四種重罪（波羅夷）中的性行為、殺人及大妄語（宗教性虛偽言論）。通過對犯下重罪的僧人傳記與逸事的研究，本文指出，在律藏層面被視為重罪的行為，在菩薩戒的框架下，某些案例呈現出一種改革性與積極性的特徵，值得關注。

第三篇以「修行與信仰」為主題。第一章從修行論和往生願望的角度探討了佛教中的凡與聖的接點和界限。佛教中的「凡」指的是凡夫，「聖」則指聖人或聖者。這個問題不僅對佛教本身具有重要意義，同時也是以儒學為主的中國傳統思想中聖人論不可分割的重要議題。結論指出，中國中世佛教中的聖者觀存在兩種傳統。一、承認大量聖者的傳統，即認為成為聖者是可能的，且相對容易，並非極其困難；二、承認少數聖者的傳統，即認為能成為聖者的僅是修行者中極少數的例外，即使努力修行，也難以輕易達到聖者的境界。這兩種相反的聖者觀在同一時代並存。後者的聖者觀關係到修行體系的理論化和到達更高境界的可能性。中國佛教的聖者觀不僅受到來自印度漢譯經論的影響，還受到在中國偽作的《菩薩瓔珞本業經》所構建的理論基礎的影響。此外，值得注意，認為成為聖者極為困難的觀點在一些嚴格要求自己的修行者中得到了認同，並有不少關於他們臨終時發生的超常現象的紀錄，例如充滿奇異的芳香等。這些現象在一定程度上彌合了兩種聖者觀之間的差異，發揮了救贖論的作用（以上為第一章）。進一步地，對修行者臨終時所發生的超常現象的類型、意義以及香氣的具體形象進行了深入探討（以上為第二章）。

這兩章以凡聖問題為中心，探討了作為大乘聖者的菩薩所能達到的境界。相對而言，最終的第三章「捨身的思想」並非聚焦於凡聖的區別，而是將目光轉向一般僧侶和在家信徒實踐菩薩行的中國化事例，特別是捨身——即捨棄自身的行為。捨身可分為兩種類型：一、原義的捨身，字面意義上捨棄自己的身體和生命，專注於救濟他人或恭敬供養佛陀；二、象徵性的捨身，將高價的財物或自身的地位作為生命的象徵性代替品，布施給寺院。尤其是後者的象徵性捨身，可以作為中國特有的佛教文化史現象來理解。其典型例子是南朝梁武帝的三至四次捨身行為。他將皇位布施給寺院，自稱「佛奴」，隨後由臣下以巨額金錢將皇位贖回。這種行為具有極為獨特的社會性特徵。該章深入探討了梁武帝象徵性捨身行為的意義及其源流，包括其是否正當的討論。以上為本書所收錄的十二章內容梗概。

本書〈前言〉中的「關於書名」一節，筆者解釋了將「展開」二字加入書名的意圖。這是為了不將印度佛教與中國佛教分割開來，而是確認其連續性的意義。具體來說，正是由於這種連續性，可以將中國佛教繼承印度佛教發展動向的方面（印度與中國的共通性）以及在保持連續性的同時展現出印度所沒有的中國佛教的獨特性（印度與中國的差異性）分別加以考察。從這一點出發回顧全書，可以總結本書所涉及的印度與中國的共通性及差異性。中國佛教對印度佛教的繼承固然具有重要意義，然而，更為重要的是，中國佛教在吸收印度佛教的同時，逐漸創造出自身的獨特性。那麼，在六朝隋唐的佛教史中，我們究竟能夠發現哪些新的展開或獨特性呢？

本書所揭示的中國佛教的新展開，大致可以總結為以下五個方面。

中國的新展開1：作為經典解釋的科文、教理綱要書、音義書

首先，在中國開始產生了在印度不曾存在的新的經典詮釋方法。

佛典漢譯事業的歷史，從整體上看，是遵循印度佛典各類型形成的先後順序而進行的（第一篇第一章第一節）。換言之，印度佛教的歷史依次為：大乘之前的佛教→大乘初期經典→中觀派→瑜伽行派→大乘密教經典的順序發展。中國的佛典漢譯事業也正是按照這一順序展開的。此外，在考察印度學術傳承至中國的過程時，不可忽視的是口頭傳承的重要性，即印度僧侶來到中國後，通過口頭向中國僧侶進行講解。以陳代真諦三藏的行跡為線索檢證這一點（第一篇第五章），可以發現，真諦的活動不僅在於完整地將印度的信息毫無改動地傳達至中國，其意義還包括印度僧侶為適應中國人的思維模式與漢語表達方式，對印度的學術進行一定程度的修正後再傳遞到中國的情況也時有發生。

如此地，在從印度向中國的信息傳遞過程中，既存在信息未發生變化的情況，也存在

信息被部分修改後傳遞的情況。簡而言之，自印度的學術信息或宗教信息被中國人以漢語形式接受的那一刻起，便有可能基於中國式的思維或漢語特有的表述方式而產生變化。例如，以「科段」對經典結構進行的分析便是如此（第一篇第一章第三節）。「科段」是一種印度所沒有的、中國特有的分析方法。此外，文中也介紹了後來在西藏的類似分析方法 sa bcad 可能受到中國「科段」的影響。

要解釋某一特定經典或論典的內容，通常的方式是根據原文逐字逐句地將其意義轉換為另一種語言並進行注釋——這種方法稱為「隨文釋義」，無論是在印度還是中國都是主流的注釋方式。然而，除了這種方法之外，還有一種解釋形式，將該經論整體所傳達的內容按主題進行整理並解釋，這種形式是在六朝佛教教理學中發展出來的。主流的「隨文釋義」所產生的注釋稱為「注」或「疏」。稍後的例子，例如隋代的吉藏對《法華經》的解釋，留下了三部解釋書：《法華義疏》十二卷、《法華玄論》十卷、《法華遊意》一卷。這三種解釋各有其特色。《法華義疏》是按《法華經》各品的經文順序進行的逐章注釋。而《法華玄論》在卷一開頭，說明「玄義有六重：一弘經方法、二大意、三釋名、四立宗、五決疑、六隨文釋義」（《大正藏》冊三十四，頁三六一上）。其中第六項是「隨文釋義」，這是傳統的經文注釋法，而前面的五項，則是從經典文句本身抽離，從五個觀點來解釋經典的內容。此外，《法華遊意》一卷的開頭展示了「十門」（十種門、十種觀點），包括「一來意門、二宗旨門、三釋名題門、四辨教意門、五顯密門、六三一門、七功用門、八弘經門、九部黨門、十緣起門」等十項（《大正藏》冊三十四，頁六三三下）。這些都屬於與隨文釋義不同的內容解釋方法。這種解釋方法並非吉藏首創。《成實論大義記》的注釋法（見第一篇第一章第四節及第一篇第四章）與逐字逐句注釋經論文句的隨文釋義完全不同。它是按主題整理，從宏觀的教理學立場來解釋經典，賦予該論書新的意義。這種新的解釋方法，可以說是六世紀初期南朝開始的教理綱要書，其與以往中國所沒有的解釋方式形成鮮明對比。梁代以後，這種解釋方法一方面可以銜接到隋代的淨影寺慧遠的《大乘義章》之類的，將佛教教義的綱要放在整體佛教的視野中解釋；另一方面，也為吉藏那樣的解釋提供了基礎，即超越逐字註解，進行更具宏觀視野的內容解釋。

中國的經典解釋方法的新發展，不僅僅有科段、科文和教理綱要書的出現，冠以「音義」二字的書籍編纂，也是中國特有的形式。在「音義」中，「音」指的是正確的發音，「義」則是對難以理解的詞語進行語彙解釋。佛典的音義與印度的傳統有兩個顯著的不同之處。第一，梵語等印度語言都是表音文字，文字的發音是固定的，因此熟悉印度字母（如天城字體）的人都能輕鬆地發音，因此不需要對「音」進行解釋。第二，「義」的解釋中包含了經典中的音寫語。音寫語，或稱音譯語，是指在翻譯時，對中國不存在的事物或概念，或者對中國語言中有多重意義的詞語，會選擇使用接近原語音的漢字來表示。這種方法與現代日語中對外來語以片假名來表示的方式類似。由於翻譯過程中的特殊情況，這種音寫語解釋方式並不存在於無須翻譯的印度語原典中。例如，唐代的玄應（七世紀中期）編纂的《一切經音義》、慧琳（七三七—八二〇）編纂的《一切經音義》等書籍，其先行者可以追溯到梁代編纂的律文獻綱要書《出要律儀》中包含的音義。《出要律儀》中的音義與以全部佛典為對象的「一切經音義」不同，是僅限於律文獻的音義，但作為確立佛教中音義這一類別的最早確立形式，值得重視。

中國的新展開2：基於漢語表達的教理解釋——體用對舉和基於漢字的術語解釋

「體」、「用」的對舉（第一篇第二章）是中國獨特的基於漢字的事物理解和思考形式的表現。「體」與「用」的概念，雖然源自如來藏思想的背景，但應該認為是從中國佛教的思想史背景中發生的，而不是來自印度的外來產物，這一點也在該章中進行了討論。

基於印歐語系的母語梵語所形成的印度思維，與基於漢語的思維（即基於漢字的思維）自然不同。而且，在以漢語為基礎的意義上，雖然與體用是共通的，但也有另一種佛教經典解釋法。正如在討論真諦三藏的經典解釋方法時提到的，梵語中有些詞彙無法進一步拆解，但在翻譯成漢語時，使用兩個同義的漢字來表達，並將這兩個字進行分解來解釋其含義，這成為真諦的術語解釋特點。具體來說，例如「如是」（*Skt.* evam）、「歡喜」（pramudita 初地）、「信樂」（āśaya）和「潤滑」（snigdha）等，都是這種情況的例子。對於印度僧人真諦來說，梵語中的單一概念不需要拆分，但若這樣做能使漢語的概念更清晰，則他便會以此作為巧妙方便的方法，為了利益漢語聽眾而接受並展示這樣的解釋。這也是梵語中不可能存在的，而是基於漢字的中國佛教的新展開。

此外，關於使用兩個漢字表示的其他例子，船山（二〇一七b）〈真如の諸解釈——梵語 *tathatā* と漢語「本無」「如」「如如」「真如」〉中進行了更具發展性的論述。這不僅限於真諦，還表明在中國佛教中，對表示「真實」的「真如」（tathatā）進行了分解的做法，即將「真如」拆分為「真」和「如」兩個字，並探討它們的含義與關係，這樣的做法在歷史上被許多學僧採用。此外，類似的例子還包括「讚歎」（*mānanā）、「煩惱」（kleśa）、「方便」（upāya）、「孤獨」等，這些佛教經典中的術語在解釋時也經常進行拆解。這些例子共同的特點是，表面上看似完全同義的詞語被分開並加以區別，將它們作為有差異的同義語來處理，從而賦予了兩字同義語更為廣泛的意義。船山（二〇一七b）指出，這種對兩字同義語進行拆解再統合的解釋方法，既有其根基於儒學、經學為主的中國正統學術，也與印度的「尼祿多」（nirukta）這一通俗語義解釋有著相似的性質。這表明超越了印度本來語義解釋的一種「偏離」，即在中國出現的新展開。

中國的新展開3：作為知識庫的大藏經、經錄、經藏（佛教圖書館）

在印度被稱為「三藏」的佛教書籍總集，在中國則稱為「一切經」、「眾經」或「大藏經」，並在大規模寺院中設立經藏。此外，像梁武帝所建立的「華林園寶雲經藏」，也有將佛教叢書收納到宮廷的情形。這些動向的起源可以追溯到六世紀初的梁代。

在經藏存在的基礎上，中國獨有的事業之一便是大藏經的木刻印刷。這一時期遠晚於梁代，歷史上首部木版大藏經誕生於北宋開寶年間的成都。開版於開寶四年（九七一）的「開寶藏」便是其中的代表（竺沙，二〇〇〇ａｂ）。木版印刷術是中國發明的，印度並不存在這一技術。而藏傳佛教擁有木版大藏經，眾所周知，這是中國木版印刷技術傳入藏區的結果。

正如所述，「大藏經」這一名稱下，佛教書籍的集中保管所——佛教圖書館的原型在六世紀前半已經成形；然而，佛教史上首部木版大藏經《開寶藏》的出現則是在十世紀後半。這兩個事件的時間有巨大的差異，背後最重要的因素之一便是印刷技術的發展滯後。然而，木版大藏經的出現還有另一個關鍵因素，即目錄學的發展，這是對於集中在一地的大藏經內容進行分類整理的專門學問。佛書目錄的形成可以追溯到東晉釋道安的《綜理眾經目錄》，這是早期的例子。之後，作為梁代宮廷佛教圖書館「華林園寶雲經藏」的目錄，梁代寶唱編撰了《梁世眾經目錄》四卷，而隨著佛教書籍的數量在隋唐的飛躍新增，每次都有為了將不斷增加的佛書準確地目錄化的「經錄」，即佛教經典目錄連綿不斷地製作而成。這一發展的巔峰，是唐代智昇於開元十八年（七三〇）編纂的《開元釋教錄》二十卷。智昇將只在經錄中出現書名而不實際存在的佚書和偽裝成正統佛教經典形式而實際上在中國編造的「偽經」從現存佛書目錄中排除，確定當時長安現存佛書的實數為「一千七十六部五千四十八卷」。智昇還將現存佛書的排列標準化，展示了現存的經典是什麼，應該按什麼順序排列的範本，其格式體裁成為後來經錄的典範。

簡而言之，六世紀前半期，大藏經和經藏的原型已經確立；八世紀前半期，現存的佛書目錄學整理工作已經展開；十世紀後半，首部木版大藏經《開寶藏》問世，並隨著時間的推移，以福州為中心的江南地區的木版大藏經、金藏相繼成立，印刷地逐漸擴展到朝鮮半島（《高麗藏》初雕本、《高麗藏》再雕本），中國佛教大藏經的木版印刷事業延續下來，最終出現了明代的《嘉興藏》和清代的《龍藏》，這一過程也促成了藏區的大藏經印刷事業。這些變化顯示了中國佛教文化事業中的一個新發展，這是印度佛教所未曾存在的。

中國的新展開4：大乘至上主義

在中國佛教漢譯史中，儘管最早期的安世高所帶來的經論性質仍有不明之處，但接下來的支婁迦讖則帶來了多部可以確定為大乘經典的漢譯作品。隨後，大乘經典成為漢譯的主流，因此中國佛教徒在整個歷史中常常將自己視為大乘的繼承者。雖然中國也有部分僧侶主張否定大乘，強調大乘以前的傳統部派佛教，但這些人始終是少數派，他們的傳記往往帶有否定的意涵被記錄下來（第二篇第四章「隋唐以前的破戒與異端」）。總的來說，中國佛教的基本特徵可以說是顯著的大乘至上主義。

大乘佛教將部派佛教貶稱為「小乘佛教」，並以否定的態度對待它。這種特性也在戒律的種類上有所體現。在印度和中國，佛教徒都將部派佛教的《律》（Vinaya）作為生活規範，但大乘佛教徒，尤其是印度瑜伽行派及其追隨者，則將大乘特有的「菩薩戒」（也稱作「成戒」）作為生活的倫理規範（第二篇第一章及第二章）。在這種情況下，大乘佛教徒比起部派佛教的《律》更重視大乘戒律。

此外，關於菩薩戒所討論的主題揭示了中國佛教的新展開（第二章第四節（一）菩薩戒與大乘律）。在印度佛教中，《律》是從聲聞乘（小乘）各部派出家時便需遵守的出家教團生活規範。在印度的瑜伽行派為主的大乘佛教中，雖然保持了部派所需遵守的

「律」，但同時進一步接受了菩薩戒，作為更高層次的生活規範，意圖將大、小乘的戒律融合。然而在中國，五世紀前半菩薩戒這一新的教義傳入後，到五世紀後半，菩薩戒與相關漢譯經典的結合，產生了偽經《梵網經》的十重四十八輕戒說。《梵網經》在其本文中將所述的菩薩戒作為「戒」來顯示，同時在多個地方也提到這是「大乘經律」的教義。明確表示要採取將《梵網經》所說的「戒」視為部派佛教的「律」的態度。總而言之，《梵網經》的編纂者試圖主張此經典是講述大乘律的經典。更詳細的內容可以參見船山（二〇一七a，四七五—四七六頁）。

這樣的大乘律是中國獨有的範疇，這一點與經錄的結構有關。《梵網經》流布後編纂的經錄，例如隋朝彥琮所編的《眾經目錄》，將佛典分類為大乘和小乘兩種，以及經、律、論三種視角，共有六種分類，並列舉相應的佛典。這六種分類是：大乘經、大乘律、大乘論，小乘經、小乘律、小乘論。《梵網經》被歸入其中的「大乘律」，並且在中國的經錄中，也創造了這一印度佛教所沒有的「大乘律」這一分類。

《梵網經》之後出現的另一部偽經《菩薩瓔珞本業經》的教義，也進一步加速了大乘至上主義的發展。在該經中，對於構成菩薩戒三大支柱的「三聚淨戒」中的律儀戒提出了創新的說法。通常，在印度傳來的經論中，菩薩律儀戒指的是希望接受菩薩戒的人所持有的部派戒律，出家人則是指「律」，在家人則是指「五戒」，而《菩薩瓔珞本業經》則革新地將菩薩戒中的律儀戒解釋為《梵網經》所說的十重戒（十波羅夷），藉此重新定義菩薩戒的受戒不必以小乘戒為前提，這是一個創新的思想，表明小乘戒律不再需要的觀點。遺憾的是，關於《菩薩瓔珞本業經》中的小乘律不需要論，後來中國佛教徒如何評價並實踐這一理念的文獻並不充分，尚無法確定。然而，如果我們將時間範圍擴大，這樣的小乘律不需要論的最終形式，可見於日本平安時代的最澄（卒於八二二年）所提出的《梵網經》單受思想。這正是形成東亞大乘戒思想史萌芽的根源，而《梵網經》中的「大乘經律」的新發展，正是這一過程的開端。

中國的新展開5：菩薩行的理論與實踐

作為本書中指出的中國佛教新展開的一個要素，最後，我們要關注中國和印度在菩薩行理論上的差異。第三篇第一章「聖者觀的兩個系統」與第二章「異香——聖者的氣味」中討論了從五世紀後半開始，成為中國佛教史主流的菩薩行理論體系是基於偽經《菩薩瓔珞本業經》而形成的。這部偽經確立了中國的修行系統，其中包括長達四十二位或五十二位的修行階位，並且在準備階段，從普通菩薩修行至初地的過程中，總結為「三十心」，即十住心、十行心、十迴向心等修行順序，這些教義迅速在中國全國範圍內流傳開來。這種中國特有的菩薩修行論，在七世紀中葉時，已經形成了堅固的體系，甚至從印度留學回來的唐代玄奘也無法否定這一體系。這與印度的阿毘達磨（特別是說一切有部）或瑜伽行派的菩薩修行論有所不同，後者的修行理論並未將凡夫的修行理論化。由於印度的僧傳類文獻並未發展，因此很難確定印度僧侶所達到的修行階位在整體修行體系中的具體位置。而在中國，僧傳類文獻發達，且中國僧侶和在家的信徒通常會有詳細的紀錄，我們可以發現在聖者位階的理論和傳承中，存在兩個不同的系統：一者認為「成為聖者的人很多」，二者則認為「理論上成為聖者是可能的，但在現世實現這一點的人極少」。這兩個系統在同一時代並存，文中通過具體事例進行了探討。

此外，還有第三種僧傳類文獻在這兩個系統之間起到了橋樑作用。這是關於那些在生前進行真誠修行，並且在臨終時未曾向弟子或周圍人透露自己達到的修行階位的修行者的傳記。在這些傳記中，通常會描述在臨終時，會出現異常的芳香——即「異香」——並且有來自天界迎接的音樂或光明等景象，這些都是聖者傳的特有描述。這樣的描述反映了弟子對這些不吹噓自己境地的真誠修行者的信念和期望，認為「我的師父必定獲得了極好的往生」，這是基於救贖和願望所形成的獨特僧傳。

另外，有關聖者理論與信仰的更深入探討，將在本書之外的《佛教の聖者——史實と願望の記錄》（京都：臨川書店，二〇一九年）中進行，對此有興趣的讀者可以參閱。

最終章「捨身的思想——極端的佛教行為」探討了菩薩行在中國的發展。捨身在印度原本有兩種含義：一是將自己的身體施予他人；二是將自己的身體作為燈火來照亮三寶，表達敬意。然而在中國，捨身的內容在兩個方面被擴大解釋。一方面，捨身不僅被看作是佛或菩薩的行為，而是被理解為需要自己實踐的事務，並且有許多中國人採取所謂的宗教自殺行為。另一方面，在家信徒也有其特有的捨身行為，這指的是將自己所擁有的財物視為與生命或身體同等重要的價值，並毫不吝惜地將財物喜捨給寺廟，這一實踐行為也以「捨身」一名表示。

直到五世紀末，在家眾的物品布施就已被稱為捨身。然而，最極端的捨身行為出現在六世紀初的梁武帝，他是首位將帝位作為捨身的皇帝。梁武帝進行了三到四次的捨身，都發生在他於天監十八年（五一九）受菩薩戒並開始以菩薩身分自覺活動之後。中國式的極端捨身行為，特別是在家佛教徒的行為，與菩薩戒的自覺息息相關，並與菩薩行的實踐緊密相連。

本書的第三篇討論了菩薩修行體系與捨身在中國的變化，這些變化都可以看作是對「既然自己是菩薩，那麼應該做些什麼」這一問題的獨特回答。自覺自己為菩薩的意識，始於發願成為菩薩並接受菩薩戒，然後產生了關於菩薩應該如何修行以及以何態度表現不惜自己的身、命、財、地位的問題。這些問題的解決方案展現出中國佛教的新展開。

本書從歷史、教理學和文化事業的角度探討了六朝隋唐佛教。透過將印度佛教與中國佛教進行比較，我們可以更清楚地看到中國佛教史中那些只有在這樣的比較下才能凸顯出來的特徵，希望讀者能對此有更深入的理解。

增補　邁向文字檢索的新境界

——為了全面網羅「散在一致」的文字串

一、序論

原典數位化及傳統型文字檢索技術，飛躍地提昇了人文學科原典研究的工作效率。對於原典中未明示文獻名稱而引用的文句，透過一般檢索方式，如今已可由任何人加以辨識與確認。此外，針對電子化文獻進行任意詞句或語句的檢索，也能有效判斷該語句是否存在於相關電子資料中。

然而，要在所有的電子資料中確定欲查詢文字串出現的具體位置和出現次數，目前的檢索環境仍未能提供明確的解決方案。換言之，僅靠傳統的文字檢索方法，所能獲得的結果僅限於「完全一致的文字串」。當文字串的部分內容存在差異時，它們便會被排除在外，這正體現了傳統檢索方法的局限性。

在這一點上，漢語佛教叢書《大正新修大藏經》電子版的檢索系統ＳＡＴ在二〇一八年版中新增了「模糊檢索」功能，無疑是一項重要的進步。筆者並非參與電子程式開發的專業人員，而僅是一位利用電子資料進行傳統型文獻研究的普通使用者。然而，若論使用頻率，筆者可謂一名極為活躍的重度用戶。正因如此，在享受傳統文字檢索技術所帶來便利的同時，筆者亦深刻體會到其諸多局限。因此，本文將站在傳統文獻學研究者的用戶視角，探討一項筆者殷切期盼能在不久的將來得以開發的檢索程式之具體案例。

二、文字檢索的價值

筆者主要以前近代的漢語佛教文獻為研究資料，探索中國中古時期佛教思想的展開及其文化史意義。在筆者的研究領域中，文字檢索具有極大的價值，而這些價值大致可歸納為以下兩個層面。

其一，通過文字檢索（詞彙檢索）能夠辨識出原典資料中所包含的引用文獻，或者作者假設的對論者。透過文字檢索的結果，研究者可以釐清某一文獻作者在論述中所針對的對象是誰或是什麼，有時甚至能窺探某一文獻作者的寫作動機。通過確定被引用文獻的年代，可以推知當前文獻的年代上限（terminus post quem）；而通過辨識後世引用當前文獻的資料，可以推知其年代下限（terminus ante quem）。由於佛教文獻的具體成書年代往往難以確定，因此確立文獻的年代上下限對於思想史研究意義重大。

其二，除了直接引用外，佛教文獻中還經常出現另一種情況，即作者未明示其所引用的先行文獻，而是以暗示的方式運用其中的內容。在這種情形下，被隱性引用的文獻往往對作者的主張具有重要的典據功能。在前近代亞洲，現代意義上的「著作權」概念尚未出現，暗中使用他人言論的現象十分普遍。這種行為並非當代所謂的「剽竊」，甚至有時還被視為信賴的表現。例如，當作者援引師長的教導進行論述，若該觀念已深深融入作者的思想脈絡，則可能不會特意明言出處，而是將其融入自己的敘述之中。這種未經明確標註的言論引用，往往意味著對其內容的高度認同與信賴。解釋此類隱性引用的案例，對於了解作者的學識來源、學派歸屬、思想傳承及其年代上下限具有重要意義。

三、文字檢索的兩種類型

針對某一文獻及其前後時代的相關文獻進行文字檢索時，大致可以分為兩種類型。

第一種類型是以文字串的「完全一致」為基礎的檢索，這即是所謂的通常文字檢索。文獻研究的許多情況下，這一檢索方式已足以應對研究需求。然而，僅依靠通常檢索所能得到的完全一致結果，對某些研究來說可能並不足夠。這是因為作者在撰寫過程中，為了避免論述過於單調或語彙顯得貧乏，可能會使用同義詞或類義詞，甚至有意改變某些表述方式。因此，僅依賴完全一致型的文字檢索，可能無法全面提取出研究所需的所有案例。

第二種類型是基於文字串的「部分一致」的檢索。這種方式對於辨識作者在表述中使用同義或近義的變化形式特別有效。例如，當作者以韻文形式撰寫原文，並以散文形式進行注釋時，他可能會特意使用不同的詞語進行註解。

關於此第二種類型，如果研究者僅能使用傳統型的通常檢索，那麼目前能夠採取的應對方法是什麼呢？最為普遍的方法是，研究者通過「試探」的方式，逐步改變文字串，設想出幾種在語義上相同但在文字表達上不同的文字串，並對這些文字串逐一進行檢索。通過這種方式，研究者自行生成不同的文字串，反覆執行通常檢索，即便採用完全匹配的檢索方式，也可以在一定程度上增加檢索結果的數量。然而，這樣的結果仍然難以令人滿意，因為研究者無法徹底消除以下顧慮：是否已經全面檢索所有可能的文字串？是否仍有遺漏？

四、現階段的應對措施

若在研究過程中產生了前節末尾所提及的顧慮，我們應如何應對？筆者雖然缺乏計算機技術的基礎知識與最新資訊，以下所說若有謬誤，祈請方家斧正。然而，依筆者之見，針對如前節所述的完全一致型文字檢索所遺留的問題，若要在現階段提出可能的應對措施，大致或可歸納為三種方法。

第一種對策，即前文提及過的「模糊檢索」。例如，在SAT2018平台上，檢索選項包含以下四種模式：

1. 通常檢索（不限文字數）。
2. 正規表達式檢索（限八字以內）。
3. 模糊短語檢索（一）：允許八字以內的單字差異。
4. 模糊短語檢索（二）：允許五至八字範圍內的兩字差異。

模糊短語檢索的兩種類型3.與4.，想必是經過多種案例的實驗後，挑選出最具實際效果的兩種方法。然而，即便如此，因為設定了字數限制，也就意味著在其他情況下，該網站的模糊檢索無法進行，因此，如果我們希望實現毫無缺漏的模糊檢索，透過SAT2018版本的界面仍是無法實現的。

第二種對策，即在SAT2018中也有包含的正規表達式（regular expression）檢索。眾所周知，正規表達式是一種通用性強且有效的工具。例如，「X.＊Y」式的文字檢索可用於檢索包含字符X且隨後0至無限數量字符後出現Y的所有結果。然而，實際應用中存在限制，例如，若文字X與文字Y之間夾有一百個字符，通常的電子數據和GREP（global regular expression print）系統往往無法有效檢出。也就是說，X與Y之間可介入的字符數量存在一定的上限，這是一個現實問題。因此，即便多次使用正規表達式檢索，仍無法完全排除遺漏關鍵文本或者文字串的可能性。

第三種對策，即基於N-gram的分析。石井（二〇〇二）是概述這一方法應用於佛教文獻研究的早期概論性著作。另外，作為一種基於N-gram的漢語大藏經分析系統，由Jamie Norrish和Michael Radich共同開發的TACL已免費公開。曾受惠於TACL的筆者研究包括船山（二〇一六）與船山（二〇一八）。平日筆者僅使用一般的搜索方法，但在一般搜索無法檢索出的案例中，TACL為筆者提供了重要的發現。

N-gram的機制是將文字串按照任意的文字數機械性地分割，並將所有分割結果與其他文獻進行比較，產出一致或不一致的結果。使用者可以選擇設定分割的文字數，以達到最佳效果。在這樣的框架下，N-gram的最大貢獻在於，它並不限定文字串的特定文字數，而是允許使用者在二字到十字（甚至更多）之間進行調整並反覆檢索，從而能夠完整且無遺漏地獲取完全一致的文字串。

然而，N-gram 雖然實現了以往無法達成的多種文字檢索形式，取得了重大成就，但同時也帶來了其特有的重大問題。透過 N-gram 進行任意文字數的文字檢索所得到的結果數量龐大，研究者必須從中精確挑選對自身有意義的結果，既不能遺漏，也不能過多。換句話說，N-gram 的操作過程中會產生大量的「垃圾數據」，研究者需要將這些數據排除，並大幅縮減數據數量，以獲得剩餘極少數的有意義數據。然而，這樣的篩選工作目前無法完全依賴機械來完成。從成千上萬的龐大垃圾數據中篩選結果的作業，至今仍需透過人工進行，必須依靠人眼「手動」執行。這一點在 TACL 系統中亦是如此。筆者曾多次向開發者提出希望能設計出一種可以機械性排除完全無意義數據的軟體，但這種軟體必須避免錯誤地排除有意義的數據，因此篩選標準可能需要稍微寬鬆一些。然而，令人遺憾的是，現階段 TACL 仍未能成功開發出能有效排除「垃圾數據」的應用程式。

即使能夠全面且客觀地獲得一致文字串的所有數據，要在其中找到真正需要的數據，現實中還是不得不依靠「經驗」和「直覺」。目前的情況是，對於什麼是「垃圾」，什麼是「有意義」，這樣的判斷幾乎無法擺脫主觀性。如果文字分析的最後階段依然要完全依賴人工和直覺，那麼只要負責分析的人不同，最終的分析結果也很可能完全不同。這種情況對於能否獲得客觀且全面的檢索結果構成了嚴重問題。在這樣的狀態下，研究者從大量垃圾數據中挑出一兩個有意義的結果後，仍然可能無法確信自己的結論是否為唯一正解。

還可能會懷疑，是否存在其他可能性？如果是完全不同的人進行了篩選工作，會不會得出完全不同的結果？這些不確定性使得研究結果的可靠性大打折扣。

五、「散在一致」——目前無法進行的文字檢索案例

除了前文所述的例子之外，本稿還要特別介紹一類期望在不久的將來能夠獲得可靠檢索結果的原典資料。由於筆者難以用理論充分描述這一問題，以下將通過具體範例來進行說明。

筆者的研究主要集中於五至八世紀的中國佛教，以王朝劃分為南北朝時期（特別是南朝）、隋朝，以及唐朝的初唐至盛唐時期。南朝佛教的重大轉折發生在南齊（四七九—五〇二）與梁（五〇二—五五七）兩個朝代。

眾所周知，中國歷史上最虔誠信奉佛教的皇帝之一是梁武帝（五〇二—四九在位），而促成梁武帝確立其佛教信仰的直接推手，是其前朝南齊武帝的次子蕭子良（四六〇—九四）。

蕭子良雖英年早逝，卻留下了大量著作。其中對同時代及後世影響最大的作品為《淨住子》二十卷。然而，正因其篇幅龐大，《淨住子》在歷史上相對早期就已經散佚，現在

我們無法完整掌握這部二十卷巨著的全貌。所幸的是，初唐時期的道宣（五九六—六六七）曾將這部二十卷巨著濃縮為約二十分之一篇幅，編成《統略淨住子淨行法門》一卷，並收入其於六六四年編纂的《廣弘明集》卷二十七。筆者早前曾對《統略淨住子淨行法門》進行校訂、譯注及研究，成果刊載於船山（二〇〇六）。然而，在此過程中，筆者始終渴望確定已散佚的《淨住子》二十卷的具體形式與內容。為此，筆者嘗試以各種方法搜尋大藏經文獻，但即便如此，仍幾乎無法具體確定原書的內容。

然而，在此研究過程中，筆者發現了一些值得注意的文獻。這些文獻中，第一類明確標示其引用自《淨住子》，但其文句卻無法在道宣的《統略本》中找到對應之處。這些文句極有可能是直接引自蕭子良的原本，而非經由道宣的節略本轉引。因此，筆者對這些引用片段進行了全面的收集，並加以展示。

第二類則是那些雖然沒有標示是引用自《淨住子》，但其記述內容和順序卻與道宣的《統略本》一致的文獻。其中，特別值得注意的佛教書籍是在梁朝初年編纂了原形，並在之後補充了一部分而形成現存版本的《慈悲道場懺法》十卷（撰者不明）。以下所舉的例子便是《慈悲道場懺法》和《統略淨住子淨行法門》之間所出現的文字串的一致性。

為了讓內容更易於理解，筆者先提出值得關注的結論。首先，這些文獻按照以下順序成立：

1. 南齊・蕭子良《淨住子》二十卷，西元四九〇年成書，已散佚（無現存）。
2. 梁・撰者不明《慈悲道場懺法》十卷，西元五〇〇年代前半，現存。
3. 唐・道宣《統略淨住子淨行法門》一卷，西元六六四年，現存（為第一種文獻的縮減版）。

在了解這樣的成立順序後，仔細檢查《慈悲道場懺法》中的文句時，會發現其中有多個地方出現了與道宣《統略》本**一致**的語句，並且**順序完全相同**。然而，從《慈悲道場懺法》中的文字來看，儘管語句的出現順序與《統略》完全一致，但這些一致的文字串在《慈悲道場懺法》中卻僅僅是散在地出現。

「散在一致」換句話說，就是這些與《統略》一致的文句在《慈悲道場懺法》中按照相同的順序「斷斷續續地出現」。或許也可以表達為「文字串呈現鬆緩的斑駁狀的一致」。

那麼《慈悲道場懺法》和《統略》之間有什麼關係呢？由於《慈悲道場懺法》在時間上早於《統略》，因此不可能是以《統略》為素材編纂的。儘管《慈悲道場懺法》在撰述時並不知道《統略》的存在，但其文句與《統略》有散在一致的情況。

另一方面，《慈悲道場懺法》是在《淨住子》原本之後編纂的，因此不能排除《淨住子》為《慈悲道場懺法》的素材的可能性，甚至這種可能性極高。第一，儘管《淨住子》原文已經散佚且未存，但其比《統略》多出二十倍的內容；第二，《慈悲道場懺法》和《統略》（《淨住子》的縮減版）之間的文字串存在散在一致性；第三，在這些一致的文字串之間，經常會有大量補充說明的語句。作為滿足上述三個條件的文獻，我們將《慈悲道場懺法》作為對象，並將其內容與《統略》進行比較，結果顯示，在《慈悲道場懺法》和《統略》之間一致的文字串中，所夾雜的不一致部分，很可能包含了來自蕭子良《淨住子》二十卷本的直接引用。這一結論能夠在邏輯上無矛盾地被理解。以下所列的表格舉例說明了上述事實。《慈悲道場懺法》與《統略淨住子淨行法門》之間一致的文字串，以楷體的字體顯示；此外，在這些完全一致的文字串之間，還夾雜有內容具有連貫性的《慈悲道場懺法》的文字串，則以底線標示。根據目前的假設，這些底線部分極有可能包含了來自蕭子良《淨住子》二十卷的引用文字。

【成立順序1】現存 撰者不明《慈悲道場懺法》十卷 其最古層的形成時期為六世紀前半頃（後代有增補）	【成立順序2】現存 道宣《統略淨住子淨行法門》一卷 成書於六六四年
又願今日道場同業大眾，各自發如是願。尋眾惡所起，皆緣六根。是為六根眾禍之本。雖為禍本，亦能招致無量福業。故《勝鬘經》言，「守	原眾惡所起，皆緣意地貪、瞋、癡也。自害害他，勿過於此，故《經》號為根本三毒。能煩能惱，勞擾身心，於緣起惡，三三

護六根，淨身口意」。以此義證生善之本故，於六根發大誓願。	1.初發眼根願。願今日道場同業大眾，廣及十方四生，六道一切眾生，從今日去，乃至菩提，眼常不見貪欲無厭詐幻之色，不見諂諛曲媚佞會之色，不見玄黃朱紫惑人之色，不見瞋恚，鬪諍，醜狀之色，不見打扑苦惱損他之色，不見屠裂傷毀眾生之色，不見愚癡無信疑闇之色，不見無謙無敬驕慢之色，不見九十六種邪見之色。眼常不見如是一切眾惡不善之色。 願眼常見一切十方常住法身湛然之色，常見三十二相紫磨金色，常見八十種好隨形之色，常見諸天諸仙奉寶來獻散華之色，常見口出五種色光說法度人之色，常見分身散體遍滿十方之色，常見諸佛放肉髻光感有緣來會之色。又願眼常見十方菩薩、辟支、羅漢眾聖之色，常得與諸眾生及諸眷屬觀佛之色，常見眾善無教假色，常見七覺淨華之色，常見解脫妙果之色，常見今日道場大眾歡喜讚法頂受之色，常見四眾圍繞、聽法、渴仰之色，常見一切布施、持戒、忍辱、精進之色，常見一切靜默、禪思、修智慧之色，常見一切眾生得無生忍、現前受記、歡喜之色，常見一切登金剛慧、斷無明闇、補處之色，常見一切沐浴法流不退之色。已發眼根願竟，相與至心五體投地，歸依世間大慈悲父。……
九種。然此九種，義通善惡。三善根生，名善業道，三不善根生，名惡業道。是故行人常一其心，不令動亂。微塵起相，見即覺察，守護六根，不令塵染。常發弘願，以自莊嚴。	1.願一切眾生，皆從今日，乃至菩提，眼常不看貪婬邪豔惑人之色。不看瞋恚、醜狀、屠裂、愚癡、闇鈍、倨慢邪眾之色。 願見一切十方常住法身之色，菩薩下生八相之色，如來相好聖眾和會善集之色。

2.次發耳根願。又願今日道場同業大眾，廣及十方四生，六道一切眾生，從今日去，乃至菩提，耳常不聞啼哭愁苦悲泣之聲，不聞無間地獄受苦之聲，不聞鑊湯雷沸振響之聲，不聞刀山劍樹鋒刃割裂之聲，不聞十八地獄間隔無量苦楚之聲。又願從今日去，耳常不聞餓鬼飢渴熱惱求食不得之聲，不聞餓鬼行動節間火然作五百車聲。又願從今日去，耳常不聞畜生身大五百由旬為諸小虫唼食苦痛之聲，不聞抵債不還生馲駝驢馬牛身常負重鞭杖楚撻困苦之聲，耳常不聞愛別離怨憎會等八苦之聲，不聞四百四病苦報之聲，不聞一切諸惡不善之聲，不聞鐘鈴螺鼓琴瑟箜篌琳瑯玉珮惑人之聲。

唯願一切眾生，從今日去，耳常得聞諸佛說法八種音聲，常聞無常苦空無我之聲，常聞八萬四千波羅蜜聲，常聞假名諸法無性之聲，常聞諸佛一音說法各得解聲，常聞一切眾生皆有佛性法身常住不滅之聲，常聞十地菩薩忍音修進之聲，常聞得無生解善入佛慧出三界之聲，常聞諸法身菩薩入法流水真俗並觀念念具足萬行之聲，常聞十方辟支羅漢四果之聲，常聞帝釋為諸天說般若之聲，常聞十地補處大士在兜率宮說法不退轉地行之聲，常聞萬善同歸得佛之聲，常聞諸佛讚歎一切眾生能行十善隨喜之聲。

願諸眾生常聞諸佛讚言「善哉是人，不久成佛」之聲。已發耳根願竟，相與至心五體投地，重復歸依世間大慈悲父……。

2.願一切眾生，耳常不聞悲啼，愁歎聲，地獄苦楚聲，餓鬼、畜生受苦聲，八苦交對聲，四百四病起發聲，八萬四千塵勞聲。

願耳常聞諸佛說法八音聲，八萬四千波羅蜜聲，三乘聖果十地功德如是等聲。

3.次發鼻根願。又願今日道場同業大眾，廣及六道一切眾生，從今日去，乃至菩提，鼻常不聞殺生、滋味、飲食之氣，不聞畋獵、放火、燒害眾生之氣，不聞蒸煮、熬炙眾生之氣，不聞三十六物革囊臭處之氣，不聞錦綺羅穀惑人之氣。又願鼻不聞地獄剝裂燋爛之氣，不聞餓鬼飢渴、飲食、糞穢、膿血之氣，不聞畜生腥臊不淨之氣，不聞病臥床席無人看視瘡壞難近之氣，不聞大小便利臭穢之氣。不聞死屍膖脹虫食爛壞之氣。

唯願大眾六道眾生，從今日去，鼻常得聞十方世界牛頭旃檀無價之香，常聞優曇鉢羅五色華香，常聞歡喜園中諸樹華香，常聞兜率天宮說法時香，常聞妙法堂上遊戲時香，常聞十方眾生行五戒、十善、六念之香，常聞一切七方便人、十六行香，常聞十方辟支、學、無學人眾德之香，常聞四果、四向得無漏香，常聞無量菩薩①歡喜、②離垢、③發光、④焰慧、⑤難勝、⑥遠行、⑦現前、⑧不動、⑨善慧、⑩法雲之香，常聞眾聖戒、定、慧、解脫、解脫知見五分法身之香，常聞諸佛菩提之香，常聞三十七品、十二緣觀、六度之香，常聞大悲、三念、十力、四無所畏、十八不共法香，常聞八萬四千諸波羅蜜香，常聞十方無量妙極法身常住之香。已發鼻根願竟，相與至心五體投地，歸依世間大慈悲父……。

3.願一切眾生，鼻常不聞殺生、滋味、飲食之氣，三十六物革囊之氣，發欲羅綺脂澤之氣，五辛能薰九相尸氣。

願鼻常聞十方世界諸樹草木之香，五戒、八戒、十善、六念諸功德香，學、無學人、十地、五分、十力、八萬四千諸度無漏之香，十方諸佛說法之香。

4.次發舌根願。又願今日道場同業大眾，廣及十方四生，六道一切眾生，從今已去，乃至菩提，舌恒不甞傷殺一切眾生身體之味，不甞一切自死之味，不甞生類血髓之味，不甞怨家對主毒藥之味，不甞一切能生貪愛煩惱滋味之味。 願舌恒甞甘露百種美味，恒甞諸自然飲食之味，恒甞香積香飯之味，恒嘗諸佛所食之味，恒甞法身戒定慧之所熏修所現食味，恒嘗法喜禪悅之味，恒甞無量功德滋治慧命甜和之味，恒甞解脫一味等味，恒甞諸佛泥洹至樂最上勝味之味。已發舌根願竟，相與至心五體投地，歸依世間大慈悲父……。	4.願一切眾生，舌恒不甞眾生有命身肉雜味，能生煩惱滋味。 願舌恒甞甘露不死之味，天自然食在其舌根變成上味，諸佛所食之味，法喜禪悅之味，解脫泥洹最上勝味。
5.次發身根願。又願今日道場同業大眾，廣及十方一切眾生，從今日去，乃至菩提，身常不覺五欲邪媚之觸，不覺鑊湯、爐炭、寒氷等觸，不覺餓鬼頭上火然烊銅灌口焦爛之觸，不覺畜生剝裂苦楚之觸，不覺四百四病諸苦之觸，不覺大熱大寒難耐之觸，不覺蚊蚋蚤蝨諸虫之觸，不覺刀杖毒藥加害之觸，不覺飢渴困苦一切諸觸。 願身常覺諸天妙衣之觸，常覺自然甘露之觸，常覺清涼不寒不熱之觸，常覺不飢不渴無病無惱休強之觸，常覺臥安覺安無憂無怖之觸，常覺十方諸佛淨土微風吹身之觸，常覺十方諸佛淨國七寶浴池洗蕩身心之觸，常覺無老病死諸苦之觸，常覺飛行自在與諸菩薩聽法之觸，常覺諸佛涅槃八自在觸。已發身根願竟，相與至心五體投地，歸依世間大慈悲父。	5.願一切眾生，身常不覺邪婬細滑、生欲樂觸，不覺鑊湯寒氷之觸，餓鬼畜生諸苦惱觸，四百四病、寒熱風霜、蚊虻蚤虱、飢渴困苦等觸。 願身常覺清涼強健，心悟安隱，證道飛行，八自在觸。

6.次發意根願。又願今日道場同業大眾，廣及十方一切眾生，從今日去，乃至菩提，意常得知貪欲瞋恚愚癡為患，常知身殺盜婬妄言綺語兩舌惡口為患，常知殺父害母殺阿羅漢出佛身血破和合眾是無間罪，常知謗佛法僧不信因果人死更生報應之法，常知遠惡知識親近善友，常知諮受九十六種邪師之法為非，常知三漏五蓋十纏之法是障，常知三途可畏、生死酷劇苦報之處。

願意常知一切眾生皆有佛性，常知諸佛是大慈悲父無上醫王，一切尊法為諸眾生病之良藥，一切賢聖為諸眾生看病之母。願意常知歸依三寶應受五戒，次行十善，如是等法能招天上人中勝報，常知未免生死應修七方便觀　頂法等，常知應行無漏苦忍十六聖心，先修十六行觀，觀四真諦，常知四諦平等無相，故成四果，常知總相、別相一切種法，常知十二因緣、三世、因果輪轉無有休息，常知修行六度、八萬諸行，常知斷除八萬四千塵勞，常知體會無生、必斷生死，常知十住階品次第具足，常知以金剛心斷無明闇得無上果，常知體極一照萬德圓備累患都盡成大涅槃，常知佛地十力四無所畏十八不共無量功德無量善法。已發意根願竟，相與至心五體投地，歸依世間大慈悲父。（《大正藏》冊四十五，頁九六三下—九六六上）

6.願一切眾生，皆從今日，乃至菩提，意常覺知九十八使，八萬四千塵勞之法，十惡五逆，九十六種邪師之法，三塗可厭，生死大苦。

願意常知一切眾生皆有佛性，佛為醫王，法為良藥，僧為看病者，為諸眾生，治生死患，令得解脫，心常無礙，空有不染。（《大正藏》冊五十二，頁三三二上—中）

如上一覽表所示，將以楷體顯示的文字串呈現了《慈悲道場懺法》中「散在一致」的情況，這一點應該能夠幫助理解。由於篇幅所限，很遺憾此處無法為上述原文提供現代語譯，以方便讀者更便捷地理解內容。雖然如此，我們仍可以看出：楷體語句間所夾雜的底線部分，進一步詳細地連接了楷體文字串的內容。這些底線部分並非對楷體部分的注釋，而是展示了楷體部分沒有表達的事物。

從原本較長的文章（蕭子良《淨住子》二十卷）中，唐代道宣選取了特別重要的語句並進行了簡縮，結果就是《統略》文獻中尤其是楷體部分的內容；而在這些加粗內容之間，介於其中更細緻的說明——即《慈悲道場懺法》中的底線部分，也就是蕭子良《淨住子》二十卷的語句——被省略，通過這樣的省略，保持了蕭子良原文的語彙，同時能將分量壓縮至原來的二十分之一。從這樣的角度理解，筆者認為這些具體的例子能夠自然、無誤、邏輯地解釋這一過程。

六、提案的結論

前一節中所展示的「散在一致」現象在《慈悲道場懺法》中得到確認，這一點實際上早在筆者的拙作（二〇〇六）中已有提及，並非最近才發現的全新視角。然而，筆者希望能在大藏經中全面尋找這樣的「散在文字串的一致」，並多次嘗試進行傳統的文字檢索，對不同的文字串稍做修改。事實上，在二〇〇六年撰寫原稿時，筆者認為這些工作已經完成。儘管如此，去年（二〇一八）筆者決定花一年時間重新檢討「散在文字串的一致」，並再次進行相同的檢索。結果發現，在二〇〇六年時未能找到的「散在文字串的一致」有了更多的發現，並進行了補充。這表明，像第五節中所示的「散在文字串的一致」無法在現有的檢索方法中完全網羅並取得可靠結果，這仍然是目前尚未解決的問題。

要在大藏經中全面檢索出具有散落且斷斷續續一致的文字串的文獻，已超出目前「手動型」檢索所能處理的範圍。為了能以文獻學上令人滿意的方式，追溯現已失傳的蕭子良《淨住子》二十卷的內容，筆者在此提出：今後有必要開發一套能夠全面檢索及掌握「含有多個經由文字串介入而呈現散在一致性的複數文獻」的軟體工具。開發此類工具對於未來的研究將至關重要。

略號和先行研究

SAT2018　SAT 大正新修大藏經文本資料庫二〇一八年版。

https://21dzk.l.u-tokyo.ac.jp/SAT2018/master30.php

TACL　https://tacl.readthedocs.io/en/latest/

石井（二〇〇二）　石井公成〈仏教学における N-gram の活用〉，《明日の東洋学》八，東京大学東洋文化研究所附属東洋学研究情報センター報，二〇〇二，二—四頁。
船山（二〇〇六）　船山徹《南斉・竟陵文宣王蕭子良撰《淨住子》の訳注作成を中心とする中国六朝仏教史の基礎研究》，科研報告書基盤研究（C），二〇〇六，共三百二十四頁。
船山（二〇一六）　船山徹〈《大方便仏報恩経》編纂所引用的漢訳経典〉，方廣錩（主編）《佛教文獻研究》二，廣西師範大学出版社，二〇一六，一七五—二〇二頁。
船山（二〇一八）　船山徹〈梁の宝唱《比丘尼伝》の定型表現——撰者問題解決のために〉，《東方学》一三五，二〇一八，三十六—五十三頁。

文獻與略號

日文，中文，韓文——按作者姓名的筆畫排序

チヤン（二〇一〇） アンヌ・チヤン（志野好伸、中島隆博、廣瀬玲子訳）《中国思想史》，東京：知泉書院，二〇一〇。

ドミエヴィル（一九八九） ドミエヴィル・P・〈殺生戒の問題〉，花園大学国際禅学研究所《研究報告》一，一九八九，六十九—一〇七頁。

二楞生（一九三四） 二楞生〈大蔵文庫古逸善本目録〉，《ピタカ》五，一九三四，十四—二十頁。

二楞学人（一九二六） 二楞学人〈法宝連璧（一）〉，《現代仏教》三，一月特別号，一九二六，一七五—一七九頁。

三友（一九九六） 三友量順〈薬王菩薩と「燃身」〉，《勝呂信靜博士古稀記念論文集》，東京：山喜房佛書林，一九九六，三九一—四〇六頁。

上山（一九九〇）　上山大峻《敦煌仏教の研究》，京都：法藏館，一九九〇。
上原（一九六八）　上原和《玉虫厨子の研究——飛鳥・白鳳美術様式史論》（増補版），東京：巌南堂書店，一九六八。
下田（一九九三）　下田正弘《蔵文和訳《大乗涅槃経》⑴》，東京：山喜房佛書林，一九九三。
土田（二〇〇一）　土田健次郎〈体用〉，溝口雄三、丸山松幸、池田知久（編）《中国思想文化事典》，東京：東京大学出版会，二〇〇一，一二七—一二九頁。
土橋（一九七〇／八〇）　同〈中国における戒律の屈折——僧制・清規を中心に〉，同《戒律の研究》，京都：永田文昌堂，一九八〇，八八七—九二四頁（原載《龍谷大学論集》三九三，一九七〇）。
土橋（一九八五）　同〈道宣の戒律への思念〉，《壬生台舜博士頌寿記念　仏教の歴史と思想》，東京：大蔵出版，一九八五，三九七—四一九頁。
土橋（一九六八／八〇）　土橋秀高〈ペリオ本〈出家人受菩薩戒法〉について〉，同《戒律の研究》，京都：永田文昌堂，一九八〇，八三九—八八六頁（原載《仏教学研究》二十五、二十六，一九六八）。
大竹（二〇〇一）　大竹晉〈《金剛仙論》の成立問題〉，《佛教史学研究》四十四／

一，二〇〇一，四十九—七十頁。
大野（一九五四）　大野法道《大乘戒経の研究》，東京：理想社，一九五四。
小野玄妙（一九二〇）　小野玄妙〈千臂千鉢曼殊室利経幷其序真偽考〉，《仏教学雑誌》一／四，一九二〇，一〇七—一一四頁。
小野玄妙（一九二九）　同〈梁真諦訳金光明経序文〉，《仏典研究》一／二，一九二九，五頁。
小野玄妙（一九三一）　同〈梁莊厳寺宝唱の翻梵語と飛鳥寺信行の梵語集〉，《仏典研究》三／十二，一九三一，一—四頁（再録：同《仏教の美術と歴史》，東京：大蔵出版，一九三七）。
小野勝年（一九八八）　小野勝年〈聖護蔵の《勝天王般若波羅蜜経》の経序について〉，《南都佛教》五十九，一九八八，四十八—六十七頁。
山口弘江（二〇〇四）　山口弘江〈《維摩経文疏》所引の《普集経》について〉，《印度学仏教学研究》五十三／一，二〇〇四，一一六—一一八頁。
山口瑞鳳（一九七七）　山口瑞鳳〈《活仏》について〉，《佛の研究——玉城康四郎博士還暦記念論集》，東京：春秋社，一九七七，二八五—三〇二頁。
山田（一九七五）　山田慶兒〈梁武の蓋天説〉，《東方学報》京都四十八，一九七五，九十九—一三四頁。
山崎（一九四二）　山崎宏《支那中世仏教の展開》，東京：清水書店，一九四二。
川勝（一九八二／九三）　川勝義雄〈中国的新仏教形成へのエネルギー——南岳慧思の場合〉，同《中国人の歴史意識》，平凡社ライブラリー，東京：平凡社，一九九三，二〇七—二七四頁（原載：福永，一九八二）。
中西（一九八一）　中西久味〈六朝斉梁の〈神不滅論〉覚え書——仏性説との交流より〉，《中国思想史研究》四，一九八一，一〇五—一三〇頁。
中村（一九八〇）　中村元《ブッダ最後の旅——大パリニッバーナ経》，岩波文庫，東京：岩波書店，一九八〇。
中村（一九八一）　同《仏教語大辞典縮刷版》，東京：東京書籍，一九八一。
中村、早島（一九六四）　中村元、早島鏡正《ミリンダ王の問い3》，東洋文庫，東京：平凡社，一九六四。
中村、紀野（一九六〇／二〇〇一）　中村元、紀野一義（訳注）《般若心経・金剛般若経》，ワイド版岩波文庫，東京：岩波書店，二〇〇一（初版：岩波文庫，一九六〇）。
今西（二〇〇六）　今西順吉〈四聖諦とブッダ〉，《国際仏教学大学院大学研究紀要》

十，二〇〇六，一—四十頁。

今津（一九二五） 今津洪岳〈羅睺羅跋陀羅の中論註に就て〉，《現代仏教》二／十六，一九二五，七十二—八十四頁。

天野（一九六九） 天野宏英〈現観荘厳論の著作目的について——ハリバドラの解釈方法〉，《印度学仏教学研究》十七／二，一九六九，九〇五—八九五頁。

方廣錩（二〇〇六） 方廣錩《中國寫本大藏經研究》，上海：上海古籍出版社，二〇〇六。

月輪（一九三五／七一） 月輪賢隆〈究竟一乗宝性論に就て〉，同《仏典の批判的研究》，京都：百華苑，一九七一，三六四—三八一頁（原載《日本仏教学協会年報》七，一九三五）。

木村（一九八二） 木村邦和〈西明寺円測における真諦三蔵所伝の学説に対する評価（二）〉，《研究紀要》（長岡短期大学）六，一九八二，九—二十四頁。

水尾（一九六六） 水尾現誠〈戒律の上から見た捨身〉，《印度學佛教學研究》十四／二，一九六六，二二六—二三〇頁。

水谷（一九九九a） 水谷真成（訳注）《大唐西域記1》，東洋文庫，東京：平凡社，一九九九（初出《大唐西域記》，中国古典文学大系，東京：平凡社，一九七一）。

水谷（一九九九b） 同（訳注）《大唐西域記2》，東洋文庫，東京：平凡社，一九九九（初出《大唐西域記》，中国古典文学大系，東京：平凡社，一九七一）。
水谷（一九九九c） 同（訳注）《大唐西域記3》，東洋文庫，東京：平凡社，一九九九（初出《大唐西域記》，中国古典文学大系，東京：平凡社，一九七一）。
水野（一九三一／九七） 水野弘元〈譬喩師と成実論〉，《水野弘元著作集第二巻 仏教教理研究》，東京：春秋社，一九九七，二七九—三〇〇頁（原載《駒澤大学仏教学会年報》一，一九三一）。
水野（一九七二／九三） 同〈南山道宣と大乗戒〉，森章司（編）《戒律の世界》，東京：渓水社，一九九三，四八五—五一〇頁（原載《金沢文庫研究紀要》九，一九七二）。
水野（一九八四） 同〈五十二位等の菩薩階位説〉，《仏教学》十八，一九八四，一—二十八頁。
水野、長廣（一九四一） 水野清一、長廣敏雄《龍門石窟の研究》，東京：座右宝刊行会，一九四一。
片山（一九八二） 片山一良〈古代セイロンにおけるサンガとダーサ——施与の文化変容〉，パーリ文化研究会（編）《パーリ仏教文化研究》第一輯，東京：山喜房佛書林，一九八二，三十三—五十六頁。
王邦維（二〇〇九a） 義淨（著）、王邦維（校注）《南海寄歸內法傳校注》，中外交通史籍叢刊，北京：中華書局，第三次印刷，二〇〇九（初版一九八五）。
王邦維（二〇〇九b） 同《大唐西域求法高僧傳校注》，中外交通史籍叢刊，北京：中華書局，第四次印刷，二〇〇九（初版一九八八）。
王宗昱（二〇〇一） 王宗昱《《道教義樞》研究》，道家文化研究叢書，上海：上海文化出版社，二〇〇一。
王葆泫（一九八七） 王葆泫《正始玄學》，濟南：齊魯書社，一九八七。
丘山（一九八四） 丘山新〈竺仏念〉，《仏教文化》十四，一九八四，二十三—四十頁。
丘山ほか（二〇〇〇） 丘山新、神塚淑子、辛嶋静志、菅野博史、末木文美士、引田弘道、松村巧《現代語訳　阿含経典　第3巻》，東京：平河出版社，二〇〇〇。
冉雲華（一九九五） 冉雲華〈中國佛教對孝道的受容及後果〉，同《從印度佛教到中國佛教》，臺北：東大圖書公司，一九九五。
北山録訳注（一九八〇） 東京大学東洋文化研究所三教交渉史研究班〈《北山録》訳注（一）〉，《東洋文化研究所紀要》八十一，一九八〇，一七九—二五七頁。

古勝（二〇〇六）　古勝隆一〈釈奠礼と義疏学〉，同《中国中古の学術》，東京：研文出版，二〇〇六，九十三—一三八頁。
古賀（一九九四）　古賀英彦〈初期禅宗の祖統説と北山録〉，《仏教学セミナー》六十，一九九四，四十二—五十九頁。
外村（二〇一〇）　外村中〈古代インドの絃楽器「ヴィーナー」、「ヴァッラキー」、「トゥナヴァ」〉，《古代文化》六十二／三，二〇一〇，四〇二—四一八頁。
市川（一九九九）　市川良文〈ニヤ遺跡をめぐる諸問題——特にチャドータにおける仏教僧の実態を中心として〉，《佛教史学研究》四十二／一，一九九九，一—三十七頁。
平川（一九六〇／九〇）　平川彰〈大乘戒と菩薩戒経〉，同《平川彰著作集第7巻　浄土思想と大乘戒》，東京：春秋社，一九九〇，二五三—二七五頁（原載《福井博士頌寿記念　東洋思想論集》，東京：福井博士頌寿記念論文集刊行会，一九六〇）。
平川（一九六〇／九〇）　同〈大乘戒と十善道〉，同《平川彰著作集第7巻　浄土思想と大乘戒》，東京：春秋社，一九九〇，二三九—二五一頁（原載《印度學佛教學研究》八／二，一九六〇）。
平川（一九六〇／九九—二〇〇〇 I II）　同《律蔵の研究》，同《平川彰著作集第9

巻　律蔵の研究Ⅰ》，東京：春秋社，一九九九；《平川彰著作集第10巻　律蔵の研究Ⅱ》，二〇〇〇（原載《律蔵の研究》，東京：山喜房佛書林，一九六〇）。

平川（一九六四／二〇〇〇ⅠⅡ）　同《原始仏教の教団組織ⅠⅡ》，同《平川彰著作集第11巻12巻》，東京：春秋社，二〇〇〇（原載《原始仏教の研究——教団組織の原型》，東京：春秋社，一九六四）。

平川（一九六八／九〇）　同〈初期大乗仏教の戒学としての十善道〉，同《平川彰著作集第7巻　浄土思想と大乗戒》，東京：春秋社，一九九〇，二〇一—二三八頁（原載：芳村修基《仏教教団の研究》，京都：百華苑，一九六八）。

平川（一九七六／九〇）　同〈懺悔とクシャマ——大乗経典と律蔵の対比〉，同《平川彰著作集第7巻　浄土思想と大乗戒》，東京：春秋社，一九九〇，四三一—四五三頁（原載《法華文化研究》二，一九七六）。

平川（一九八六／九一）　同〈四分律宗の出現と十誦律〉，同《平川彰著作集第8巻　日本仏教と中国仏教》，東京：春秋社，一九九一，一五七—一八七頁（原載《南都仏教》五十六，一九八六）。

平川（一九九一）　同〈授菩薩戒儀の研究〉，同《平川彰著作集第8巻　日本仏教と中国仏教》，東京：春秋社，一九九一，三八七—四六六頁。

平川（一九九三a） 同《平川彰著作集第14巻 二百五十戒の研究Ⅰ》，東京：春秋社，一九九三。
平川（一九九三b） 同《平川彰著作集第15巻 二百五十戒の研究Ⅱ》，東京：春秋社，一九九三。
平川（一九九四） 同《平川彰著作集第16巻 二百五十戒の研究Ⅲ》，東京：春秋社，一九九四。
平川（一九九五） 同《平川彰著作集第17巻 二百五十戒の研究Ⅳ》，東京：春秋社，一九九五。
平井（一九七六） 平井俊栄《中国般若思想史研究》，東京：春秋社，一九七六。
平井（一九七九） 同〈中国仏教と体用思想〉，《理想》五四九，一九七九，六十—七十二頁。
平井、伊藤（一九七七） 平井俊栄、伊藤隆壽〈安澄撰《中観論疏記》校註——東大寺古写本巻第六末〉，《南都仏教》三十八，一九七七，六十六—一一三頁。
本田（一九八七） 本田済〈聖人〉，同《東洋思想研究》，東京：創文社，一九八七，六十九—八十二頁。
本庄（一九八九） 本庄良文《梵文和訳 決定義経・註》，京都：私家版，一九八九。

田中（一九八一） 田中良昭《付法蔵因縁伝の西天祖統説》，《宗学研究》二十三，一九八一，一八二—一八八頁。
田中（二〇〇三） 同《宝林伝訳注》，東京：内山書店，二〇〇三。
田崎（一九九〇） 田崎國彦《インド仏教教団における「財産」所有の問題——地・金類・奴隷》，《東洋大学大学院紀要》二十七，一九九〇，一五六—一三七頁。
矢吹（一九三三） 矢吹慶輝《鳴沙余韻解說》，東京：岩波書店，一九三三。
石川（一九九八） 石川美恵〈《決定義経釈（don rnam par gdon mi za ba'i 'grel pa）》第一章研究——「如是我聞一時」と「世尊」の解釈〉，《東洋学研究》三十五，一九九八，二〇〇—一九〇頁。
石井（一九九六） 石井公成《華厳思想の研究》，東京：春秋社，一九九六。
石田徳行（一九七九） 石田徳行〈欧陽頠・紇と仏教——真諦との関係を中心に〉，《佛教史学研究》二十二／一，一九七九，四十一—五十九頁。
任繼愈（一九八一） 任繼愈（主編）《中國佛教史》第一卷，北京：中國社會科學出版社，一九八一。
任繼愈（一九八八） 同《中國佛教史》第三卷，北京：中國社會科學出版社，一九八八。

伊藤（一九七七）　伊藤隆壽〈安澄の引用せる諸注釈書の研究〉，《駒澤大学仏教学部論集》八，一九七七，一一五―一四六頁。

印順（一九六八）　印順《說一切有部為主的論書與論師之研究》，臺北：正聞出版社，一九六八。

吉川（一九六六／八九）　吉川忠夫《劉裕》，中公文庫版，東京：中央公論社，一九八九（原載《劉裕》，東京：人物往来社，一九六六）。

吉川（一九七四）　同〈侯景の乱始末記――南朝貴族社会の命運〉，《中公新書》，東京：中央公論社，一九七四。

吉川（一九八四）　同〈踞食論争をめぐって〉，《六朝精神史研究》，京都：同朋舎，一四七―一六四頁。

吉川（一九八八）　同（訳）《大乗仏典　中国日本篇4　弘明集・広弘明集》，東京：中央公論社，一九八八。

吉川（一九八九）　同〈嶺南の欧陽氏〉，《中国辺境社会の歴史的研究》（科学研究費補助金研究成果報告書，研究代表者：谷川道雄），一九八九，四十八―五十三頁。

吉川（一九九〇a）　同〈本と末〉，《岩波講座東洋思想第十四巻　中国宗教思想2》，東京：岩波書店，一九九〇，一五四―一六四頁。

吉川（一九九〇b）　同〈真人と聖人〉，《岩波講座東洋思想第十四巻　中国宗教思想2》，東京：岩波書店，一九九〇，一七八—一八七頁。
吉川（一九九〇c）　同〈内と外〉，《岩波講座東洋思想第十三巻　中国宗教思想1》，東京：岩波書店，一九九〇，一—一五八頁。
吉川（一九九二）　同〈日中無影——尸解仙考〉，同（編）《中国古道教史研究》，京都：同朋舍，一九九二，一七五—二一六頁。
吉川（一九九五）　同〈梁の徐勉の「誡子書」〉，《東洋史研究》五十四／三，一九九五，三八七—四一〇頁。
吉川（一九九六）　同〈三余録——《余暇のしたたり》〉，京都：中外日報出版局，一九九六。
吉川（一九九七）　同〈社会と思想〉，《魏晋南北朝隋唐時代史の基本問題》，東京：汲古書院，一九九七，四九九—五二二頁。
吉川（一九九八）　同《中国人の宗教意識》，東京：創文社，一九九八。
吉川（二〇〇〇）　同〈島夷と索虜のあいだ——典籍の流伝を中心とした南北朝文化交流史〉，《東方学報》京都七十二，二〇〇〇，一三三—一五八頁。
吉川（二〇〇〇／一〇）　同〈読書箚記三題〉，《中国思想史研究》二十三，二〇〇〇

（再録：同《読書雑志——中国の史書と宗教をめぐる十二章》，東京：岩波書店，二〇一〇，二二二—二三八頁）。
吉川、船山（二〇〇九a） 吉川忠夫、船山徹（訳）《高僧伝（一）》，岩波文庫，東京：岩波書店，二〇〇九。
吉川、船山（二〇〇九b） 同（訳）《高僧伝（二）》，岩波文庫，東京：岩波書店，二〇〇九。
吉川、船山（二〇一〇a） 同（訳）《高僧伝（三）》，岩波文庫，東京：岩波書店，二〇一〇。
吉川、船山（二〇一〇b） 同（訳）《高僧伝（四）》，岩波文庫，東京：岩波書店，二〇一〇。
吉田（一九七六） 吉田靖雄〈古代における捨身行の考察〉，《木代修一先生喜寿記念論文集2　日本文化の社会的基盤》，東京：雄山閣，一九七六，二十一—五十一頁。
吉津（二〇〇三） 吉津宜英〈真諦三蔵訳出経律論研究誌〉，《駒澤大学仏教学部研究紀要》六十一，二〇〇三，二二五—二八六頁。
名畑（一九三一） 名畑応順〈支那中世における捨身に就いて〉，《大谷学報》十二／

二，一九三一，二〇九—二五一頁。

宇井（一九三〇a） 宇井伯壽《印度哲学研究 第六》，東京：甲子社書房，一九三〇（再版《印度哲学研究 第六》，東京：岩波書店，一九六五）。

宇井（一九三〇b） 同〈真諦三蔵伝の研究〉，收錄在宇井（一九三〇a），一一—一三〇頁。

宇井（一九三〇c） 同〈十八空論の研究〉，收錄在宇井（一九三〇a），一三一—二〇四頁。

宇井（一九三〇d） 同〈顕識論の研究〉，收錄在宇井（一九三〇a），三五九—四〇三頁。

宇井（一九三〇e） 同〈転識論の研究〉，收錄在宇井（一九三〇a），四〇六—四九七頁。

宇井（一九三〇f） 同〈三無性論の研究〉，收錄在宇井（一九三〇a），二〇五—三五八頁。

宇井（一九三五） 同〈摂大乗論義疏の断片〉，收錄在宇井《摂大乗論研究》，東京：岩波書店，一九三五，一一七—一三〇頁。

安藤（一九六〇） 安藤更生《鑑真和上伝之研究》，東京：平凡社，一九六〇。

成田（一九七四）　成田俊治〈異相（捨身）往生についての一・二の問題——往生伝類を中心に〉，《日本文化と浄土教論攷》，高石・井川博士喜寿記念会出版部，一九七四，七一八—七二七頁。
朱偰（一九三五）　朱偰《金陵古蹟圖考》，上海：商務印書館，一九三六。
朱漢民（二〇一二）　朱漢民〈玄學・理學本體詮釋方法的內在理路〉，《社會科學》二〇一二年七月，一〇二—一一二頁。
朴姚娟（二〇一一）　朴姚娟（佐藤厚訳）〈新羅義寂の《法華経論述記》の一考察〉，《東アジア仏教研究》九，二〇一一，一七五—一九四頁。
池田秀三（一九九〇）　池田秀三〈体と用〉，《岩波講座東洋思想第十四巻中国宗教思想2》，東京：岩波書店，一九九〇，十七—三十頁。
池田温（一九九〇）　池田温《中国古代写本識語集録》，東京：東京大学東洋文化研究所報告，一九九〇。
竹村（一九八五）　竹村牧男《大乗起信論読釈》，東京：山喜房佛書林，一九八五。
竹村、大竹（二〇〇三）　竹村牧男、大竹晋《金剛仙論　上》，新国訳一切経釈経論部十一上，東京：大蔵出版，二〇〇三。
羽田野（一九七七／八八）　羽田野伯猷〈瑜伽行派の菩薩戒をめぐって〉，同《チベット・インド学集成　第四巻》，京都：法藏館，一九八八，一三七—一八〇頁（原《鈴木学術財団研究年報》十四，一九七七）。

西尾（一九四〇）　西尾京雄《仏地経論之研究第二巻》，名古屋：破塵閣書房，一九四〇。

辻、渡邊（一九八七）　辻直四郎、渡邊照宏訳《ジャータカ物語》，岩波少年文庫，東京：岩波書店，一九五六，一九八七改版。

佐藤次高（二〇〇一）　佐藤次高《聖者イブラーヒーム伝説》，東京：角川書店，二〇〇一。

佐藤哲英（一九二九／八一）　佐藤哲英〈瓔珞経の成立に関する研究〉，同（一九八一），七十二—一一二頁（原載《龍谷大学論叢》二八四—二八五，一九二九）。

佐藤哲英（一九三〇）　同〈出三蔵記集の編纂年代に就て〉，《龍谷大学論叢》二九二，一九三〇，一一四—一四七頁。

佐藤哲英（一九六一）　同〈三諦三観思想の起原及び発達〉，同《天台大師の研究——智顗の著作に関する基礎的研究》，京都：百華苑，一九六一，六八三—七三三頁。

佐藤哲英（一九六二／八一）　同〈天台大師における円教行位の形成〉，同《続・天台大師の研究——天台智顗をめぐる諸問題》，京都：百華苑，一九八一，四二八—四

三五頁（原載《印度學佛教學研究》十／二，一九六二）。
佐藤密雄（一九六三）　佐藤密雄〈原始仏教教団の研究》，東京：山喜房佛書林，一九六三。
佐藤智水（一九九八）　佐藤智水《北魏仏教史論考》，岡山大学文学部，一九九八。
吾妻（二〇〇〇）　吾妻重二〈道学の聖人概念——その歴史的位相〉，《関西大学文学論集》五十／二，二〇〇〇，一—四十六頁。
坂本（一九三五）　坂本幸男〈仏性論解題〉，《国訳一切経　瑜伽部十一》，東京：大東出版社，一九三五，二五五—二六八頁。
坂本（一九五〇／八一）　同〈仏教における死の意義〉，《坂本幸男論文集第一　阿毘達磨の研究》，東京：大東出版社，一九八一，三一七—三三二頁（原載《宗教研究》一二三，一九五〇）。
杉本（一九八二）　杉本卓洲〈菩薩の捨身行——ジャータカと法華経の交渉の一側面〉，塚本啟祥（編）《法華経の文化と基盤》，京都：平樂寺書店，一九八二，三十九—七十五頁。
杉本（一九九九）　同《五戒の周辺——インド的生のダイナミズム》，京都：平樂寺書店，一九九九。

李曉春（二〇一〇）　李曉春〈王弼「體用論」述真〉，《蘭州大學學報（社會科學版）》三十八／四，二〇一〇，十二—十七頁。
沖本（一九七二）　沖本克己〈Bodhisattva Prātimokṣa〉，《印度學佛教學研究》二十一／一，一九七二，一三〇—一三一頁。
谷井（一九九六）　谷井俊仁《契丹仏教政治史論》，氣賀澤保規（編）《中国仏教石経の研究——房山雲居寺石経を中心に》，京都：京都大学学術出版会，一九九六，一三三—一九一頁。
足立、塩入（一九八五）　足立喜六（訳注），塩入良道（補注）《入唐求法巡礼行記2》，東洋文庫，東京：平凡社，一九八五。
辛嶋（一九九八）　辛嶋静志《正法華経詞典》，八王子：創価大学国際仏教学高等研究所，一九九八。
那須（二〇〇四）　那須良彥〈有部の不失法因と正量部の不失——《中論》第17章所述の「不失」に対する観誓の解釈〉，《印度學佛教學研究》五十三／一，二〇〇四，三七一—三六七頁。
並川（一九九五）　並川孝儀〈正量部の四善根位説〉，《印度學佛教學研究》四十四／一，一九九五，九十六—一〇二頁。

並川（二〇〇〇）　同〈チベット訳《有為無為決択》の正量部説と《律二十二明了論》〉，《加藤純章博士還暦記念論集　アビダルマ仏教とインド思想》，東京：春秋社，二〇〇〇，一八一—一九四頁。

並川（二〇一一）　同《インド仏教教団　正量部の研究》，東京：大蔵出版，二〇一一。

季羨林（一九八五）　季羨林等《大唐西域記校注》，中外交通史籍叢刊，北京：中華書局，一九八五。

定源（二〇一〇）　定源〈御註金剛般若波羅蜜經宣演巻上〉，方廣錩（主編）《藏外佛教文獻》第二編，總第十五輯，北京：中國人民大學出版社，二〇一〇，三十二—二一四頁。

岡本天晴（一九八〇）　岡本天晴〈僧伝にみえる臨終の前後〉，《日本佛教學會年報》四十六，一九八〇，四四三—四五八頁。

岡本嘉之（一九九七）　岡本嘉之〈仏典冒頭の常用句再考〉，《印度學佛教學研究》四十六／一，一九九七，一六四—一七二頁。

岡田行弘（二〇〇二）　岡田行弘〈漢訳仏典研究序説——真諦訳《宝行王正論》をめぐって〉，《木村清孝博士還暦記念論集　東アジア仏教——その成立と展開》，東

京：春秋社，二〇〇二，四十七—六十四頁。
岡田真美子（一九九四） 岡田真美子〈血の布施物語⑴慈力王説話——Karmaśataka 48話の並行話〉，《印度學佛教學研究》四十三／一，一九九四，三一八—三一四頁。
岡田真美子（一九九五） 同〈血の布施物語⑵ sarva[-artha-]darśin 伝説——大宝積経（Rāṣṭrapālaparipṛcchā 前生話24）の薬用血施説話を巡って〉，《神戸女子大学文学部紀要》二十八／二，一九九五，一二五—一三七頁。
岡田真美子（二〇〇〇） 同〈捨身と生命倫理〉，《印度學佛教學研究》四十八／二，二〇〇〇，一〇〇〇—九九五頁。
岡田真美子（二〇〇一） 同〈「子の肉の喩」と Sujāta 太子説話〉，《江島惠教博士追悼論集　空と実在》，春秋社，二〇〇一，三三九—三五〇頁。
岩田（二〇〇四） 岩田諦静《真諦の唯識説の研究》，東京：山喜房佛書林，二〇〇四。
岩波仏教（一九八九） 中村元、福永光司、田村芳朗、今野達（編）《岩波仏教辞典》，東京：岩波書店，一九八九。
岩崎（一九八九） 岩崎日出男〈善無畏三蔵の在唐中における活動について——菩薩戒授与の活動を中心として〉，《東洋の思想と宗教》六，一九八九，三十七—五十二頁。
明神（一九八四）　明神洋〈中国仏教徒の焼身と道教〉，《早稲田大学大学院文学研究科紀要》別冊十一　哲学・史学編，一九八四，四十一—五十頁。
明神（一九九六）　同〈中国社会における仏教の捨身と平安〉，《日本仏教學會年報》六十一，一九九六，九十九—一一〇頁。
服部（一九五五）　服部正明〈《仏性論》の一考察〉，《佛教史学研究》四／三・四，一九五五，十六—三十頁。
服部（一九六一）　同〈ディダナーガ及びその周辺の年代——附《三時の考察》和訳〉，《塚本博士頌寿記念　仏教史学論集》，京都：塚本博士頌寿記念，一九六一，七十九—九十六頁。
林鳴宇（二〇〇三）　林鳴宇《宋代天台教学の研究——《金光明経》の研究史を中心として》，東京：山喜房佛書林，二〇〇三。
歐陽漸（一九二四）　歐陽漸《解節經真諦義》，支那內學院，一九二四。
河村（一九七〇）　河村孝照〈涅槃経本有今無偈論について〉，《印度學佛教學研究》十八／二，一九七〇，四一九—四二五頁。
牧田（一九七五／二〇一五）　牧田諦亮〈謝肇淛の仏教観〉，《牧田諦亮著作集　第四巻》，京都：臨川書店，二〇一五，四八八—五〇五頁（原載《東洋学術研究》十四／五，一九七五）。

牧田（一九七六） 同《疑経研究》，京都：京都大学人文科学研究所，一九七六（再版《牧田諦亮著作集 第一巻》，京都：臨川書店，二〇一四）。

牧田、落合（二〇〇〇） 牧田諦亮（監修）、落合俊典（編）《七寺古逸経典研究叢書5 中国日本撰述経典（其之五）・漢訳経典》，東京：大東出版社，二〇〇〇。

竺沙（二〇〇〇a） 竺沙雅章〈仏教伝来——大蔵経編纂〉，《大谷大学通信》五十，二〇〇〇，二十二—三十九頁（再録：大谷大学広報委員会（編）《仏教伝来》，京都：大谷大学，二〇〇一，二七一—二八八頁）。

竺沙（二〇〇〇b） 同〈漢訳大蔵経の歴史——写経から刊経へ〉，同《宋元仏教文化史研究》，東京：汲古書院，二〇〇〇，二七一—二九一頁。

長尾（一九八二） 長尾雅人《摂大乗論——和訳と注解（上）》，東京：講談社，一九八二。

長尾（一九八七） 同《摂大乗論——和訳と注解（下）》，東京：講談社，一九八七。

長澤（一九七八） 長澤実導《瑜伽行思想と密教の研究》，東京：大東出版社，一九七八。

阿（二〇〇六） 阿純章〈受菩薩戒儀及び受八斎戒儀の変遷〉，小林正美（編）《道教の斎法儀礼の思想史的研究》，東京：知泉書館，二〇〇六，三三五—三九五頁。
青木（一九九六） 青木隆〈敦煌出土地論宗文献《法界図》について——資料の紹介と翻刻〉，《東洋の思想と宗教》十三，一九九六，五十九—七十七頁。
青木（二〇〇〇） 同〈地論宗の融即論と縁起説〉，荒牧典俊（編）《北朝隋唐仏教思想史》，京都：法藏館，二〇〇〇，一七九—二〇一頁。
青原（一九九三） 青原令知〈徳慧の《随相論》〉，《印度学仏教学研究》四十一／二，一九九三，一八五—一八九頁。
青原（二〇〇三） 同〈徳慧《随相論》の集諦行相解釈〉，《印度学仏教学研究》五十一／二，二〇〇三，一八六—一九一頁。
春日（一九四四） 春日禮智〈支那成実学派の隆替について〉，《東方學報》京都十四／二，一九四四，二二九—二五五頁。
柏木（一九七九） 柏木弘雄〈「体・相・用」三大説の意義とその思想的背景〉，高野山大学仏教研究室（編）《伊藤真城・田中順照両教授頌寿記念仏教学論文集》，大阪：東方出版，一九七九，三二一—三三八頁。
柳田（一九六七） 柳田聖山《初期禅宗史書の研究》，京都：法蔵館，一九六七。

柳田（一九七一）　同《初期の禅宗Ⅰ　禅の語録2》，東京：筑摩書房，一九七一。
砂山（一九七五）　砂山稔〈江左妖僧攷——南朝における仏教徒の反乱について〉，《東方宗教》四十六，一九七五，二十九—六十二頁。
砂山（一九九〇）　同《隋唐道教思想史研究》，東京：平河出版社，一九九〇。
胡適（一九三〇）　胡適〈白居易時代的禪宗世系〉，《胡適文存》三集，上海：東亞圖書館，一九三〇，三一〇—三一三頁。
風間（一九八四）　風間敏夫〈最後の仏言と南宗禅——伝心法要の研究〉，《仏教学》十七，一九八四，一—二十五頁。
島田（一九六一）　島田虔次〈体用の歴史に寄せて〉，《塚本博士頌寿記念　仏教史学論集》，京都：塚本博士頌寿記念，一九六一，四一六—四三〇頁（再録：同《中国思想史の研究》，京都：京都大学学術出版会，二〇〇二）。
島田（一九六七）　同《朱子学と陽明学》，東京：岩波新書，一九六七。
徐、梁、陳（二〇〇九）　徐時儀、梁曉紅、陳五雲《佛經音義研究通論》，南京：鳳凰出版社，二〇〇九。
徐望駕（二〇〇六）　徐望駕《《論語義疏》語言研究》，北京：中國社會科學出版社，二〇〇六，八十—八十六頁〈佛源詞〉。

桑山（一九九〇）　桑山正進《カーピシー＝ガンダーラ史研究》，京都：京都大学人文科学研究所，一九九〇。
泰本（一九六七）　泰本融〈中観論疏と中観論疏記の研究〉，《国訳一切経　論疏部六》，東京：大東出版社，一九六七，一—三十二頁。
真野（二〇〇一）　真野龍海〈訓釈詞（nirukti ニルクティ）について〉，《仏教文化学会紀要》十，二〇〇一，一—二十頁。
神塚（一九九九）　神塚淑子《六朝道教思想の研究》，東京：創文社，一九九九。
笑道論訳注（一九八八）　〈六朝・隋唐時代の道仏論争〉研究班（編）〈笑道論〉訳注，《東方學報》京都六十，一九八八，四八一—六八〇頁。
高崎（一九七九／二〇〇九）　高崎直道〈真諦三蔵の訳経〉，同（二〇〇九）四五七—四七三頁（原載《森三樹三郎博士頌寿記念　東洋学論集》，朋友書店，一九七九）。
高崎（一九八〇）　同《楞伽経》，仏典講座，東京：大蔵出版，一九八〇。
高崎（一九八一／二〇〇九）　同《真諦三蔵の思想》，同（二〇〇九）四七五—四九三頁（原載《大乗仏教から密教へ——勝又俊教博士古稀記念論集》，東京：春秋社，一九八一）。

高崎（一九八九） 同《宝性論》，東京：講談社，一九八九。
高崎（二〇〇五） 同《仏性論解題》，高崎直道、柏木弘雄（校註）《仏性論・大乗起信論（旧・新二訳）》，新国訳大蔵経論集部2，東京：大蔵出版，二〇〇五，十五—六十四頁。
高崎（二〇〇九） 同《高崎直道著作集第八巻 大乗起信論・楞伽経》，東京：春秋社，二〇〇九。
崔鈆植（二〇〇九） 崔鈆植최연식《校勘大乗四論玄義記》，불광출판사（佛光出版社 Bulkwang Books），二〇〇九。
崔鈆植（二〇一〇） 同（山口弘江訳）〈《大乗四論玄義記》と韓国古代仏教思想の再討〉，《東アジア仏教研究》八，二〇一〇，七十一—一〇五頁。
常盤（一九四一a） 常盤大定〈宝林伝の研究〉，同《支那仏教の研究 第二》，一九四一，東京：名著普及会，二〇三—三二六頁（原載《東方學報（東京）》四，一九三三）。
常盤（一九四一b） 同《天台法華玄義釈籤要決》十巻・《天台法華疏記義決》十巻・《摩訶止観論弘決纂義》八巻の撰者道邃についての疑問〉，同《支那仏教の研究 第二》，東京：名著普及会，一九四一，一二九—二〇二頁。

張岱年（一九五七）　張岱年《中國古典哲學中若干基本概念的起源與演變》，《哲學研究》一九五七年二期，五十四—六十九頁。
張勇（二〇〇〇）　張勇《傅大士研究》，成都：巴蜀書社，二〇〇〇。
望月（一九一七）　望月信亨〈疑似経と偽妄経——仁王経、梵網経、瓔珞経〉，《仏書研究》三十二，一九一七，一—四頁。
望月（一九二八）　同〈仁王般若波羅蜜経の真偽〉，《大正大学学報》三，一九二八，十二—二十六頁。
望月（一九三〇）　同《浄土教の起源及発達》，東京：共立社，一九三〇，一四〇—一五五頁「仁王般若波羅蜜経」，一五五—一八四頁「梵網経」，一八四—一九六頁「菩薩瓔珞本業経」。
望月（一九四六）　同《仏教経典成立史論》，京都：法藏館，一九四六。
梶山（一九七七／二〇一三）　梶山雄一〈かく世尊は語られた……〉，《梶山雄一著作集第一巻　仏教思想史論》，東京：春秋社，四二九—四六六頁（原載《国訳一切経印度撰述部月報　三蔵》一三〇，一九七七）。
梶山（一九八三）　同《「さとり」と「廻向」——大乗仏教の成立》，講談社現代新書，東京：講談社，一九八三（再版　京都：人文書院，一九九七）。

梶山（一九八七）　同《大乘仏典　中国・日本篇22　親鸞》，東京：中央公論社，一九八七，三〇五—四三〇頁〈解說〉（再録《梶山雄一著作集第六巻　浄土の思想》，東京：春秋社，二〇一三，三八三—四七七頁〈仏教思想史における親鸞〉）。

章巽（一九八三／八六）　章巽〈真諦伝中之梁安郡〉，《章巽文集》，北京：海洋出版社，一九八六，六十六—七十二頁（原載《福建論壇》一九八三年四期）。

章巽（一九八五）　同《法顯傳校注》，上海：上海古籍出版社（改版《法顯傳校注》，中外交通史叢書，北京：中華書局，二〇〇八）。

船山（一九九五）　船山徹〈六朝時代における菩薩戒の受容過程——劉宋・南斉を中心に〉，《東方學報》京都　六十七，一九九五，一—一三五頁。

船山（一九九六）　同〈疑経《梵網経》成立の諸問題〉，《仏教史学研究》三十九／一，一九九六，五十四—七十八頁。

船山（一九九八a）　同〈陶弘景と仏教の戒律〉，吉川忠夫（編）《六朝道教の研究》，東京：春秋社，一九九八，三五三—三七六頁。

船山（一九九八b）　同〈《目連問戒律中五百軽重事》の原形と変遷〉，《東方學報》京都　七十，一九九八，二〇三—二九〇頁。

船山（二〇〇〇a）　同〈梁の僧祐撰《薩婆多師資伝》と唐代仏教〉，吉川忠夫（編）

《唐代の宗教》，京都：朋友書店，二〇〇〇，三二五—三五三頁。
船山（二〇〇〇b）同〈地論宗と南朝教学〉，荒牧典俊（編）《北朝隋唐中国仏教思想史》，京都：法藏館，二〇〇〇，一二三—一五三頁。
船山（二〇〇二a）同〈捨身の思想——六朝仏教史の一断面〉，《東方學報》京都七十四，二〇〇二，三五八—三一一頁。
船山（二〇〇二b）同〈五六世紀の仏教における破戒と異端〉，麥谷邦夫（編）《中国中世社会と宗教》，京都：道氣社，二〇〇二，三十九—五十八頁。
船山（二〇〇二c）同〈「漢訳」と「中国撰述」の間——漢文仏典に特有な形態をめぐって〉，《仏教史学研究》四十五／一，二〇〇二，一—二十八頁。
船山（二〇〇三a）同〈龍樹、無著、世親の到達した階位に関する諸伝承〉，《東方学》一〇五，二〇〇三，一三四—一二一頁。
船山（二〇〇三b）同〈五世紀中国における仏教徒の戒律受容〉《唐宋道教の心性思想研究》（科学研究費補助金研究成果報告書，研究代表者：山田俊），二〇〇三，一—十四頁。
船山（二〇〇五a）同〈聖者観の二系統——六朝隋唐仏教史鳥瞰の一試論〉，麥谷邦夫（編）《三教交渉論叢》，京都：京都大学人文科学研究所，二〇〇五，三七三—

四〇八頁。
船山（二〇〇五b） 同〈体用小考〉，宇佐美文理（編）《六朝精神史の研究》（科学研究費補助金研究成果報告書），二〇〇五，一二五—一三五頁。
船山（二〇〇五c） 同〈真諦三蔵の著作の特徴——中印文化交渉の例として〉，《関西大学東西学術研究所紀要》三十八，二〇〇五，九十七—一二二頁。
船山（二〇〇六） 同《南斉・竟陵文宣王蕭子良撰《浄住子》の訳注作成を中心とする中国六朝仏教史の基礎研究》（科学研究費補助金研究成果報告書），二〇〇六。
船山（二〇〇七a） 同〈梁の開善寺智蔵《成実論大義記》と南朝教理学〉，麥谷邦夫（編）《江南道教の研究》（科学研究費補助金研究成果報告書），二〇〇七，一一一—一三五頁。
船山（二〇〇七b） 同〈六朝仏典の翻訳と編輯に見る中国化の問題〉，《東方學報》京都 八十，二〇〇七，一—十八頁。
船山（二〇〇七c） 同〈「如是我聞」か「如是我聞一時」か——六朝隋唐の「如是我聞」解釈史への新視角〉，《法鼓佛學學報》一，二〇〇七，二四一—二七五頁。
船山（二〇〇七d） 同〈経典の偽作と編輯——《遺教三昧経》と《舎利弗問経》〉，京都大学人文科学研究所（編）《中国宗教文献研究》，二〇〇七，京都：臨川書店，八十三―一〇七頁。
船山（二〇〇八）　同〈異香ということ――聖者の体が発する香り〉《アジア遊学110 特集アジアの心と身体》，東京：勉誠出版，二〇〇八，十八―二十六頁。
船山（二〇〇九）　同〈漢字文化に与えたインド系文字の影響――隋唐以前を中心に〉，冨谷至（編）《漢字の中国文化》，京都：昭和堂，二〇〇九，七十七―一一三頁。
船山（二〇一〇a）　同〈梵網経諸本の二系統〉，《東方學報》京都　八十五，二〇一〇，一七九―二一一頁。
船山（二〇一〇b）　同〈仏典漢訳史要略〉，《新アジア仏教史06　中国I南北朝　仏教の東伝と受容》，東京：佼成出版社，二〇一〇，二三三―二七七頁，三八〇―三八三頁。
船山（二〇一一a）　同〈梵網経下巻先行説の再検討〉，麥谷邦夫（編）《三教交渉論叢続編》，京都：京都大学人文科学研究所，二〇一一，一二七―一五六頁。
船山（二〇一一b）　同〈大乘戒――インドから中国へ〉，《シリーズ大乗仏教第三巻　大乗仏教の実践》，東京：春秋社，二〇一一，二〇五―二四〇頁。
船山（二〇一二）　同〈真諦の活動と著作の基本的特徴〉，同（編）《真諦三蔵研究論集》，京都大学人文科学研究所研究報告，京都：京都大学人文科学研究所，二〇一二，一―八十六頁。
船山（二〇一三a） 同《仏典はどう漢訳されたのか――スートラが経典になるとき》，東京：岩波書店，二〇一三。
船山（二〇一三b） 同《円測《解深密経疏》の勝義諦相品の研究》，韓国学中央研究院出版部，二〇一三，七十八―一一四頁。
船山（二〇一四a） 同〈梁代の仏教――学術としての二三の特徴〉，小南一郎（編）《学問のかたち――もう一つの中国思想史》，東京：汲古書院，二〇一四，九十七―一二六頁。
船山（二〇一四b） 同〈《梵網経》の初期の形態をめぐって〉，《東アジア仏教研究》十二，二〇一四，三―二十二頁。
船山（二〇一四c） 同〈長耳三蔵と《耶舎伝》――ナレーンドラヤシャスとの関わり〉，《佛教史学研究》五十六／二，二〇一四，十二―三十三頁。
船山（二〇一五） 同〈中国仏教の経典読誦法――転読と梵唄はインド伝来か〉，村上忠良（編）《宗教実践における声と文字――東南アジア地域からの展望》（京都大学地域研究統合情報センター共同研究成果論集），二〇一五，九十三―一〇三頁。

船山（二〇一六）　同〈《大方便佛報恩經》編纂所用引的漢譯経典〉，方廣錩（主編）《佛教文獻研究》二，二〇一六，一七五—二〇二頁。
船山（二〇一七a）　同《東アジア仏教の生活規則《梵網経》——最古の形と発展の歴史》，京都：臨川書店，二〇一七。
船山（二〇一七b）　同〈真如の諸解釈——梵語 *tathatā* と漢語「本無」「如」「如如」「真如」〉，《東方学報》京都九十二，二〇一七，一—七十五頁。
船山（二〇一八）　同〈梁の宝唱比丘尼伝の定型表現——撰者問題解決のために〉，《東方学》一三五，二〇一八，三十六—五十三頁。
荻原（一九二八／三八）　荻原雲来〈波夜提の原語に就て〉，同《荻原雲来文集》，東京：荻原博士記念会，一九三八，八五五—八六三頁（原載《大正大学学報》三，一九二八）。
許明（二〇〇二）　許明（編）《中國佛教經論序跋記集（一）》，上海：上海古籍出版社，二〇〇二。
野口（一九九七）　野口圭也〈臓器提供は布施行か〉，《真言宗豊山派教化センター紀要》二，一九九七，一一七—一二〇頁。
陳垣（一九五五）　陳垣《中國佛教史籍概論》，北京：科學出版社，一九五五。

陳垣（一九六四）　同《釋氏疑年錄》，北京：中華書局，一九六四。
麥谷（一九九三）　麥谷邦夫〈梁天監十八年紀年銘墓碑と天監年間の陶弘景〉，礪波護（編）《中国中世の文物》，京都：京都大学人文科学研究所，一九九三，二九一—三一四頁。
麥谷（二〇〇五）　同〈《道教義枢》と南北朝隋初唐期の道教教理学〉，同（編）《三教交涉論叢》，京都：京都大学人文科学研究所，二〇〇五，九十九—一八五頁（再録：同《六朝隋唐道教思想研究》，東京：岩波書店，二〇一八）。
麥谷（二〇一一）　同〈唐・玄宗の三経御注をめぐる諸問題——《御注金剛般若経》を中心に〉，同（編）《三教交涉論叢続編》，京都大学人文科学研究書，二〇一一，二四一—二六六頁（再録：同《六朝隋唐道教思想研究》，東京：岩波書店，二〇一八）。
勝又（一九六一）　勝又俊教《仏教における心識説の研究》，東京：山喜房佛書林，一九六一。
勝呂（一九八九）　勝呂信靜《初期唯識思想の研究》，東京：春秋社，一九八九。
勝野（二〇〇二）　勝野隆広〈菩薩戒と菩薩名の授与について〉，《仏教学》四十四，二〇〇二，七十三—八十九頁。

喬秀岩（二〇〇一）　喬秀岩（橋本秀美）《義疏学衰亡史論》，東京：白峰社，二〇〇一。
奥山（一九九一）　奥山直司〈ある聖者の伝説——アドヴァヤヴァジラ伝《Amanasikāre Yathāśrutakrama》にみえる修行者像〉，《東北大学印度学講座六十五周年記念論集　インド思想における人間観》，京都：平樂寺書店，一九九一，四六三—四八五頁。
斯波（一九五？／二〇〇四）　斯波六郎〈文心雕龍札記〉，同《六朝文学への思索》，東京：創文社，二〇〇四，二一一—二九九頁。
森三樹三郎（一九五六）　森三樹三郎《梁の武帝》，京都：平樂寺書店，一九五六。
森章司（一九九三）　森章司〈戒律概説〉，同（編）《戒律の世界》，東京：渓水社，一九九三，五—六十頁。
森野（二〇〇三）　森野繁夫《謝康楽文集》，東京：白帝社，二〇〇三。
森賀（二〇〇〇）　森賀一惠（訳注）〈劉勰〉，興膳宏（編）《六朝詩人伝》，東京：大修館書店，二〇〇〇，六〇五—六一一頁。
渡瀬（一九九一）　渡瀬信之（訳）《サンスクリット原典全訳　マヌ法典》，中公文庫，東京：中央公論社，一九九一。

湛如（二〇〇三）　湛如《敦煌佛教律儀制度研究》，北京：中華書局，二〇〇三。
湯用彤（一九三八）　湯用彤《漢魏兩晉南北朝佛教史》上下，長沙：商務印書館，一九三八。
満久（一九七七）　満久崇麿《仏典の植物》，東京：八坂書房，一九七七。
猪飼（二〇〇九）　猪飼祥夫〈中国仏教の戒疤と灸〉，《醫譚》（日本医史学会関西支部）復刊八十九，二〇〇九，五六三八—五六四七頁。
菅野（一九八四／二〇一二）　菅野博史〈浄影寺慧遠《維摩義記》の研究——注釈の一特徴と分科〉，同（二〇一二），二七三—二九一頁（原載《東洋学術研究》二十三／二，一九八四）。
菅野（一九八六／二〇一二）　同〈《大般涅槃経集解》の基礎的研究〉，同（二〇一二），三五一—四二八頁（原載《東洋文化》六十六，一九八六，九十三—一七三頁）。
菅野（一九九六）　同（訳註）《法華義記》，東京：大蔵出版，一九九六。
菅野（二〇一二）　同《南北朝・隋代の仏教思想研究》，東京：大蔵出版，二〇一二。
塚本啟祥（一九八〇）　塚本啟祥《初期仏教教団史の研究》，東京：山喜房佛書林，改訂増補一九八〇。

塚本善隆（一九三九／七四）　塚本善隆〈北魏の仏教匪〉，《塚本善隆著作集第二巻　北朝仏教史研究》，東京：大東出版社，一九七四，一四一—一八五頁（原載《支那仏教史学》三／二，一九三九）。
塚本善隆（一九四一／七四）　同〈龍門に現れたる北魏仏教〉，《塚本善隆著作集第二巻　北朝仏教史研究》，東京：大東出版社，一九七四，二四一—四六一頁（原載：水野、長廣，一九四一）。
塚本善隆（一九五五）　同〈仏教史上における肇論の意義〉，同（編）《肇論研究》，京都：法藏館，一九五五，一一三—一六六頁。
塚本善隆（一九六〇／七五）　同〈水経注の寿春導公寺について〉，同《塚本善隆著作集第三巻　中国中世仏教史論攷》，東京：大東出版社，一九七五，五十一—六十六頁（原載《福井博士頌寿記念　東洋思想論集》，東京：福井博士頌寿記念論文集刊行会，一九六〇）。
塚本善隆（一九六一／九〇）　同《魏書釈老志》，東洋文庫，東京：平凡社，一九九〇（初出一九六一）。
塚本善隆（一九六四／七五）　同〈南朝「元嘉治世」の仏教興隆について〉，同《塚本善隆著作集第三巻　中国中世仏教史論攷》，東京：大東出版社，一九七五，六十七—一〇〇頁（原載《東洋史研究》二十二／四，一九六四）。
塚本善隆（一九七九） 同《中国仏教通史　第一巻》，東京：春秋社，一九七九。
塩入（一九六一） 塩入良道〈文宣王蕭子良の「浄住子浄行法門」について〉，《大正大学研究紀要》四十六，一九六一，四十三—九十六頁。（参考）同（二〇〇七）四一四—四六七頁。
塩入（二〇〇七） 同《中国仏教における懺法の成立》，東京：大正大学天台学研究室，二〇〇七。
楊維中（二〇〇七） 楊維中〈真諦三藏行歷及其以廣東為核心的翻譯活動考實〉，明生（主編）《禪和之聲——禪宗優秀文化與構建和諧社會學術研討會論文集》上下，北京：宗教文化出版社，二〇〇七，三四〇—三五七頁。
蜂屋（一九七三） 蜂屋邦夫〈范縝《神滅論》の思想について〉，《東洋文化研究所紀要》六十一，一九七三，六十三—一一八頁。
鈴木虎雄（一九二八） 鈴木虎雄〈沈休文年譜〉，同（編）《狩野教授還暦記念　支那学論叢》，京都：弘文堂書房，一九二八，五六七—六一七頁。
鈴木修次（一九八三） 鈴木修次〈六朝時代の「懺悔詩」〉，《小尾博士古稀記念中国学論集》，東京：汲古書院，一九八三，三四七—三六三頁。

境野（一九三三） 境野黄洋〈《成実》大乘義〉，《常盤博士還曆記念 仏教論叢》，東京：弘文堂書店，一九三三，一二三—一三四頁。
廖大珂（一九九七） 廖大珂〈梁安郡歷史與王氏家族〉，《海洋史研究》一九九七年二期，一—五頁。
福永（一九八二） 福永光司（編）《中国中世の宗教と文化》，京都：京都大学人文科学研究所，一九八二。
福永（一九九〇） 同〈中国宗教思想史〉，《岩波講座東洋思想第十三巻 中国宗教思想Ⅰ》，東京：岩波書店，一九九〇，一—一五八頁。
福原（一九六八） 福原亮厳〈中国の有部系律師と律本律疏〉，《仏教学研究》二十五、二十六，一九六八，六十九—九十二頁。
福島（一九六三） 福島光哉〈開善寺智蔵の二諦思想〉，《印度學佛教學研究》十一／一，一九六三，一五〇—一五一頁。
蒙文通（二〇〇一） 蒙文通《蒙文通集第六巻 道書輯校十種》，成都：巴蜀書社，二〇〇一。
関（一九八九） 関稔〈自殺考〉，《藤田宏達博士還曆記念論集 インド哲学と仏教》，京都：平樂寺書店，一九八九，二五五—二七四頁。

静谷（一九四二） 静谷正雄〈扶南仏教考〉，《支那仏教史学》六／二，一九四二，十二—三十七頁。

静谷（一九七四） 同《初期大乗仏教の成立過程》，京都：百華苑，一九七四。

劉長東（二〇〇〇） 劉長東《晉唐彌陀淨土信仰研究》，成都：巴蜀書社，二〇〇〇。

劉淑芬（二〇〇九） 劉淑芬〈香火因緣——北朝的佛教結社〉，黃寬重（主編）《中國史新論　基層社會分冊》，中央研究院叢書，臺北：聯經出版，二〇〇九，二一九—二七二頁。

慧遠研究（一九六〇） 木村英一（編）《慧遠研究　遺文篇》，京都大学人文科学研究所研究報告，東京：創文社，一九六〇。

横超（一九三七／五八） 横超慧日〈釈経史考〉，《中国仏教の研究　第三》，京都：法藏館，一九五八，一六五—二〇六頁（原載《支那仏教史学》一／一，一九三七）。

横超（一九四〇／五八） 同〈中国仏教における国家意識〉，同《中国仏教の研究》，京都：法藏館，一九五八（原載《東方學報》東京十一／三，一九四〇）。

横超（一九四二／七一） 同〈僧叙と慧叡は同人なり〉，同《中国仏教の研究　第二》，京都：法藏館，一九七一，九十九—一四四頁（原載《東方學報》東京十三／

二，一九四二）。
橫超（一九五二／五八） 同〈中国南北朝時代の仏教学風〉，同《中国仏教の研究》，京都：法藏館，一九五八，二五六—二八九頁（原載《日本佛教學會年報》十七，一九五二）。
橫超（一九五四） 同〈無量義経について〉，《日本佛教學會年報》二／二，一九五四，一〇〇—一〇九頁（再録：同《法華思想の研究》，京都：平樂寺書店，一九七一，六十八—八十三頁）。
橫超（一九五八） 同〈広律伝来以前の中国に於ける戒律〉，同《中国仏教の研究》，京都：法藏館，一九五八，十一—一八九頁。
橫超（一九五八／七一） 同〈鳩摩羅什の翻訳〉，同《中国仏教の研究第二》，京都：法藏館，一九五八／七一，八十六—一一八頁（原載《大谷学報》一三六，一九五八）。
橫超（一九八六） 同（編著）《法華思想I》，京都：平樂寺書店，一九八六。
橫超、諏訪（一九八二／九一） 橫超慧日、諏訪義純《羅什》，東京：大蔵出版，一九八二，新訂一九九一。
諏訪（一九七一／九七） 諏訪義純〈〈出家人受菩薩戒法巻第一序一〉について——

智顗述・灌頂記《菩薩戒義疏》との関連を中心として〉，同《中国南朝仏教史の研究》，京都：法藏館，一九九七，一〇三—一一二頁（原載〈敦煌本〈出家人受菩薩戒法巻第一序一〉について——智顗述・灌頂記《菩薩戒義疏》との関連を中心として〉，《愛知学院大学禅研究所紀要》創刊号，一九七一）。

諏訪（一九七二a／九七）同〈梁天監十八年勅写〈出家人受菩薩戒法巻第一〉について〉，同《中国南朝仏教史の研究》，京都：法藏館，一九九七，八十五—一〇二頁（原載〈梁天監十八年勅写《出家人受菩薩戒法第一》試論〉，野上俊静（編）《敦煌古写経　続》，京都：大谷大学東洋学研究室，一九七二）。

諏訪（一九七二b／九七）同〈天台疏の制旨本について〉，同《中国南朝仏教史の研究》，京都：法藏館，一九九七，一一三—一一七頁（原載《印度學佛教學研究》二十一／一，一九七二）。

諏訪（一九七八／九七）同〈梁代建康の仏寺と武帝の建立〉，同《中国南朝仏教史の研究》，京都：法藏館，一九九七，一四七—一七三頁（原載〈梁武帝と仏教（一）（二）〉，《三蔵》一九一—一九二，東京：大東出版社，一九七八）。

諏訪（一九八二／九七）同〈梁武帝仏教関係事跡年譜考〉，《中国南朝仏教史の研究》，京都：法藏館，一九九七，十一—七十八頁（原載〈梁武帝の仏教関係事跡年譜考（一）（二）〉，《佛教史学研究》二十六／一—二，一九八二）。
諸戸（一九九〇）　諸戸立雄《中国仏教制度史の研究》，東京：平河出版社，一九九〇。
黎明（一九九六）　黎明（整理）〈淨名經集解關中疏〉，方廣錩（主編）《藏外佛教文獻第二輯》，北京出版社，一九九六，一七五—二九九頁。
橘川（二〇〇〇）　橘川智昭〈新羅唯識の研究状況について〉，《韓国仏教学SEMINAR》八，二〇〇〇，六十六—一二六頁。
橘川（二〇〇八）　同〈円測新資料——完本《無量義経疏》とその思想〉，《불교학리뷰 Critical Review for Buddhist Studies》四，二〇〇八，六十七—一〇八頁。
興膳（一九八二）　興膳宏〈文心雕龍と出三蔵記集——その秘められた交渉をめぐって〉，福永（一九八二），一二七—一三八頁。
顏尚文（一九九〇）　顏尚文〈梁武帝受菩薩戒及捨身同泰寺與「皇帝菩薩」地位的建立〉，《東方宗教研究》一，一九九〇，四十三—八十九頁。
顏尚文（一九九九）　同《梁武帝》，現代佛學叢書，臺北：東大圖書公司，一九九九。
藤田光寛（一九八三）　藤田光寛〈《菩薩律儀二十》について〉，《中川善教先生頌徳記念論集　仏教と文化》，京都：同朋舎，一九八三，二五五—二八〇頁。

藤田光寛（一九八八）　同〈「Bodhisattva-prātimokṣa-catuṣka-nirvāṇa」について〉，《密教文化》一六三，一九八八，一三二—一一七頁。
藤田光寛（一九八九）　同〈〈菩薩地戒品〉和訳（Ⅰ）〉，《高野山大学論叢》二十四，一九八九，三十一—五十一頁。
藤田光寛（一九九〇）　同〈〈菩薩地戒品〉和訳（Ⅱ）〉，《高野山大学論叢》二十五，一九九〇，一二七—一四七頁。
藤田光寛（一九九一）　同〈〈菩薩地戒品〉和訳（Ⅲ）〉，《高野山大学論叢》二十六，一九九一，二十一—三十頁。
藤田光寛（二〇〇〇）　同〈瑜伽戒における不善の肯定〉，《日本仏教学会年報》六十五，二〇〇〇，一〇七—一二六頁。
藤田光寛（二〇〇二）　同〈Candragomin 著〈菩薩律儀二十〉とその注観書2種——校訂テクスト〉，《高野山大学密教文化研究所紀要》十五，二〇〇二，一—一三一頁。
藤田光寛（二〇〇三）　同〈Śāntarakṣita 著《律儀二十註》について〉，《高野山大学密教文化研究所紀要》十六，二〇〇三，一—十九頁。
藤田光寛（二〇一三）　同《はじめての「密教の戒律」入門》，東京：セルバ出版，二〇一三。
藤田宏達（一九七五／二〇一五）　藤田宏達《新訂　梵文和訳　無量寿経・阿弥陀経》，京都：法藏館，二〇一五（初出《梵文和訳　無量寿経・阿弥陀経》，京都：法藏館，一九七五）。
藤田宏達（一九八八）　同〈原始仏典にみる死〉，《仏教思想10　死》，京都：平樂寺書店，一九八八，五十五—一〇五頁。
蘇公望（一九三六—三七）　蘇公望〈真諦三藏譯述考〉，《微妙聲》二—六，一九三六—三七（再錄《佛典翻譯史論》，現代佛教學術叢刊，臺北：大乘文化出版社，一九七八）。
蘇公望（一九三七—四〇）　同〈真諦三藏年譜〉，《微妙聲》七、八，卷二之一，一九三七—四〇。
蘇公望（一九四〇）　同《真諦三藏年譜　附譯述考》，北京：北京佛學書局，一九四〇。
饒（一九九七／二〇一四）　饒宗頤〈論僧祐〉，《饒宗頤佛學文集》，北京：北京出版集團公司，二〇一四，一三四—一四八頁（原載《中國文化研究所學報》六，一九九七）。

櫻部（一九六九）　櫻部建〈無常の弁証〉，櫻部建、上山春平《存在の分析〈アビダルマ〉》，東京：角川書店，一九六九，九—一六九頁（再版　角川文庫ソフィア，東京：角川書店，一九九六）。

櫻部（一九九七）　同《佛教語の研究》（增補版），京都：文栄堂書店，一九九七。

櫻部、小谷（一九九九）　櫻部建、小谷信千代《俱舍論の原典解明——賢聖品》，京都：法藏館，一九九九。

顧頡剛（一九七九）　顧頡剛〈「聖」「賢」觀念和字義的演變〉，《中國哲學》一，生活・讀書・新知三聯書店，一九七九，八十—九十六頁。

歐文

Benn (1998)

Benn, James A., "Where Text Meets Flesh: Burning the Body as an Apocryphal Practice in Chinese Buddhism," *History of Religions* 37/4, 1998, pp. 295-322.

Benn (2007)

Id., *Burning for the Buddha: Self-immolation in Chinese Buddhism*, Honolulu: University of

Hawaii Press, 2007.

Bokenkamp (1990)

Bokenkamp, Stephen R., "Stages of Transcendence: The *Bhūmi* Concept in Taoist Scripture." In Robert E. Buswell, Jr. (ed.), *Chinese Buddhist Apocrypha*, Honolulu: University of Hawaii Press, 1990, pp. 119-147.

Brough (1950)

Brough, John, "Thus Have I Heard...," *Bulletin of the School of Oriental and African Studies*, University of London 13-2, 1950, pp. 416-426.

Chen Ch. (2004)

Chen, Chin-chih, *Fan fan-yü: Ein Sanskrit-chinesisches Wörterbuch aus dem Taishō-Tripiṭaka*, PhD dissertation, Philosophischen Fakultät, Rheinischen Friedrich-Wilheilms-Universität zu Bonn, 2004.

Chen J. (2007)

Chen, Jinhua [陳金華], "Buddhist Establishments within Liang Wudi's Imperial Park." In Mutsu Hsu, Jinhua Chen, and Lori Meeks (eds.), *Development and Practice of Humanitarian Buddhism: Interdisciplinary Perspectives*, Hualien: Tzuchi University Press, 2007, pp. 18-

22.

Chimpa et al. (1970/90)

Tārānātha's History of Buddhism in India, Delhi, 1990 (originally published in Simla, 1970), tr. by Lama Chimpa and Alaka Chattopadhyaya, and edited by Debiprasad Chattopadhyaya.

Demiéville (1929/73)

Demiéville, Paul, "Sur l'authenticité du Ta tch'eng k'i sin louen," id., *Choix d'études bouddhiques (1929-1970)*, Leiden: E. J. Brill, 1973, pp. 1-80 (first published in *Bulletin de la Maison Franco-Japonaise* II 2, Tokyo, 1929).

Demiéville (1931/73)

Id., "L'origine des sectes bouddhiques d'après Paramārtha," id., *Choix d'études bouddhiques (1929-1970)*, Leiden: E. J. Brill, 1973, pp. 81-130 (first published in *Mélanges chinois et bouddhiques*, 1, 1931).

Durt (1998)

Durt, Hubert, "Two Interpretations of Human-flesh Offering: Misdeed or Supreme Sacrifice," *Journal of the International College for Postgraduate Buddhist Studies* [国際仏教学大学院大学研究紀要]1, 1998, pp. 236-210.

Durt (1999)

Id., "The Offering of the Children of Prince Viśvantara / Sudāna in the Chinese Tradition," *Journal of the International College for Postgraduate Buddhist Studies* 2, 1999, pp. 266-231.

Dutt (1931)

Dutt, Nalinaksha, "Bodhisattva Pratimokṣa Sūtra: Prātimokṣasūtra of the Hīnayānists," *Indian Historical Quarterly* 7, 1931, pp. 259-286.

Dutt (1978)

Id. (ed.), *Bodhisattvabhūmiḥ: Being the XVth section of Asaṅgapāda's Yogācārabhūmiḥ*, Patna, 1978.

Edgerton (1953)

Edgerton, Franklin, *Buddhist Hybrid Sanskrit Grammar and Dictionary*, 2 vols., New Haven: Yale University Press, 1953.

Enomoto (1994)

Enomoto, Fumio [榎本文雄], "A Note on Kashmir as Referred to in Chinese Literature: Ji-bin." In Yasuke Ikari[井狩彌介] (ed.), *A Study of the Nīlamata: Aspects of Hinduism in Ancient*

Kashmir, Kyoto: Institute for Research in Humanities, Kyoto University（京都大學人文科學研究所）, 1994, pp. 357-365.

Enomoto (2000)

Id., "Mūlasarvāstivādin and Sarvāstivādin," in Ch. Chojnacki, J. Hartmann and V. M. Tschannerl (eds.), *Vividharatnākaraṇḍaka: Festgabe für Adelheid Mette*, India et Tibetica 37, Swisttal-Odendorf: Indica et Tibetica Verlag, 2000, pp. 239-250.

Filliozat (1963)

Filliozat, Jean, "La mort volontaire par le feu et la tradition bouddhique indienne," *Journal Asiatique* 1963/1, pp. 21-51.

Filliozat (1967)

Id., "L'abandon de la vie par le sage et les suicides du criminel et du héros dans la tradition indienne," *Arts Asiatiques* 15, 1967, pp. 65-88.

Forte (1990)

Forte, Antonino, "The Relativity of the Concept of Orthodoxy in Chinese Buddhism: Chih-sheng's Indictment of Shih-li and the Proscription of the *Dharma Mirror Sutra*," in Robert E. Buswell, Jr. (ed.), *Chinese Buddhist Apocrypha*, Honolulu: University of Hawaii Press,

1990, pp. 239-249.

Frauwallner (1951a)

Frauwallner, Erich, "Amalavijñānam und Ālayavijñānam." In *Beiträge zur indischen Philologie und Altertumskunde: Walther Schubring zum 70. Geburtstag dargebracht*, Hamburg: Cram, de Gruyter, 1951, pp. 148-159 (Repr.: *Frauwallner: Kleine Schriften*, Wiesbaden: Franz Steiner, 1982).

Frauwallner (1951b)

Id., *On the Date of the Buddhist Master of the Law Vasubandhu*, Serie Orientale Roma, Roma: IsMEO, 1951.

Frauwallner (1959)

Id., "Dignāga, sein Werk und seine Entwicklung," *Wiener Zeitschrift für die Kunde Süd- und Ostasiens* 3, 1959, pp. 83-164 (Repr.: *Frauwallner: Kleine Schriften*, Wiesbaden: Franz Steiner, 1982).

Frauwallner (1969)

Id., *Die Philosophie des Buddhismus*, 3. durchgesehene Auflage, Berlin: Akademie-Verlag, 1969.

Funayama (2004)

Funayama Toru [船山徹], "The Acceptance of Buddhist Precepts by the Chinese in the Fifth Century," *Journal of Asian History* (ed. by Denis Sinor) 38/2, 2004, pp. 97-120.

Funayama (2006)

Id., "Masquerading as Translation: Examples of Chinese Lectures by Indian Scholar-monks," *Asia Major, Third Series* 19/1-2, 2006, pp. 39-55.

Funayama (2010)

Id., "The Work of Paramārtha: An Example of Sino-Indian Cross-Cultural Exchange," *Journal of the International Association of Buddhist Studies* 31/1-2 (2008), 2010, pp. 141-183.

Funayama (2012)

Id., "Guṇavarman and Some of the Earliest Examples of Ordination Platforms (jietan) in China," in James A. Benn, Jinhua Chen, and James Robson (eds.), *Images, Relics, and Legends: The Formation and Transformation of Buddhist Sacred Sites*, Oakville: Mosaic Press, 2012, pp. 21-45.

Funayama (2013)

Id., "Buddhist Theories of Bodhisattva Practice as Adopted by Daoists," *Cahiers d'Extrême-Asie* 20 (2011), 2013, pp. 15-33.

Funayama (2014)

Id., "Chinese Translations of Pratyakṣa," in Chen-kuo Lin and Michael Radich (eds.), *A Distant Mirror: Articulating Indic Ideas in Sixth and Seventh Century Chinese Buddhism*, Hamburg: Hamburg University Press, 2014, pp. 33-61.

Funayama (2015a)

Id., "Chinese Buddhist Apocrypha," in Jonathan A. Silk et al. (eds.), *Brill's Encyclopedia of Buddhism, Vol. 1: Literature and Languages*, Leiden: Brill, 2015, pp. 283-291.

Funayama (2015b)

Id., "Buddhism during the Liang Dynasty: Some of Its Characteristics as a Form of Scholarship," *Acta Asiatica: Bulletin of the Institute of Eastern Culture* 109, 2015, pp. 71-100.

Galloway (1991)

Galloway, Brian, "Thus Have I Heard: at One Time…" *Indo-Iranian Journal* 34, 1991, pp. 87-104.

Gernet (1960)

Gernet, Jacques, "Les suicides par le feu chez les bouddhistes chinois du Ve au Xe siècle," *Mélanges publiés par l'Institut des hautes études chinoises* 2, 1960, pp. 527-558.

Gernet (1995)

Id., *Buddhism in Chinese Society: An Economic History from the Fifth to the Tenth Centuries*, tr. by Franciscus Verellen, New York: Columbia University Press, 1995.

Giles (1933-35)

Giles, Lionel, "Dated Chinese Manuscripts in the Stein Collection," *Bulletin of the School of Oriental Studies*, University of London 7/4, 1935, pp. 809-836.

Harrison (1990)

Harrison, Paul, *The Samādhi of Direct Encounter with the Buddhas of the Present*, Tokyo: International Institute for Buddhist Studies, 1990.

von Hinüber (1968)

von Hinüber, Oskar, *Studien zur Kasussyntax des Pāli: Besonders Vinaya-Piṭaka*, Münchner Studien zur Sprachwissenschaft, Beihefte, Neue Folge 2, München: J. Kitzinger, 1968.

Jan (1965)

Jan Yün-hua, "Buddhist Self-immolation in Medieval China," *History of Religions* 4/2, 1965, pp. 243-268.

Janousch (1999)

Janousch, Andreas, “The Emperor as Bodhisattva: The Bodhisattva Ordination and Ritual Assemblies of Emperor Wu of the Liang Dynasty,” in Joseph P. McDermott (ed.), *State and Court Ritual in China*, Cambridge: Cambridge University Press, 1999, pp. 112-149.

Kajiyama (1977)

Kajiyama, Yuichi [梶山雄一], “Thus Spoke the Blessed One…” in Lewis Lancaster (ed.), *Prajñāpāramitā and Related Systems: Studies in Honor of Edward Conze*, Berkeley Buddhist Studies Series, 1977, pp. 93-99.

Kane (1968-77)

Kane, Pandurang Vaman, *History of Dharmaśāstra*, 5 vols., Poona: Bhandarkar Oriental Research Institute, 1968-77.

Karhrs (1998)

Karhrs, Nivind, *Indian Semantic Analysis: The ‘Nirvacana’ Tradition*, Cambridge: Cambridge University Press, 1998.

Kieschnick (1997)

Kieschnick, John, *The Eminent Monk: Buddhist Ideals in Medieval Chinese Hagiography*,

Honolulu: University of Hawaii Press, 1997.

Lamotte (1935)

Lamotte, Étienne, *L'explication des mystères*, Louvain: Bureaux du recueil, Bibliothèque de l'Université, 1935.

Lamotte (1976)

Id., *Le traité de la grande vertu de sagesse de Nāgārjuna (Mahāprajñāpāramitāśāstra*[sic!]), Tome IV, Louvain: Institut Orientaliste, 1976.

Lamotte (1981)

Id., *Le traité de la grande vertu de sagesse de Nāgārjuna (Mahāprajñāpāramitāśāstra*[sic!]), Tome II, Louvain: Institut Orientaliste, 1981.

Majumdar (1993)

Majumdar, R. C., "The Palas," in R. C. Majumdar et al. (eds.), *The History and Culture of the Indian People: The Age of Imperial Kanauj*, Bombay: Bharatiya Vidya Bhavan, 1993, pp. 44-57.

Obermiller (1932)

Obermiller, E., *History of Buddhism (Chos-'byung) by Bu-ston. II. Part: The History of*

Buddhism in India and Tibet, Heidelberg: In Kommission bei O. Harrassowitz, 1932.

Pinte (2012)

Pinte, Gudrun, "False Friends in the Fanfanyu," *Acta Orientalia* 65 (1), pp. 97-104, 2012

Radich (2009)

Radich, Michael, "The Doctrine of *Amalavijñāna in Paramārtha (499-569), and Later Authors to Approximately 800 C.E.," *Zinbun: Annals of the Institute for Research in Humanities, Kyoto University* 41 (2008), 2009, pp. 45-174.

Radich (2012)

Id., "External Evidence Relating to Works Ascribed to Paramārtha, with a Focus on Traditional Chinese Catalogues," in Funayama Toru [船山徹] (ed.), *Studies of the Works and Influence of Paramārtha* [真諦三蔵研究論集], Kyoto: Institute for Research in Humanities, Kyoto University [京都大学人文科学研究所], 2012, pp. 39-102.

Ray (1994)

Ray, Reginald A., *Buddhist Saints in India: A Study in Buddhist Values & Orientations*, New York: Oxford University Press, 1994.

Samtani (1964-65)

Samtani, N. H., "The Opening of the Buddhist Sutras," *Bhārati* 8/2, 1964-65, pp. 47-63.

Samtani (1971)

Id. (ed.), *The Arthaviniscaya-sutra & Its Commentary (Nibandhana)*, Patna: K. P. Jayaswal Research Institute, 1971.

Schoening (1995)

Schoening, Jeffrey D., *The Śālistamba Sūtra and Its Indian Commentaries*, 2 vols., Wien: Arbeitskreis für Tibetologie und Buddhistische Studien, Universität Wien, 1995.

Schoening (1996)

Id., "*Sūtra* Commentaries in Tibetan Translation," in Jose Ignacio Cabezón and Roger R. Jackson (eds.), *Tibetan Literature: Studies in Genre*, Ithaca, New York: Snow Lion, 1996, pp. 111-124.

Silk (1989)

Silk, Jonathan A., "A Note on the Opening Formula of Buddhist *Sūtras*," *Journal of the International Association of Buddhist Studies* 12/1, 1989, pp. 158-163.

Sircar (1977)

Sircar, D. C., "The Pāla Chronology Reconsidered," in *Zeitschrift der Deutschen*

Morgenländischen Gesellschaft, Supplementa III, 2 (ed. W. Voigt), 1977, pp. 964-969.

von Stael-Holstein (1933)

von Stael-Holstein, A., *A Commentary to the Kāśyapaparivarta, in Tibetan and Chinese*, Peking: The National Library of Peking and the National Tshinghua University, 1933.

Steinkellner (1989)

Steinkellner, Ernst, "Who is Byan chub rdzu 'phrul? Tibetan and Non-Tibetan Commentaries on the *Saṃdhinirmocana Sūtra*——A Survey of the Literature," *Berliner Indologische Studien* 4/5, 1989, pp. 229-251.

Takakusu (1904) Takakusu, Junjiro [高楠順次郎], "The Life of Vasu-bandhu by Paramārtha (A.D. 499-569)," *T'oung Pao*, Series II, Vol. V, No. 3, 1904, pp. 269-296.

Tatz (1993)

Tatz, Mark, "Brief Communication: 'Thus Have I Heard: at One Time...'," *Indo-Iranian Journal* 36, 1993, pp. 335-336.

Tian (2007)

Tian, Xiaofei, *Beacon Fire and Shooting Star: The Literary Culture of the Liang (502-557)*, Cambridge, MA / London: Harvard University Asia Center, 2007.

Tsai (1994)

Tsai, Kathryn Ann, *Lives of the Nuns*, Honolulu: University of Hawaii Press, 1994.

Tucci (1958)

Tucci, Giuseppe, *Minor Buddhist Texts*, Part 2, Roma: IsMEO, 1958.

Verhagen (2005)

Verhagen, Pieter C., "Studies in Indo-Tibetan Buddhist Hermeneutics (5). The mKhas-pa-rnams-'jug pa'i sgo by Sa-skya Paṇḍita Kun-dga'-rgyal-mtshan," *Journal of the International Association of Buddhist Studies* 28-1, 2005, pp. 183-219.

Vira / Yamamoto (2007)

Vira, Raghu, and Chikyo Yamamoto, *Sanskrit-Chinese Lexicon: Being Fan Fan Yü, the First Known Lexicon of Its Kind Dated to AD 517*, New Delhi: International Academy of Indian Culture and Aditya Prakashan, 2007.

Wang (1994)

Wang, Bangwei [王邦維], "Buddhist Nikāyas through Ancient Chinese Eyes," in Heinz Bechert (ed.), *Sanskrit-Wörterbuch der buddhistischen Texte aus den Turfan-Funden. Beiheft 5: Untersuchungen zur buddhistischen Literatur*, Göttingen, 1994, pp. 165-203.

Wogihara (1932)

Wogihara, Unrai [荻原雲來] (ed.), *Abhisamayālaṃkārālokā Prajñāpāramitāvyākhyā: The Work of Haribhadra*, Tokyo: Toyo Bunko, 1932.

Yamada (1968)

Yamada, Isshi (ed.), *Karṇapuṇḍarīka*, 2 vols., London: School of Oriental and African Studies, University of London, 1968.

Zürcher (1959)

Zürcher, Erik, *The Buddhist Conquest of China: The Spread and Adaptation of Buddhism in Early Medieval China*, Sinica Leidensia 11, Leiden: E. J. Brill, 1959.

後記

本書彙集了筆者幾篇零散撰寫的原稿，並嘗試盡我所能地以一個統一的主題貫穿全書：透過探討印度佛教與中國早期佛教史的關係，勾勒出佛教發展的新軌跡。然而，這一嘗試在多大程度上取得了成功，能否傳達給讀者，筆者實在沒有把握。不論是文字上的誤植，還是內容和表達上的不足，均由作者負責，無需贅言。但在此仍需特別說明，為了使這些粗糙的內容能整合成一本具統一性的著作，得到了許多人的鼎力相助。

在整體編輯作業過程中，筆者蒙受法藏館編輯部今西智久先生的多方協助。此外，在校對階段，校對者小林久子女士不辭辛勞，逐字逐句比對各章原稿與本書，指出應修訂之處，展現了非凡的耐心與專注。即便筆者時常延遲返還校對稿，仍以極大的容忍和努力，全力以赴提昇內容品質。在此，謹向上述二位表達由衷的感謝。

船山徹

二〇一八年十二月於京都岩倉寓所

索引

一畫

二畫

三畫

四畫

五畫

六畫

七畫

八畫

九畫

十畫

十一畫

十二畫

十三畫

十四畫

十五畫

十六畫

十七畫

十八畫

十九畫

二十畫

二十一畫

二十二畫

二十三畫

二十四畫

二十五畫

國家圖書館出版品預行編目資料

六朝隋唐佛教展開史 / 船山徹著 ; 釋見弘, 陳陶譯. --
初版. -- 臺北市 : 法鼓文化, 2025.06
面； 公分
ISBN 978-626-7345-76-4 (平裝)

1. CST: 佛教史 2. CST: 魏晉南北朝 3. CST: 隋唐
4. CST: 中國

228.2 114005113

中華佛學研究所漢傳佛教譯叢 2

六朝隋唐佛教展開史

六朝隋唐仏教展開史

著者	船山徹
譯者	釋見弘、陳陶
論叢總編	釋果鏡
編輯	漢傳佛教譯叢編輯委員會
出版	法鼓文化
封面設計	黃鉦傑
內頁美編	小工
地址	臺北市北投區公館路186號5樓
電話	(02)2893-4646
傳真	(02)2896-0731
網址	http://www.ddc.com.tw
E-mail	market@ddc.com.tw
讀者服務專線	(02)2896-1600
初版一刷	2025年6月
建議售價	新臺幣820元
郵撥帳號	50013371
戶名	財團法人法鼓山文教基金會—法鼓文化
北美經銷處	紐約東初禪寺 Chan Meditation Center (New York, USA) Tel: (718)592-6593 E-mail: chancenter@gmail.com

法鼓文化